甘肃省“十四五”普通高等教育规划教材

高等学校经济管理类核心课程教材

现代企业管理

第3版

主编 —————— 贾旭东

中国人民大学出版社
·北京·

图书在版编目（CIP）数据

现代企业管理 / 贾旭东主编 . -- 3 版 . -- 北京：中国人民大学出版社，2025. 8. --（高等学校经济管理类核心课程教材）. -- ISBN 978-7-300-33436-3

Ⅰ. F272

中国国家版本馆 CIP 数据核字第 20245JE840 号

甘肃省“十四五”普通高等教育规划教材
高等学校经济管理类核心课程教材
现代企业管理（第 3 版）
主编　贾旭东
Xiandai Qiye Guanli

出版发行	中国人民大学出版社		
社　　址	北京中关村大街 31 号	**邮政编码**	100080
电　　话	010－62511242（总编室）		010－62511770（质管部）
	010－82501766（邮购部）		010－62514148（门市部）
	010－62511173（发行公司）		010－62515275（盗版举报）
网　　址	http://www.crup.com.cn		
经　　销	新华书店		
印　　刷	北京密兴印刷有限公司	**版　　次**	2014 年 10 月第 1 版
开　　本	787 mm×1092 mm　1/16		2025 年 8 月第 3 版
印　　张	25.75 插页 1	**印　　次**	2025 年 8 月第 1 次印刷
字　　数	585 000	**定　　价**	65.00 元

前言

进入21世纪以来，经济全球化这一历史大潮浩荡向前，我国经济与世界经济的融合不断加深。近年来，我国企业生产经营的外部环境正在发生重大变化，正如党的二十大报告所指出的：“当前，世界百年未有之大变局加速演进，新一轮科技革命和产业变革深入发展，国际力量对比深刻调整，我国发展面临新的战略机遇。同时，世纪疫情影响深远，逆全球化思潮抬头，单边主义、保护主义明显上升，世界经济复苏乏力，局部冲突和动荡频发，全球性问题加剧，世界进入新的动荡变革期。”

现代企业的生产经营活动不仅受到政治、经济、文化和科技等多方因素的影响，而且涉及国家、地区、部门、企业和个人间的复杂关系，内容广泛，要素繁多，技术和产品日益复杂，分工日益精细，生产社会化程度越来越高。新的形势对我国企业的经营管理能力提出了重大挑战，管理水平的高低直接决定着企业发展的快慢、好坏和持续性。只有加强管理、不断推进管理创新，企业才能适应新形势和新要求，在复杂动荡的市场环境中求得生存和发展。

在过去的40多年中，我国的改革开放已经取得了举世瞩目的成就，正如党的二十大报告所总结的：“改革开放和社会主义现代化建设深入推进，书写了经济快速发展和社会长期稳定两大奇迹新篇章，我国发展具备了更为坚实的物质基础、更为完善的制度保证，实现中华民族伟大复兴进入了不可逆转的历史进程。”党的二十大报告同时指出，“培养造就大批德才兼备的高素质人才，是国家和民族长远发展大计”。当前的中国，在中国式现代化新征程上勇毅前行，企业管理实践迫切需要获得系统的理论和方法指导，同时亟须培养大量优秀的企业管理人才。在这样的背景下，越来越多的学者投身于管理研究，越来越多的商学院、管理学院开设与企业管理相关的课程，现代企业管理学越来越受到关注。

尽管企业的内外部环境以及各种具体的管理活动千差万别，但企业管理者在处理经营管理问题时，都要把握其中的规律，遵循一定的规则，采用相应的方法，这些基本规律、规则和方法就是现代企业管理研究的对象。现代企业管理是一门综合性的应用学科，它以现代企业为研究对象，研究现代企业管理的基本规律，目的是指导现代企业经营管理的实践。它不是基础理论科学，而是为指导管理实践而产生的应用科学。应注意的是，完全不同于当前管理学研究领域以管理职能进行条块分割的知识结构，现代企业管理综合了管理学科的研究成果，形成了多学科交叉整合的知识体系。该知识体系有一条主线，就是以企业战略管理为“主程序”，整合各职能管理领域的理论、方法和工具，既研究企业各方面的职能管理问题，又突出强调在战略管理框架下的整合与协同，共同服务于企业战略目标的制定与实现。

本书是作者在多年从事现代企业管理相关课程教学和研究的基础上，参考国内外有关教材、专著和论文编写而成的，目标读者是高校本专科学生，同时兼顾企业管理实务工作者及对现代企业管理感兴趣者。本书的突出特点是：从我国企业管理的现实需求出发，以全新的体系和框架，力求将现代企业管理各领域的知识整合起来，兼顾理论前沿性和实务操作性，既强调对基本理论、思想和方法的学习，又以案例教学贯穿始终，使读者能够系统全面地掌握企业管理各学科的知识、工具，并联系实际。本书将管理学各领域理论研究的最新成果与企业实践的最新成就紧密结合，以战略管理为主线，贯通企业各种基本管理职能，充分体现了各管理职能在制定和实施企业战略的过程中所扮演的不同角色及协同关系，为企业管理提供了系统全面的理论和方法体系，使企业管理者能够全面了解和掌握现代企业管理的最新知识和技能，培养正确的思维和行为方式，具备在现代企业中进行高效管理的能力。

本书共分为5篇、19章。第1章简要介绍了管理职能和管理思想史的基础知识；第2章对与企业相关的基本概念及理论进行了阐述；第3章探讨了企业在经济全球化的背景下进行跨文化管理的问题；第4章到第19章分别从组织管理、战略管理、品牌管理与市场营销、研发战略管理、生产运营管理、质量管理、物流与供应链管理、项目管理、服务管理、财务管理、人力资源管理、信息管理与知识管理、企业文化管理、公共关系管理、创业管理、创新管理等企业管理的不同方面系统介绍了各职能管理领域的理论、方法与工具，为读者从事企业管理实践提供全面的指导。

本书第1版于2014年出版，第2版于2020年出版，在国内同类教材中出版较早、使用范围较广，产生了较大影响。据不完全统计，前两版已被国内近百所高校和实务部门持续使用，成为高校教学和政府机构、企事业单位培训优先选用的教材，得到授课教师的普遍认可和学生的喜爱，出版后多次加印。为适应企业发展的新形势、总结企业管理的新实践、反映管理研究的新成果，第3版对原有内容进行了全面的修订和补充。

在此次修订中，除了对全书内容进行了优化和调整，还补充介绍了一些管理研究的前沿动态，如第1章第2节中增加了对量子管理的介绍，第4章第3节中增加了对平台企业的介绍等。同时，本书对章前引例与章后案例进行了大幅修订，二者比重占全书案例总量的76%。为深入挖掘和提炼案例的育人元素，增强课程的知识性、人文性，提升引领性、时代性和开放性，我们在案例选择上基本采用中国企业案例，占案例总量的97%；增加了许多反映新时代中国特色社会主义建设的优秀实践案例，如中国高铁、港珠澳大桥、秦山核电站、雅万高铁、中铁国际等；还增加了一些将传统文化与企业管理相结合的优秀企业案例，如宁波方太、宁波华尔、甘肃义顺等。

此次修订工作是团队合作完成的。由主编提出全书框架、体例和修订要求，课题组成员分工完成初稿并在主编指导下进行修改，最后由主编再次修改、统稿和定稿。初稿分工如下：第1～5章，海阿西液；第6～10章，崔亚欣；第11～12章、第18～19章，谭拓；第13～17章，王涵。

本书能够顺利与读者见面离不开方方面面的支持和帮助。衷心感谢兰州大学管理学院的领导和同事们创造了一个上下一心、团结合作、切磋砥砺、精益求精的工作氛围，使我们不断求知和进步。经过 20 多年的艰苦奋斗，学院已成为全球前 6%的商学院（管理学院）之一，成为西北第一家也是唯一一家获得 AACSB、AMBA、BGA 三大认证的商学院（管理学院）。本书是我在管理学院任教 20 年来的重要成果，衷心祝愿兰州大学管理学院欣欣向荣、蓬勃发展！

衷心感谢中国人民大学出版社管理分社诸位编辑在本书出版过程中提出大量宝贵意见和付出大量辛勤劳动，本书能够顺利面世离不开他们的付出。

在本书的写作和修订过程中，我们参考了大量国内外文献资料，虽然书后所列尽量全面准确，但难免有疏漏，特此致谢。

由于作者能力与水平有限，加之时间仓促，书中定有不足、偏差甚至谬误，恳请广大读者批评指正。

贾旭东

目 录

第3篇　市场与运营

第 5 篇 创业与创新

第 1 篇
企业管理概论

第 1 章

管理概论

| 本章要点 |

本章主要介绍管理的基础知识，包括管理基本原理、西方管理理论发展史、中国古代管理思想、管理职能等。管理基本原理是对现实中的管理现象及其方法的抽象概括和高度总结，对于一切管理活动都具有普遍的指导意义。了解管理理论的发展历史，有助于更好地指导管理实践。对计划、组织、领导、控制等管理职能的阐述，有助于了解组织内部不同管理职能间的分工与合作关系。

引例

海尔集团创立于 1984 年，在张瑞敏时期的企业管理思想和经营哲学指引下，海尔顺应时代发展潮流，历经五个战略发展阶段，从资不抵债、濒临倒闭的集体小厂发展成引领物联网时代潮流的生态型企业。

经过三十多年持续稳定的发展，海尔已成为在海内外享有较高声誉的大型国际化企业集团。海尔的基础管理、班组建设、生产运营、企业文化、人力资源管理、营销创新等成为国内众多企业的学习内容。海尔“日事日毕，日清日高”的 OEC 管理模式是其企业管理的精髓，被哈佛商学院收为经典教学案例，引起国际管理界高度关注。

在持续创业创新过程中，海尔坚持“人的价值第一”的发展理念，首创“人单合一”管理模式，颠覆了西方传统的经典管理模式，并以其时代性、普适性和社会性实现了跨行业、跨文化的输出和复制。哈佛大学、斯坦福大学等世界一流的商学院已把“人单合一”模式的探索和实践写入教学案例，诺贝尔经济学奖获得者哈特也对其给予高度评价，加里·哈默等管理学家则称之为下一个社会模式。“人单合一”模式下的大规模定制解决方案领先于德国工业 4.0 和美国工业互联网，海尔还据此牵头制定了三项大规模定制模式国际标准。

资料来源：关于海尔.（2019-11-15）. 海尔官方网站.

第 1 节　管理基本原理

原理是指某种客观事物的实质及其运动的基本规律。管理原理是对现实中管理现象的抽象概括，是对管理工作的实质内容进行的科学总结，因而对管理活动具有普遍的指导意义。管理原理有广义和狭义之分：广义的管理原理包括管理的性质、过程、职能、方法等一系列内容；狭义的管理原理是指管理活动的指导思想和基本原则。本节主要从狭义的角度阐述管理基本原理，包括系统原理、人本原理、权变原理、责任原理和效益原理。

一、系统原理

系统原理不仅为认识管理的本质和方法提供了新的视角，而且它所提出的观点和方法广泛渗透到人本原理、责任原理、效益原理当中，从某种意义上说，在诸多管理原理中起着统率作用。

系统，是指由若干个相互联系、相互作用的部分组成，在一定的环境中具有特定功能的有机整体。在自然界和人类社会中，一切事物都可以看作一个系统。系统有两种基本类型：封闭系统和开放系统。其中，封闭系统（closed systems）不受环境影响，也不与环境发生相互作用。弗雷德里克·泰勒的人和组织的机械论观点基本上就是一种封闭系统观点。相反，开放系统（open systems）认识到系统与环境间的动态相互作用。

图 1－1 反映了开放系统视角下的企业组织。对于企业来说，初始输入原料、劳动力、资本，然后转化为产品或服务，最后进行输出。该系统的成功与否取决于其与环境之间交互作用的好坏，即与利益相关者之间的交互作用，这些利益相关者包括供应商、金融机构、政府机构和顾客等。管理者的主要任务是协调组织中的各个部分以实现组织的目标。

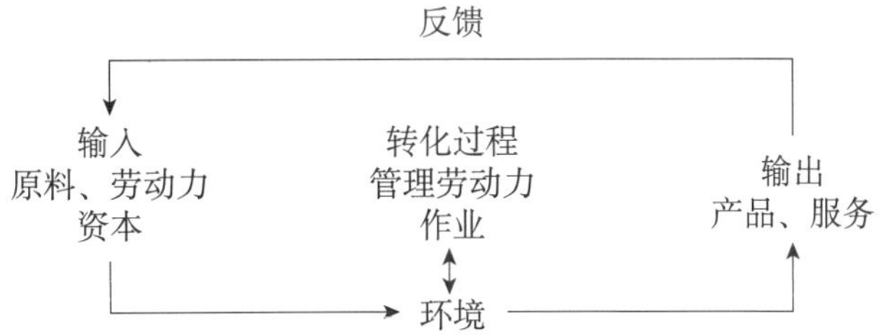

图 1－1　开放系统视角下的企业组织

二、人本原理

人本原理是指在一切管理活动中都要坚持以人为核心，强调人的主观能动性，同时，通过激励等手段充分调动和发挥员工的积极性及创造性，力求实现人的全面、自由发展，其实质就是充分肯定人在管理活动中的主体地位。

人本原理强调以人为核心，它不把人看作脱离其他管理对象而独立存在的要素，而是强调在管理系统中，财、物、信息等只有为人所掌握和利用，才有管理的价值。具体来说，管理的核心和动力都来自人的作用。

管理活动的目标、组织任务的制定和完成主要取决于人的积极性、主动性和创造性的调动及发挥。人本原理关注和解决的核心问题是人的积极性问题。

三、权变原理

权变就是相机而变、随机应变。权变原理强调管理者在采取行动时，要根据具体环境的不同采取相应的管理方式，组织的管理应该根据内外部环境的不同而变化，每个组织的内在要素和外在环境的条件都各不相同，因而在管理活动中没有一成不变的、普遍适用的管理理论和方法。

权变原理是为了适应经济活动全球化、组织规模化和组织环境复杂化等新形式对管理方式多样性和灵活性的要求而提出的。任何管理模式和方法都不可能是普遍最优的，而只能是在某种条件下最适合、最适用的，管理模式和方法只有适合特定环境条件，才是最有效的。

四、责任原理

管理是追求效率和效益的过程。在管理过程中，要充分挖掘人的潜能，在合理分工的基础上明确规定各部门及个人完成工作任务所必须承担的责任。

1. 明确每个人的职责

挖掘人的潜能的最好办法是明确每个人的职责，在合理分工的基础上确定每个人的职位，明确各职位应承担的职责。

一般说来，分工明确，职责也会明确，但实际上两者的对应关系并非这样简单。因为分工一般只对工作范围作了形式上的划分，而对于工作的数量、质量、完成时间、效益等方面的要求，却不能完全体现。所以，应在合理分工的基础上，通过恰当的方式对每个人的职责予以明确规定。

2. 授权要合理

明确了职责，就要授予相应的权力。任何管理都要借助一定的权力，例如下级许多事情都要请示上级，由上级来进行决策。当上级过多地对下级分内的工作做出批示的时候，实际上等于宣告此事下级不必完全负责。所以，明智的上级要把权力合理下放，由下级独立进行决策，自己在必要时给予适当的帮助和支持即可。

3. 奖惩宜分明、公正和及时

对每个人的工作绩效给予公正而及时的奖惩，有助于提高人的积极性，挖掘人的潜力，不断提高管理绩效。对每个人进行公正的奖惩，必须以准确的考核为前提。若是考核不科学、不公正或者不准确，奖惩就难以做到恰如其分。因此，要科学制定工作绩效的考核标准。

五、效益原理

效益是管理的永恒主题，效益的高低直接影响组织的生存和发展。效益是有效产出与投入之间的一种比例关系，可从社会和经济这两个不同角度理解，即社会效益和经济效益，两者既有联系也有区别。经济效益是追求社会效益的基础，而社会效益的追求又是促进经济效益的重要条件。两者的区别主要表现在：经济效益可以用若干经济指标来进行计算和考核，而社会效益则难以计量，必须借助其他形式。管理过程应把讲求经济效益和社会效益有机结合起来。

第 2 节　西方管理理论发展史

人类的生产活动离不开管理。因此，管理活动的历史可以视为同人类历史一样悠久。西方管理理论的产生和发展过程，按照其出现的先后顺序可分为早期管理思想阶段、古典管理理论阶段、行为科学理论阶段和现代管理理论阶段。

一、早期管理思想阶段

17 至 18 世纪，西方社会生产力迅速发展，社会的基本组织形式从家庭转向工厂，社会化大生产和现实的需要促进了管理思想的演变和发展。在这一阶段，活跃着一批卓有贡献的思想家、经济学家和管理学家。亚当·斯密在其巨著《国民财富的性质和原因的研究》中所阐述的分工理论对西方管理思想的发展产生了深远影响。被誉为“人事管理的先驱者”的罗伯特·欧文不仅高度评价人这一因素在工业生产中所起的巨大作用，而且开展了大量的实践活动。查尔斯·巴贝奇进一步发展了斯密关于劳动分工的思想，提出了固定工资加利润分享的分配制度，为现代劳动工资制度的发展做出了重要贡献。虽然受历史环境的限制，早期的管理思想不够系统全面，也没有形成专门的管理理论和学派，但这些思想是管理思想史上不可缺少的一环。此后的管理学家正是在这些思想的基础上发展了自己的管理理论，形成了独特的管理学派。

二、古典管理理论阶段

古典管理理论产生于 19 世纪末，主要包括美国的泰勒及其追随者所倡导的科学管理理论、法国的法约尔所提出的一般管理理论及德国的韦伯所提出的行政组织理论。尽管这些管理理论产生于不同的国家，但是它们都有一个共同的特征，即强调用科学的方法进行管理。

（一）科学管理理论

科学管理理论着重研究如何提高单个工人生产率的问题。泰勒的《科学管理原理》一书阐述了科学管理理论——应用科学方法确定从事一项工作的“最佳方法”，其内容很快被世界范围内的管理者普遍接受。泰勒被誉为“科学管理之父”。

泰勒提出的管理理论主要包括五个方面：(1) 工作定额。把操作分解为基本动作，再测定工人完成这些基本动作所需的时间，制定出有科学根据的合理的日工作量。泰勒在伯利恒钢铁公司进行了有名的搬运生铁块试验，证明了工作定额原理的有效性。(2) 标准化。要求工人掌握标准化的操作方法，使用标准化的工具、机器和材料，并使作业环境标准化，这就是标准化原理。泰勒在伯利恒钢铁公司做过有名的铁锹实验，这是工具标准化的典型事例。(3) 能力与工作相适应。为了提高劳动生产率，要为工作挑选一流的工人。(4) 差别计件工资制。通过时间和动作研究来制定有科学依据的工作定额；实行差别计件工资制来鼓励工人完成或超额完成工作定额；根据工人的实际工作表现而不是工作类别来支付工资。(5) 计划职能与执行职能相分离。泰勒主张把计划职能同执行职能分开，由专门的计划部门承担计划职能，由所有的工人和部分工长承担执行职能。

泰勒的思想激起了人们研究和发展科学管理方法的热情，其最杰出的追随者是弗兰克·吉尔布雷斯夫妇和甘特。

(二) 一般管理理论

与科学管理同时代的另一批思想家也在思考管理问题，不过他们所关注的焦点是整个组织。在发展更一般的管理理论方面，即解释管理者的工作是什么以及有效的管理由哪些要素构成方面，他们发挥了重要作用。由于他们的著作为当代管理和组织思想建立了框架，故他们通常被称为古典理论家，其中的杰出代表是亨利·法约尔和马克斯·韦伯。

法约尔把管理看作一组普遍的职能，即计划、组织、指挥、协调和控制。其关注的是所有管理者的活动，并且把个人经验上升为理论。他强调管理是工商企业、政府甚至家庭中所有涉及人的管理的一种共同活动。法约尔的理论主要体现在他对管理职能的划分和管理原则的归纳上，认为企业的基本活动是：技术活动、商业活动、财务活动、安全活动、会计活动和管理活动。法约尔还提出了14条一般管理原则，具体内容如下：

(1) 工作分工。这条原则与亚当·斯密的劳动分工原则是一致的，专业化使雇员的工作更有效率。

(2) 职权。管理者必须有命令下级的权力，职权赋予管理者的就是这种权力。责任应当与权力对等，凡行使职权之处，就应当承担相应的责任。

(3) 纪律。雇员必须遵守组织的规则，良好的纪律是卓越领导者所造就的。对管理者与工人间关系的清楚认识关系到组织的规则。另外，要合理运用惩罚措施以规范组织行为。

(4) 统一指挥。每一个雇员应当只接受来自一位上级的命令。

(5) 统一领导。具有同一目标的组织活动，应当在同一位管理者的领导下进行。

(6) 个人利益服从整体利益。任何雇员个人的利益，不应当置于组织整体的利益之上。

(7) 报酬。对雇员的服务必须付给公平的工资。

(8) 集中。集中是指下级参与决策的程度。决策制定是集中还是分散，只是一个程度问题，管理者的主要任务是找到在每种情况下最适合的集中程度。

（9）等级链。信息应当按等级链传递。如果遵循等级链原则会导致信息传递的延迟，则允许横向交流。

（10）秩序。人员和物料应当在恰当的时间处在恰当的位置上。

（11）公平。管理者应当和蔼、公平地对待下级。

（12）人员的稳定。管理当局应当提供有规则的人事计划，并保证有合适的人选填补空缺的职位。

（13）首创精神。允许雇员发起和实施他们的计划，将会极大地调动他们的热情。

（14）团队精神。鼓励团队精神将会在组织中建立起和谐团结的氛围。

（三）行政组织理论

20 世纪早期，韦伯发展了权威结构理论，描述了一种官僚行政组织的理想组织模式，这是一种体现劳动分工原则及非个人关系的组织模式。韦伯认为，尽管这种理想的官僚行政组织在现实中是不存在的，但它代表了现实世界中一种可供选择的重构方式。他的理论设计成为今天许多大型组织的原型，韦伯的理想行政组织结构的特征主要有以下几个方面：

（1）劳动分工。工作应分解成简单的、例行的和明确定义的任务。

（2）职权等级。职位应当按等级来划分，每个下级应当接受上级的监督和控制。

（3）正式的选拔。所有的组织成员都是按照经过培训、教育或考试取得的技术资格选拔的。

（4）正式的规则和制度。为了确保一贯性和全体雇员的活动有序，管理者必须制定正式的组织规则。

（5）非人格性。规则和控制的实施具有一致性，避免受雇员个人偏好的影响。

（6）职业定向。管理者是职业化的，并不是所管理单位的所有者，他们领取固定工资，并在组织中寻求实现职业生涯方面的成就。

三、行为科学理论阶段

行为管理理论形成于 20 世纪 20 年代，早期称为人际关系学说，之后发展为行为科学理论，即组织行为理论。

（一）人际关系理论

早期的行为科学即人际关系学说着重研究员工在生产中的人际关系，研究作为社会人的员工及其社会需要的满足问题。这一时期最著名的研究是霍桑实验，埃尔顿·梅奥在实验的基础上提出了人际关系理论。

霍桑实验是在美国西方电气公司设在伊利诺伊州西塞罗的霍桑工厂中实施的，此项研究始于 1924 年。最初，研究是由西方电气公司的工业工程师设计的，目的是检查不同的照明水平对工人生产率的影响。研究人员建立了实验组和对照组，实验组被给予不同的照明强度，而对照组则保持原有的照明强度不变。工程师原来认为产量与光线亮度有直接关系，但是，他们发现当实验组的亮度增加时，两个组的产量都增加了。更令工程师惊异的是，当实验组亮度水平下降时，两个组的生产率仍继续提高。事实上，只在光线亮度降至月光的水平时，实验组的生产率才会有所下降。虽然工程师得出结论，照明强度与生产率没有直接关系，但他们并不能解释所目睹的工人的行为。

1927年，西方电气公司的工程师邀请哈佛大学的梅奥教授作为顾问加入研究。于是实验又重新开始，一直持续到1932年。新的研究始于大范围的员工访谈，继而根据访谈重新设计了实验方案，包括工作的重新设计、改变工作周和工作日的长度、在工作中引入休息时间，以及个人工资计划和群体工资计划的比较等。最终的研究表明，人际关系是影响工人生产率的关键影响因素。由此得出结论，群体的社会准则或标准是决定工人个人行为的关键要素。

（二）需要层次理论

美国心理学家马斯洛在《动机与个性》一书中提出人的需要有五个层次，由低到高依次为：生理需要、安全需要、社会需要、尊重需要、自我实现需要。马斯洛的需要层次理论主要研究有关人的需要动机和激励的问题。他指出需要具有层次性，要有层次地调动人的积极性。生理需要与安全需要为较低层次的需要，而社会需要、尊重需要与自我实现需要则为较高层次的需要。高层次需要是从内部使人得到满足，而低层次需要则主要是从外部使人得到满足。

马斯洛的理论得到了普遍认可，这主要归功于其简单明了、易于理解、具有内在逻辑性的特点。然而，这一理论缺乏实证基础，以后的研究并未对其提供验证性的支持。

（三）人性假设理论

弗雷德里克·赫兹伯格创立了双因素理论。双因素理论认为引起人们工作动机的因素主要有两类：一是保健因素；二是激励因素。只有激励因素才能够给人们带来满意感，而保健因素只能消除人们的不满，却不会带来满意感。保健因素是指引起员工不满的因素。若这些因素不能得到满足，则容易使员工产生不满情绪，甚至引起罢工等对抗行为，但在保健因素得到满足以后，无论如何努力也很难使员工感到满意，因此也就难以再激发员工的工作积极性，所以就保健因素来说，不满意的对立面应该是没有不满意。激励因素是指能使员工感到满意的因素。因激励因素的改善而使员工感到满意，能够极大地激发员工工作的热情，提高劳动生产效率，但即使管理层不在激励因素方面给予满足，往往也不会使员工感到不满意，所以就激励因素来说，满意的对立面应该是没有满意。

道格拉斯·麦格雷戈提出了两种不同的人性假说，即X理论-Y理论。麦格雷戈指出，传统的管理受X理论支配，该理论的人性假设是：人天生是懒惰的；人不愿意承担责任；人缺乏理智，易受他人的影响；人是经济意义上的人；个人与组织的目标总是矛盾的。因此，组织对员工必须严加管制。后来他又提出了Y理论，该理论的人性假设截然相反：工作对于人而言可能是种享受，也可能是种惩罚，因此，人并非天生一定就不喜欢工作，而是要视环境而定；没有人喜欢惩罚，人们希望实行自我管理和控制；人在解决组织问题时，总是充满活力、想象力和创造性；人不仅是经济意义上的人，还是社会人，不仅不逃避责任，反而会谋求重任；人和组织的目标是一致的。以不同的人性假设为前提，会得出不同的管理效果。

美国加利福尼亚大学教授威廉·大内在研究分析日本企业的管理经验后提出了Z理

论。Z理论的主要观点如下：企业对雇员的雇佣应是长期的而不是短期的；鼓励员工参与管理；实行个人负责制；上下级的关系应是融洽的；对员工要进行培训，让员工参与多个岗位等。

四、现代管理理论阶段

20世纪90年代以来，产生了众多体现时代特征的管理理论，主要有学习型组织、精益思想、业务流程再造、核心能力理论、知识管理理论、六西格玛管理和量子管理等。

1. 学习型组织

学习型组织，是指具有持续学习和变革能力的组织。学习型组织与传统型组织有着明显的不同，主要表现在对待变革和新观点的态度、创新责任和管理者的职责、组织的竞争优势等方面。

2. 精益思想

精益思想包括精益生产、精益管理、精益设计和精益供应等一系列思想，其核心是通过及时适量及零库存等现场管理手段实现订货生产，从而确保产品质量并降低成本。精益思想最初体现在对产品质量的控制中，即不追求产品的成本优势和技术领先，而是强调产品成本与技术的合理匹配。此后，企业界将精益思想逐步延展到企业经营活动的全过程，即追求企业经营投入和经济产出的最大化、价值最大化。

3. 业务流程再造

业务流程再造强调以业务流程为改造对象和中心，以关心客户的需求和满意度为目标，对现有的业务流程进行根本的再思考和彻底的再设计，利用先进的制造技术、信息技术以及现代的管理手段，最大限度地实现技术上的功能集成和管理上的职能集成，以打破传统的职能型组织结构，建立全新的过程型组织结构，从而实现企业经营在成本、质量、服务和速度等方面的改善。

4. 核心能力理论

核心能力理论由20世纪80年代的资源基础理论发展而来。该理论认为企业内部存在通过知识积累以拓展生产领域的机制，而且这种知识积累是一种内部化的结果，这一过程节约了企业稀缺的决策能力资源，从而使管理者将更多的精力放在解决新问题、促进企业成长上。

5. 知识管理理论

知识管理是网络经济时代下新兴的管理思想与方法，其兴起得益于20世纪90年代以来信息化的蓬勃发展。知识管理的主要内容是要在组织中建立一个量化与质化的知识系统，让组织中的信息与知识，通过获得、创造、分享、整合、记录、存取、更新、创新等过程，不断地积累并回馈到组织内部，降低组织成员获取与应用知识的成本，帮助管理者做出正确的决策，以提高企业应对环境变化的能力。

6. 六西格玛管理

从20世纪90年代中期开始，美国通用电气公司（GE）将六西格玛管理从一种全面质量管理方法扩展为一个高度有效的企业流程设计、改善和优化的技术，并包含一系列同样适用于设计、生产和服务的新产品开发工具。六西格玛是一种管理策略，这种策略强调制定极高的目标、收集数据以及分析结果，据此来减少产品或服务的缺陷。六西格玛是获得和保持企业在经营上的成功并将其经营业绩最大化的综合管理体系和发展战略，是使企业获得快速增长和竞争力的经营方式，它不是对单纯的技术方法的引用，而是一种全新的管理模式。

7. 量子管理

被誉为“融合东西方智慧的当代管理思想家”的丹娜·左哈尔首次提出了量子管理思想，鼓励通过开放的沟通、团队协作和跨学科的整合来促进组织的发展和创新，为现代组织提供了一种全新的管理视角和方法，对传统的、机械式的管理方式提出了挑战。量子管理将量子物理学引入管理领域，将组织视为一个动态的、相互连接的系统，强调不确定性、非线性和整体性，认为组织内的每个成员间都存在相互联系和影响，因而领导者应通过各种心智训练方法培养其高度的适应性、创新性和直觉力，以应对快速变化的商业环境。

第3节　中国古代管理思想

中国古代在军事、政治、财政、文化、教育与外交等领域涌现了许多杰出的管理人才，积累了宝贵的管理经验。如战国时期著名的商鞅变法就是通过体制改革提高国家管理水平的一个范例；万里长城的修建充分反映了当时测量、规划设计、建筑和工程管理等方面的高超水平，体现了工程指挥者卓越的管理智慧；都江堰等大型水利工程将防洪、排灌、航运综合规划，显示了我国古代工程建设与组织管理的高超水平；宋代丁渭主持的皇宫修建工程堪称运用系统管理、统筹规划的范例。还有许多令人赞叹的管理实践体现了中国古代高超的管理智慧。

一、中国古代管理思想的产生及发展

（一）先秦时期的管理思想

从古代人类生产活动开始到公元前221年秦始皇统一六国，是中国古代管理思想的初步形成阶段。这一时期，诸子百家开创了中国历史上的第一次文化繁荣的局面。先秦诸子百家的管理思想，是以《周易》和《尚书》两部经典为源头发展而成的，其中儒家、道家和法家对后世的影响最大。儒家的代表是孔子、孟子、荀子，三人在人性论、礼制和法制以及管理方面都提出了许多重要思想；道家的代表是老子和庄子，两人均主张治国应当追求终极的“道”，顺应自然，因势利导，这样就能达到“无为而治”的理想状态；法家的代表是商鞅和韩非，前者主要是在秦国实行严厉的法律制度，使得秦国崛起于诸强，后者则是法家集大成者，将“法”“术”“势”相结合；兵家的孙武非常重视战略管理，提出了大量卓越的战略管理思想，如认为“道”“天”“地”“将”“法”是决定战争胜负的五种重要因素；墨家的墨子提出“兼爱”“非攻”“尚贤”；商家、纵横家等都提出了相应的管理理论。

（二）秦汉时期的管理思想

从公元前 221 年秦始皇统一六国至东汉王朝的末年，是中国古代管理思想发展的重要阶段，表现为管理思想的理论化以及管理模式的多样化。秦始皇统一六国后，李斯实行了众多保障中央集权的政令，对后世中国的管理制度产生了深远影响。汉代则是中国主流管理思想取舍的重要时期，汉初统治者实行“黄老之学”，与民休养生息；汉武帝时期，由于国力逐渐强盛，汉武帝采用了董仲舒提出的“罢黜百家，独尊儒术”思想，以儒家思想为核心，形成了“大一统”的思想体系。

（三）魏晋南北朝隋唐五代时期的管理思想

从公元 220 年至 960 年是国家由分裂走向统一、政治经济繁荣发展的时期。魏晋南北朝时期国家处于分裂状态，儒学一直衰退，此时道家思想以及佛学得到了发展空间，重新形成了管理思想多元化发展的局面。随着隋唐的统一，逐渐形成了儒、道、释三家杂糅的管理思想体系。这一阶段的管理思想主要表现在加强对经济的控制，提倡用法制、经济、行政的手段加强对国家的管理等方面。这些管理思想成就了隋唐时期社会经济的繁荣发展，也推动了各种国家治理制度的逐渐确立和成熟。其中就包括对后世影响极大的科举制度、三省六部制等。

（四）宋元明清时期的管理思想

从 960 年到 1840 年是中国传统社会发展由繁荣昌盛逐渐转向衰落的时期，在这个阶段出现了资本主义的萌芽，各种矛盾日益尖锐，中央集权的王朝统治受到了威胁，管理模式基本服从于高度集权的国家治理体制，后期也有政治家提出在集权型管理模式中吸取和渗透分权思想。

二、中国古代管理思想的内容

我国古代管理思想的框架主要形成于先秦时期，所以古代的管理思想主要体现在先秦时期的诸子百家中，如儒家、道家、墨家、兵家、法家。虽然产生了不同的流派，但这些管理思想的出发点和落脚点都是一样的，其目的都是提出一套治国安邦的万全之策。

我国有着悠远的古代管理史，中国古代传统的管理思想可分为两个方面：宏观管理的治国理论和微观管理的治生理论。治国理论体现在财政赋税管理、人口田制管理、市场管理、货币管理、漕运管理、国家行政管理、科举管理、通关管理等各方面。治生理论则是在长期的生产发展和经济运行的各个阶段的具体实践中逐步积累起来的，包括农副业、手工业、运输业、建筑业、商业等方面的生产经营实践理念。归纳起来，中国古代管理思想的基本观点有如下几个方面。

（一）以人为本的管理思想

以人为本的管理思想在中国古代管理思想中始终占据主导地位。这种管理思想认为人是构成国家整体的第一要素，要求把人作为管理的重心，提倡“爱人贵民”。

春秋战国时期，中国文化就已经表现出鲜明的人文色彩。管子说，“君若将欲霸王举大事乎？则必从其本事矣”“夫霸王之所始也，以人为本。本理则国固，本乱则国危”

“齐国百姓，公之本也”。管子认为，治理国家的务本之道在于经营民心，争取百姓，达人民之所愿，予百姓之所需，尽量做到“民恶忧劳，我佚乐之；民恶贫贱，我富贵之；民恶危坠，我存安之；民恶灭绝，我生育之”。

孟子从“民为立国之本”的思想出发，提出了“天时不如地利，地利不如人和”。又说“桀纣之失天下也，失其民也；失其民者，失其心也。得天下有道，得其民，斯得天下矣；得其民有道，得其心，斯得民矣”。反之，“暴其民甚，则身弑国亡；不甚，则身危国削”。进而指出，“民为贵，社稷次之，君为轻。是故得乎丘民而为天子”。

荀子则指出，“百姓之力，待之而后功；百姓之群，待之而后和；百姓之财，待之而后聚；百姓之势，待之而后安”。孙武的民本思想也提到既要保民，又要利主，把对民众负责与对君主负责统一起来。

在管理中，要重视研究关于人的规律，要根据一定的规律去满足人的需求。我国古代思想家对人的行为规律也进行了深入的研究。如孙武提出“人情之理，不可不察”；关于发挥人的主观能动性，荀子提出“天有其时，地有其财，人有其治”的观点；关于群体行为和组织行为，荀子指出，“人之生，不能无群，群而无分则争，争则乱，乱则穷矣”。这里荀子提倡的就是集体行为，他认为群体性是人类的本性之一，人的生存不能离开群体。总之，我国古代十分强调以人为核心的各种群体关系，包括家庭邻里、社会、国家乃至自然界，倡导的不是对个人的责任而是对群体的责任。

（二）经营战略与生产劳动管理思想

我国古代早已意识到战略决策的重要性及其对全局的作用。《孙子兵法》中提到“上兵伐谋，其次伐交，其次伐兵，其下攻城”，即用兵的上策就是依靠制定谋略来取得胜利。孙武认为，“知己知彼，百战不殆”，要“经之以五事，校之以计而索其情：一曰道，二曰天，三曰地，四曰将，五曰法”，就是要从政治、天时、地利、将领、法制等方面对自己和对方进行全方面分析比较。在企业的经营中就是要在知己知彼的情况下，确定经营目标，制定战略，做出决策。

中国古代有很多善于经营的工商人士，他们在经营中体现出卓越的理财思想和经营管理的艺术，形成了至今仍有借鉴价值的经营思想。其中经商最负盛名、系统总结经营之道的是春秋时期的范蠡。他有两条著名的经营之道：一是待乏原则，他执行的“旱则资舟、水则资车、夏则资皮、冬则资絺”，依据季度预测行情需要，预先储存以待时机，方能有利可图；二是积蓄之理，主要是获取利润的方式，他强调货币的流动性，通过商品数量预测价格的贵贱，以获取好的收益。这些经营管理理念在当今社会已被普遍接受和采用。

中国历代王朝都非常重视农业生产管理，比如注重农业生产结构管理，根据气候和地理条件进行农业生产，还比较重视农业生产技术和耕作工具的作用。在工程建造方面，造就了大量的运用系统管理等思想理念的伟大工程，如秦昭王时期李冰父子主持修建的都江堰水利工程、秦代修建的万里长城、隋朝开凿的大运河等。

（三）组织方面的管理思想

在公元前11世纪，周朝制定了一套官僚组织和制度体系，之后的历代王朝为提高国家管理效率，都非常重视组织管理。如封官定职、加官晋爵、编制详细的官职表，层级分明，职责清晰，权责明确，很好地体现了领导、控制的管理思想。春秋时代孙武所著的《孙子兵法》，可以看作我国最早、最系统的管理丛书。他在书中提出军、旅、卒、伍的军队编制，层级关系明晰，编制非常完备。韩非子提出“事在四方，要在中央。圣人执要，四方来效”，第一次将决策层和执行层、中央和地方的管理职能进行了明确的划分。管子提出，“威不两错，政不二门”。唐太宗李世民也强调，“理国守法，事须画一”。在《三国演义》中也有一句名言，“为治有体，上下不可相侵”。这些论述都从不同角度强调了上下级之间权力和责任的不同，并且都明确指出统一决策指挥的重要作用。

（四）其他管理思想

在领导方式上，儒家提出的“仁政德治”、法家提出的“法制行治”、道家提出的“无为而治”，都是基于中华优秀传统文化长期积淀的高水平、高境界的管理思想。

儒家管理思想提倡“仁政德治”，注重“修己安人”“人为”“为人”，从管理学角度来讲，其认为最佳管理行为应以双向约束为基本要求，管理者不仅要约束他人的行为，同时更要规范自己的行为。儒家强调管理者自身道德品质、心性修养的重要性，崇尚“道德教化”和“正己正人”，即管理者首先要修正自己的思想、语言和行为，“正人必先正己”“修身为本”“内圣外王”，以“修己”为起点，最终才能达到“安人”“为人”的目标，取得管理成效。

法家以“法”即管理制度为核心，注重“法”“势”“术”，即管理制度、管理权威与管理技巧的完美结合。法家赞同“法治”而反对“人治”，主张一切都必须严格遵循法令和规则，不能只依赖管理者的主观判断或个人好恶。法家将管理权威分为“自然之势”和“人为之势”，前者指管理者在既定条件下所获得的权威，后者指管理者利用各种资源所创造的权威。法家尤其注重充分利用和强化“自然之势”，主动创设“人为之势”，从而保证管理制度的实施。在组织机构的建立，职位的设置，人员的选拔、授权、监督、考察等方面，法家为中国古代管理从理论走向实践提供了重要的参考。

道家“无为而治”思想认为，管理者不应靠硬性引导和约束进行管理，而是要遵循事物和人性的内在规律实现自然而然的管理，这是管理的最高境界。所谓无为而治，就是注重精神方面的引导而淡化形式上的控制，提倡高层管理者要尽可能将权力下放，以便员工更好地发挥潜能。

经权观是儒家管理哲学的管理方法论，这一思想早在《周易》中就有所体现。经权中的“经”是指《周易》中的“不易”，即管理活动中普遍的、稳定的原则；“权”指的是《周易》中的“变易”，即根据时空和事态的变化而不断改变方法策略。中国古代的经权观被认为是现代企业管理中权变理论的重要思想渊源。

在激励和奖惩方面，孙子提出，“合军聚众，务在激气”。管理者务必要做到赏罚公正分明，才能服众。春秋战国时期的韩非子主张“诚有功则虽疏贱必赏，诚有过则虽近爱必诛”。对此诸葛亮论述得更加具体，他说：“赏罚之政，谓赏善罚恶也。赏以兴功，罚以禁奸。赏不可不平，罚不可不均。赏赐知其所施，则勇士知其所死。刑罚知其所知，则邪恶知其所畏。”只有做到赏罚分明，才能对良善功将有所激励发扬，令奸恶无功有所畏惧，以确保组织健康运转。

中国古代的管理思想很多都产生于思想最活跃的春秋战国时期，中国古代管理思想经历了一个逐步发展、不断丰富的历史过程，在历史的长河中，它集诸子百家之智慧而日渐丰富，成为博大精深的思想宝库。随着时代的变迁、社会的进步，这些博大精深的管理思想仍在不断推陈出新，它们是中华民族管理经验和智慧的结晶，其中很多思想对我们今天研究现代管理理论和管理实践仍具有重要的借鉴价值。

第 4 节　管理职能

根据管理过程的内在逻辑，管理职能一般可划分为几个相对独立的部分。划分管理职能，并不意味着这些管理职能是互不相关的，其意义在于：便于在理论研究上更清楚地描述管理活动的整个过程，有助于实际的管理工作及教学。划分管理职能有助于实现管理活动的专业化，使管理人员更容易从事管理工作，如同在生产中实现专业化一样，也能大大提高效率。同时，管理者可以运用职能观点去建立或改革组织机构，根据管理职能规定组织内部的职责和权力以及结构，从而确定管理人员的人数、素质、学历、知识结构等。管理职能的基本内容一般包括计划、组织、领导、控制四个方面。

计划职能是对未来活动所进行的一种谋划。组织职能是指为实现组织目标，对每个组织成员规定在工作中形成的分工协作关系。领导职能是管理者利用组织所赋予的权力去激励组织成员为实现组织目标而努力工作的过程。控制职能是指为了保证组织各部门各环节能按预定要求运行而实现组织目标的管理活动。

一、计划

（一）计划的内容、类型和表现形式

计划可以从动词和名词两种词性去理解。动词意义上的计划，可称为计划工作，是一个预测未来、设立目标、决定政策、选择方案的连续过程，目的在于使用有限的资源，把握未来的发展，使组织获得最大的绩效。名词意义上的计划，是指为实现组织目标而进行的行动安排，它是计划工作的结果，是对未来行动的一种说明。计划还有广义和狭义之分。广义的计划包括制订计划、执行计划和检查计划执行情况的反馈等过程，狭义的计划仅仅指制订计划。

计划按照不同标准可划分为不同类型。常见的主要有：按时间的长短，可分为长期计划、中期计划和短期计划；按制订者的层级，可分为战略计划、战术计划和作业计划；按计划的对象，可分为综合计划、局部计划和项目计划。

计划的表现形式也是多种多样的，按其所起作用的层次不同，一般通过使命、愿景、目标、战略、策略、政策、程序、规则、预算、规划等表现出来。

（二）计划的特征

1. 计划具有目的性

在计划过程的最初阶段，制定明确而具体的目标便成为首要的任务，其后所有的工作都是围绕这个目标进行的，目标是计划工作的核心。

2. 计划具有先行性

在管理的基本职能中，计划工作处于先行地位。组织、领导、控制等职能只有在计划工作确定具体目标以后才能有效进行。

3. 计划具有普遍性

计划涉及组织的各个层级、各个部门以及所有成员。不仅高层管理者要做计划，中基层管理者也要根据自己的职责和权力制订本部门、本单位相应的子计划，这样才能更好地贯彻总计划。

4. 计划具有前瞻性

计划是对组织未来活动的安排，它不是对过去的总结，更不是对现状的描述。

（三）计划工作的过程

一项完整的计划一般需要经过以下八个步骤完成，即认识机会、选定目标、认清前提、发掘各种可行方案、对方案进行评估、确定方案、制订派生辅助计划、编制预算。在实际过程中，这些步骤不一定全部包括在内，应灵活运用。

1. 认识机会

通过对组织外部环境和自身条件的 SWOT 分析发现环境对组织的机遇、挑战以及自身的优势和劣势，认识并捕捉机会是编制计划的起点。只有这样，管理人员才能了解环境中存在哪些机会，这些机会对组织是否有利，怎样解决可能出现的问题，为什么要解决这些问题，以及能得到什么样的结果。

2. 选定目标

目标是组织行动的出发点和归宿，制定目标是计划的核心内容。战略计划侧重于目标的制定，作业计划侧重于组织目标体系中必须进行的某项活动。

3. 认清前提

前提是指组织实现计划的内外部环境的假设条件。认清前提就是要对组织内外部环境以及自身具备的条件进行分析和预测，弄清计划执行过程中可能存在的有利和不利条件。

4. 发掘各种可行方案

计划目标能否实现，首先取决于方案的优劣。实现组织目标的途径是多种多样的，只有设计出较多的可行方案，才有可能从中选出最佳方案。

5. 对方案进行评估

方案评估是对各种备选方案的优缺点进行全面、彻底的分析、比较和综合评价。评价时要注意以下几点：

（1）要特别注意发现每一个方案的制约因素和不确定因素。

（2）比较方案时，既要考虑到量化指标的比较，也要考虑到定性指标的比较。

（3）要用综合效益观念来评价方案。

6. 确定方案

从多个备选方案中确定一个较优方案，这就是决策。通常方案是在经验、实验和研究分析的基础上确定的。

7. 制订派生辅助计划

派生辅助计划是指为了支持主计划实现而由各个职能部门和下属单位制订的计划。

8. 编制预算

预算是数字化的财务计划，是组织各种计划的综合反映。它既是评估计划优劣的重要标志，也是协调下属活动的主要手段；既是计划职能的一部分，也是控制的重要手段。

二、组织

组织结构是企业各项活动的载体，是企业的骨骼。没有组织结构，企业生产经营活动就无法正常、有效地进行。有效的组织结构设计是企业进行有效管理的手段，组织结构设计不当，就会影响企业的发展。

（一）组织的内容和特征

动词意义上的组织，是指组织活动，即按照一定的目标、任务和形式，对人员进行编制并形成工作秩序。组织作名词用时，是指组织分工、协作以及相应权责关系的结构模式。组织一般具有目标既定、分工既定、秩序既定等特征。

（二）组织工作的基本任务

1. 组织结构

组织结构包括组织结构设计和组织运行机制两大部分。组织结构设计是指通过纵向层级和横向部门的划分，建立适合组织发展需要的使分工与合作有机结合的部门与岗位结构。组织运行机制是指合理配置组织内部的各种权力，解决好集权与分权的关系，使组织有效运作。

2. 人员配置

人员配置是指根据组织发展的需要和结构来设计部门及岗位，把合适的人员配置到合适的岗位上。

3. 组织变革

任何组织在运行了一段时间后都需要变革，这样才能更好地适应组织内部条件和外部环境的变化。

（三）组织结构设计的原则

1. 任务目标原则

一方面，组织设计是一种手段，其目的是更好地实现企业的经营任务和目标；另一方面，经营任务和目标实现的好坏，是衡量组织设计是否正确有效的标准。

2. 精干高效原则

精干高效原则是组织结构设计的最重要原则，又是组织结构相互联系和运转的要求。

机构精简、人员精干才能为组织成员提供施展才华的舞台。

3. 分工与协作原则

对各个部门和每个员工的工作内容、工作范围、相互关系、协作方式和方法等，都要做到分工合理、协作明确。

4. 指挥统一原则

企业组织结构的设计应当保证行政命令和生产经营指挥的统一，避免多头指挥。

5. 管理幅度和管理层级统一原则

管理幅度也称管理跨度，是指一名管理者能直接有效地领导的下级人员的数量。管理层级也称组织层级，是指组织中职位等级的数目，每一组织等级即为一个管理层级。管理幅度和管理层级成反比。

6. 岗、责、权相对应原则

在组织管理中，安排管理者在一定的岗位（职位、职务）上，必须明确其所应负的责任，并赋予相应的权力。所以，岗位（职位、职务）和责任明确、权力恰当、利益合理是组织结构设计的重要原则。

7. 集权与分权原则

这一原则要求在处理管理层级的关系时，必须将必要的权力集中于上级（集权）与把适当的权力分散到下层（分权）正确地结合起来。

8. 弹性原则

弹性原则是指管理必须有很强的适应性和灵活性，以适应系统外部环境和内部条件变化的形势，实现灵活管理。

9. 执行与监督分离原则

这一原则要求企业中的执行机构同监督机构（如质量监督、安全监督、财务监督等）分开设置，不应合并为一个机构。分开设置后，监督机构既要执行监督职能，又要加强对被监督部门的服务职能。

值得注意的是，以上这些基本原则是组织设计共有的原则，具有普遍性。另外，依据这些原则设计出来的组织模式不应千篇一律，而应各具特色。

（四）组织变革的影响因素

1. 战略

企业在发展过程中需要不断对其战略的形式和内容做出调整。一旦产生新的战略，组织结构就应该进行相应的调整和变革，以适应新战略的需要。

2. 环境

环境变化是导致组织变革的一个主要力量。环境之所以会对组织结构产生重大影响，是因为任何组织都是一个开放系统。组织作为整个社会经济系统的一个重要组成部分，与外部环境存在各种各样的联系，外部环境的变化必然会对组织结构设计产生重大影响。

3. 技术

组织的任何活动都需要借助一定的技术，技术及技术设备水平不仅会影响组织活动的效率和效果，而且会对组织的部门划分、部门间的关系以及组织结构的形式和特征产生重要的影响。

4. 组织规模与发展阶段

组织规模往往与组织的发展阶段相联系。随着组织的发展，组织的活动内容会日趋复杂，人数会逐渐增多，活动范围会越来越大，这样，组织结构也必须加以调整，才能不断适应组织的新情况。组织变革贯穿企业发展的各个时期，不同发展阶段对组织模式有不同的要求。

三、领导

在整个管理过程中，领导这一职能是各个管理职能的纽带，是实现组织目标的关键。领导就是指运用恰当的激励手段，对下属施加影响力，从而保证组织目标顺利实现。

（一）领导和领导者

领导是一种社会活动，特指领导者的角色行为，即对他人施加的影响力，领导的核心是影响力及其应用。领导者是一种社会角色，是指领导活动的行为主体，即实施领导过程的人。

（二）领导者的影响力

领导者的重要任务是影响个体或群体的行为。领导者的影响力主要来自两个方面：一是来自职位权力，这种权力是由领导者在组织中所处的位置决定的，并且随职务的变动而变动。职位权力主要有法定权、奖赏权、惩罚权。二是来自个人权力，这种权力是由领导者的自身特质如能力、经历等而产生的。个人权力主要有专长权和模范权。

（三）领导的作用

1. 指挥

企业的生产经营活动及对生产要素的合理使用，需要有企业领导者的正确指挥。指挥在某种意义上说既是领导者的一项基本管理工作，又是一门艺术。

2. 协调

协调就是正确处理组织内外各种关系，为组织正常运转创造良好的条件和环境，促进组织目标的实现。

3. 沟通

沟通是人与人之间、人与群体之间思想与感情传递和反馈的过程，以求思想达成一致。

4. 激励

激励员工是领导者的关键职能和有效法宝。激励有激发和鼓励的意思，是管理过程中不可或缺的环节和活动。有效的激励可以成为组织发展的动力保证，有助于实现组织目标。

（四）领导理论

1. 领导方式的连续统一体理论

美国学者坦南鲍姆和施米特认为，领导方式是多种多样的，从专制型到放任型，存在多种过渡形式。于是，他们提出了领导方式的连续统一体理论。这一理论以领导者运用职权的程度和下属享有自主权的程度为基本特征变量，连续体的最左端表示的是专制型领导，连续体的最右端表示的是将决策权授予下属的民主型领导。

2. 领导行为四分体理论

美国俄亥俄州立大学对领导效能进行了大量的研究，最终将领导行为的内容归结为两个方面，即以人为重和以工作为重。以人为重，是指注重建立领导者与被领导者之间的友谊、尊重和信任的关系。以工作为重，是指领导者注重规定他与工作群体的关系，建立明确的组织模式、意见交流渠道和工作程序。依照这两个维度可以将领导行为风格特征划分为四种典型组合。

3. 管理方格理论

管理方格理论是由美国心理学家布莱克和莫顿提出的。他们将领导行为四分体理论中的以人为重改为对人的关心度，将以工作为重改为对生产的关心度，将两个关心度各划分为 9 个等分，形成 81 个方格，从而将领导者的领导行为划分成许多不同的类型。布莱克和莫顿在管理方格图中列出了五种典型的领导行为，分别为贫乏式管理、任务式管理、乡村俱乐部式管理、中庸式管理、团队式管理。

4. 费德勒权变模型

费德勒权变模型认为，有效的群体绩效取决于两个方面的恰当匹配：其一是与下属发生相互作用的领导风格；其二是领导者能够控制和影响情境的程度。该模型基于这样的前提假设：在不同类型的情境中，总有某种领导风格最为有效。这一理论的关键在于界定领导风格及情境类型，然后建立领导风格与情境的恰当组合。

5. 路径-目标理论

该理论认为，领导者的工作是利用结构、支持和报酬，建立有助于员工实现组织目标的工作路径。包括两项主要工作：建立目标方向；改善通向目标的路径以确保目标的实现。

6. 领导生命周期理论

该理论由赫塞和布兰查德开发，其主要观点是：依据下属的成熟度选择正确的领导风格，就会取得领导的成功。在下属渐趋成熟时，领导者的行为要做相应的调整。其领导维度与费德勒的划分相同，不同的是每一个维度有高有低，从而组成四种具体的领导风格：指示、推销、参与和授权。

7. 领导-成员交换理论

领导-成员交换理论将领导者与下属的关系看作一种交换关系，即领导者给下属分派工作、付以报酬、提供机会等。相应地，作为回报，下属服从领导的指示、命令，并尊敬上级。这样，领导者和下属通过角色的执行对组织目标的达成做出贡献，结果就是双方互相信任，这种信任又影响着双方的关系。领导-成员交换理论的研究焦点是领导与下属之间的动态关系，以及这种关系对组织目标和下属行为态度所产生的影响，其认为领导者与成员之间的双向互动关系就是领导过程的重点。

8. 变革型和魅力型领导理论

变革型领导是指通过让下属意识到所承担任务的重要意义，激发他们的高层次需要，建立互相信任的氛围，促使下属为了组织利益牺牲自己的利益，从而达到超出预期的目标。变革型领导行为主要在调节下属需要和激励下属完成任务的时候才会显现出来。这是一个领导者向员工灌输思想和道德价值观，并激励员工的过程。

同变革型领导一样，魅力型领导强调行为在领导者对下属施加影响过程中的作用。根据环境、领导者和下属的特质，下属将非凡的品质和魅力归于领导者。下属在察觉到这些行为特征时，认为这就是杰出的人或伟人所具有的能力，从而和该领导者保持一种非理性关系，模仿他们的行为、情感和认知。

9. 家长式领导理论

家长式领导以儒家价值观为基础，被定义为“把严格的纪律和权威与父亲般的仁慈相结合的领导风格”。在中国文化背景下，家长式领导是一种较为普遍的领导风格，在集体主义社会中较为明显，在土耳其、马来西亚、巴基斯坦和印度等国家中也普遍存在。一般从三个维度对家长式领导进行描述：威权、仁慈和德行领导。威权领导的立威行为，会使下属表现出服从和畏惧的行为。仁慈领导包括领导对下属福祉的关心，有时也会延伸到他们的家庭和个人生活；而对于这种施恩行为，下属会表现出感激，并会回报领导的关怀。德行领导是领导者表现出“卓越的个人品德、自律以及无私”的行为方式。威权领导使员工服从，仁慈领导使员工感激和报答，德行领导带给员工尊重和认可。

四、控制

控制是指按照既定的标准，监督检查计划的执行情况，发现偏差，找出原因，采取措施，进行纠正；或者，根据变化的情况对原计划进行调整，以确保组织目标的实现。

（一）实施控制的原因

1. 组织外部环境的变化

计划从设计、制定到执行一般都要经历较长的时间，在这段时间里，组织的外部环境必然会发生变化，从而影响到既定的计划和目标。为了适应变化的环境，组织必须建立一个有效的控制系统。

2. 组织内部环境的变化

受组织外部因素的影响，组织的成员、结构、经营领域、产品都有可能发生变化，计划的变化对计划的执行也会产生影响。

3. 组织成员的素质

计划靠人去执行，目标靠人去实现，人们对计划的理解程度不尽相同，因此，人员素质对计划的执行影响很大。

（二）控制的基本要素

1. 控制标准

控制标准是开展控制工作的依据，这些标准包括质量标准、消耗标准、利润标准和时间标准等。

2. 偏差信息

偏差信息即实际工作情况或结果与控制标准之间的偏离情况。只有了解、掌握偏差信息，才能决定是否应该采取纠正措施以及采取什么样的纠正措施。

3. 纠正措施

这是根据偏差信息及偏差原因采取的一系列措施，其目的是消除偏差、保证计划的顺利进行。纠正措施应建立在对偏差原因进行正确分析的基础上，并不是一有偏差就立即采取纠正措施，超过一定的界限时纠正措施才成为必要。

关键术语

管理原理　　管理理论发展史　　管理思想　　管理职能

思考题

1. 如何理解管理基本原理？企业实践过程中如何灵活运用管理基本原理？
2. 西方管理理论发展史包含哪些阶段？出现过哪些理论？其具体内容是什么？
3. 中国古代管理思想对现代企业管理有何启示？
4. 管理职能包括哪些内容？
5. 管理的各基本职能对从事管理工作具有哪些重要意义？

案例分析

祁连山水泥集团的历史可以追溯到20世纪50年代的永登水泥厂。历经70多年的岁月洗礼，位于甘肃一隅的永登水泥厂已发展为业务遍布甘青藏的祁连山水泥集团，成为拥有水泥、商砼、骨料等多个产业的西部建材领域的龙头企业。

祁连山水泥集团发展到今天无疑是成功的，但其发展历程却无比艰辛。1954年9月，永登水泥厂经国家计委批准正式开工建设，1957年12月建成三条生产线并正式生产营业。初步盈利后，永登水泥厂于1958年4月开工扩建第四条生产线，投产后年生产能力达到48万吨，初见规模。在20世纪70年代，又先后对四条生产线扩大改造，进一步把年生产能力扩大至70万吨，经过不断的投资建窑、扩大规模，永登水泥厂的年生产能力在1995年突破百万吨大关，成为甘肃境内水泥行业的佼佼者。

1996年，祁连山水泥集团以永登水泥厂部分资产改组而成，1996年7月于上海证券交易所上市，股票名称为祁连山。上市后，祁连山水泥集团发展势头迅猛、资金雄厚，公司开始进行多元化探索，如跨区域参股建设粉磨站、跨行业开展酒店经营等，虽然出发点是壮大企业，但最终却未取得实质性进展。短暂的探索后，祁连山水泥集团认识到了自身的不足，开始专注于水泥主业，进入稳步发展阶段。

2009年12月，祁连山水泥集团加入中国建材集团，正式成为央企一员。在中国建材资金注入和甘肃省国资委的支持下，祁连山水泥集团不断扩建新的生产线，提升水泥品质，扩大水泥产能，从2010年的1 310万吨提升至2021年的3 180万吨。

祁连山水泥集团在发展过程中一直高度重视数字化赋能。2007年，祁连山水泥集团就已开始进行集团化管控，建立了ERP自动办公系统。“十二五”期间，打造出了数字祁连山1.0管理系统，后续又对ERP自动办公系统进行升级，在“十三五”和“十四五”期间分别打造出了数字祁连山2.0和3.0管理系统。2023年，祁连山水泥集团已实现经营管控一体化、生产运营数字化、供销管理电商化、物流管理智能化、经营核算专项化、凭证报表自动化、对标分析在线化的数字化闭环管理。

祁连山水泥集团是水泥行业管理创新的典范。从2017年开始，祁连山水泥集团就分别从劳动用工制度、分配机制、薪酬福利制度三方面进行改革。在劳动用工制度方面，提出要充分利用信息化建设管理平台，推行大部制管理模式，实现扁平化管理，重塑业务流程，缩短管理链条，提升管理实效；在分配机制方面，系统梳理和总结升华原有制度体系，不断优化超额利润分享、成本压降奖励等办法，持续优化政策，不断增强广大干部职工的获得感、幸福感、安全感；在薪酬福利制度方面，突出效益优先、效率优先原则，全面实施超额利润分红奖励措施，极大地调动了生产企业和销售团队创优创效的积极性。

讨论题

1. 祁连山水泥集团成为央企后的种种举措，体现了怎样的管理思想？
2. 祁连山水泥集团的发展史对企业经营管理者有何启示？

第 2 章

企业与企业管理

| 本章要点 |

本章对企业与企业管理方面的知识进行概括介绍，内容主要包括企业的概念与类型、企业发展史、现代企业制度、企业管理与企业管理者、企业伦理与社会责任等。认识企业的本质及发展历史，了解现代企业制度，对企业从事管理实践具有重大指导作用。探讨企业伦理与企业社会责任的相关内容，对现代企业构建诚信和道德机制不可或缺。

引例

甘肃义顺集团是一家发展近百年的老字号企业，其历史可以追溯至 1925 年成立的“义顺商号”。经过五代人的艰苦创业，近百年的接续传承，目前的义顺集团已成为一家以酒类营销为主体，以科研生产和连锁零售为两翼的集团化企业。

义顺集团自创办之日起，就始终秉持着“仁中取利，义内求财”的经营理念，不断倡导“在内，替家人和下属着想；在外，替客户和社会着想”的企业文化，致力于企业和社会的和谐发展，在不断做大做强的同时承担社会责任，积极投身捐资助学、抗震救灾、脱贫攻坚等各项公益事业。

义顺金榜题名奖、义顺奖学金、义顺助学金等项目是义顺助学公益项目的重要组成部分。2012 年，义顺集团与甘肃省光彩事业促进会合作筹资 1 000 多万元启动了“甘肃省光彩会义顺助学公益项目”，每年定时为义顺的发祥地——甘肃省康乐县高考成绩名列前茅的 30 位考生颁发义顺金榜题名奖，每人奖励一台联想笔记本电脑，已累计发放 330 台。同时，每年为数百名品学兼优的优秀学子、优秀教师发放奖学金、助学金 30 万元。2018 年 4 月，甘肃义顺助学公益基金会经甘肃省民政厅、甘肃省教育厅审批正式成立。

义顺集团始终坚定支持教育事业，倡导尊师重教。2017—2020 年，义顺集团联合中华孔子学会、华商书院西北联盟校友会等募集专项资金 100 多万元，为西北师范大学附属中学、康乐一中、临洮一中、夏河一中等 36 所中小学捐建了孔子雕像。多年来，义顺集团累计向社会捐款超过2 000万元。

义顺集团坚持传承弘扬中华优秀传统文化，认为相亲相爱、平等互助、尊老爱幼、文明和谐的家风是幸福和睦家庭的根基，倡导“家文化”理念，提倡孝亲敬老，重视培养员工的德行，致力于把企业打造成一个互助友爱的大家庭。近年来，通过开展“黄金老人”走访慰问活动，进一步充实了共享型幸福企业的内涵，诠释了“家文化”的传承与担当；开展“和谐之家”评选活动，为弘扬文明和谐新风、促进家庭美德建设、稳定员工队伍，起到了有力的保障作用。

资料来源：甘肃义顺商情网.

第1节　企业的概念与类型

企业是从事生产、流通与服务等经济活动的营利性组织，通过各种生产经营活动创造物质财富，提供满足社会公众物质和文化生活需要的产品或服务，在市场经济中占有非常重要的地位。

一、企业的概念

企业是指以营利为目的，运用各种生产要素，从事商品生产、流通和服务活动，为满足社会需要，进行自主经营、自负盈亏、自我发展、自我约束，并依法设立的经济组织。企业是商品经济发展到一定阶段的产物，是随着商品生产的发展而发展的。企业是一个经济性组织，同时又是一个社会性组织。作为组织形式之一，企业是按照一定的组织规律有机构成的经济实体，一般以营利为目的，通过提供产品或服务换取收入，以实现投资人、客户、员工、社会大众的利益最大化。企业存在三类基本组织形式：个人独资企业、合伙企业和公司制企业，公司制企业是现代企业中最主要、最典型的组织形式。

在市场经济高度发达的今天，企业已成为社会经济的细胞和基本单位。具体来说，企业具有以下特征：

第一，企业是社会化商品生产条件下的社会经济细胞，即微观经济组织。作为经济组织，它同一切非经济的政府行政组织、民间组织相区别；作为微观经济组织，它又同国家（社会）的宏观经济组织相区别。

第二，企业是具有社会性和经济性双重目的的经济组织。一方面，企业要满足社会各方面生产和生活的消费需要，承担社会责任，这是企业存在的社会性目的；另一方面，企业必须盈利，为自身的发展提供积累，为员工提供福利，为国家提供税收等，这是企业存在的经济性目的。企业的社会性使它同自给自足的自然经济组织相区别，企业的经济性使它同行政组织、事业组织相区别。

第三，企业是在社会再生产过程中执行某种职能的经济组织，如农业企业、工业企业、商贸企业、金融企业、服务企业等。非物质生产领域中的某些社会经济组织，如社会福利机构、基金会、慈善组织等则不属于企业。

第四，企业是自主经营、自负盈亏的经济组织。自主经营是指企业具有经营管理的自主权，能够依法独立进行生产经营活动。自负盈亏是指对其经营后果能够独立地享有相应的权益和承担相应的责任。

二、企业的类型

（一）企业类型的划分

按社会分工角色的不同，企业可以分为工业企业、农业企业、商业企业、现代服务业企业等类型。

按规模大小，企业可以分为大型企业、中型企业和小型企业三类。

按生产力各要素所占比例的不同，企业可以分为劳动密集型企业、资金密集型企业、技术密集型企业、知识密集型企业四类。

按所有制性质的不同，企业可以分为国有企业、集体所有制企业、民营企业、外商投资企业、联营企业、股份合作企业等类型。

按资产构成和所承担法律责任的不同，企业可以分为个人独资企业、合伙企业和公司制企业三种常见类型。

（二）企业的组织形式

1. 个人独资企业

个人独资企业是指由一个自然人投资，财产为投资人所有，投资人以其个人财产对企业债务承担无限责任的经营实体，又称为独资企业。企业主享有企业的全部经营所得，同时对企业的债务负有完全责任，如果经营失败，出现资不抵债的情况，企业主要用自己的家产来抵偿。这种企业在法律上为自然人，不具有法人资格，是最简单的企业形式。

个人独资企业一般规模较小，内部管理机构简单。它的优点是设立和解散的程序简单易行；产权能够比较自由地转让，经营者与所有者合一，经营方式灵活，决策迅速，有较强的自主性；利润归个人所有，保密性强。它的缺点在于受个人出资的限制，多数个人独资企业本身财力有限，而且受到偿债能力的限制，取得贷款的能力较差，难以从事需要大量投资的大规模工商活动；企业生命力弱，寿命有限，企业的存在与否完全取决于企业主；由于经营者必须承担无限责任，经营风险较大。

2. 合伙企业

合伙企业是指由自然人、法人和其他组织设立的普通合伙企业和有限合伙企业。普通合伙企业由两个以上普通合伙人组成，合伙人对合伙企业的债务承担无限连带责任。法律对普通合伙人承担责任的形式有特别规定的，从其规定。合伙人按照协议共同出资、合伙经营、共同分享企业所得，并对营业亏损共同承担完全责任。它可以由部分合伙人经营，其他合伙人仅出资并共负盈亏，也可以由所有合伙人共同经营。

有限合伙人以其认缴的出资额为限对合伙企业的债务承担责任。有限合伙企业由 2 个以上 50 个以下合伙人设立，法律另有规定的除外。国有独资公司、国有企业、上市公司以及公益性的事业单位、社会团体不得成为普通合伙人。普通合伙制企业与个人独资企业相比有很多优点，体现在资本来源和信用能力相对较高，可以从众多的合伙人处筹集资本，合伙人共同承担偿还责任，降低了银行贷款风险，因此企业的筹资能力得到改善，可以提高竞争力，扩大经营领域；同时，合伙人对企业盈亏负有完全责任，这意味着所有合伙人都以自己的全部家产为企业担保，因而有助于提高企业的信誉。在一定程度上，合伙企业弥补了个人独资企业在资本、知识、能力等方面的缺陷，它的产生有其必然性。

合伙企业的缺点在于合伙企业是根据合伙人之间的契约建立的，每当合伙人发生变化时，都有可能重新确立一种新的合伙关系，从而造成法律上的复杂性；由于所有合伙人都有权代表企业从事经济活动，重大决策则需要得到所有合伙人的一致同意，因而很容易造成决策上的延误和差错，给企业管理协调增加难度；所有合伙人对企业债务都负有连带无限清偿责任，这就使那些并不能控制企业的合伙人面临很大的债务风险。由于存在这些特点，一般来说，这类企业规模较小，资本需求量较少。合伙人的个人信誉有明显重要性的企业，如律师事务所、会计师事务所、诊疗所等常常采取普通合伙企业形式。

3. 公司制企业

公司制企业又称公司，是指依法由股东出资组成，或是由两个以上企业出资联合组成的企业。公司是法人，在法律上具有独立人格，这是公司与个人独资企业、合伙企业的重要区别。目前，我国现代企业制度的组织形式主要有有限责任公司和股份有限公司两种。

（1）有限责任公司。它是指由50个以下股东共同出资，每个股东以其出资额对公司承担有限责任，公司以其全部资产对其债务人承担责任的法人。其基本特点是：公司的全部资产不必划分为等额股份，公司向股东签发出资证明书，不发行股票；公司股份的转让有严格限制；股东人数在法律上有上下限度；股东按出资额享有权利及承担义务。

（2）股份有限公司。它是指注册资本分成等额股份，并通过发行股票或股权证筹集资本，股东以其所认购的股份对公司承担有限责任，公司以全部资产对公司债务承担责任的企业法人。其基本特点是：股份有限公司的股票可以自由交易、转让；股东人数必须达到法定人数；每一股有一票表决权；股东以其持有股份数享有相应的权利、承担相应的义务；公司应将经注册会计师审查验证的财务报告公开。

有限责任公司和股份有限公司的区别有以下几点：

第一，股东的数量不同。有限责任公司的股东为1～50人；而股份有限公司的股东则没有数量上限，有的大公司达几十万人，甚至上百万人，但至少2人。与有限责任公司不同，股份有限公司必须设立股东大会，股东大会是公司的最高权力机构。

第二，股本的划分方式不同。有限责任公司的股份不必划为等额股份，其资本按股东各自所认缴的出资额划分；股份有限公司的股票必须是等额的，其股本的划分数额较小，每一股金额相等。

第三，发起人筹集资金的方式不同。有限责任公司只能由发起人集资，不能向社会公开募集资金，其股票不可以公开发行，更不可能上市交易；而股份有限公司可以向社会筹集资金，其股票可以公开发行并上市交易。

第四，股权转让的条件限制不同。有限责任公司的股东可以依法自由转让其全部或部分股本；股东依法向公司以外人员转让股本时，必须有过半数股东同意方可实行；在转让股本的同等条件下，公司其他股东享有优先权。股份有限公司的股东所拥有的股票可以交易和转让，但不能退股。

第五，公司组织机构的权限不同。有限责任公司股东人数少，组织机构比较简单，可只设董事会而不设股东大会或监事会，因而董事会成员往往由股东个人兼任，权限机动性较大；股份有限公司的设立程序和组织结构复杂，股东人数较多而相对分散，因此，股东大会的权限受到一定限制，董事会的权限比较集中。

第六，股权的证明形式不同。有限责任公司的股权证明是公司签发的出资证明书；股份有限公司的股权证明是公司签发的股票。

第七，财务状况公开程度不同。有限责任公司的财务状况，只需按公司章程规定的期限报告给各股东即可，无须公告和备查，财务状况相对保密；股份有限公司由于设立程度复杂，并且要定期公布财务状况，相比而言难以操作和难以保密。

第 2 节　企业发展史

一、企业发展的三个历史阶段

（一）企业组织的萌芽阶段

企业组织首先是一种生产组织，因而企业的产生可以从生产组织形式的历史沿革中去考察。最早的生产组织形式产生于原始社会的部落中，人类早期的生产组织形式与其他社会组织形式是融合在一起的。当时的人们不是为了节约交易费用而创造组织形式的，而是为了生存的需要，联合起来形成一个群体或一个部落，来抗击自然对人类的侵害。在这种最早期的自给自足经济中，联合生产的技术发生了变化，出现了劳动剩余，为交换行为的产生提供了可能。到了原始社会末期和奴隶社会，由于联合生产技术的变化，人们的生产范围不断扩大，生产的种类也日益增加，结果是社会分工的发展、人与人之间交换行为的产生及不断扩大。生产组织正是在这种社会分工的不断深化和交换行为的不断扩大中，从单个私有生产者、部落联合生产向手工作坊演进和转变。而这些手工作坊实际上就是早期企业的萌芽。

（二）近代企业组织的产生与演化

近代企业组织的产生与演化可以进一步划分为三个阶段：早期工场手工业、近代资本主义机器大工业，以及以机器大生产为主的企业向以专业化为表征的近代企业发展。

首先，从工场手工业自身的发展来看，这种初级的企业形式有一个由低级形态向高级形态发展的过程。混成的工场手工业是初级的形式，接着开始向有机的工场手工业转变，继而从有机的工场手工业向以机器为主的近代典型企业转变。

其次，近代企业组织由工场手工业向以机器大生产为主的企业的演进，可以进一步从以下几个方面来研究。一是从社会的科技进步看，18 世纪中叶发生了以纺织机械的革新为起点，以蒸汽机的发明和广泛使用为标志的第一次工业革命，促使各资本主义国家先后建立起以蒸汽机为动力的工业技术体系。而兴起于19世纪中叶，以电力技术为主导，以化工技术、钢铁技术、内燃机技术等为标志的第二次工业革命则进一步促进了资本主义大工业体系的形成。所有这些都为近代企业组织从工场手工业向以机器大生产为主的企业演进提供了物质准备。二是从社会分工的角度看，企业组织是社会分工的结果和标志，同时又是社会分工的基础。三是从企业的内在动力看，追逐自身的利益无疑是企业最为原始也最为根本的动力。此外，这一时期市场规模与市场范围的扩大也为企业组织的演进提供了现实的可能性。

最后，以机器大生产为主的企业向以专业化为表征的近代企业发展，与工场手工业向以机器大生产为主的企业的演进，几乎是同时发生的。这是因为在社会分工深化的同时，必然会导致社会生产的专业化。专业化提高了生产效率，增强了企业的盈利能力，为企业组织的演进提供了动力。

（三）现代企业组织的产生与发展

现代企业组织的产生是以企业所有者与经营者的分离为标志的。随着企业规模的不断发展，企业产品生产、市场销售、财务管理以及组织管理变得极其复杂，专业的经营管理知识在企业运营过程中的作用越来越大，如果投资者不将企业的经营管理职能让渡给专业人士，则尽管其财产增值动机很强，也会由于缺乏专业经营管理能力，难以驾驭越来越复杂的企业经营管理活动，从而获取利润的能力将远不如专业人士。因而，资本家将其掌握的经营管理权力让渡给专业的经营管理人士，不仅是企业环境变迁的应对措施，也是资本家逐利本性的客观要求。

从企业的历史演化来看，无论是外部环境还是其经济活动内容，早期的古典企业与现代企业都有着不同的特征。无论是早期简单的手工作坊、工场手工业，还是现在规模巨大、结构更为复杂的股份公司，作为生产组织的企业一定都含有企业所特有的质的规定性。

二、企业生命周期

企业生命周期理论由美国著名管理学家伊查克·爱迪思提出。他在《企业生命周期》一书中，对企业的生命历程及其面临的问题进行了详细论述。他将企业生命周期划分为十个阶段：孕育期、婴儿期、学步期、青春期、盛年期、稳定期、贵族期、后贵族期、官僚期和死亡期。这十个阶段可以分为两个大的阶段：成长阶段（孕育期、婴儿期、学步期、青春期、盛年期）和老化阶段（贵族期、后贵族期、官僚期和死亡期），稳定期是企业成长阶段和老化阶段的转折点。结合企业实际情况，企业生命周期可划分为四个阶段：初创阶段、成长阶段、成熟阶段和老化阶段。

（一）初创阶段

企业生命周期的第一个阶段称为初创阶段。这一阶段企业的主要特点有：（1）企业还没有得到社会的承认，实力也很弱，却极富灵活性和成长性；（2）企业内部的各种正式组织、规章制度和经营方针尚未健全，企业文化也尚未形成，人治管理色彩浓厚；（3）企业的领导者和管理者基本上是创业者，他们的个人作用突出，各项业务的开展以企业领导者为核心。

（二）成长阶段

如果企业运行良好，成长性、竞争性增强，就会过渡到下一个发展时期，即企业生命周期的成长阶段。这一阶段企业的特征主要有：（1）经营规模不断扩大，主营业务不断扩展并快速增长，资源日趋紧张；（2）企业组织形态走向正规化，机构相对完善，企业规章制度不断建立健全，企业文化逐渐形成；（3）企业创业者的个人作用开始弱化，更多地担当起领导者和管理者的角色，职业经理人开始进入企业并发挥关键作用。

（三）成熟阶段

成熟阶段是企业生命历程中最为理想的阶段，在这一阶段，企业的灵活性、成长性及竞争性达到了均衡状态。这一阶段企业的特征有：（1）企业能够获取最大利润，财务状况大为改观，现金流相对宽裕；（2）企业的制度和组织结构相对完善并能充分发挥作用，企业的创造力和开拓精神得到制度化保证；（3）企业非常重视顾客需求，一切以顾客至上为原则，即重视市场、重视公司形象；（4）计划能得到不折不扣的执行，企业对未来趋势的判断能力突出，并且完全能承受企业发展所带来的压力。

（四）老化阶段

老化阶段是企业生命周期的衰落阶段，此时企业内部缺乏创新，没有了创业时的冒险精神，预示着危机的到来。老化阶段企业的特征如下：（1）企业增长乏力，整体竞争能力和获利能力全面下降；（2）企业内部执行力缺乏，互相推脱责任的情况经常发生；（3）企业员工自保意识不断增强，做事越来越拘泥于传统、注重形式，只求维持现状和稳定。

第 3 节　现代企业制度

现代企业制度是指以市场经济为基础，以完善的企业法人制度为主体，以有限责任制度为核心，以公司制企业为主要形式，以产权清晰、权责明确、政企分开、管理科学为条件的新型企业制度，其主要内容包括企业法人制度、企业自负盈亏制度、出资者有限责任制度、科学的领导体制与组织管理制度。

一、现代企业制度的特征

（一）产权清晰

产权清晰是指产权在两个方面清晰：一是法律上的清晰；二是经济上的清晰。就国有企业而言，产权在法律上的清晰是指有具体的部门和机构代表国家对国有资产行使占有、使用、处置和收益等权利，以及国有资产的边界清晰。产权在经济上的清晰是指产权在现实经济运行过程中是清晰的，它包括产权的最终所有者对产权具有极强的约束力，以及企业在运行过程中真正实现自身责权利的内在统一。

（二）权责明确

权责明确是指合理区分和确定企业所有者、经营者和劳动者各自的权利和责任。所有者按其出资额享受资产受益、重大决策和选择管理者的权利，对企业债务承担相应的有限责任；公司在其存续期间对由各个投资者投资形成的企业法人财产拥有占有、使用、处置和收益的权利，并以全部法人财产对其债务承担责任；经营者受所有者的委托，享有在一定时期和范围内经营企业资产及其他生产要素并获取相应收益的权利；劳动者按照与企业的合约拥有就业和获取相应收益的权利。

（三）政企分开

政企分开，一方面要求政府将原来与政府职能合一的企业经营职能分离出来还给企业；另一方面，要求企业将原来承担的社会职能如住房、医疗、养老、社区服务等分离出来还给政府和社会。政企分开的基本含义是实现所谓的“三分开”：一是实现政资分开，即政府的行政管理职能与国有资产的所有权职能分离。二是在政府所有权职能中，实现国有资产的管理职能同国有资产的营运职能分离。三是在资本营运职能中，实现资本金的经营同财产的经营分离。

（四）管理科学

管理科学是一个含义宽泛的概念。从较宽的意义上说，它包括了企业组织合理化的含义，如横向一体化、纵向一体化、公司结构的各种形态等。一般而论，规模较大、技术和知识含量较高的企业，其组织形态趋于复杂。从较窄的意义上说，管理科学要求企业在管理的各个方面，如质量管理、生产管理、供应管理、销售管理、研究开发管理、人事管理等方面都实现科学化。

二、现代企业制度的基本内容

（一）现代企业产权制度

现代企业产权制度是对财产权在经济活动中表现出来的各种权责加以分解和规范的法律制度，它以产权为依托，对各种经济主体在产权关系中的权利、责任和义务合理有效地进行组合、调节。产权制度的核心是通过对所有者和使用者的产权进行分割和权益界定，使产权明晰化，以实现社会资源的优化配置。所以，现代企业产权制度的实质是所有者终极所有权与企业法人财产权的分离。

（二）现代企业组织制度

在市场经济的发展中，公司制企业已经形成了一套完整的组织制度，其基本特征是：所有者、经营者和生产者之间，通过公司的决策机构、执行机构、监督机构，形成相互独立、权责分明、相互制约的关系，并以法律和公司章程的形式加以确立和实现。公司组织制度坚持决策权、执行权和监督权三权分立的原则，由此形成股东大会、董事会和监事会并存的组织框架。

公司制企业的组织机构通常包括股东大会、董事会、监事会及经理人员四大部分，按其职能分别形成决策机构、监督机构和执行机构。股东大会及其选出的董事会是公司的决策机构，股东大会是公司的最高权力机构，董事会是股东大会闭会期间的最高权力机构；监事会是由股东大会选举产生的监督机构，对董事会及经理人员的活动进行监督；经理人员是董事会领导下的公司管理和执行机构。这种组织制度既赋予了经营者充分的自主权，又切实保障了所有者的权益，同时还能调动生产者的积极性，因此是现代企业制度中不可缺少的内容之一。

（三）现代企业管理制度

现代企业制度是一个广义的概念，既包括调节企业经济发展关系的基本制度，又包括企业各项专业管理制度，同时还有各项责任制度，这些制度共同构成现代企业管理制度体系。

1. 现代企业领导制度

企业领导制度的核心是对企业内部领导权的归属、划分及行使等所做的规定。建立科学完善的企业领导制度是搞好企业管理的一项根本性工作，现代企业领导制度应该体现领导专家化、领导集团化和领导民主化的原则。

2. 现代企业劳动人事制度

在市场经济条件下，企业实行市场化用工，即实行企业与员工双向选择的企业自主用工、劳动者自主择业的用工制度，并打破身份界限，实行能者上、庸者下的管理人员聘任制度。现代企业根据劳动就业供求状况和国家有关政策规定，由董事会自主确定企业的工资水平和内部分配方式，实行个人收入货币化和规范化。员工收入依岗位、技能和实际贡献确定；高层管理人员的报酬由董事会决定；董事、监事的报酬由股东大会决定；兼职董事和监事实行津贴制度。

3. 现代企业财会制度

现代企业财会制度应充分体现产权关系清晰、财会政策公平、企业自主理财并与国际惯例一致的原则。现代企业有充分的理财自主权，包括自主的市场取向筹资、投资、资产处置、折旧选择、科技开发费提取以及留用资金支配等权利。现代企业有健全的内部财会制度，并配备合格的财会人员，其财务报告需经注册会计师签字，上市公司要严格执行公开披露财务信息制度。

4. 现代企业破产制度

破产制度是用来处理企业在生产经营过程中形成的各种债权、债务关系，维护经济运行秩序的法律制度。它不是以行政命令的方式来决定企业的存亡，而是以法律保障的经济运行方式自动筛选和淘汰一些落后企业，为整个经济运行提供一种优胜劣汰的途径。

第4节　企业管理与企业管理者

一、企业管理的内涵

（一）企业管理的含义

企业管理是对企业的生产经营活动进行计划、组织、领导和控制等一系列职能的总称，有三层含义：

第一层含义说明管理采用的措施是计划、组织、领导和控制这四项基本活动，这四项基本活动又称为管理的四大基本职能。

第二层含义实际上是第一层含义的目的，即利用管理职能来协调人力、物力和财力方面的资源。

第三层含义又是第二层含义的目的，协调人力、物力和财力资源旨在使整个组织的活动更加富有成效，这也是管理活动的根本目的。

（二）企业管理的主要内容

企业管理可以划分为几个业务职能分支：人力资源管理、财务管理、生产管理、采购管理、营销管理等。通常，公司会按照这些专门的业务职能设置职能部门。

在企业系统的管理上，又可分为企业战略、业务模式、业务流程、组织结构、企业制度、企业文化等系统的管理。美国管理界在借鉴日本企业经营经验的基础上，最后由麦肯锡咨询公司发展出了企业组织七要素，又称麦肯锡7S模型。在七要素中，战略、结构、制度被看作“硬件”，风格、人员、技能、共同价值观被看作“软件”，其中以共同价值观为中心。

二、企业管理者

企业管理者是指通过其职位能够影响该组织经营成果的人。现代观点强调管理者必须对组织负责，而不仅仅是拥有权力。

（一）管理者的角色

管理者在管理工作中表现为十种角色，这十种角色可分为三大类：人际角色、信息角色和决策角色。

1. 人际角色

人际角色的产生以管理者的正式权力为基础。管理者所扮演的三种人际角色是：代表人角色（行使一些具有礼仪性质的角色）、领导者角色（管理者和员工一起工作并通过员工的努力来确保组织目标的实现）、联络者角色（在组织内部与外部利益相关者之间建立良好的关系）。

2. 信息角色

管理者负责确保和其一起工作的人可得到足够的信息，从而能够顺利完成工作。整个组织的人依赖管理结构和管理者获取或传递必要的信息，以完成工作。信息角色包括监督者角色（持续关注内外部环境的变化以获取对组织有用的信息，接触下属或从个人关系网获取信息，依据信息识别工作小组和组织潜在的机会和威胁）、传播者角色（分配监督者所获取的信息，保证员工拥有必要的信息以切实有效完成工作）、发言人角色（把信息传递给单位或组织以外的个人，让利益相关者感到满意）。

3. 决策角色

管理者按照既定的计划行事，并分配资源以保证计划的实施。决策角色包括企业家角色（对作为监督者发现的机会进行投资及利用）、干扰应对者角色（处理组织运行过程中遇到的冲突或问题）、资源分配者角色（决定组织资源用于哪些项目）、谈判者角色（进行必要的谈判，对象包括员工、供应商、客户和其他工作小组，以确保组织朝着目标迈进）。

（二）管理者的层级

一般来讲，组织中从事管理工作的人可能有许多，可以将这些管理者按所处的管理层级进行分类，主要有以下三种类型。

1. 高层管理者

高层管理者处于最高的组织层级，负责确定组织目标，制定实现目标的战略，研究外部环境状况并就整个组织的问题进行决策。高层管理者要具有战略眼光，在高层管理者的所有职责中，最重要的责任是沟通组织的使命与愿景，塑造组织文化。高层管理者要对整个组织负责。

2. 中层管理者

中层管理者是指处于高层管理者和基层管理者之间的一个或若干个中间层级的管理者，其主要职责是贯彻执行高层管理者所制定的重大决策，监督和协调基层管理者的工作。中层管理者管理的内容一般属于战术性的。

3. 基层管理者

基层管理者是指处于最低层级的一线管理者，他们管辖作业层人员，主要职责是给下属分派具体的工作任务，直接指挥和监督现场作业活动，保证各项任务的有效完成。基层管理者管理的内容一般属于作业性的。

（三）管理者的技能

1. 技术技能

技术技能是指使用某一专业领域内有关的工作程序、技术和知识完成组织任务的能力。对于管理者来说，拥有技术技能对于更好地胜任管理工作尤为重要。

2. 人际技能

人际技能是指处理人际关系的能力。一个组织的管理者不可避免地要处理组织内部与外界的关系。

3. 概念技能

概念技能是能够洞察组织及组织所处环境的复杂性，并根据环境的变化对某种客观事物发展规律进行抽象概括的能力。

以上三种技能是任何层级的管理者都要具备的，只是随着管理者管理层级的变化而各有侧重。一般来说，对高层管理者的技能要求是：概念技能最高，人际技能稍次，技术技能最低；对中层管理者的技能要求是：人际技能最高，概念技能稍次，技术技能最低；对基层管理者的技术要求是：技术技能最高，人际技能稍次，概念技能最低。其中，人际技能对于任何层级的管理者都至关重要。

第5节 企业伦理与社会责任

一、企业伦理

20世纪中叶前，西方企业一直以追求利润最大化为目的，企业社会责任被长期忽视，随之而来的是社会问题不断出现并恶化。到20世纪50年代末60年代初，美国工商企业爆出了一系列经营丑闻：行贿受贿、胁迫或欺诈交易、规定垄断价格、污染环境、不平等对待甚至歧视员工等。公众对此反应强烈，要求政府进行调查。此后，美国陆续出现了一系列直接或间接涉及企业伦理的社会运动，有力地促进了西方国家对企业伦理问题的关注、研究。

（一）企业伦理的内涵

企业伦理（又称为企业道德），是企业经营活动本身的伦理。企业伦理观念是美国20世纪70年代提出的。在当今时代，如果企业只追求利润而不考虑企业伦理，则企业的经营活动会越来越为社会所不容，最后必定会被时代淘汰。如果在企业经营活动中没有必要的伦理观指导，经营本身也就不能取得成功。树立企业伦理观，体现了重视企业经营活动中人与社会要素的理念。

（二）企业伦理的建设

企业可以从以下四个方面入手进行企业伦理建设。

1. 制定并执行企业伦理守则

伦理守则所规范的主要内容是企业与其利益相关者，包括员工、顾客、股东、政府、社区、社会大众等的责任关系，它同时包含公司的经营理念与道德理想，反映公司的文化与行为、生存的基本意义和行为的基本方向。企业信奉的伦理守则应贯彻到经营决策的制定以及重要的企业行为中。在建立伦理守则的同时，通过一系列的奖励、审核及控制系统加以强化，并对破坏伦理规范的行为予以惩罚。

2. 设定伦理目标

企业伦理目标强调企业行为不仅要具有经济价值，还必须具有伦理价值，企业的经济目标需要伦理目标的调节和制约。经营者必须不断提醒自己，企业生存的根本意义是什么。企业要想获得持久的发展，追求的目标中就应该包含伦理道德的要求，应该是经济目标与伦理目标的统一。

3. 加强员工的企业伦理教育

加强员工的企业伦理教育，不仅可以提高公司的向心力、激励员工士气，也可提升个人的品质，满足员工更高层次的精神需求。这种需求的满足会进一步激发员工的积极性、创造性和敬业精神，从而更有利于企业经济目标的实现。

4. 由高层开始推动伦理建设

高层领导的重要职责之一是建立一个支持各种道德行为的环境，并在员工中灌输一种共同承担的责任感，让员工体会到遵守伦理有助于企业的健康发展。领导者要敢于承诺，敢于为自己所倡导的价值观念采取行动，在道德义务存在冲突时敢于以身作则。

企业管理者的主要责任是教导、促进、启发员工的诚实、正直、公正感。一个真正的企业家，应该是净化社会风气的先锋。例如，张瑞敏曾亲手抡起铁锤砸掉 76 台质量存在缺陷的冰箱，如今，“精细化、零缺陷”成为海尔全体员工的心愿和行动，那把大锤依然摆在展厅里，让每一位新员工都能记住它。

中国企业处于激烈竞争的国际环境中，这更要求企业以诚信为本，在创造经济利益的同时将企业伦理作为体制改革的一个重要部分，在组织内建立一套行之有效的伦理监督机制，肩负起应尽的社会责任，实现企业的可持续发展。

二、企业社会责任

西方早期的企业社会责任主要涉及经济活动中的道德和伦理问题，尤其关注用普通的伦理原则来反对经济活动中的撒谎、偷窃或欺骗等不道德和不合伦理的行为。1916 年，芝加哥大学的约翰·莫里斯·克拉克在《改变中的经济责任的基础》一文中提出：“迄今为止，大家并没有认识到社会责任中很大一部分是企业的责任。”这也是最早提出企业社会责任概念的文献。1953 年，霍华德·鲍恩的《商人的社会责任》出版，开创了现代企业社会责任研究的先河。

（一）企业社会责任的内涵

企业社会责任（corporate social responsibility，CSR）是指企业在追求利润最大化的同时或在经营过程中，对社会应承担的责任或对社会应尽的义务。具体表现为，企业在经营过程中，特别是在进行决策时，除了要考虑投资人的利益或企业自身的利益，还应适当考虑与企业行为有密切关系的其他利益群体及社会的利益。正是由于企业利益与社会利益事实上的不可分割性，所以在履行社会责任时，企业所采取的一些行为兼具自身与社会双重影响属性，企业社会责任的本质就是企业自身对人类社会所承担的一种义务。

（二）企业与企业社会责任的关系

企业作为一个国家的经济主体，必然要承担一份社会责任。企业与企业社会责任之间应该是“鱼水关系”，是不可分割的，企业的生存和发展与社会环境休戚相关，社会是企业利益的来源。这就要求企业履行社会责任，改善社会环境，使社会整体环境更适合企业发展。企业的经济活动需要在社会环境中发生，企业应承担自己的经济活动所造成的社会后果。

（三）企业社会责任的分类

从法律角度可分为法定的企业社会责任和非法定的企业社会责任。法定的企业社会责任是指国家有关法律、法规及相关法律性条文规定企业必须承担的社会义务。比如，企业所缴纳的税金、企业的产品质量等。非法定的企业社会责任是指国家法定的企业社会责任以外的、企业愿意自主承担的社会义务。从范围角度可分为企业内层社会责任和企业外层社会责任。企业内层社会责任是指企业对企业内部的投资者、员工、客户、当地社区所应承担的社会责任，企业外层社会责任是指企业对政府、国内机构、社会团体、媒体、贸易机构、竞争者所应承担的社会责任。

（四）企业社会责任的发展趋势

从国际上看，企业不仅积极地遵守企业伦理和商业道德，而且开始成体系地推进企业公民体系的建立和完善。例如，惠普公司在2003年4月首次发布了《社会和环境责任年度报告》，明确地把企业公民责任上升到惠普公司发展战略的高度，是企业竞争优势的一部分。报告系统地展示了惠普公司在履行社会责任方面的成就和计划，标志着惠普公司企业公民体系的建立，也折射出世界一流企业的发展趋势。其内容包括关心人力资本、回报社会、保护环境、将供应商纳入企业公民体系等。2017年，瑞典出台了专门的可持续报告法，提高了瑞典对非财务信息披露范围的要求。2018年1月，在欧美可持续金融高级专家组发布的财务报告中，明确传达出可持续发展是能够吸引金融市场兴趣的领域，管理团队和财务参与者都将可持续发展与利润、创造联系起来。现在广为谈论的绿色经济、可持续金融、影响力投资、绿色债券等，都可看作对可持续发展的延伸。随着这些经济形态的深入发展，企业也将更加关注在可持续发展和社会责任方面的资源投入。

从我国国内来看，企业社会责任正在得到不断的强化和发展，包括：企业引入社会责任管理体系——一种以保护劳动环境和条件、劳工权利等为主要内容的新兴的管理标准体系。企业建立社会责任会计报告制度——传统会计仅仅将企业看作一个单纯的营利组织而不是社会组织，因而所提供的信息往往局限于企业的财务状况和盈利状况，对企业生产经营活动所造成的社会影响不予计量和报告；现在则要求运用会计特有的方法来协调企业目标与社会目标的矛盾，影响企业的经营观点，增强企业的社会责任感，使企业的经营行为正常化、健康化。改革开放40多年来，中国企业对社会责任的认知度越来越高，编制企业社会责任报告逐渐从例行公事向融入企业日常管理转化，企业社会责任报告成为优化公司治理、增强利益相关方信任的重要抓手。

关键术语

企业管理　企业发展史　现代企业制度　企业伦理　企业社会责任

思考题

1. 如何理解企业的组织形式及其内涵？
2. 企业的发展历史包括哪些阶段？企业的生命周期包括哪些内容？
3. 如何理解现代企业制度对企业经营的作用？
4. 如何把握企业管理的内涵、认识企业管理者的不同层级及技能？

5. 企业伦理与社会责任对企业发展有何意义与作用？

案例分析

2008 年，“三鹿事件”震惊全国，消费者不仅谈三聚氰胺“色变”，而且对国产婴幼儿配方奶粉也失去了信任。2008 年 9 月，石家庄三鹿集团婴幼儿奶粉受污染，食用受污染奶粉的婴幼儿患肾结石，引发了“三鹿事件”。这起丧失企业社会责任感、违背企业社会伦理的事件，充分暴露了社会、政府对企业监管的缺失，以及企业为了经济利益最大化而不顾一切的问题。该事件慢慢平息之时，社会公众却发现，“三鹿事件”已经演变成涉及更多企业的“三聚氰胺事件”。2009 年底，三聚氰胺问题乳制品重现市场的消息再次牵动了公众敏感的神经。上海熊猫炼乳、陕西金桥乳粉等乳制品生产企业接连被查出三聚氰胺超标，而这些被查处的乳制品无一例外都使用了未被销毁的问题奶粉做原料。“三鹿事件”之后，虽然国家有关部门已责令涉案企业必须销毁三聚氰胺问题奶粉，但出于技术和成本的原因，再加上监督不力，企业实际上并没有真正执行。据公开资料显示，2008 年仅三鹿集团尚未出库的问题婴幼儿奶粉就达到 2 000 余吨，而对这批问题奶粉采取的措施仅仅是全部封存。这一系列的事件表明，缺乏社会监督的企业依然在与社会公众博弈，博弈的主要内容就是企业是否履行其社会责任。

资料来源：喻昊．企业社会责任“零和博弈”实例分析：以“三聚氰胺事件”为例．重庆三峡学院学报，2010（6）．

讨论题

1. 这一社会事件暴露出哪些管理问题？
2. 你认为企业应如何履行其社会责任？
3. 企业履行社会责任与其经营目标是否冲突？

第 2 篇
环境、组织与战略

第 3 章

跨文化管理

| 本章要点 |

身处全球化时代，我国大量企业在践行“一带一路”倡议“走出去”时，都遭遇了跨地域、跨语言、跨环境带来的跨文化管理问题。企业只有设身处地地了解当地文化特点及其与中国文化的差异，尊重当地文化习俗，在助力地方经济社会发展的前提下，增进企业与当地的情感联结和文化认同，才能真正“走出去”“走进去”“融进去”。本章主要介绍企业在经济全球化的背景下如何进行跨文化管理，内容主要包括经济全球化与逆全球化、文化与管理、跨文化管理理论与方法等。

引例

中铁国际集团有限公司（简称“中铁国际”）通过多种途径推动与驻在国的人文交流和民心相通，有效破解了跨文化管理的难题，其主要做法有：

第一，尊重属地文化，开展交流互鉴。在文化遗迹众多的玻利维亚，坚持“考古先行”，如埃斯皮诺公路项目在施工前开展了瓜拉尼原住民文化大保护活动。通过 300 多次考古挖掘，整理文物残件 3 000 多件，回收分析陶瓷和溶骨性物品 1 700 余袋，并专设两个实验室和仓库用于文物修复及储藏，对瓜拉尼土著文物考古及保护作出了积极贡献。在印度尼西亚，巴迪克是用特有且历史悠久的蜡染画布制成的服装，是印度尼西亚的国服，每周五是“巴迪克日”，人们都会身穿巴迪克服装。中铁国际顺应这一文化传统，每周五都会组织员工穿上用巴迪克制作的职业装。另外，中铁国际邀请外籍人士同过中国节、了解汉文化也已成为惯例。

第二，尊重风俗习惯，建立和谐团队。在阿联酋实施沙迦警察总署项目时，中铁国际安排不同信仰的员工分时工作、分地居住，保证了工作生活的舒适便捷，也充分尊重了当地员工的信仰和习惯。

第三，用好交流钥匙，促进文明融合。中铁国际在境外经营中把“通语言”作为复合型人才的重要要求，积极组织中方员工学外语，制定了学外语考核奖励办法，开设了“印度尼西亚语小课堂”等培训项目，持续提升干部员工的语言能力。同时，中铁国际也向外籍人士积极推广中文及中华文化，如在委内瑞拉与孔子学院联合举办中文演讲比赛。

第四，紧抓重大节点，增强流量效应。中铁国际常常邀请驻在国领导和知名媒体出席重大庆典活动及媒体开放日，讲述共建“一带一路”故事，增强流量效应，推动企业融入当地社会。

第五，坚持守正创新，扩大宣传效应。充分发挥短视频巧创意、接地气、传播快、入人心等特点来开展主题宣传，唱响时代旋律。如策划制作的反映中老铁路绿色环保施工和属地化融合发展的短视频作品《小象》《零距离》荣获“一带一路”百国印记短视频大赛“社会公益奖”，反映“数字孟加拉国”惠及共建国民众的作品《信号》荣获“最美共建奖”，通过国际传播提升了品牌影响力和美誉度。

第六，丰富话语体系，增进思想认同。中铁国际员工在安哥拉《国家报》上撰文称，“中国人是喝着长江黄河水长大，安哥拉人民是喝着宽扎河水长大。我们有着不同的山川和河流，但是在安哥拉的华人，像爱着长江黄河一样爱着宽扎河”。这篇文章使用了多个安哥拉人非常熟悉的概念，将中国的母亲河长江、黄河与安哥拉的母亲河宽扎河进行类比，让当地民众听得懂、听进去、愿接受、有共鸣。

资料来源：雷昆仑，景昆明．践行“一带一路”倡议 深化文明交流互鉴：中铁国际跨文化融合实践．国际工程与劳务，2024（3）：23－28.

第 1 节　经济全球化与逆全球化

经济全球化是指贸易、投资、金融、生产等活动的全球化，即要素在全球范围内的最佳配置。从根源上说，它是生产力和国际分工的高度发展，要求进一步跨越民族和国家疆界的产物。进入 21 世纪以来，经济全球化与跨国公司的深入发展，既给世界贸易带来了巨大的推动力，也给各国经贸带来了诸多不确定因素，使其出现了许多新的特点和新的矛盾。

2008 年由美国次贷危机引发的全球金融危机将世界经济引向衰退，全球贸易总量增速显著减缓，世界贸易规模不断萎缩。如今，金融危机爆发已过 10 余年，仍然看不到经济衰退结束的迹象。这表明由美国一手创造并持续维护的资本增值体系已经趋近崩解，尤其是美国 2016 年大选中所表现出的内部阶层分裂与社会分裂问题延宕至今，使人们更加质疑全球化的发展成果，逆全球化现象在欧美等发达国家愈演愈烈。在国际上，随着平民主义与保守主义的呼声日益强烈，越来越多的国家政策偏向于内顾，一时间贸易保护主义抬头，逆全球化思潮暗流涌动。

一、经济全球化的含义与表现

（一）经济全球化的含义

经济全球化一词，据说最早是由特·莱维于 1985 年提出的，但至今没有一个公认的定义。从生产力运动发展的角度分析，经济全球化是一个历史过程。一方面，在世界范围内，各国各地区的经济相互交织、相互影响、相互融合成统一整体，即形成全球统一市场；另一方面，在世界范围内建立了规范经济行为的全球规则，并以此为基础建立了经济运行的全球机制。在这个过程中，市场经济模式一统天下，生产要素在全球范围内自由流动和优化配置。因此，经济全球化是指生产要素跨越国界，在全球范围内自由流动，各国各地区相互融合成整体的历史过程。

可从三方面理解经济全球化：一是世界各国经济联系不断加强，相互依赖程度日益提高；二是各国国内经济规则不断趋于一致；三是国际经济协调机制强化，即各种多边或区域组织对世界经济的协调和约束作用越来越强。总的来讲，经济全球化是指以市场经济为基础，以先进科技和生产力为手段，以发达国家为主导，以最大利润和经济效益为目标，通过分工、贸易、投资、跨国公司和要素流动等，实现各国市场分工与协作、相互融合的过程。

（二）经济全球化的表现

1. 生产国际化

生产力作为人类社会发展的根本动力，极大地推动着世界市场的扩大。以互联网为标志的科技革命，从时间和空间上缩小了各国之间的距离，促使世界贸易结构发生了巨大变化，生产要素跨国流动。它不仅对生产超越国界提出了内在要求，也为全球化生产准备了条件，是推动经济全球化的根本动力。所以，生产国际化表现为生产要素、产品和生产过程的国际化。生产国际化的发展与跨国公司的全球扩张、国际分工不断深化和国际产业转移等诸多现象密切联系、相辅相成。

2. 贸易全球化

随着全球货物贸易、服务贸易、技术贸易的加速发展，经济全球化促进了世界多边贸易体制的形成，加快了国际贸易的增长速度，促进了全球贸易自由化的发展。在世界贸易组织（WTO）成员中，发达国家工业制成品关税已降为3.8%，中等发达国家为6%，发展中国家为12%。在一些区域和次区域贸易集团中，自由化的力度更大，有些产品已实行零关税，贸易便利化程度不断提高。目前，全球至少有95%的市场已经开放，即使比较敏感的基础电信业开放度也在90%以上。贸易已成为推动世界经济增长的重要因素。

3. 投资全球化

经济全球化在投资领域的表现是跨国投资呈现扩大趋势，国际资本流动的规模增大、速度加快。国际资本流动分为直接投资（FDI）和间接投资两大类，直接投资是指一个国家的投资者通过输出生产资本直接在另一个国家的企业进行投资，并由投资者直接进行该企业的经营和管理，以获取生产经营利润为目的的投资行为。

4. 科技网络化

当今世界，科学技术发展异常迅猛，学科交叉融合加快，重大创新不断涌现，技术更新和成果转化的周期日益缩短。现代科学与现代技术紧密相连，突飞猛进的发展正在引起全球政治、经济、社会的激烈变革。科技网络化是指各国的科技资源在全球范围内的优化配置，这是经济全球化最新拓展和进展迅速的领域，表现为先进技术和研发能力的大规模跨国界转移、跨国界联合研发广泛存在。以信息技术产业为典型代表，各国的技术标准越来越趋于一致，跨国公司巨头通过垄断技术标准，控制了行业的发展，获取了大量的超额利润。

5. 金融一体化

世界性的金融机构网络已出现，大量的金融业务跨国界进行，跨国贷款、跨国证券发行和跨国并购体系已经形成。世界各主要金融市场在时间上相互接续、价格上相互联动，几秒内就能实现上千万亿美元的交易，尤其是外汇市场已经成为世界上最具流动性的全天候市场。主要表现在三个方面：首先，货币的虚拟化程度增加。货币自脱离了金本位制和金汇兑本位制以后就在一定程度上被虚拟化了。其次，资本跨国流动的规模越来越大，流动速度越来越快。最后，金融工具（虚拟资本）交易的规模急剧扩张，虚拟经济不断膨胀。

二、逆全球化的表现与原因

（一）逆全球化的表现

作为经济全球化进程对立面的逆全球化特指在经济全球化进展到一定阶段后所出现的不同程度和形式的市场再分割现象。其包含了由全面开放退回到有条件开放甚至封闭的过程，体现为在国家间对商品、资本和劳动力等要素流动设置各种显性及隐性障碍。逆全球化也指与经济全球化相悖、国际合作和相互依赖逐渐消减的全球性发展趋势，主要表现为以下几个方面。

1. 以西方国家为主的全球范围内贸易保护主义的加强

美国从 2008 年到 2016 年采取的提高进口关税、扶持国内本地企业、制定反倾销条款、规定公司必须购买本国产品等对其他国家的歧视性措施共达 600 多项。美国实施的“购买美国货”条款、英国在金融领域出现的保护主义倾向、法国在汽车行业实施的援助计划、欧盟贸易规则所表现出的收紧等种种现象，均是贸易保护主义在全球范围内抬头和蔓延的明证。

2. 以英国脱欧为代表的全球范围内一体化进程受阻

2016 年英国“脱欧”公投成功，欧洲一体化进程受到重创。2017 年初，美国退出跨太平洋伙伴关系协定（TPP），对亚太地区贸易一体化造成了冲击。另外，在欧洲债务危机、难民危机的影响下，欧洲多个国家的民族主义势力崛起。

3. 主要大国参与国际发展合作意愿减退

2008 年国际金融危机以后，西方部分国家出现治理危机，在国际合作中逐渐回归国家主义立场，参与国际发展合作的意愿减退。同时，部分国家民粹主义势力抬头，西方世界内部的经济全球化与反全球化力量围绕利益、规则的博弈加剧，发展中国家的外部环境复杂严峻。

（二）逆全球化的原因

1. 经济全球化是把“双刃剑”

经济全球化在促进资本、资源、技术、劳动力等生产要素在全球范围内流动、提高国际分工水平、提高世界范围内资源配置效率、推动各国生产力发展的同时，也使各国经济易受他国经济波动的影响，使全球经济的不确定性和不稳定性加剧。经济全球化是由发达国家主导的，这使得世界经济发展不平衡加剧，两极分化严重，进而导致逆全球化的出现。

2. 制度安排严重落后

全球范围内的监督、控制、调节机制跟不上全球化的发展。全球化优化生产要素，推动权力重新分配，导致一些国家内部的社会阶层开始重新分化，国家间的权力加速转移。与此同时，在全球化的条件下，国家间的依存关系日益加深，全球性挑战也不断增多，对全球治理的需求日益升高，这就要求对原有的规则和制度进行改革和重构。然而，从全球层面看，全球治理遇到了深刻的制度阻碍，难以对全球财富分配做出新的、有效的制度安排。总的来说，现有的全球治理体系及其相应的制度安排严重滞后，用国际关系的老方法解决全球治理的新问题，会产生改革停滞、治理无力等问题，助推了逆全球化思潮的兴起。

3. 金融危机带来的衰退使得全球经济复苏乏力

世界经济的长期低迷引发了对经济全球化的质疑。2008年金融危机之后，世界经济长期低迷，进入再平衡的调整期。许多国家看不到经济发展形势好转的希望，也无法从全球经济一体化中获得可以推动本国经济发展的动力，便对全球化产生了质疑。经济的低迷造成制造业产品需求减少，迫使工厂进一步控制成本，缩减工作岗位，造成大量失业。

4. 西方发达国家对发展中国家自主发展的影响

在经济全球化过程中，发达国家发挥着主导作用，牢牢占据着中心地位，制定国际经济交往的“游戏规则”，垄断资金、技术等资源，控制着主要的国际经济组织，通过跨国公司在全球建立起生产经营网络把资源和财富集中到母国获得巨大的利益，却把资源耗费量大、严重污染环境的技术和产业转移到发展中国家，并通过直接投资控制发展中国家的经济命脉，通过在提供贷款等活动中附加政治条款等方式阻碍发展中国家的自主发展。

5. 收入不平等加剧

经济全球化虽然从整体上促进了世界财富的增长，但并不能带来对财富的公平分配。发达国家和发展中国家的收入差距显而易见，即使是在发达国家内部收入差距也是巨大的。

三、中国与经济全球化、逆全球化

对外开放，顺应全球趋势而动，是发展中国家崛起的唯一道路，中国改革开放取得的伟大成就有力地证明了这一点。所以，绝大多数发展中国家都是全球化坚定的支持者和维护者。在对外开放的过程中，许多发展中国家利用全球化带来的资金、技术、设备等迅速壮大了本国经济实力。但是，正当发展中国家刚刚开始享受全球化的红利时，西方发达国家却要推行逆全球化，这对发展中国家来说无疑是一个重大的考验。

当前的逆全球化只是全球化发展的一个阶段性特征，它不可能改变全球化的总趋势。全球化总体向前的趋势是客观的，但在全球化推进过程中人为地进行意识形态构建，或强行将全球化打造成某种国家化，则会使全球化主观化。美英等发达资本主义国家将全球化视作实现本国利益的工具，要么虚伪推进，要么任性操纵，当前的逆全球化是其无视全球化客观性、狭隘自私的表现。逆全球化所暴露的新自由主义危机及对世界人民利益的危害，意味着全球化的转型迫在眉睫。

人类社会是一个相互联系的整体，将世界各国人民的命运紧密地联系在一起，因而，人类社会的发展与进步，需要所有人的参与和努力。逆全球化是对全球化的背离，阻碍了世界经济的发展，伤害了各国人民之间的情感，需要摒弃，重新回到全球化的正确轨道上来。中国所倡导的“人类命运共同体”理念，坚持全球化立场，为世界经济的发展注入了新的活力，也为构建国际新秩序提供了可行路径。世界各国应该以开放包容的姿态积极参与全球化，充分利用全球化带来的发展机遇，推动人类社会朝着更加美好的未来前进。

第 2 节　文化与管理

一、文化

（一）文化的定义

文化是一个非常广泛的概念，给它下一个严格和精确的定义是一件非常困难的事情。不少哲学家、社会学家、人类学家、历史学家和语言学家试图从各自学科的角度来界定文化的概念。然而，迄今为止仍没有一个公认的、令人满意的定义。据统计，有关文化的定义有 200 多种。笼统地说，文化是一种社会现象，是人们长期创造形成的产物，同时又是一种历史现象，是社会历史的积淀物。确切地说，文化是指一个国家或民族的历史、地理、风土人情、传统习俗、生活方式、文学艺术、行为规范、思维方式、价值观念等。英语中的文化是一个外来词，源于拉丁文的 cultura 一词，原意指拜祭神明、土地耕作、动植物培养以及精神修养等。从广泛的意义上说，文化由表层文化、中层文化和核心文化构成，并从外到内依次排列。

1. 表层文化

表层文化一般通过外在物品和人们日常使用的语言来表现。我们平时观察到的东西，它显现出来的特征常常让人感受到文化的存在和力量。语言不可视、不可触，却是一个客观实在，是文化的重要产物。服饰、建筑、饮食、语言、风俗都属于表层文化的范畴，这些方面的直观印象往往极为深刻。

2. 中层文化

中层文化包括一个社会的规范与价值观。社会规范与价值观是两个不同的概念，价值观决定人们关于好与坏、对与错的认识标准，是一个社会中人们的行动指南，决定了这个群体的共同理想。如在有些国家，“生活是为了工作”是一个大家都接受的理念，因此加班加点被看作是好的行为，是受到社会赞赏的行为；而在有些国家，“工作是为了生活”是大家普遍认可的观点，人们通常不会为了工作和获取金钱而牺牲与家人的团聚。

社会规范与价值观相比，可以通过正式文字予以表达，各种行为守则、道德规范都属于这一范畴。它是一个群体价值观的集中反映，每个国家都有一些独特的社会规范。比如与陌生人见面时行礼的方式，美国人握手，日本人鞠躬致意，印度人双手合十。

3. 核心文化

核心文化是一个社会共同认可的关于人为什么会存在的假设，它触及该社会中人们最根深蒂固、不容置疑的东西，比如人存在的价值、人与人的关系等。

综上，表层文化、中层文化与核心文化构成了一个不可分割的有机整体：核心文化决定中层文化，中层文化影响表层文化，而表层文化又折射出核心文化的种种特征。我们看到的往往是表层文化，而要认识一种文化、了解一个民族，就必须深入中层文化和核心文化。

（二）文化的特征

1. 文化的习得性

文化是通过后天的学习和经验形成的。不仅语言、习俗、风尚、信仰是通过后天习得的，甚至一些表面上看来生而有之的现象实际上也是在社会中习得的。例如，中国人在讲话的时候，很少有一边做手势一边晃动肩膀的习惯；西方人常常一边说话一边伸开双手、耸动肩膀。

2. 文化的共享性

文化并不属于某个特殊的个体，群体中的所有成员都可以共享。换句话说，一个群体中的成员具有相似的文化特征，这些特征能高度概括一种文化的共性，同时也成为区分不同文化的主要方面。

3. 文化的继承性

人类生息繁衍，向前发展；文化也连绵不断，世代相传。继承性是文化的基础，如果没有继承性，也就没有文化可言。文化是经过长期积淀形成的，有相对的稳定性。在文化的历史发展进程中，每一个新的阶段在否定前一个阶段的同时，必须吸收它的所有进步内容，以及人类此前所取得的全部优秀成果。

4. 文化的时代性

在人类发展的历史进程中，每一个时代都有自己典型的文化类型。例如，以生产力和科技水平为标志的石器时代的文化、青铜器时代的文化、铁器时代的文化、蒸汽时代的文化、电气时代的文化和信息时代的文化。时代的更迭必然导致文化类型的变异，新的类型会取代旧的类型。但这并不否定文化的继承性，也并不意味着作为完整体系的文化发展的断裂。相反，人类演进的每一个新时代，都必须继承前人优秀的文化成果，将其纳入自己的社会体系，同时又创造出新的文化类型，作为这个时代的标志性特征。

5. 文化的发展性

文化就其本质而言是不断发展变化的。从早期的茹毛饮血，到今天的时尚生活，从早期的刀耕火种，到今天的自动化、信息化，这些都是文化发展的结果。

二、文化对管理的影响

任何企业都是在一定的宏观环境和微观环境中成长和发展的，会受到政治、经济、法律、技术、文化等外部因素的制约，同时也会受到企业内部管理理念、组织结构、战略部署等方面的影响，其中文化的作用更是不可小觑。

（一）文化与企业经营战略的关系

按照企业所占市场来划分，一般有以下几种经营战略：地区内经营、跨地区经营、跨国经营以及全球经营。文化与企业经营战略的关系表现在多个方面。企业在采用不同经营战略的时候对文化因素的考虑大不相同。表 3－1 为阿德勒和加达（Adler & Ghada，1990）关于第二次世界大战以来美国跨国公司进化过程的研究。

表 3－1　第二次世界大战以来美国跨国公司进化过程的研究

	地区内经营	跨地区经营	跨国经营	全球经营
主要导向/竞争战略	产品/服务	市场	价格/费用	全球战略
国外业务	不重要	较重要	很重要	完全主导
产品/服务	新颖独特	较标准化	完全标准化	大量的区域特制
发展	强调产品工程	强调过程工程	不强调工程	强调产品和过程工程
技术	保密	分享	广泛分享	立刻大规模分享
研发及销售投入	高	较低	很低	很高
竞争对手	极少	很少	很多	极少或极多
市场	小，地区内	大，跨地区	更大，跨国	最大，全球
生产地点	地区内	地区内和主要外国市场	跨国，费用最低的国家	全球，费用最低的国家
出口	无	渐增，有潜力	大而分层	进口、出口、转口
组织结构	职能部门，集权化	职能部门＋对外联络部门，分权化	跨国生意线，集权化	全球联盟协调，分权化

从表中可以看出，在地区内经营时，因公司更关注本地区的客户，只要对当地文化了解透彻就能够保持经营的顺利，文化差异对公司采取跨地区经营、地区内经营战略的影响总体不大。但是，当公司发展到跨地区经营的时候，就会萌生开拓市场或在国外生产的需求，这时对其他文化的关注和敏感性对有效贯彻和执行公司战略会有重要影响，公司也会不断调整自己的管理方式和风格。同时，从产品或服务的角度来看，跨地区经营的公司也不会强求国外用户去适应它们的产品，而是会了解用户的文化价值观和审美观点。到了跨国经营阶段，文化对企业的重要性反而降低了，原因是 20 世纪 80 年代多数跨国公司把竞争焦点放在价格和费用上，对于文化的敏感性降低。20 世纪 90 年代开始出现了全球公司，这使得企业重新审视企业文化的重要性，因为全球公司与跨国公司最大的不同是企业经营各个方面都需要考虑当地文化特色。

（二）文化对组织结构设计的影响

一方面，从组织扁平化可以看出文化对组织结构的影响。美国的企业结构比中国和韩国的扁平一些，层级更少。相对来说，西方国家比东方国家更加强调平等的理念，但若把美国的传统企业和北欧一些国家的企业相比较，又会发现后者层级更少、更扁平。如果站在文化的角度看，北欧文化中平等观念是深入人心的。

体现这一影响的另一方面是企业的决策程序。与企业的层级结构相对应，亚洲国家的企业决策通常是自上而下的，一般上级做好决策之后往下传达贯彻，而西方社会中更多是由下而上决策，一般会给底层员工反馈的机会。

（三）文化对企业制度建立和执行的影响

首先，制度是理性思维的产物，是对企业内部流程、员工工作动机、企业所处的环境全面分析的结果。其次，正是因为有了制度，才有了客观可依据的标准，才能实现真正的公平。在这种文化理念的影响下，西方国家的企业制度通常非常完善，小到每个工作岗位的职务分析，大到整套方案的绩效考核，都有完整的书面材料。相反，有些地区的传统思维是以人治为主，制度和程序建设相对不足，如中东阿拉伯国家。

（四）文化对领导和员工行为的影响

文化是由在同一历史背景下、生活在同一地理区域内的一群人的思维方式、认知方式、评价标准及行为准则等一系列标准组成的。这些标准决定了人们的信仰、行为规范和价值观，成为他们的行动指南，影响他们对工作、钱财、事业和家庭的看法和认识。自然而然地，当带有不同文化烙印的人进入跨国公司时，他们的价值观、思维方式会在较大程度上影响跨国公司政策的制定和任务的执行、公司管理理念与哲学的形成、组织结构的设计及人员的沟通与激励，进而直接作用于计划、组织、人员配备、指挥、控制、协调等管理职能并与公司的经营高度相关。

综上所述，文化与管理有着不可分割的联系。要经营好国内的企业，必须对国内的文化有着深刻透彻的理解；要经营好全球企业，则必须对不同国家的文化都有正确的理解。

第3节　跨文化管理理论与方法

一、跨文化管理的内涵

跨文化管理（cross cultural management），即在全球化经营中，对子公司所在国的文化采取包容的管理方法，在跨文化条件下克服任何异质文化的冲突，并据以创造出企业独特的文化，从而形成卓有成效管理的过程。其目的在于在不同形态的文化氛围中设计出切实可行的组织结构和管理机制，在管理过程中寻找跨越文化冲突的企业目标，以维系具有不同文化背景的员工共同的行为准则，从而最大限度地发挥企业的潜力与价值。全球化经营的企业只有进行了成功的跨文化管理，才能使企业得以顺利运转，竞争力得以增强，市场占有率得以扩大。

二、跨文化管理基本理论

（一）霍夫斯泰德的文化维度理论

荷兰跨文化学者霍夫斯泰德是跨文化管理研究的先驱，他利用 11 年时间，在对 IBM 位于 64 个国家和地区的子公司的 16 万名管理人员及员工进行问卷调查和数据分析的基础上，总结出了不同国家和地区的文化之间差别最大的四个维度，后将其对中华文化圈的研究成果归纳为第五个维度，成为跨文化比较的“五文化维度模式”。

1. 权力距离

权力距离是指一个社会能够接受的组织内存在的权力不平等的程度，即人们在生产和生活中的等级差别大小和人们对此的态度。权力距离大的国家社会阶层分明，等级秩序严格，权力距离小的国家人与人之间比较平等。权力距离同样也会影响到企业的组织结构。权力距离大的文化会使企业的组织结构呈现出较为陡峭的金字塔形结构特征，如日本、韩国或者中国的企业；而权力距离小的文化中组织结构一般比较扁平，如美国和北欧的公司。

2. 不确定性规避

不确定性规避是指人们面对不确定状况时感受到威胁的程度，即人们对不确定性状态的接受程度。不确定性规避强烈的文化中，人们具有较高的安全需要，相信专家与经验，组织中的程序与规则十分严格，压抑越轨思想和行为，创新性差，不愿承担风险，企业中的员工流动性低，十分重视工作的安全。在霍夫斯泰德的调查中，德国、法国、日本、中国都属于这一类文化。相反，美国、加拿大、英国具有较低的不确定性规避得分。在这些社会中，人们把不确定性看作生活的正常特征，有较强的承受风险的能力。

3. 个人主义/集体主义

霍夫斯泰德将个人主义/集体主义定义为“人们关心群体成员和群体目标（集体主义）或者自己和个人目标的程度（个体主义）”。研究发现，美国人在个人主义上得分最高（92/100）；而有中华文化背景的群体在个人主义上得分则很低（29/100）。个人主义的社会中个体之间的联系是不稳定的，人们很少考虑与他人的关系并重视别人的感受，非常强调个人利益的实现，人们把完成任务当作自身价值的实现，与关系相比，效率更为重要。生活在集体主义文化中的个体，归属感是其主要的社会需要，每个人都很看重别人对自己的看法，这甚至常常影响到其对自我的评价，集体利益永远高于个人利益。

4. 男性化/女性化（阳刚性/阴柔性）

霍夫斯泰德的调查表明，日本、墨西哥和德国都属于男性化社会，人们崇尚自信、绩效、成就、竞争、金钱、物质等方面的价值观。在新西兰、葡萄牙、西班牙及一些北欧国家，人们重视合作、友谊、关系和雇佣安全，追求生活质量和人际关系，人们绝不会仅仅为了获取金钱而丧失和家人团聚的机会，男女地位平等，女性可以担任较高的管理职位，这些都是女性化社会的典型特征。

5. 长期导向与短期导向

长期导向与短期导向这个维度是霍夫斯泰德在 20 世纪 80 年代末的一次调查中发现的，是指一种文化对其传统的重视程度。

霍夫斯泰德与香港中文大学教授迈克尔·邦德共同合作，以传统的儒家文化价值观为基础，开发出了价值观测量表，对包括新加坡、日本、韩国、中国在内的22个国家和地区进行了实证研究，发现这些国家和地区有一个共同特点，那就是对传统的重视，追求未来的长期目标，不做一锤子买卖，凡事积极准备，在了解全部情况后才做决定，不仅要总结过去，更要展望未来。在调查中，他们发现这种长期导向与国家经济发展速度之间的相关系数达0.7之高，也就是说，长期导向解释了这些国家近50%的经济发展的变异量。

霍夫斯泰德和邦德在研究中发现，这些国家或地区的文化深受中国儒家文化的影响，日常生活和工作乃至社会秩序的构建都带有儒家思想的烙印，成为一种非宗教的实践理论，因此长期导向又称为“儒家动力论”。“儒家动力论”包括八种特殊价值观，其中最重要的四种是：持续性或坚韧性；身份和地位决定关系；节俭；羞耻感。而另外四种相对不重要的价值观分别是：个体稳定性；保护面子；尊重传统；回报支持和送礼。霍夫斯泰德认为这些价值观对东亚经济的快速崛起起到了至关重要的作用，比如坚韧性可以增强企业家克服困难的信心，节俭是一个企业家应具备的美德。

（二）克拉克洪与斯乔贝克的六大价值取向理论

美国人类学家克拉克洪与斯乔贝克提出了跨文化理论中的六大价值取向理论。他们认为，不同文化中的人对人类共同面对的六大基本问题有不同的观念、价值取向和解决方法。这六大基本问题包括：对人性的看法；人与外部环境的关系；人与人之间的关系；活动导向；空间观念；时间观念。克拉克洪与斯乔贝克指出，不同文化中的人对这些问题的观念、价值取向和解决方法能体现其文化特征，可以描绘出各自的文化轮廓，从而将不同文化区别开来，具体内容如表3-2所示。

表3-2 六大价值取向理论

六大基本问题	美国文化	他国文化
对人性的看法	性本恶和性本善的混合体	善或恶，很难改变
人与外部环境的关系	人是自然的主人	和谐，并受制于自然
人与人之间的关系	个人主义	集体主义
活动导向	重视做事或行动	重视存在
空间观念	个人，私秘	公共
时间观念	同一时间做一件事情	同一时间做多件事情

1. 对人性的看法

不同文化对人性的看法有很大的差异，比如美国文化对人性的看法比较复杂，并不单纯地认为人生来善良或生性险恶，而认为人性可善可恶，是善恶的混合体，他们同时认为人性的善恶有可能在出生以后发生变化。中国的“人之初，性本善”表现的是对人性看法的乐观态度，而“三岁看老”则有一点人性难变的意味。这种对人性看法的差异也会影响到管理者的领导风格。如果关注的是人的邪恶一面，则会采取更为专制的风格来规范人的行为。美国强调制度，尽可能考虑到人性中的恶可能带来的负面后果，在设计制度时严密仔细，事先设置种种限制以防止不好的行为出现。

2. 人与外部环境的关系

对外部环境的不同看法也会影响到组织的实践活动，例如，组织目标的设置活动。在屈从于外部环境的社会中，目标的设置并不普遍；在一个与环境保持和谐的社会中，可能会使用目标，人们预期它会发生偏差，对未能达到目标的惩罚也较轻；而在一个控制环境的社会中，人们广泛使用目标并希望实现这些目标。

3. 人与人之间的关系

文化必须以可预期的方式架构人与人之间的关系，其中包括三个方面：个人、群体和等级关系。前两者强调是个人还是群体主导社会关系，第三个方面则强调对等级关系的考虑，或强调人与人之间或群体之间地位的差异。中国人把个体看作群体的一员，个人不可以离开群体而存在，个人不应有与他人不太相同的特征，而应该尽量合群、左右逢源。一个人如果个性太突出，与众不同，就可能受到排挤。而美国文化恰恰相反，他们认为人应该是独立的个体，每个人都应与众不同，都应有自己的独特之处。

4. 活动导向

活动导向描述的是一个文化中的个体是否倾向于不断行动。活动导向的差异可以显示人们是怎样对待工作和娱乐的，以及人们的偏好是怎样的。在做事方式上，文化可以分为实干型和存在型。实干型文化中，人们强调行动并通过努力工作来完成任务，重视做事和活动，强调成就。比如，美国社会是一个相当强调行动的社会，人必须不断做事、不断处在行动之中才有意义，才能创造价值。所以，当美国人发现问题的时候，总是倾向于立即找出解决方法；而其他国家的人有时会选择静观其变，等时间和外界环境成熟，再抓住时机把问题解决掉。

5. 空间观念

空间观念关注的是在特定文化环境中对空间的拥有程度。一些文化非常开放，倾向于把空间看作公共的东西，没有太多隐私而言，并公开从事商业活动。另一些文化则倾向于把空间看作个人的私密之处，极为重视让事情在私下进行。大多数文化是两个极端的混合体，并落在其连续统一体的某一位置上。中国人倾向于把空间看作公共的东西，没有太多隐私可言；而美国人、德国人却倾向于把空间看作个人私密的东西，他人不能轻易走近。

6. 时间观念

对时间的看法主要涉及两个层面。一个是关于时间的导向，即注重的是过去、现在还是未来。另一个是对时间的利用，即时间是线性的，应在同一时间里做一件事情，按计划和时间表行事；还是非线性的，在同一时间里可以做多件事情，不应该绝对按时间表行事，而应该灵活机动。关于时间的导向，美国文化很少注重过去，基本着眼于现在和未来；他国文化注重过去和现在，而较少注重未来。

（三）特罗姆皮纳斯的文化架构理论

荷兰经济学家和理论咨询家特罗姆皮纳斯历经10年，对来自28个国家和地区的1.5万名经理进行了问卷调查，根据研究结果提出了七个文化维度。其中有五个涉及人与人之间的关系，分别是：大众化/特殊化、个人主义/集体主义、中性的/情感的、特质的/

扩散的、成就/归因取向。另外两个维度则是时间取向、与外界的关系。

其中，个人主义/集体主义、时间取向、与外界的关系与霍夫斯泰德的理论相似，在此不再赘述。以下将集中讨论另外四个维度。

1. 大众化/特殊化

在一个大众化的社会中，人们强调用法律和规章指导行为。这些指导原则不应因人而异，真、善、美都有明确的定义，无须根据环境的不同而做出不同的判断。在一个特殊化的社会中，人们强调"具体问题具体分析"，不用同一个尺度解决不同的问题。不同社会中的经济合同体现了这两种类型的区别。在大众化取向的国家里，律师在绝大多数谈判中是非常重要的成员，因为他们所拟定的经济合同确定了经济关系。信任是建立在合同之上的。一旦出现矛盾，交易双方会以合同为依据。

2. 中性的/情感的

这个维度主要指在人际交往中情绪外露的程度。在一个情感（affective）取向的文化中，情感的表达是自然而恰当的，不把真实情感表达出来就意味着不诚实。中性（neutral）取向的文化则试图控制情感以免影响判断，在不合适的时候表达情感被认为是一种容易引人反感的行为。最典型的中性取向文化的国家为日本、中国和其他亚洲国家；最典型的情感取向文化的国家为意大利、西班牙和部分南美国家；美国处在两极之间。

3. 特质的/扩散的

这一维度涉及某一文化是如何对待隐私及保护隐私的。在一个特质的（specific）文化里，人们通常拥有较大的公共空间和较小的私人空间，公共空间和私人空间之间有分隔，私人空间由于存在接触限制而保有较多的隐私。而在扩散的（diffuse）文化中，公共空间比私人空间相对要小，且受到了仔细的保护。

在特质的社会中，人们更多地将公共生活和私人生活分隔开来，人们愿意帮助陌生人，但很少将工作与私人生活联系在一起。在扩散的社会中，和个人谈生意会更加复杂。德国人只有对熟识的人才会做出友好的表示，但如果被引入了他们的圈子，就容易进入他们的私人空间。

4. 成就/归因取向

成就/归因取向描述了某种文化中的人如何获得权力和地位。成就取向的社会强调获得地位和影响力，一些人之所以能居于高位是因为他们有技术、知识和天赋。归因取向的文化中，人们认为人天生就具有影响力，而居于高位的人之所以能有此权力，是因为他们的人格。

（四）个人主义-集体主义理论

个人主义-集体主义理论是蔡安迪斯在经过近30年对文化差异的研究后提出的。他不同意霍夫斯泰德的文化维度理论的观点，他认为个人主义和集体主义既不是一个维度上的两极，也不是两个维度的概念，而是一个文化综合体，包含许多方面。同时，他将这个概念降到个体层面，用它来描述个体的文化导向，而非民族或国家的文化导向。蔡安迪斯的个人主义-集体主义理论包含以下五个重要方面。

1. 个体对自我的定义

个人主义者和集体主义者在自我定义上的倾向大不相同。个人主义者通常将自我看作独立的个体，可以脱离他人而存在；集体主义者则把自我看作群体中的一员，与他人有相互依赖的关系，不能脱离他人而存在。个人主义者认为个人作为独特的个体，应该与众不同；而集体主义者认为个人应该属于某一个群体，否则会产生很强的失落感。个人主义者通常用别人对自己的看法来验证自己对自我的定义，而不直接将其纳入影响或进入自我概念的范畴；而集体主义者则认为别人对自己的看法至关重要，会影响到对自我的评价。

2. 个人目标与群体目标的相对重要性

在个人主义社会中，个人利益当然高于集体利益，在法律允许的范围内追求个人利益不仅合法，而且为他人所尊重。亚当·斯密的“看不见的手”表达的就是这个意思：每个人在追求个人利益最大化的同时，能够实现集体利益的最大化。这当然为追求个人利益提供了理论依据，使追求个人利益者理直气壮。于是，追求个人利益最大化成为西方经济学最重要的基本假设。在集体主义社会中，追求个人利益被看作自私的表现。当个人利益与集体利益发生冲突时，应该毫不犹豫地牺牲个人利益，顾全集体利益。一般来说，在美国等西方国家，个人利益至高无上；而在中国等东方国家，群体利益高于一切。

3. 个体对内群体和外群体的区分程度

内群体是指与个体有密切关系的群体，如家人、亲朋好友、工作群体、团队，甚至包括同乡。外群体是指与自己毫无关系的人的总和，如完全的陌生人、其他组织的成员等。一般来说，个人主义社会不注重区分内外群体，常常对所有人一视同仁，在待人接物上采取“对事不对人”的态度，能办的事情不管是谁都能办，不能办的事情即使是熟人、朋友也不能办，很少有亲疏之分。在集体主义社会中，人们对内外群体有严格的区分，采取“内则亲，外则疏”的态度。当他们与内群体共事时，愿意为了他人的利益而吃亏；或者在处理事情时，采取“对人不对事”的态度，同样的事情内群体的人能办，而外群体的人不一定能办。

4. 个人态度和社会规范决定个体行为时的相对重要性

个人的行为在很大程度上取决于个体的态度和兴趣，此外影响个体行为的还有另一个重要因素，即个体所感知到的别人对该行为的看法。不同环境下，这两种因素对个人行为影响的重要程度不同。当个人的态度和兴趣与他人的看法一致时，个体的行为就比较容易被预测；而当两者不一致或存在冲突时，对个体的行为预测就会变得比较困难。因此，这两个因素中哪一个占主导地位，就能体现出个人主义文化和集体主义文化的差异。

5. 完成任务和人际关系对个体的相对重要性

个人主义社会中的个人因为强调独立的自我，所以对个体而言，理性就比关系重要得多。胜任某个工作或完成某项任务能显示个体的能力和特点，是自我定义中的一个重要组成部分，因此，个人主义者把完成任务看得很神圣、很重要。同时，与他人的关系并不直接影响个体对自身的评价，因为个人只能通过自己的行为举止，而非通过与他人的关系证明自己。所以，相对于完成工作任务而言，人际关系便不再那么重要了。

对集体主义者来说，一切正好相反。对他们而言，任务是用来帮助个体与他人建立关系的工具，而不是终极目的。他们的自我概念，包括自尊和自我价值，都与那些与他们有密切关系的人对他们的评价密切相关，因此，与他人保持良好的关系就变得至关重要，甚至成为个人存在的目的。

三、跨文化管理基本模式

（一）共同文化管理模式

共同文化管理（common culture management）是指合资双方在共同利益的基础上，通过协调，将双方不同的管理文化置于特定跨国企业的共同经营管理中，经过不断组合、融合，企业双方成员逐步认可、共同遵循新的管理文化，从而有效实现跨国企业目标的一种跨文化管理模式。实施共同文化管理要注意以下五个方面：

1. 识别文化差异，打破文化障碍

企业的管理者应该认识到不同文化的差异，学会把文化差异作为企业的一种优势加以利用。也就是说，不能全盘否定一种文化，而应该使企业通过不同文化的相互影响来改进管理方式。

2. 以企业的整体利益为根本出发点共同决策

在共同决策的过程中，应该以企业的整体利益作为共同决策的根本出发点和决策有效性的最终评价点。应定期或者不定期地召开中高层人员的讨论会，把达成一致的观念和工作方法作为企业的工作准则固定下来，在友好的交流中逐渐统一观念、改善管理。

3. 鼓励全员参与管理，加强文化与经营理念的交流

在企业内存在亚文化，亚文化在企业的一个部门或一个团体内被接受。它独立于企业文化之外而存在，并不会因企业文化的变化而变化。如果这两种文化发生冲突的话，就会使企业的决策得不到有效执行。在这个过程中，鼓励员工参与管理显然有助于提高决策的质量，调动广大员工的积极性，进一步提高管理效率和效果。

4. 加强员工培训，增强协调能力

在共同文化管理中，合作、协调其实是一个学习的过程，因此，通过对各类人员的培训，缩小在教育水平、技术素质和管理水平等方面的差距，加强对文化融合方法的学习和强化训练，有助于实现在共同管理中的合作。

5. 共同文化管理是需要随时完善的、不确定的、动态的文化模式

共同文化管理需要随着企业经营战略的变更、外部环境的变化、公司规模的扩大、双方相互了解和理解的进一步加深而做出适应性的调节，需要在动态的适应过程中实现共同文化管理的有效性。

（二）渐进式文化整合模式

渐进式文化整合模式不同于共同文化管理模式，是一种分阶段逐步实现文化融合和战略整合的跨文化企业管理模式。所谓渐进式文化整合模式，是指根据整合战略不同阶段的中心任务和整合战略把文化整合分为三个阶段，即引进阶段、融合阶段和创新阶段。三个阶段各有自己的指导思想、中心任务和实施途径，以配合企业整合战略的顺利实施。

渐进式文化整合模式一般包括培养合格的跨文化管理人才、本土化地实施战略两部分内容。前者包括跨文化管理人员的选择和培训问题；后者包括人力资源的本土化、研究开发的本土化、关系的本土化、市场的本土化、产品的本土化、品牌的本土化、营销方式的本土化、生产的本土化。

四、跨文化管理基本方法

（一）解决文化冲突的方法

1. 凌驾

凌驾是指以组织内的一种文化作为基础凌驾于其他文化。其好处在于能够在短时间内形成一种“统一”的组织文化。不过其缺点也很明显：文化遭到压抑的成员容易产生反感，最终可能使冲突加剧。

2. 折中

折中是指组织内的各文化相互采取妥协与退让的方式，有意回避文化差异，从而实现和谐与稳定。但是这种和谐与稳定背后往往潜伏着危机，只有当文化间差异非常小时，这种方法才适用。

3. 融合

融合是指不同文化在承认、尊重彼此差异的基础上，相互理解、补充、协调，从而形成一种全新的组织文化。这种文化不仅具有较强的稳定性，而且极具“杂交”的跨文化优势。因此，对于大多数国际企业而言，通过融合的方式吸收异质文化中的精华，形成自身特有的管理方式，是适应跨文化的环境，降低文化障碍成本，提高企业经济效益的最佳选择。

（二）跨文化人力资源管理的方法

1. 跨文化管理者的选拔标准

搞好跨文化管理有赖于一批高素质的跨文化管理人员，高质量的人力资源是跨文化管理成功的保证。在人员的挑选过程中，往往会碰到与人事问题有关的文化冲突。跨文化经营企业的管理人员在招聘外派人员时，要求外派人员不仅要在自己的专业领域具备一定的特长，而且能在东道国进行语言和非语言的沟通。同时，在东道国招聘当地的工人和经理时，也应当遵循当地的文化特点进行挑选，这样才能使外派管理人员迅速融入东道国的文化环境，迅速在东道国开展经营活动。就目前跨文化经营企业的发展而言，要以母国公司的管理人员为核心，以东道国的优秀人才为主导，充分吸纳当地文化精髓，减少文化摩擦，这样才能使组织内环境和外环境取得平衡。

2. 跨文化管理者的培训

不论是来自母国的管理人员还是东道国的管理人员，在面对跨文化的工作时均不免有不足之处，来自母国的人员不熟悉当地的语言文化、做事方式，而当地的人员一开始也往往很难在母公司和子公司之间起到桥梁作用。因此，进行文化适应性培训十分必要。跨文化管理的训练可以通过以下几种方式进行：

（1）认知的方式（给予信息）。

1）接触影视/文字资料。跨文化经营企业应当在人员外派之前安排一段时间让他们接触即将进入的新的文化环境，并且尽可能多地提供一些直观的资料如电影、电视录像、图片文章，也可以请专家以授课的方式介绍东道国文化的内涵与特征，指导学员阅读有关东道国文化的书籍，为他们对新的文化环境做具体的可感知的介绍。

2）训练新的习惯。对文化的吸收有多种形式，公司安排的训练可以包括参与表演或行为体验，比如待人接物的方式、饮食起居的习惯等，以此逐步培养新的文化素养。

3）案例分析。这是一种极好的训练方式。也许外派人员在分析这些案例时仅仅把它当作一项作业来完成或因为时间太紧而仅仅浏览了这些案例，但它们已经在外派人员的头脑中留下了不可磨灭的印象并在未来发挥作用。

（2）体验的方式（情绪适应）。

1）心理适应与情绪调整训练。在感知的基础上，公司可以对外派人员增加体验训练，以加强外派人员的心理承受能力。指导者可以用受训者从未接受过的行为方式来对其加以训练。在这种工作方式下，他的心理承受能力必然会有所增强。

2）敏感性及反应能力训练。敏感性训练的目的是加强人们对不同文化环境的反应和适应能力。敏感性训练也叫作T小组训练法，是由美国著名心理学家勒温于1964年创建的一种改善人际关系和消除文化障碍的方法，其主要目的是让受训者学会有效地进行交流，耐心地倾听以了解自己和别人的感情，从而加强人们的自我认知和对不同文化环境的适应能力，并促使来自不同文化背景的人之间进行有效沟通、加深理解。

3）工作与生活环境的模拟。从这种对实际生活的模拟中，外派人员可以感受到那种从未感受过的异域生活氛围，并且尽快熟悉东道国的习惯、生活方式。此外，还可以对外派者进行当地语言的培训，语言交流和沟通能力是提高对不同文化适应能力的一条有效途径。语言的培训不仅包括说外语，还要熟悉东道国文化中特有的表达和交流方式，如手势、符号、礼节和习俗等。

（3）行动的方式（模拟与实验）。

1）与来自多种文化背景的人一起工作。在这种实践性的训练中，把不同文化环境中工作和生活可能面对的情况和困难展现在学员面前，让学员学会处理这些困难的方法，并有意识地按东道国的文化特点思考和行动，以提高自己的适应能力。

2）训练对商务世界复杂环境与突变情况的反应。当经济环境发生突然的变化，比如出现股市崩盘、外汇贬值、银行信用危机等时，试着从目标国市场的商人的角度思考这个事件，以及他们可能的应对方式。

（三）跨文化团队建设方法

从长远来看，跨文化团队的创建过程包含以下五个步骤。

1. 开发自我意识

开发自我意识要求团队成员清楚地了解自身的文化偏好与价值取向。只有在清楚地了解自身的文化偏好与价值取向的前提下，在评价另一种文化时，才能识别和克服个人的自我参照系的片面性。

2. 识别差异

识别差异——跨文化团队的成员要对他们之间的差异进行定位。以识别差异为依据，为团队找到一个让差异共存的方法，使团队能够将注意力集中于组织目标，提高团队绩效。差异共存的前提是每个成员能够客观地认识自己——识别自我即识别出自己的文化偏好与价值取向，同时又能客观地了解他人的文化偏好与价值取向并予以适当的尊重。

3. 架起沟通桥梁与识别协同优势

当团队成员已经了解了彼此间的文化差异并进行了准确定位，就要为团队成员间的沟通架起桥梁，通过有效的沟通来避免冲突以发现和获得文化协同优势。

4. 制定策略

跨文化团队中的成员要做好准备以综合利用他们的知识、方法、阅历，制定一种跨文化的沟通策略与团队组织建设方案，这种策略与方案是建立在充分发挥每个成员之所长和取长补短、相互融合基础之上的，并与组织的战略目标紧密相连。

5. 评估结果

在跨文化团队的组织建设过程中，要在不同的时间段先由团队整体评估阶段成果与进度的完成情况，再由团队成员分别进行评判，评价活动应由团队管理人员与执行成员共同完成。管理人员与团队执行成员必须一起收集有关阶段成果与进度方面的各类相关信息并予以保存，以备将来之需。

在完成了以上五个步骤之后，一个跨文化团队便有了雏形，但这个过程不是一次性的静态过程，而是一个多次循环的、动态的发展过程，即通过“实践—理论—再实践—再理论”这样一个不断循环的过程，将跨文化团队的建设工作不断推向新的高峰，跨上新的台阶。

关键术语

经济全球化　　文化　　跨文化管理　　文化冲突

思考题

1. 经济全球化主要表现在哪些方面？
2. 如何理解文化的内涵？其主要特征有哪些？
3. 文化对管理的影响主要表现在哪些方面？
4. 跨文化管理的基本理论有哪些？
5. 如何进行跨文化管理？

案例分析

中国能源建设集团天津电力建设有限公司（简称“天津电建”）在“走出去”过程中，实现了“干一个项目，树一座丰碑，育一批人才，留一套经验，交一方朋友，拓一片天地”的目标。

在参与巴基斯坦当地能源和基础设施建设过程中，天津电建干部员工同巴基斯坦当地民众肝胆相照、休戚与共，共同建设了“中巴经济走廊”的大量“友谊工程”“民心工程”。在开斋节、古尔邦节、独立日等当地传统节日，天津电建会以多种活动和形式为当地民众送去问候，增进彼此了解，消除文化隔阂。在建设胡布电站时，为当地胡布镇的TCF小学捐建足球场，给孩子提供体验快乐足球的机会。举办“共绘家乡美”少儿绘画比赛，记录胡布电站建设给当地带来的变化，描绘“一带一路”合作的美好愿景。项目部积极接待各类当地交流团，推广交流项目管理、技术应用等，还接收了当地技校的许多学生到现场实习锻炼，安排中国师傅手把手地教他们劳动技能，为3 000多名巴基斯坦人提供就业岗位，进行技术培训，让当地人民感受到实实在在的好处。

一批批走出国门的天津电建干部员工是“一带一路”倡议的践行者，他们与当地民众聚在一起，讲述工程难题、分享生活经验、品味酸甜苦辣、闲谈异国趣事、了解生活百态，他们相互学习、共同进步，消除文化隔阂，用文化融通推动了项目建设，也为当地培养了大量骨干人才。

天津电建孟加拉国当地员工孟津谊是一位孟加拉国籍的穆斯林员工，他的中文名字“孟津谊”是天津电建党委书记取的，寓意是孟加拉国与天津的友谊地久天长。在天津电建的培养下，他逐步从一位职场“小白”成长为项目“使节”，从一名学生成长为一专多能的人才，为孟加拉国的项目建设做出了积极贡献。

2019年，一则短视频《从“菜鸟”蜕变成“多面手”》在“一带一路”百国印记短视频大赛中崭露头角，并在环球网、快手、脸书上引发了网友关注与讨论。视频生动展示了巴基斯坦当地员工丹尼斯的成长经历和亲身体会，讲述了他如何在公司的培养下从一名小工成长为“翻译大拿”和“技术达人”，成为一位中巴友谊的使者、奋斗追梦的工匠。

“感谢美丽中国，感谢中国企业在我的家乡投资建设，是中国让我们国家基础建设突飞猛进，是中国企业培养了像我一样数不胜数的孟加拉国籍技术人员，更感谢中国让我找到了爱的归宿！我爱你，中国！”在博杜项目中不仅收获了知识和实践，更收获了爱情的孟加拉国当地员工丽莎发自肺腑地说。

资料来源：跨文化融合“新样本”：写在“一带一路”倡议十周年之际．(2023-09-18)．中国能源建设股份有限公司网站.

讨论题

1. 你认为天津电建为什么能够获得市场并取得发展？

2. 从孟津谊、丹尼斯、丽莎等员工的身上可以看到，天津电建采用了怎样的人力资源战略？带来了什么收获？

3. 你认为跨文化管理在跨国企业经营过程中起着怎样的作用？

第4章

组织管理

| 本章要点 |

企业管理的载体是组织，组织的科学化和现代化程度将直接影响并制约企业目标的实现及企业的发展。为实现企业的目标，企业需要在组织理论的支撑和指导下，构建适应环境要求的组织体系。本章包括组织与企业组织、组织结构与设计、组织变革与发展等内容，能够使读者掌握组织管理的基本知识，并初步学会诊断和建立企业的组织结构框架。

引例

深圳市先科企业集团创建于 1984 年，其前身是深圳市先科技术开发公司，1992 年经国务院批准后，组建成为企业集团，现已成为拥有 200 多亿资产，20 多家下属子公司，年创利税数亿元的大型高科技集团公司。先科企业集团开启了中国激光视唱事业的先河，曾在该领域风靡一时，“世界看中国，中国有先科”的广告语家喻户晓。经过 30 多年的沉淀，“SAST 先科”品牌仍然具有极强的市场影响力，先科企业集团也逐渐转型为一家典型的虚拟企业。

先科企业集团通过品牌授权方式进入小家电领域。在中国小家电交易会的先科展位上，可以看到 11 个小家电品类的产品：电水壶、养生壶、电饭煲、电压力锅、迷你电饭煲、电磁炉、多功能电热锅、韩式多用锅、破壁机、绞肉机、取暖器等。一个品类由一个企业负责生产，保证了技术的专业性和产品品质的稳定性。从 2018 年起，这 11 个获先科企业集团授权的小家电厂家（即虚拟企业的盟员）自发组成先科领航联盟，形成了虚拟企业定义中的“动态企业联合体”。它们抱团参加展会，共享渠道资源，相互交流业务信息，互相填补空白地区的招商。该联盟成立后，其中一家盟员在 2019 年的业绩就增长了 30%。

先科企业集团在发展过程中，早期也担任过盟员的角色——接受印度尼西亚一家公司外包的生产任务，但在完成一笔《侏罗纪公园》LD 光盘的订单后，却被一家美方公司起诉这批光盘是盗版产品，坚持要求先科企业集团旗下负责光盘生产的深飞公司停产。这时先科才知道那家印度尼西亚公司伪造了《侏罗纪公园》的版权授权书，虽然该公司向先科企业集团提供了该授权书，但当时并没有专门机构能够辨别其真伪，先科企业集团因此上当。有过这样的教训，当自己转而成为虚拟企业的盟主后，先科企业集团在品牌授权管理过程中就特别重视保障加盟商的权益，并采取了四个措施。

法律维权——聘请了著名的律师事务所作为先科商标的常年法律顾问，专门负责与先科商标相关的法律事务，通过大量措施有效保护先科品牌的市场使用秩序及品牌诉求。

商标维护——聘请了专门的商标事务代理机构负责先科商标的续展、注册、争议、异议、监测等事宜，以确保先科商标在知识产权保护及管理方面的及时性和有序性。

品牌营销——聘请了在家电行业内具有相当影响力及丰富策划经验的机构，全方位为先科商标的推广及营销进行代理，以确保先科商标无形资产价值的逐步提升和长远的战略发展。

质量监督——聘请了专业的质量检测机构从事工厂核查、产品质量检测评定，加大产品质量监管力度，统一产品质量标准，并通过定期监督、不定期抽检等多种方式严把质量关，为先科品牌快速发展保驾护航。

资料来源：多品类成趋势 先科领航联盟共享品牌经济．(2019-09-10)．新浪VR网站．

第1节　组织与企业组织

组织是指为实现既定目标，通过人与人、人与物以及信息的有机结合所形成的社会系统。而企业组织是为有效地向社会提供产品或服务，将企业的各种资源按照一定形式结合起来的社会系统。

一、组织

（一）组织的定义

每一个人都离不开组织，比如：人一出生就是一个家庭组织的成员；长大上学后，是班级、学校的一员；成年参加工作后，又成为工作单位的一员。同时，他还是某一民族的成员，或某一社团组织的成员，等等。一个人可以是若干个组织的成员。这充分说明，组织是人们生活的普遍形式和存在方式。工厂、超市、银行、医院、学校、法院、剧团等不同类型、不同工作范畴的机构都是组织。那么如何定义组织呢？对此可谓众说纷纭，代表性的有以下四种定义：

斯蒂芬·罗宾斯认为，组织是对完成特定使命的人们的系统性安排。

薛恩认为，组织是为了达到某一特定的共同目标，通过各部门劳动和职务的分工合作以及不同等级的权力和责任的制度化，有计划地协调一群人的活动。

杰克·邓肯认为，组织是一个相互影响、相互依赖，为了达成某一共同目标的工作群体的集合。

张德认为，组织是对完成特定使命的人的特殊安排。

（二）组织的特点

从不同角度的组织定义来看，所有的组织都具有如下特点。

1. 目标

每一个组织，无论其规模大小，存在的形态方式如何，都有明确的目标。如企业要实现利润最大化；医院要救死扶伤，提供最优质的医疗服务；学校要培养人才。组织的使命和目标是组织存在的理由，组织的目标就是引导组织成员运用组织所拥有的各种资源，完成组织的使命和任务。

2. 资源

组织要实现自己的目标，必须拥有相应的资源，如企业拥有机器、设备、土地、人才、资金、品牌、技术等各种资源。如玻璃生产企业必须利用石英砂等原材料生产人们所需要的各种玻璃。

3. 结构

组织需要科学地划分部门和层级，需要明确各部门和层级的责、权、利，需要根据每个成员的才能安排工作、分配职务，并落实每个职务的责、权、利。组织还需要建立有效的沟通、协商机制。只有分工清晰、协作通畅，组织才能正常运营。组织不仅是权责分配系统，而且是其各成员根据自身在组织中的特定地位，扮演一定的角色，并由此构成等级体系的人际关系网。

4. 环境

组织是一个开放的系统。任何组织的生存和发展都离不开环境、离不开其他组织，都需要与环境进行物质、能量、信息的交换，封闭的组织是不存在的。

从静态观点来分析，组织就是指社会集团，是人与人、人与事的关系的系统或模式。从动态观点来分析，组织则是一个开放的社会系统。

（三）组织的目的

组织的目的包括：将需要完成的工作划分给具体的工作岗位和部门；将工作与责任分配给相关的各个工作岗位；协调多种多样的工作任务；组合各项工作以形成工作部门；建立个体、群体和部门之间的关系；建立正式的指挥链；分配组织资源。

二、组织理论发展

组织理论是随着时间推进不断形成与发展的。最早的组织理论可追溯到古罗马以前的时代，近代的组织理论则是工业革命早期在经验管理的基础上发展起来的，其演变过程大致可以分为三个阶段。

（一）早期组织理论

早期组织理论存在于 14 世纪末到 20 世纪初，是一种组织结构学的理论，侧重于对组织的静态研究。泰勒在其《科学管理》一书中就有关于企业组织结构的论述：为提高工作效率，应该采用职能组织以明确职能。随后，法约尔提出了著名的管理五大职能，其中一个是组织职能。之后，韦伯系统地提出严格按照行政手段办事的组织体系和组织形式，并创立行政组织理论。韦伯认为，为实现组织目标，需要把组织的全部活动划分为各种基本作业，并分配给组织中的每个成员。

（二）组织行为理论

组织行为理论产生于20世纪初期，它是一种以建立良好人际关系为目标的理论，侧重于对组织的动态研究。随着生产的发展、技术的进步、工人受教育水平的提高，在组织管理中，只重视物的因素而忽视人的因素的缺陷越来越明显。西蒙认为早期的组织理论过于强调权力的作用，而要使组织有活力，关键在于对工人的说服力而不在权力。阿吉里斯批评了泰勒和其他传统管理学派有关组织的观点，认为正是组织的基本性质使个人保持在“不成熟”阶段并妨碍自我实现。巴纳德认为，工人首先是社会成员，然后才是组织的参与者。他们是完整的人，而非工具。

（三）现代组织理论

现代组织理论形成于20世纪中期，侧重于对组织与外部环境平衡的研究。德鲁克认为，组织不是孤立地存在于一个别无他物的环境当中，应该强调组织目标和个人目标的融合，并通过组织成员的相互作用，共同建立一种和谐的、具有正激励作用的关系。1966年，凯茨和卡恩在《组织的社会心理学》一书中明确提出，组织是一个投入产出系统，是一个与环境相互作用、相互影响的开放系统。1974年，卡斯特和罗森茨韦克进一步指出，开放系统与环境连续相互作用，并且在系统仍然保持工作能力或能量转换的同时，达到稳定状态或动态平衡。

三、企业的组织形式

企业的组织形式是指企业生产经营的形态和运营方式。随着市场经济的深入发展，组织的存在形态和运营方式发生了很大的变化，组织形式多种多样。

（一）企业的法律形式

按照财产的组织形式和所承担的法律责任不同，企业的法律形式主要包括个人独资企业、合伙企业、公司制企业。个人独资企业是由企业主个人出资兴办，由企业主直接经营的企业。合伙企业是由两个以上当事人共同出资、合伙经营、共享企业所得，并对营业亏损共同承担完全责任的企业，劳动者自愿、自助、自治的经济组织。公司制企业是指由两个以上投资人（自然人或法人）依法出资组建，有独立法人财产，自主经营，自负盈亏的法人企业。

（二）企业的管理形式

管理学家彼得·德鲁克指出：“任何企业都必须成为一个真正的协作体，把个人的努力凝合成共同的努力。企业中每一个成员的贡献可以有所不同，但是大家都必须为一个共同的目标努力。”管理者为实现组织目标，必须采用科学的管理形式，以形成一个职位顺序清晰、意见沟通渠道流畅的协调合作体系。按照人与事、人与人的相互关系的密切程度，企业的管理形式有多种：直线制、职能制、直线职能制、事业部制、矩阵制等。

（三）企业的经营形式

企业的经营形态及运营方式实质上是企业在运营过程中主体与客体相结合的方式，也叫作经营形式。为适应市场经济体制，提高生产经营效率，企业的经营形式大体呈现批发、零售、合作三大类及若干具体形式。

第 2 节 组织结构与设计

组织设计原则和组织结构类型能够帮助管理者进行组织结构评估和优化及组织结构的选择和构建，而组织结构设计则是组织设计的重要角度。

一、组织设计概述

组织结构是组织内正式的工作安排，以组织结构图的形式直观展现，同时服务于很多目的。当管理者创造或者改变组织结构时，就是在进行组织设计。

（一）组织设计原则

科学的组织形式要遵循一定的设计原则，这些原则既能指导企业进行组织设计，也能评估现有组织结构的合理性。组织设计一般遵循以下基本原则。

1. 命令统一与分级管理原则

建立管理组织体系，首先要保证企业生产经营和管理活动的统一指挥，确保企业上下按照统一的经营主线运营，同时还要实行分级管理。关系企业全局的重要管理权限集中在企业的最高管理机构，各级管理部门在其规定的权限范围内可以处理与其工作有关的事务，并承担相应的责任。

2. 因事设职与因职用人相结合原则

因事设职是使目标活动的每项内容都要落实到具体的岗位和部门，使“事事有人做”，而非“人人有事做”。因此，在组织设计中，首先要考虑工作的特点和需要，做到因事设职，因职用人。

3. 管理幅度与管理层级相结合原则

管理幅度是指主管人员能够直接指挥的下属的人数，即管理的宽度。管理层级是指企业高层的决策、指令贯彻到基层所经过的环节。企业组织结构的设置应将管理幅度和管理层级有机结合起来，使管理工作负荷与管理者的能力保持平衡，兼顾管理工作中深度和广度两方面的关系。

4. 权责对等原则

权责对等是指权力和责任应是同时产生、存在与消失的，而且是相当的。有权无责，会产生滥用权力的官僚主义；有责无权或权力过小，会严重挫伤工作人员的主动性和积极性。只有权责对等，各部门和工作人员才能履行其职责，充分发挥主动性和创造性，整个企业的生产经营活动才能有效地进行。

5. 稳定性与可变性原则

客观环境是不断变化的，企业管理的目标、内容也经常发生变化。企业的组织结构必须随环境和管理目标、内容的改变而改变。此外，组织结构的调整和各部门职权范围的重新划分，都会给经营管理的正常进行带来不利影响。只有将稳定性和适应性相结合，才能使企业的组织结构与客观环境和生产经营条件相适应，顺利实现企业目标。

（二）组织设计的任务

组织设计的任务是提供组织结构图和编制职务说明书。组织结构图的基本形状如图4-1所示。图中的方框表示各种管理职务或者相应的部门；箭头表示权力的指向；通过箭头将各方框连接，标明了各种管理职务或部门在组织结构中的地位以及它们之间的相互关系。

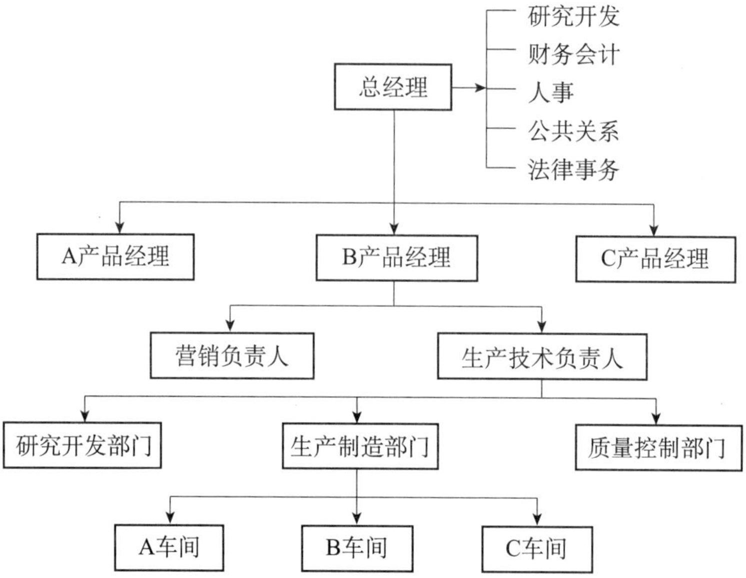

图4-1 组织结构图

职务说明书要能简明扼要地指出：该职务的工作内容、职责与权力，与其他部门和职务的关系，担任该职务者所必须拥有的基本素质、技术知识、工作经验和处理问题的能力等条件。为了获得上述两种组织设计的最终成果，组织设计者需要完成以下三个步骤的工作。

1. 职务设计与分析

职务设计与分析是组织设计中最基础的工作。职务设计是在对目标活动逐步分解的基础上，设计和确定组织内从事具体管理工作所需的职务类别和数量，分析担任每个职务的人员应负的责任、应具备的素质要求。

2. 部门划分

根据各职务所从事工作内容的性质以及职务间的相互关系，依照一定的原则，可将各职务组合成被称为部门的管理单位。组织活动的特点、环境和条件不同，划分部门依据的标准也不同。

3. 组织结构的形成

职务设计和部门划分是根据工作要求执行的。在此基础上，还要根据组织内外能够获取的人力资源，对初步设计的部门和职务进行调整，并平衡各部门、各职务的工作量，以使组织结构合理。如果分析的结果证明初步设计是合理的，那么剩下的任务便是根据各自工作的性质和内容，规定各管理机构之间的职责、权限以及义务关系，使各管理部门和职务形成一个具有严密结构的整体。

（三）组织设计的依据

组织活动总是在一定的环境中利用一定的技术条件，并在组织总体战略的指导下进行的。组织设计应考虑这些因素的影响。此外，组织规模及其所处阶段不同，也会要求与之相应的结构形式。

1. 战略

组织结构必须服从组织战略的需要。战略在两个层次上影响组织结构：不同的战略要求不同的业务活动，从而影响职务设计；战略重点的改变，会引起组织工作重点的变化，进而使各部门与职务在组织中的重要程度发生变化，因而要求对各职务及部门间的关系做出相应调整。

2. 环境

外部环境是否稳定，对组织结构的要求也是不同的。稳定的环境需要被称为机械式管理系统的稳固结构，管理部门与人员的职责界限分明，工作内容和程序经过仔细规定，各部门的权责关系固定，等级结构严密；而多变的环境则要求组织结构具有灵活性，各部门的权责关系和工作内容需要经常做适应性的调整，并且组织设计中强调的是部门间横向的沟通而不是纵向的等级关系。

3. 技术

技术对组织结构影响最明显的是作为经济组织的企业。现代企业一个最基本的特点是在生产过程中广泛使用了先进的技术和设备。设备及设备体系有其自身的运转规律，在某些条件下，人们必须在一个封闭的生产车间内完成对某一类产品的制造；而在另一些条件下，人们又可以让不同车间的生产专门化，只完成各类产品生产的一道或几道工序。

4. 规模与组织所处的发展阶段

规模是影响组织结构的一个不容忽视的因素。另外，组织的规模往往与组织的发展阶段相联系。伴随着组织的发展，组织活动的内容日趋复杂，人数逐渐增多，活动的规模越来越大，组织结构也应做出调整。

二、组织结构的类型

企业的组织结构主要解决两个问题：一是企业的横向机构的设置问题；二是企业的纵向机构的确定问题。不同的企业，由于其性质、规模、任务及经营管理活动内容的差异，组织结构的形式也是不同的。

（一）直线制

直线制是最早、最简单的组织结构形式。其特点是管理职能由企业行政领导执行，不设专门的职能管理部门。这种组织结构的优点是：机构简单、权力集中、命令统一、权责分明、工作效率高。缺点是：要求企业领导人员熟悉并精通所辖范围内的全部业务，需要亲自处理各种日常事务，不利于领导者集中精力研究和思考企业的重大战略问题。该组织结构适用于产品单一、人员简单和规模较小的企业。直线制的形式如图4-2所示。

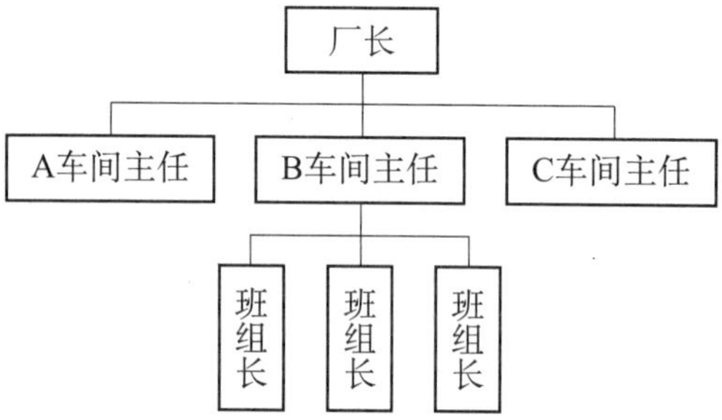

图4-2 直线制

（二）职能制

它是在直线制的基础上为各级行政领导设置职能机构或人员的一种组织形式，各职能机构或人员从属于各行政领导指挥，领导在各自业务范围内有权指挥下属。这种组织结构的优点是：大大提高了管理的专业化程度，能够适应现代企业生产经营复杂和分工细致的特点。缺点是：容易造成多头领导，妨碍企业生产经营活动的集中统一指挥，不利于明确工作职责，使员工无所适从。此结构适用于产品和技术较为稳定的中小企业。职能制的形式如图4-3所示。

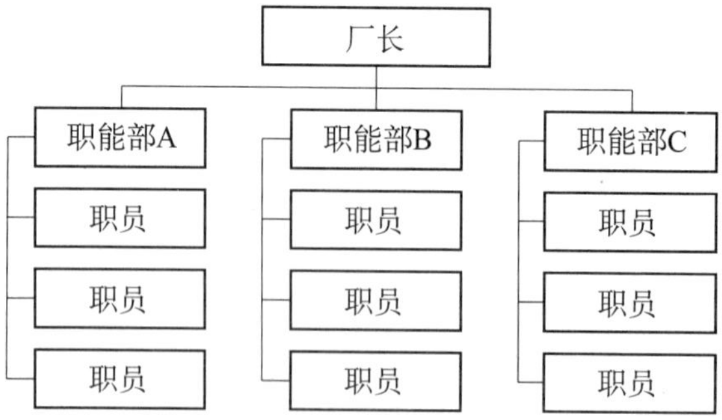

图4-3 职能制

（三）直线职能制

直线职能制也叫生产区域制或直线参谋制，它是在直线制和职能制的基础上，吸取这两种形式的优点而建立的组织形式。其特点是：把企业管理机构和人员分为两类：一类是业务机构和人员，按命令统一原则对组织各级行使指挥权；另一类是职能机构和人员，按专业化原则，从事组织的各项职能管理工作。直线领导机构和人员在自己的职责范围内有一定的决策权和对所属下级的指挥权，并对自己部门的工作负全部责任；职能机构和人员则是直线指挥人员的参谋，不能对下属部门直接发号施令，只能进行业务指导。它是一种适用于大中型企业的组织形式。直线职能制的形式如图4-4所示。

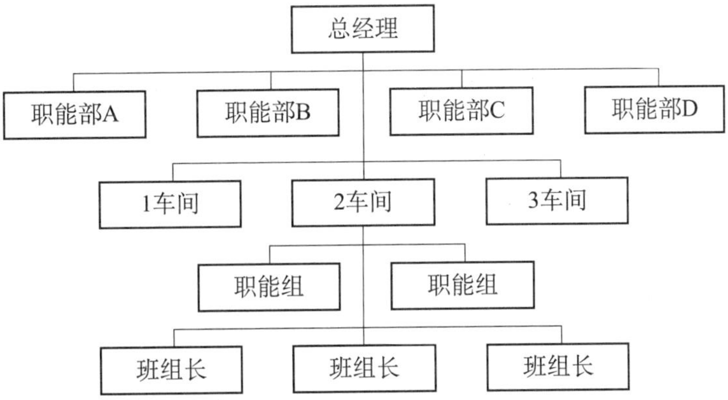

图4-4 直线职能制

(四) 事业部制

事业部是指把企业按产品或地区分成各个事业部，从产品设计、原料采购、生产制造、产品销售直至售后服务的各环节，均完全由事业部负责的一种组织形式，如图4-5所示。其特点是：分为产品事业部（又称产品部门化）和区域事业部（又称区域部门化）两种。一方面，它是实现企业目标的基本经营单位，要受企业计划和预算的严格控制，完成企业制订的利润计划；另一方面，它又是自主实行分散化管理的单位，自己组织生产销售，实行独立核算，自负盈亏。它适用于大型的多元化企业。

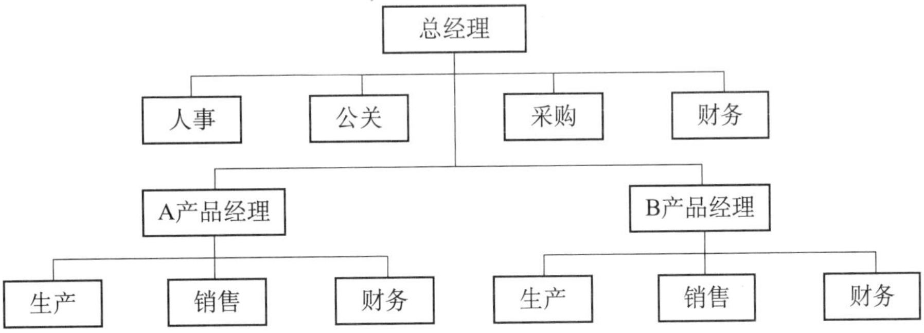

图4-5 事业部制

(五) 矩阵制

矩阵制又称目标型组织形式，是指为完成综合性任务而设立的实行双重领导的组织形式。它既有按职能划分的垂直领导系统，又有按产品划分的横向领导关系。虽然这种组织形式是固定的，但人员是变动的。一般情况下，按项目的研究、设计、试验、制造划分的部门工作人员是从各职能部门抽调的，由项目经理领导。该结构适用于横向协作和攻关项目，多用于跨国公司或规模巨大的跨地区公司。矩阵制的形式如图4-6所示。

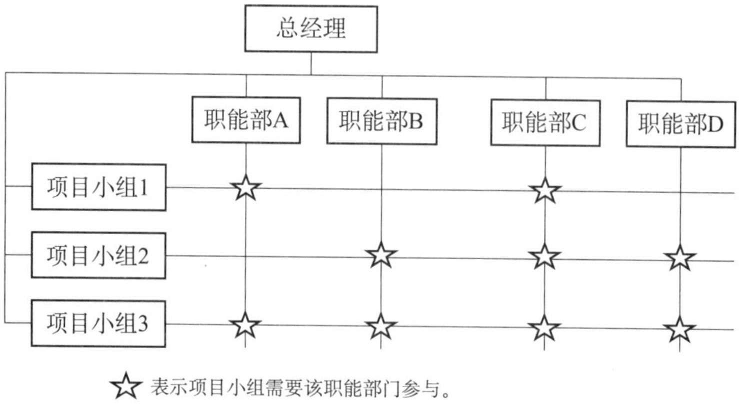

图4-6　矩阵制

（六）多维制

多维制又称立体制，是对矩阵制组织结构的进一步发展，其特点是组织结构由三方面的管理结构组成：（1）按产品划分的事业部，是产品利润中心；（2）按职能划分的专业参谋机构，是专业成本中心；（3）按地区划分的管理机构，是地区利润中心。在这种组织结构形式下，事业部经理不能单独做决策，而是由产品事业部经理、专业参谋部门和地区部门代表三方共同组成产品事业委员会，对各类产品的产销进行领导。这样就把产品事业部经理和地区经理以利润为中心的管理，同专业参谋部门以成本为中心的管理较好地结合起来，协调了产品事业部和地区部门之间的矛盾，有助于集思广益，共同决策。这种组织结构形式适用于跨国公司和规模巨大的跨地区公司。多维制的形式如图4-7所示。

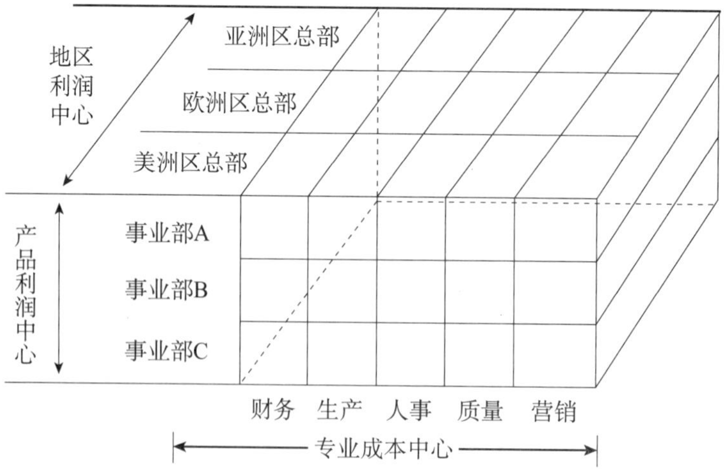

图4-7　多维制

在选择企业组织结构形式时，要考虑企业的运行特点、生产性质、规模大小、生产技术的复杂程度和专业化水平、产品种类的多少、生产工艺的特点、市场的大小、市场需求的变化、企业的管理水平等因素。不同企业会有不同的组织结构形式，同一企业在不同时期的组织结构形式也会发生变化，也有可能把几种不同的组织结构形式结合起来应用，形成一个多种形式的复杂的组织结构。

三、组织结构战略与组织结构设计

合理的组织结构有利于促进组织目标的实现，组织高效率地运行也需要设计合理的组织结构。在组织与战略的关系中，组织追随战略，即组织结构是企业实现其战略的工具。在企业战略系统中，组织结构战略是重要的战略支持型职能战略，其目标就是根据企业总体战略和业务战略的要求，设计适当的组织结构或对现有的组织结构进行变革，以支持企业战略目标的实现。

（一）设计组织结构

组织结构设计过程是一个涉及六项关键因素的决策过程：工作专门化、部门化、指挥链、管理跨度、集权和分权、正规化。

1. 工作专门化

工作专门化是指把工作活动划分为各项单独的工作任务。个体员工专门从事一项活动中的一部分而不是整项活动以提高工作产出，这是劳动分工的体现。在大多数组织中，一些任务要求员工具有高水平技能，其他一些任务可以由技能水平较低的员工来完成。如果所有员工都要从事某一生产流程中的所有步骤，那么他们都需要具备所有技能，而这是很难做到的。此外，技能型工人通常拥有比非技能型工人更高的工资，如果所有工人都获得高技能水平的工资而事实上却承担着简单的工作任务，这是对组织资源的低效利用。适度的工作专门化会带来生产率的大幅提升，但分工过度又会过犹不及。劳动分工在达到某种程度后所造成的人的非经济性——厌倦、疲劳、压力、低生产率、糟糕的质量、频繁旷工和高离职率就会超过分工带来的经济优势。

2. 部门化

在决定工作任务由谁来完成之后，将有共同的任务活动的工作岗位组合在一起，使得工作可以以一种协调一体化的方式完成，这就称为部门化。通常有五种部门化的形式，组织也可以开发自己独特的划分标准和形式。表 4－1 展示了部门化的五种类型及其优缺点。

表 4－1　部门化的五种类型及其优缺点

类型	定义	优点	缺点
职能部门化	根据职能组合工作岗位	把相似的专业和具有相同技能、知识和定位的人员组合在一起可带来高效性； 使职能范围内具有协调性； 提高专业化水平	跨职能领域沟通不畅； 对组织目标的认识受限
地区部门化	根据地区组合工作岗位	更有效、更高效地处理特定区域内出现的事情； 更好地服务各地区独特的市场需求	职能部门的重复配置； 可能会觉得与其他组织领域彼此隔离
产品部门化	根据产品线组合工作岗位	提高某些特定产品或服务的专门化程度； 管理者可能成为所在行业的专家； 更贴近顾客	职能部门的重复配置； 对组织目标的认识受限

续表

类型	定义	优点	缺点
流程部门化	根据产品或客户的流动组合工作岗位	提高工作流程运行的高效性	只适用于某些特定类型的产品
顾客部门化	根据特定的、独特的顾客组合工作岗位	可由专业人士来满足顾客需求和解决客户问题	职能部门的重复配置； 对组织目标的认识受限

绝大多数大型企业采用了以上大多数或所有部门化的类型。部门化的一种流行趋势是越来越多的组织采用顾客部门化。因为争取顾客和留住顾客对于企业的成功至关重要，这种方法由于强调了监控和回应顾客需求的变化而行之有效。另一种流行趋势是采用团队的方式，特别是当工作任务变得日益复杂并且需要综合各种技能才能完成时。越来越多的组织正在采用的工作团队类型是跨职能团队，即由来自不同职能领域的个体组成工作团队。

3. 指挥链

员工在工作中若遇到问题会找上级来帮忙解决，这就需要知道自己的上级是谁。指挥链是从组织的最高层延伸至最低层，用以界定汇报工作渠道的职权链。在组织工作时，管理者有必要考虑指挥链，因为这有助于员工处理“我应该向谁汇报”或者“如果遇到了问题我应该向谁求助”等问题。为深入理解指挥链，必须了解其他三个重要概念：职权、职责和统一指挥。

职权指的是某个管理职位本身所具有的发布命令和让命令得到执行的权力。指挥链中的管理者被赋予职权以开展工作，即协调和监管其他人的工作。

当管理者利用他们的职权向员工分配工作时，员工就承担了执行这些指派任务的义务。这种执行任务的义务或期望就是职责，而且员工应该对他们的绩效负责。只授予工作职权而不授予职责可能会导致对职权的滥用。同理，没有人需要为没有被授予职权的工作任务的执行承担职责。

统一指挥主张一个人应该只向一位管理者汇报。如果不能统一指挥，来自多位上级的相互矛盾的指挥可能会带来很多问题。

4. 管理跨度

管理者能够有效率且有成效地管理多少员工就是管理跨度。传统的观点认为管理者不能也不应该监管超过5个或6个直接下属。确定管理跨度非常重要，因为它在很大程度上决定了组织层级和组织中管理者的数量，这是组织在如何高效运营问题上要考虑的一个重要方面。在所有其他因素相同的情况下，管理跨度越大，组织运行效率就越高。

目前的管理跨度观点认为，管理者能够有效率、有效能地管理的员工数量受很多因素的影响，包括管理者和员工所具备的技能和能力以及所从事工作的特征。近年来管理跨度朝着扩大的方向发展，这与管理者提高决策速度、增强灵活性、更贴近顾客、向员工授权和降低成本的努力相一致。当员工充分了解他们各自的工作和组织的各种流程时，管理者就可以有更宽的管理跨度。

5. 集权和分权

关于组织结构还需关注的一个问题是“决策集中在组织的什么层级”。集权是决策集中在组织高层的模式。如果高层管理者在制定关键决策时几乎不考虑其之下层级的意见，那么这个组织就是更加集权化的。低层级的组织成员可以提供意见或做出实际决策的程度越高，该组织就表现为分权化的模式。

早期的管理学者提出组织集权程度取决于该组织所处的情境，其目标在于适度地、有效地使用员工。传统组织通常采用金字塔式的组织形式，权力集中于组织的高层及其附近层级。在这种组织结构下，历史上一直以集权式决策效果最为显著，但现在的组织日益复杂化，同时还要快速应对环境的动态变化，因而很多管理者认为决策应该由最接近问题的那些个体制定而不管他们处于哪一个组织层级。

6. 正规化

正规化指的是组织中各项工作的标准化程度以及员工行为受规则和程序指导的程度。高度正规化的组织拥有清晰明确的组织描述、大量的组织规章制度以及涵盖各项工作流程的明确程序，员工对于所从事的工作、何时完成工作以及如何完成工作几乎没有什么自主权。在正规化程度较低的组织中，员工在如何开展自己的工作上拥有更多的自主权。

（二）影响组织结构设计的权变因素

组织结构设计必须考虑四种权变因素：战略、规模、技术和环境不确定性。

1. 战略

一个组织的结构应该能够促进组织目标的实现。因为目标是组织战略的一个重要组成部分，所以战略与结构密切相关。研究表明，某些结构设计最适合某些特定的组织战略。例如，当一个组织追求有意义的独特创新时，有机式组织的灵活性和信息的自由流动性非常关键。当公司希望严格控制成本时，机械式组织的高效性、稳定性和严格控制就显得十分关键。

2. 规模

相当多的证据表明，组织的规模会影响它的结构。大型组织通常比小型组织更加专门化、部门化、集权化并拥有更多的规章制度。然而，一旦一个组织的规模超过某一规模，规模对于结构的影响将会减弱。

3. 技术

每个组织都在使用某种形式的技术将投入转化成产出。采用不同技术的组织，其结构也会有所差别。研究表明，组织是否会调整其结构以适应其采用的技术，取决于它们将投入转换为产出所采用的技术的常规化程度。一般来说，组织采用的技术越常规化，组织结构会变得越机械化，而采用非常规化技术的组织则更可能实行有机式的结构。

4. 环境不确定性

一些组织面临着不确定性程度很低的简单稳定环境，也有一些组织面临着不确定性程度很高的动态复杂环境。管理者试图通过调整组织结构来降低环境不确定性对组织的影响。在简单稳定的环境中，机械式组织可能更加有效。不确定性程度越高，组织越需要有机式组织所具备的灵活性。

（三）传统组织设计

1. 简单结构

大多数公司在成立之初都会采用一种简单结构。简单结构是一种部门化程度低、管理跨度大、权力主要集中于一人、正规化程度极低的组织结构设计。然而，随着员工数量的逐渐增加，大多数组织不会停留在这种简单结构上。组织结构会变得更加专业化和正规化。对此，组织设立了规章制度，工作变得日益专业化，创建了部门，增加了管理层级，而整个组织也日益官僚化。在这种情况下，管理者很可能选择职能结构或者事业部结构。

2. 职能结构

职能结构是把从事相似或相关职业的专业人员组合在一起的一种组织结构设计，可以认为这种结构是职能部门化在整个组织的应用。它有工作专门化带来的成本节约优势（规模经济、尽可能最小化人员和设备的重复配置），同时，追求职能范围内的目标也可能导致管理者忽视组织整体最优的目标，以及各职能部门相互隔离，因不了解其他部门所从事的工作而产生冲突和矛盾。

3. 事业部结构

事业部结构是一种按照相对独立的事业部或业务单元进行划分的组织结构。在这种结构中，每一个事业部都拥有有限的自主权，由事业部管理者对该事业部进行管理并对其绩效负责。在事业部结构中，公司总部往往充当着外部监管者的角色，协调并控制着不同的事业部，并且为这些事业部提供支持性的服务。

（四）当代组织设计

进入21世纪以来，很多企业都察觉到，传统的组织设计往往不适于当今动态变化和日益复杂的外部环境。组织需要更精干、更灵活、更具创新性、更加有机化。所以管理者正在寻求各种创新方式来构建组织，新的组织模式包括团队结构、矩阵结构和项目结构、无边界组织以及学习型组织。

1. 团队结构

团队结构是指组织由工作小组或工作团队构成并完成工作任务的结构。在这种组织结构中，员工授权至关重要，因为并不存在从组织最高层延伸至最底层的管理指挥链。员工团队以最佳的方式来设计和完成工作，这些团队承担起在各自领域中完成所有工作绩效目标的任务。在大型组织中，团队结构通常是对职能结构或事业部结构的一种补充，组织在拥有科层结构高效性的同时，也具备团队结构的灵活性。

2. 矩阵结构和项目结构

矩阵结构把来自不同职能领域的专业人员分派到从事各种工作的项目中，每个工作项目由一名项目经理领导。这种组织设计的独特之处在于它创造了一种双重指挥链。矩阵组织中的员工拥有两位经理：职能经理和项目经理，而这两位经理共享管理职权。这种矩阵设计似乎违背了统一指挥的原则。然而，如果两位经理能够定期进行沟通，协调员工的工作要求进而共同解决矛盾，那么这种结构确实行之有效。

也有很多组织采用项目结构，这种组织结构中的员工持续地在各个项目中工作。与矩阵结构有所不同，项目结构中不设员工在完成一个工作项目后就可返回的正式部门。相反，员工将他们所具备的特有技能、能力和经验应用于各种项目。同时，项目结构中的所有工作都是由员工团队来完成的。

3. 无边界组织

无边界组织是指一种不被各种预先设定的横向、纵向或外部边界定义或限制的组织形式。这一概念是通用电气公司前首席执行官杰克·韦尔奇提出的，因为他想要消除通用电气公司内部的横向和纵向边界，并打破该公司与顾客和供应商之间的外部边界。边界一般分为两种类型：（1）内部边界——由工作专门化和部门化所强加的横向边界，以及将员工划分为不同组织层级和等级的纵向边界；（2）外部边界——将组织与其客户、供应商和其他利益相关者区分开来的边界。为了最小化或消除这些边界，管理者可能会采用虚拟组织或者网络组织的设计。

4. 学习型组织

学习型组织指的是具有持续学习、适应和改变能力的组织。在学习型组织中，员工不断获取和分享新知识，并将这些知识应用于决策或他们所从事的工作。一些组织理论家认为一个组织学习和应用新知识的能力是其竞争优势的唯一可持续来源。

以下是对不同类型当代组织模式的比较（见表4-2）。

表4-2 当代组织模式的比较

类型	含义	优势	劣势
团队结构	一种整个组织由工作小组或工作团队构成的组织结构	员工参与和员工授权的程度更高； 各个职能领域之间的妨碍更少	缺乏清晰的指挥链； 工作团队的绩效压力较大
矩阵结构和项目结构	矩阵结构是把来自不同职能领域的专业人员分派到从事各种工作的项目中，并且相关人员在项目完成后返回各自部门的一种组织结构； 项目结构是员工持续地为各个项目工作的一种组织结构，随着一个项目的完成，员工加入下一个项目	具有的流动性和灵活性，有助于组织快速应对环境变化； 决策制定更加快速	为各个项目指派合适人员存在复杂性； 工作任务和员工性格之间存在冲突
无边界组织	不被各种预先设定的横向、纵向或外部边界定义或限制的一种组织结构，包括虚拟组织和网络组织	拥有高度灵活性和快速响应能力； 能够有效利用在任何地方挖掘到的人才	缺乏控制； 沟通比较困难
学习型组织	组织中的员工能够不断获取、分享新知识并应用这些知识的一种组织结构	实现在整个组织范围内的知识共享； 拥有竞争优势的持续来源	由于担心失去权势，有些员工不愿意共享知识； 大量有经验的员工可能面临退休

第3节　组织变革与发展

本节主要阐述组织变革的动力和阻力，并从理论上分析渐进式和激进式变革模式，进而分析组织结构的发展趋势，为组织变革实践提供理论依据。

一、组织变革概述

（一）组织变革的定义

21世纪以来，经济发展趋于全球化、知识化、网络化，组织越来越需要在动态环境中保持灵活性、适应性，强调变革的及时性、连续性。对于什么是组织变革，学者们有不同的意见。

科特认为，组织变革是指通过采用新科技、改变重要策略、再造流程、兼并、重整不同部门等措施，试图大幅提升创新能力及促使组织文化改变的过程。

罗宾斯认为，组织变革是在人员、结构或技术等方面的所有改变。

德鲁克认为，组织变革就是当组织运行迟缓、部门内部不良问题产生、愈来愈无法适应经营环境的变化时，企业所做出的组织调整，即对组织结构、工作流程、管理制度、沟通方式及企业文化等进行必要的调整与改善，同时改变领导者及员工的观念和行为方式，以促使企业顺利转型。

以上定义既解释了组织变革的内容，同时也说明了组织变革的目的和本质。变革是组织在某些方面的改变，因而本书将组织变革定义为：组织为提升自己的运行效率和效能，有目的有计划地对组织目标、规则等各种组织要素的改变。

（二）组织变革理论

组织变革理论产生后，相关研究经历了结构变革—文化变革—流程变革的过程。

20世纪70年代的星座组织理论认为，企业的边界向市场推进了一步，同时企业内部组织结构的刚性也在逐渐变小。到20世纪80年代，奈思比特使企业重建理论受到了广泛关注。重建理论认为企业要创造一种最适合员工工作的环境，则应放弃原有的组织结构，设计出适合沟通的形式，注重自我管理、弹性工作时间、利润分享和弹性福利等。这种思想与今天非常流行的员工持股计划（ESOP）、居家办公、福利自助餐等管理方式非常相似。彼得斯的《追求卓越》提出了7S框架，使文化变革成为20世纪80年代中后期的主题。而20世纪90年代哈默和钱皮的《企业再造工程》，使流程再造成为变革的主流，他们提出要以企业的活动、事件、业务流程为组织设计的基本元素，使原来支离破碎的工作流程得到整合。时至今日，更多学者发现单一内容的变革并不能满足企业的需要，虽然流程很重要，但结构、文化、关系和目标的改进也会决定企业的价值，这种价值体现在质量、服务、成本、速度和创新五个方面。

（三）组织变革的动力和阻力

1. 组织变革的动力

组织变革的动力，也称作组织变革的动因。信息技术、去管制化、不断创新的产品或服务，使得今天的商业环境和市场发生了翻天覆地的变化，这些变化也在促使组织相应地做出变化。一般认为，组织变革的动因可分为组织外部和组织内部两方面。组织外部因素包括政治环境、经济状况、人口结构、行业、竞争者等，组织内部因素包括企业生命周期、企业员工、产品、规模和组织结构等。

组织作为动态系统，会不断感受到组织内外部因素的共同作用，这些影响常常同时出现，从不同方面产生不同程度的作用。内外部因素的不断变化，使组织变革成为一个持续不断的过程。

2. 组织变革的阻力

组织变革阻力的产生原因是多方面的，既有内部原因，也有外部原因；既有主观原因，也有客观原因。我们从组织层面、群体层面和个体层面分析组织变革中可能遇到的各种阻力。

在组织层面，组织变革带来的管理者利益不明确，会使管理层支持力度不够，有意无意地阻碍变革；组织结构本身的惯性在组织面临变革时，会充当维护稳定的反作用力；组织的联动性使得组织内部彼此影响、彼此联系，牵一发而动全身，无形中会给变革带来阻力；组织自身存在的资源限制，会加大人们对变革成本的疑虑，从而抵制组织变革。

在群体层面，团队中存在群体压力现象，即使成员有变革想法，也因身处群体，受群体规范约束力的影响而抵制变革。此外，群体的强凝聚力也可能成为反对变革的主要力量。

在个体层面，员工个人缺乏危机意识、担心既得利益受损、对未来的不确定性都可能促使他们对变革持反对和阻挠态度。

（四）组织变革过程

组织变革一般经历三个阶段，会使组织通过艰难的过渡，从一个不好的状态转向所需的良好状态。尽管研究者们对这三个阶段的实质表示赞同，但不同的人对此有不同的命名。一种说法称这三个阶段为苏醒、动员、强化；另一种说法则是激活、愿景和促成。著名心理学家勒温提出的说法最常用：解冻、变革、再冻结，即变化过程包括将一个组织从当前的状况中解冻，推动它到达一个新的状态，最后在此状态下再次冻结。

1. 解冻

解冻是指要改变现状，就必须打破现有平衡状态，即突破个体阻力和组织阻力。勒温认为，人们必须在下列情况下寻求新的解决办法：

（1）组织主要功能无效率，或不能真正发挥作用。

（2）组织决策过程过于缓慢。

（3）组织信息沟通不畅。

（4）组织缺少创新。

要完成解冻，可通过运用推动力（引导行为脱离现状）、约束力（阻碍偏离现有平衡状态的力量）以及二者的结合来实现。

2. 变革

变革过程包括两个关键活动。第一，领导必须提供支持变革的信息和证据。没有支持信息，管理者和员工对所要做的事就没有信心，他们就不会忠于工作。第二，变革领导者必须做出行为上的转变。他们必须安排变革所需的资源，如新设备或预算，还必须确保有一定的教育或培训。有了资源和培训，真正的变革就可以进行了。进展的反馈可用来做出各种必要的调整，小的胜利或快速可见的成功，对于支持变革是很有帮助的。

3. 再冻结

再冻结是指将变革后的状态进行强化和巩固，使其相对稳定、能够保持下去。这包括三个相互关联的活动。第一，变革领导者实施评估，在变革之后跟踪预期行为，并使用长期培训系统持续升级相关的知识和技能。第二，变革领导者安排长期奖励计划，包括金钱奖励和非金钱奖励，正面强化新的行为。第三，变革领导者确保新的雇佣和晋升机制能够支持变更的需求。

二、组织变革的类型

管理者面临三种主要的变革类型：结构、技术、人员。结构变革包括结构变量上的任何改变，如报告关系、协调机制、员工授权和工作再设计。技术变革包括对工作流程和使用方法及设备的改进。人员变革涉及个体和群体的态度、期望、认知和行为的改变。

（一）结构变革

外部环境和组织战略的变化通常会使组织结构产生变革。因为组织结构是根据工作如何做以及由谁来做定义的，管理者可以改变其中一个或同时改变两个结构变量。例如，合并部门职责、减少组织层级或者扩大管理幅度；组织实施更多的规则和程序提高标准化程度，或者通过员工授权提高决策速度。

（二）技术变革

管理者可以改变将输入转换为产出的技术。大多数的早期管理学研究都涉及技术变革。例如，科学管理方法就包括实施那些有利于提高生产效率的变革，今天，技术变革通常包括新的设备、工具或者方法的引进、自动化以及数智化。

一个行业内竞争因素或者创新的出现，往往要求管理者引进新的设备、工具以及运营模式。自动化是一种用机器代替人工完成某些任务的技术变革，近年来最明显的技术变革是计算机化及数智化。例如，我国超市和零售商已普遍使用扫描仪以提供即时库存信息，普遍采用移动支付方式；越来越多的企业已经开始进行数字化转型并引入人工智能工具。

（三）人员变革

人员变革包括态度、期望、认知和行为的改变，而这些改变并非易事。组织发展（organizational development）是一个专业术语，用来描述那些聚焦于组织的成员及工作中人际关系的性质和质量的变革方式。

三、当代变革管理问题

随着经济社会的发展，市场环境对企业发展提出了新要求，员工的需求也在不断改变，使得当代组织变革面临一系列新的问题。在这一部分，我们主要讨论员工压力和其他两个重要的关注点——组织文化变革和成功变革。

（一）员工压力

对很多员工来说，组织变革会带来压力。一个以时间压力、工作量日益增长、公司合并和组织再造为特征的不确定环境会给大多数员工造成压力和过度的工作负担。一项关于压力的研究表明管理者往往承受着更大的压力。

压力是人们对特别的要求、约束或机会给他们施加的过度压迫感所产生的一种不良反应。但压力并不总是坏事。尽管人们通常是从一种负面的角度讨论它，但压力也可以是正面的，特别是在它提供了某种潜在收益的情况下。例如，在某些至关重要的时刻，压力能发挥作用，促使一位运动员、演员或员工发挥出更高水平。

（二）组织文化变革

一个组织的文化是由相对稳定而持久的特性构成的，这往往使得组织文化变革难以推行。一种文化的形成需要长时间的沉淀，而一经成型也往往变得根深蒂固。强文化尤其抵制变革，因为员工已经相当认同这些文化。

什么是促进文化变革的“最有利条件”？可能是一次重大危机的出现，比如一次意想不到的财务亏损、一个重大客户的流失，或者是由某个竞争对手引领的一次重大科技创新。这种冲击能够弱化现状，从而使人们开始思考现有文化的适用性。有一种情况可能是领导层更换。新的高层领导者会提倡另一套核心价值观，并很可能相对之前的领导者而言更有能力应对危机。还有一种情况是组织比较年轻且规模比较小，组织越年轻，其文化就越容易改变。对管理者而言，在一个小型组织中比在一个大型组织中更容易传播新的价值观。此外，弱文化也是有利条件之一。比起强文化，弱文化的变革更容易获得认可和接受。

（三）成功变革

组织变革是当今所有管理者每天都可能面临的一项持续性挑战。每一项重大变革都会引发结构、技术、人员领域的众多改变。当变革势在必行时，谁来实施变革？谁来管理变革？很多人认为这只是高层管理者的责任，但实际上，变革过程要求组织所有层面的管理者都投身其中。即便如此，变革也不总是能顺利推行。管理者怎样才能使变革成功？他们应当：（1）使组织具备变革的能力；（2）理解他们在变革过程中充当的角色；（3）使个体成员在变革过程中发挥作用。

四、新兴组织形式

（一）虚拟企业

世界著名的耐克、戴尔、苹果等公司，都有一个共同的特点，它们都没有自己的生产制造设备，而是依靠别人的力量来赚钱，即所谓的“借船出海”“借鸡下蛋”。这种经营形式就是虚拟经营，这种企业组织模式就是虚拟企业（virtual enterprises）。学术界给出的虚拟企业定义是：虚拟企业是指在供应链不同环节上分别具有核心能力的独立厂商，为更好地满足市场需求，以契约合作方式，通过信息化网络平台进行职能分工，以统一的品牌向市场提供产品或服务而形成的动态企业联合体。

虚拟企业最大的特点是，组织的决策集中化程度很高，但部门化程度很低，或者根本不存在实体部门。这种组织模式的灵活性非常强，虚拟企业的核心企业（即盟主）如果认为别的公司在某一方面（如生产、销售、服务等）具有更大优势，就会与这些公司联合起来，把自己相对劣势的职能工作外包给这些企业（即盟员）。虚拟企业的成功关键在于组织间通过贡献各自的核心优势而合作共赢。

（二）网络组织

随着信息技术的迅速发展和广泛应用，无论是企业组织的外部表象还是内部结构都已发生一系列的变化，其中最显著的变化是企业间的界限日趋模糊，不再受时间与空间的局限，出现了合纵连横的新型组织模式——网络组织。

什么是网络组织？国内外学者对此歧见纷呈，这也反映了网络组织本身的复杂性和内容的丰富性。一般来说，人们将网络组织定义为利用内部员工从事某些工作活动并且利用外部供应商网络提供其他必需的产品部件或工作流程的组织。这种组织形式有时候也被称为模块化组织。

（三）阿米巴

“阿米巴”（amoeba）在拉丁语中是单个原生体的意思，属变形虫科。变形虫最大的特性是能够随外界环境的变化而变化，即通过不断地进行自我调整来适应生存环境。这种生物具有极强的适应能力，在地球上存在了几十亿年，是地球上最古老、最具生命力和延续性的生物体。阿米巴经营模式就是借用了这一概念，指企业组织也可以随着外部环境变化而不断“变形”，调整到最佳状态，具有适应市场变化的灵活性。

在阿米巴经营模式下，以各阿米巴的领导为核心，自行制订各自的计划，并依靠全体成员共同努力来完成目标。这使得第一线的每位员工都能成为主角，主动参与经营，进而实现“全员参与经营”。

阿米巴经营模式的本质是“量化分权”，推行时应遵循的基本规律是：由上到下，由大到小，分层逐步推进。该模式的优势是：（1）提高员工参与经营的积极性，快速为企业培养人才；（2）小集体使效率得到极大提高，在企业内部彻底贯彻“销售额最大化、经费最小化”的经营原则；（3）领导者能够时刻掌握企业经营的实际状况，及时做出正确决策，降低经营风险；（4）把大企业化小经营，能够让企业保持大企业规模优势的同时，具备小企业的灵活性；（5）组织能够灵活应对市场环境变化。

（四）战略联盟

战略联盟的概念最早在20世纪90年代由美国DEC公司总裁简·霍普兰德和管理学家罗杰·奈格尔提出。他们认为，战略联盟指的是两个或两个以上有共同战略利益和对等经营实力的企业，为达到共同拥有市场、共同使用资源等战略目标，通过各种协议、契约而结成的优势互补或优势相长、风险共担、生产要素水平双向或多向流动的一种松散的合作模式。

关于战略联盟的概念，学术界还存在多种解释，综合既有研究，可以将战略联盟定义为“两个或两个以上的独立组织为了实现各自的战略性目的而达成的一种长期或短期的合作关系”。这种合作是企业为了现实生存或长远发展的需要而采取的行动，具有明确的战略意图和目标，但合作关系本身不一定是长期稳定的。

战略联盟要求合作方共同承担责任，相互协调，共同推进合作，使得各公司为了实现共同目标而采取一致或协同的行动。战略联盟伙伴虽然在部分领域进行合作，但在协议之外的领域以及在公司活动的整体态势上仍然保持着经营管理的独立自主性，甚至是竞争对手的关系。

（五）平台企业

平台企业也被称为平台型公司或平台经济企业，是一种基于互联网技术的新型企业组织模式。平台企业通过互联网技术，在网络空间中创建一个虚拟的交易或交流场所，以此连接不同的用户群体，促进商品、服务或信息的交换。平台企业通常不向用户直接提供产品或服务，而是提供一个展示或交易平台，让第三方供应商和消费者能够在此平台中进行展示和交易。

平台企业的成功关键在于其网络效应，即平台的价值和效益随着用户数量的增长而增加。用户越多，平台上的交易量和多样性就越大，就越能吸引更多的用户和供应商加入从而实现良性循环。

典型的平台企业包括电子商务平台如亚马逊和阿里巴巴，社交媒体平台如 Facebook 和微博。平台企业的迅猛发展推动了创新创业，为中小企业提供了网上展示和交易的资源与机会，在全球经济中扮演着越来越重要的角色，但平台企业的治理也日益引起各界的关注，包括数据隐私、市场垄断和劳动权益保护等问题。

关键术语

组织理论　　管理幅度　　管理层级　　组织变革

思考题

1. 组织理论包含哪些内容？
2. 如何进行组织设计？主要遵循哪些原则？
3. 企业的组织形式有哪些？各自有哪些特点？
4. 如何理解集权和分权？
5. 如何进行组织变革？组织变革的阻力有哪些以及如何克服？
6. 新型的组织形式有哪些？

案例分析

国内相关部门从 1970 年就开始筹划设计生产属于中国的大飞机，但生产大飞机绝非易事，不仅需要众多航空科技的支撑，更需要先进的航空装备工业提供保障。客观来说，当时的中国并不具备这个能力，但在“集中力量办大事”思想的指引下，项目还是顺利启动。1970年8月27日，代号“708工程”的“运-10”项目正式上马。经过5年的研究，1975年6月，项目组终于完成了“运-10”的全部设计图纸，随后便开始了边制造、边试验的过程。1980年初，“运-10”成功完成飞行试验机制造。1980年9月26日，首架“运-10”在上海完成飞行试验。但在当时的条件下，我国孱弱的工业配套能力使得“早产”的“运-10”根基不稳，多次试飞仍没能解决配套发动机研制周期长的问题，再加上翼型、气动研制、参数设置、材料技术等难关在短时间内都难以攻克，让“运-10”项目不堪重负，最终搁浅。

“运-10”项目的下马还有一个关键原因：在当时流行的“市场换技术”思想指导下，上海正与美国麦道公司合作生产大飞机。1990年，通过美国提供的技术、材料及工艺，我国负责从零件制造到总装试飞全流程的MD-90机型横空出世，获得了美国颁发的适航证，迅速拉近了与世界民航工业的距离。就在我们觉得这样的方式可以持续下去时，1997年麦道公司被波音收购，MD-90项目被迫中止，因此中国的大飞机梦又经历了一次漫长的等待。

2003年，承载着无数国人梦想的国产大飞机项目终于重新启动——科技部成立大飞机项目论证组，2007年国产大飞机项目正式立项，此后一切都被按下了快进键——2008年，中国商飞公司（COMAC）在上海成立；2009年，国产大飞机被命名为“C919”；2011年，首批零件在成都开工；2015年，首架样机总装下线；2017年，C919成功首飞；2021年，签订首批商业合同；2022年，C919成功完成100小时验证飞行，拿到适航许可证，实现交付商用。

作为现代科技含量最高的大型客机制造产业，涉及材料科学、冶金科学、工程力学、空气动力学、热动力学等前沿学科，即便一个不起眼的紧固件，都是现代高端制造业的集成。因此，整个C919项目动员了全国22个省份、200多家企业、36所高校、数十万产业人员参与研制。C919项目的宗旨是：借助大飞机制造，扛起中国航空产业的大旗。

C919客机是继“运-10”之后，中国首款按照国际民航规章自行研制、具有自主知识产权的大型喷气式民用飞机。C919的结构系统由中国商飞设计，多家国内企业一起制造，具备完全自主知识产权；发动机则由美、法合资公司CFM提供；航电系统由中美合资的昂际航电公司提供。除上述三大系统外，飞机其他部分的组件和技术也多由中外合资企业提供。C919近60%的国产化率带来一些关于国产化的质疑。其实在研发模式上，不仅是中国商飞，波音与空客采用的也是“主制造商-供应商”模式，即供应商提供子系统，主制造商进行总体设计与集成。毕竟，民航客机作为人类有史以来最复杂的工业产品之一，前后牵涉数十万个零部件，不可能由一家企业甚至一国包办，通过国际合作采用大量的国外供应商十分正常。目前，波音、空客也将大量零部件外包，其主流飞机上不乏中国、日本、韩国等其他国家代加工的部件。

事实上，能将那么多的飞机零件组装起来，本身就是一件很复杂的事情。C919上有几百万个接口，关系到液压、航电等多系统之间的关联，绝不是简单的拼接，而是要实现全系统的关联。如何关联就取决于飞机的设计方案，中国商飞的知识产权也体现在对系统的集成控制上。C919的供应商遍布全球，其中不乏同样为波音和空客提供零部件的供应商，但需要什么样的零部件，对零部件有怎样的技术要求，这完全是由中国商飞决定的，体现出我们的自主权和决定权。

资料来源：五十载“破茧化蝶”：国产大飞机 C919 的前世今生．(2023-06-02)．澎湃新闻.

讨论题

1. 从 C919 的研发过程可以看出，实现高新技术领域的攻关和突破，采用何种组织方式为好？

2. 哪种组织结构可以让 C919 主制造商的管理人员与供应商实现有效沟通与合作？

第 5 章

战略管理

| 本章要点 |

20 世纪 60 年代，战略思想开始运用于商业领域，在市场竞争日益激烈的今天，战略管理已得到企业广泛的关注，成为获取和维持竞争优势的有效手段。本章对战略管理的内涵、战略管理理论发展史、战略环境分析、战略制定与决策、战略实施与控制进行详细阐述，并介绍多种有效且实用的战略管理工具，以便读者学习应用。

引例

甘肃祁连山水泥集团是中国建材集团旗下的企业，公司以水泥系列产品为主，延伸至商品混凝土、骨料等上下游产业。我国水泥行业长期产能过剩，导致企业间竞争激烈，如何才能实现良性竞争甚至在竞争的同时进行合作呢？祁连山水泥集团做出了成功的示范。

祁连山水泥集团采取了多种措施，从多个方面降低产品成本：节约材料、降低人工费用、生产流程自动化、利用政策优惠等。企业文化和管理创新也帮助祁连山水泥集团提高了管理效率，使得集团的综合成本远低于竞争对手。但祁连山水泥集团并没有像有的企业一样利用自己的成本优势降价竞争甚至引发行业价格战，而是着力打造自己的品牌优势，使“祁连山”商标成为国家驰名商标，产品多次荣获国家免检殊荣，入选中国水泥十大品牌。在此基础上，祁连山水泥集团的水泥售价高于竞争对手，而市场仍然供不应求，使得公司利润持续上升。

为稳固优质高价的市场定位，祁连山水泥集团坚持质量先行。在日常质量管理工作中始终坚持“浇铸真诚、凝固永恒”的企业精神，从 2008 年起就建立了质量管理体系、环境管理体系、职业健康与安全管理体系，编制了严于国家标准的质量内控标准，从制度上对公司产品提出了高标准、严要求的目标。同时，祁连山水泥集团始终坚持“为顾客提供最优质的产品和服务，持续增强顾客满意度”的服务方针，坚持做好售前、售中和售后服务。

作为甘肃省水泥行业的龙头企业，祁连山水泥集团在行业自律方面以身作则、率先垂范，严格贯彻落实国家各项政策法规，组织协同行业内其他企业进行错峰生产。通过大量的协调沟通工作，因时因地制宜精准施策，成功把甘肃省水泥行业的总产能控制在与市场需求基本平衡的水平，维持了良性的市场竞争格局，避免了全行业陷入价格战的泥潭。

资料来源：甘肃祁连山水泥集团电子采购交易平台网站.

第 1 节 战略管理概述

本节通过对企业战略管理理论的发展历程进行全面精练的梳理，并对战略管理的内涵与框架进行剖析，分析战略管理与其利益相关群体间的利害关系，展示战略管理的发展历史及趋势，使读者能全面了解企业战略管理的基本概念和整体构架。

一、企业战略

随着经济社会的发展，“战略”一词开始从军事领域移植到政治、经济、科技、教育、外交和社会发展诸多领域，外延逐步扩大，内涵日益宽泛。最早把战略思想引入企业经营管理领域的是美国管理学家切斯特·巴纳德，他在代表作《经理人员的职能》一书中指出，企业是一个由物质、生物、个人和社会等多方面因素构成的综合系统，他运用“战略因素”这一概念对企业诸多因素及其相互影响进行分析，以说明企业组织的决策机制。但此时对该词的应用并不广泛，直到 1965 年美国战略学家安索夫所著的《企业战略》一书问世后，企业战略一词才开始得到广泛应用。

（一）企业战略的概念和内涵

20 世纪 70 年代，随着企业战略实践的发展和理论研究的深入，学术界形成了关于企业战略本质的多种观点，可大致分为以下四种。

（1）美国战略学家安德鲁斯认为，战略是通过一种模式，把企业的目的、方针、政策和经营活动有机地结合起来，使企业形成自己的特殊战略属性和竞争优势，以便解决不确定环境中的企业发展问题。

（2）美国达特茅斯学院奎因教授认为，战略是一种模式或计划，它将一个组织的主要目的、政策与活动按照一定的顺序结合成一个紧密的整体。

（3）美国著名战略学家安索夫认为，企业战略是一种关于企业经营性质的决策，总体战略用以决定企业该从事哪种类型的业务，而经营战略则在企业从事某种类型的经营业务以后，用以决定在这一领域内进行竞争的方式和方法。

（4）加拿大战略学家明茨伯格借鉴市场营销四要素（4P）的提法，指出企业战略是由五种规范的定义阐述的，即计划（plan）、计策（ploy）、模式（pattern）、定位（position）和观念（perspective），构成了企业战略的“5P”。

早期的战略观具有以下共同点：战略需在企业经营活动发生之前制定，以指导企业的经营行为；战略是有意识、有目的地开发，以明确企业的经营方向和领域；战略制定的出发点是企业内部条件，这隐含企业的发展具有无限空间的假设；战略制定一般是企业高层经理的工作，较少涉及中下层人员。

20世纪80年代以来，企业战略各学派经过交叉影响、融合分化，形成了对企业竞争与发展极具影响的三大学派，进一步完善了企业战略理论体系。这一时期的战略观点主要有四类：战略是一种意象，是企业渴望得到的远大前程和领先地位；战略是一种选择，企业成功与否取决于能否通过选择争取一个有价值的竞争地位；战略是一种革命，随着市场竞争日益加剧、顾客需求不断改变、科学技术飞速发展、产业革命周期越来越短，企业应当积极寻找产业革命的机会，努力成为先行者；战略是一种过程，处于不同生存与发展阶段的企业，对企业目标、自身实力和环境变化会有不同的认识与反应。

综合上述观点，本书认为，企业战略是企业未来生存发展的长期目标与实现该目标的途径和手段的总和。这一定义是广义的，首先企业战略的内涵包括企业的长期目标，确定企业生存发展的长期目标本身就是一种战略行为；其次，如何实现企业的长期目标是企业战略的又一主要内容，所有能够实现战略目标的途径和手段都是企业战略不可分割的组成部分。

（二）企业战略与相关概念的辨析

实际应用中，人们经常将企业战略的概念与其他一些相关概念混淆，因此，需要进行简要的辨析。

1. 战略与战术的区别

战略不同于战术，它们既存在密切联系，又有明显区别。一般来说，战略与战术主要是全局与局部、目的与手段的关系。战略是企业的最终目标及对达到目标的手段和途径的总体谋划，是关于企业全局性、长远性、根本性的重大决策。而战术是指为达到战略目标所采取的具体行动，是为实现战略任务而采取的手段，它具有全局性和暂时性等特征。

2. 战略与规划、计划的区别

从广义来讲，战略、规划、计划都是对未来的筹划，从管理的职能上看，都可归于计划的范畴。国外也往往采用广义的计划概念，只是按时间区分为短期计划、中期计划和长期计划。

从狭义来讲，战略、规划、计划既有联系，又有区别。战略是规划和计划的灵魂，规划和计划必须体现既定的战略。战略是规划的基础，规划又是计划的基础，应当先有战略，再有规划，最后订计划，使其成为可以布置、可以检查的具体行动方案。从这个意义上说，规划和计划是战略的继续、深化和细化。

二、战略管理

（一）战略管理的内涵与框架

综合国内外学者的观点，本书认为，企业战略管理就是企业制定并实现其战略的动态管理行为。全面、规范的战略管理过程大体可分为三个阶段：战略分析阶段、战略制定与选择阶段、战略实施与控制阶段，如图 5－1 所示。

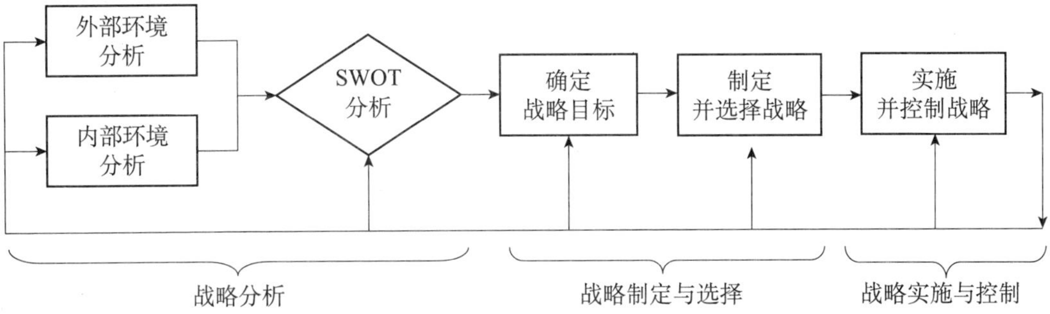

图 5－1　企业战略管理过程

1. 战略分析

战略分析是企业战略管理的关键环节，是对企业内外部经营环境的辨识与分析。对经营环境，通常进行 SWOT 分析，及时发现和找出外部环境的机会与威胁、内部环境的优势与劣势。

2. 战略制定与选择

战略制定与选择的主要任务是，根据企业对战略环境的分析和认识，制定和选择企业目标与战略，完成企业战略系统的构建。首先构建企业战略目标体系，再根据企业组织的层次结构，按照总体战略、业务战略和职能战略三个层次制定并选择企业战略。

3. 战略实施与控制

战略实施与控制的主要任务是根据战略方案的要求，调整企业结构、分配管理工作、进行资源合理配置，并通过计划、预算等落实执行工作。战略管理是一个环环相扣、循环往复、螺旋上升、持续发展的动态管理过程，它将企业所有的经营管理工作都纳入战略系统，使企业上下的所有工作都围绕企业战略展开，在动态、持续的变化和发展中实现企业的战略目标。

（二）战略管理的利益相关者

利益相关者是企业内外部环境中受组织决策和行动影响的所有相关群体。这些群体与企业息息相关，或是企业行为对他们产生重大影响。例如，华为公司的战略决策和行动可能影响到零件供应商、员工、竞争对手、当地社区等。其中一些利益相关群体同样可以影响华为公司管理者的战略决策和行动。

企业在进行战略管理的过程中，需要与哪些利益相关者打交道呢？图 5－2 界定了最具普遍意义的利益相关者。利益相关者既包括企业内部的群体，也包括企业外部的群体。

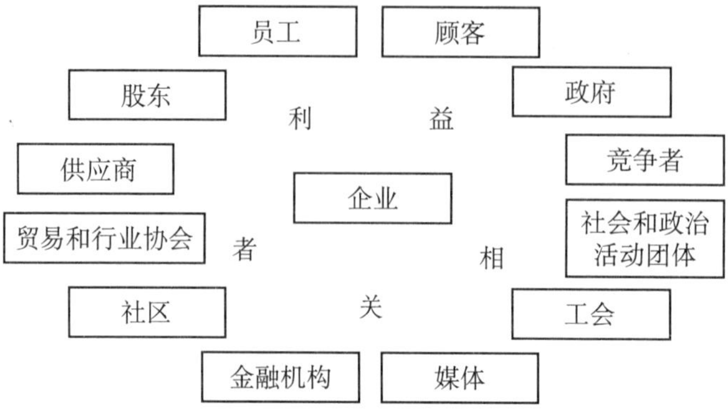

图 5-2　企业的利益相关者

第 2 节　战略管理理论发展史

从历史沿革及其演变过程来看，战略管理思想的产生和发展大致经历了三个阶段，即早期战略思想阶段、古典战略理论阶段和竞争战略理论阶段。

一、早期战略思想阶段

企业的战略思想是随着西方企业管理实践和理论的发展而逐渐形成的。20 世纪初，法国管理学家法约尔首次对企业经营管理职能进行归类整合，并认为计划职能是企业管理的首要职能，这成为战略思想和理论产生发展的重要理论基础。后来巴纳德在《经理人员的职能》中分析了战略因素对企业系统的作用，使战略思想得到理论界和企业界的重视。20 世纪 50 年代末，美国的工商管理学院开设经营政策（business police）课程，这是战略管理研究的雏形。此阶段战略管理思想萌芽，但尚未形成系统的理论框架。

二、古典战略理论阶段

20 世纪 60 年代，战略管理的研究主要集中于三个问题：战略与环境的关系、高层管理者设计构思战略、通过正式计划实施战略。其中，安索夫出版的著作《企业战略》成为现代企业战略管理研究的起点。在市场环境剧烈动荡的 20 世纪 70 年代，战略管理研究进入兴盛期，并逐步从理论转向实践运用，研究的视野更加开阔，方法更加多样。到 20 世纪 80 年代初，通过战略管理的基础性理论研究和初步实践探索，战略管理理论体系趋于成熟，这一时期称为古典战略理论阶段。

三、竞争战略理论阶段

20 世纪 80 年代初，战略管理的理论体系进一步臻于完善。在美国哈佛商学院教授波特的竞争战略理论影响下，战略理论研究的焦点纷纷转向企业如何获得和保持竞争优势，产生了行业结构学派、核心能力学派、战略资源学派三大学派，有力地推动了企业战略管理理论的发展与创新，因而这一时期被称为竞争战略理论阶段。

四、当代战略管理趋势

进入 21 世纪，战略管理实践方兴未艾，进一步巩固了战略管理在企业管理中的核心地位。战略管理的理论研究蓬勃发展，呈现出以下发展趋势：重视战略实践，强调对实践经验的总结和提炼；重视信息技术在战略管理中的应用；从关注竞争转向超越竞争，重视合作；强调战略管理的动态化和灵活性。

第 3 节　战略环境分析

本节从宏观环境、行业与市场环境、企业内部环境三个方面全面深入地介绍企业战略环境，勾勒出企业战略分析的基本线条，给出一个一般性的环境分析框架。目的是帮助读者掌握战略分析的思路和方法，根据特定行业和企业情况进行权变处理，对企业经营的内外部环境进行动态、全面、深入的战略分析。

一、宏观环境分析

企业都是在一定的宏观环境中从事生产经营活动的，宏观环境的特点及其变化趋势必然制约和影响企业经营方向和内容的选择。通常企业要进行政治环境分析、经济环境分析、社会文化环境分析、科技环境分析。

（一）政治环境分析

政治环境分析主要是指制约和影响企业经营的各种政治要素及其运行所形成的环境，即国内外的政治制度、体制，经营所在国的方针政策及法律、法规等方面的因素。

（二）经济环境分析

经济环境分析主要是对经济环境中的各种要素进行分析，通常需要进行宏观经济总体分析、社会经济结构分析、经济体制分析、资本市场分析、人力资源市场分析、自然资源与环境分析、社会资源分析等，以此判断宏观经济运行的态势，探索宏观经济运行规律及预测其未来的变化趋势，把握经济环境对企业的影响。

（三）社会文化环境分析

社会文化环境是指一个国家或地区的社会和文化状况，包括社会阶层的形成与变动、人口状况、生活与工作方式、文化传统与风俗习惯等因素。

（四）科技环境分析

科技环境分析是指分析与企业产品、材料、工艺、装备等有关的技术水平、发展趋势和发展速度等情况，为企业制定开发新产品、革新工艺、进行技术改造等方面的决策提供依据。

二、行业与市场环境分析

竞争结构分析是行业环境分析的核心，也是企业制定战略的基础。美国哈佛大学迈克尔·波特教授在其著作《竞争战略》中提出，任何一种行业都存在五种竞争力量，如图5－3所示。这五种竞争力量的状况及其综合强度，决定了行业竞争的激烈程度，同时也决定了行业的最终获利能力。

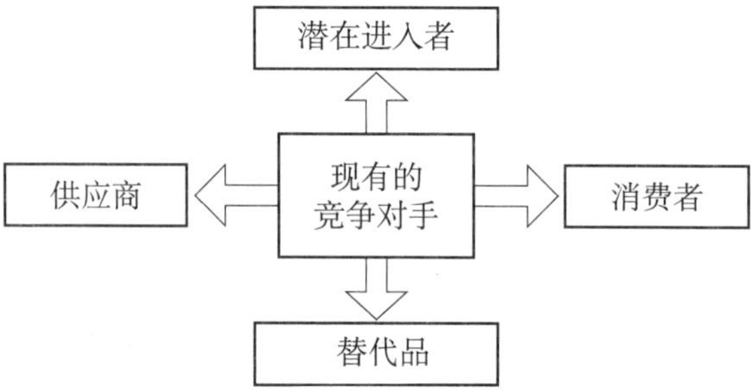

图5－3　五种竞争力量示意图

（一）潜在进入者的威胁

准备或正在进入某行业的企业称为潜在进入者。因为潜在进入者在进入某一新领域时会向该行业注入新的生产能力和物质资源，以获取一定的市场份额，其结果可能导致原有企业因与其竞争而出现价格下跌、成本上升、利润下降的局面。

（二）替代品的威胁

替代品是指那些与本企业产品具有相同或类似功能的产品。替代品的竞争实质上是生产替代产品的企业和生产被替代产品的企业之间的竞争。但是，这种竞争不是盲目的，一定要考虑替代产品和被替代产品的生命周期阶段和总的发展方向。

（三）消费者的议价能力

消费者的议价能力，也叫买方的讨价还价能力，是指消费者在价格、质量、服务等方面提出有利于其利益的条件，造成供应企业之间的内部竞争，从而降低产品价格的能力。

（四）供应商的议价能力

供应商是向企业及其竞争者提供生产经营所需资源的企业或个人，包括提供原材料、零配件、设备、能源、劳务及其他用品等。影响供应商讨价还价能力的因素主要有供应商和本行业的集中程度、交易量的大小、供应品特色、双方的转换成本、供应品的替代程度、本行业对供应商的相对重要程度、供需双方的信息掌握程度、双方一体化倾向等。

（五）现有的竞争对手

市场经济中的企业都在竞争中生存，竞争者之间的博弈是企业进行战略决策的重要依据，而竞争情报的分析是进行竞争博弈的基础。竞争情报应该包括主要竞争对手的经营目标、假设分析、现行战略和潜在能力等信息，如图5－4所示。

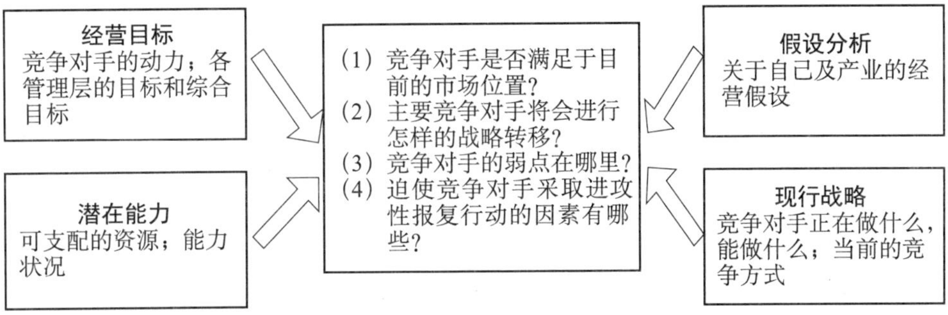

图5－4 竞争情报的分析内容

1. 经营目标

通过分析主要竞争对手的经营目标，企业就可以推断竞争对手的战略发展方向和可能采取的行动，从而在战略管理一开始就能针对主要竞争对手的可能行动考虑应对方法。

2. 假设分析

竞争对手确定目标是以其对环境和对自己的认知为前提的，认知的前提就是假设。一般竞争对手战略的假设有两类：基于内部环境分析的自我假设和基于外部环境分析的产业假设。了解竞争对手对产业的假设，不但可以了解其对产业的认识，进而了解它们可能采取的战略类型，还可以了解对手企业的认知方式，针对其特定的认知方式选择具体的竞争方式。

3. 现行战略

对竞争对手现行战略进行分析的重点在于，预计其现行战略的可能实施效果、其战略的成功实施可能造成的当前竞争地位的改变、竞争对手改变现行战略的可能性，以及由此引起的对本企业的影响。其中，竞争对手改变现行战略的可能性是受竞争对手的经营目标和假设支配的。通过对现行战略进行分析，企业可以了解竞争对手正在做什么和能够做什么，了解竞争对手的具体竞争方式。

4. 潜在能力

潜在能力是支持主要竞争对手实施其战略的基础条件，因此，必须加以分析，才能评估其战略的可行性。在进行情报分析时，要着重分析竞争对手的核心潜力、迅速反应能力、适应变化能力、抵抗恶劣环境的持久耐力和竞争能力。应当注意的是，资源是能力的基础和后盾。因此，在分析竞争对手的能力信息时，要深入挖掘支持其能力的资源是什么、有多少，即要全面分析和掌握竞争对手的资源和能力状况。

三、企业内部环境分析

（一）企业资源分析

按照是否容易确认和评估，企业资源可分为有形资源、无形资源和人力资源。有形资源包括企业的财务资源和实物资源。财务资源主要是企业通过筹资和借款掌握的资金；

实物资源主要包括企业的厂房、土地、设备等固定资产。无形资源主要指企业的形象、品牌、商誉、知识产权、专利权、商标权、交易秘诀、技术诀窍和专用知识等。人力资源主要是企业拥有的人力资源数量、质量和结构，通过人力资源分析可了解企业人力资源的水平和潜力，进而制定人力资源战略。

（二）企业能力分析

一个完整的实体企业一般具有以下五种基本能力：科研开发能力、筹措供应能力、生产制造能力、营销服务能力和组织管理能力。

科研开发能力通过研发组织与队伍、研发组合、研发成果、研发资源四个维度进行权衡。筹措供应能力主要指企业筹措资本、人力资源、知识资源和生产经营物资的能力。针对生产制造能力需要分析企业生产工艺和流程、生产能力和周期、企业库存、生产管理人员与工人、产物和服务质量、交货期等。营销服务能力通过企业的市场定位能力、产品营销组合能力、营销管理能力和服务能力来体现，在四种能力的组合下，企业可以确认、预见、创造和满足用户对产品和服务的需求，进而为战略制定的可靠性和准确性提供有力保障。组织管理能力是企业组织协调和配置资源的能力，通过建设制度、管理人员、控制系统进行评价。

（三）企业经营现状分析

经营现状分析反映了企业内部各方面的当前表现，回答了“我正在做什么，现在怎么样”的问题。企业的经营现状与企业的资源和能力既有联系，也有区别。企业经营现状是企业资源和能力与外部环境综合作用的体现，对企业经营现状进行分析能够使战略决策者清晰地看到企业当前的状况。企业现状分析可以从企业经营的各个方面展开，一般按照企业的主要职能，从财务、组织、采购供应、生产质量、技术研发、营销服务等方面分析。

（四）企业文化分析

企业文化是企业中居主导地位的价值观、管理哲学、道德观念以及表现这些理念的经营思想、作风和方式，是企业在长期生产经营中形成并被员工认同遵从的思想观念、价值标准、行为方式的总和。一般可以对企业的文化要素进行分析，具体有企业经营环境、企业价值观念、企业英雄人物、典礼及仪式、文化网络等；还可以通过研究企业领导者的价值观、观察企业如何处理与外部的关系、深入细致地进行企业内部调研等途径了解和把握企业的文化。

第4节　战略制定与决策

本节帮助读者掌握企业战略系统的整体框架，了解战略规划的工作思路、相关的战略制定和决策工具。读者理清对战略系统基本结构的认识，掌握战略制定与选择三个阶段的各种工具，就能熟练运用这些技术和方法进行战略制定与决策。

一、战略系统的构成

企业战略系统包括企业目标及实现目标的途径与方式两个方面，因此，这一系统由两个子系统构成，分别是企业战略目标体系与企业战略体系。

（一）企业战略目标体系

企业战略目标体系是企业战略系统的子系统，它构成了企业不同层次、不同维度的战略目标。企业战略目标体系的内部结构由企业使命、愿景和目标三个层次构成（见图 5－5）。

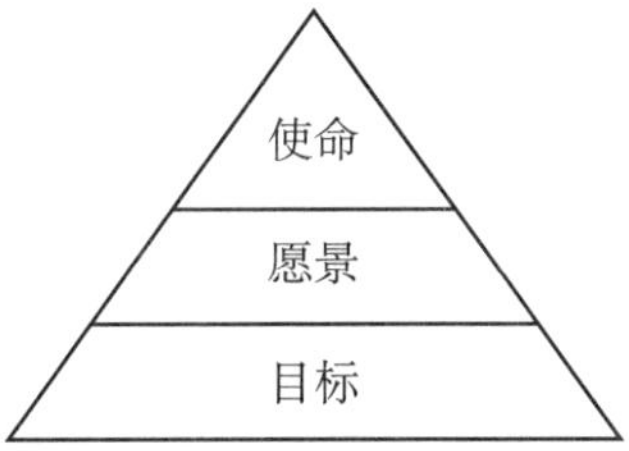

图 5－5 企业战略目标体系的内部结构

1. 企业使命

企业使命是企业在社会经济活动中所担当的角色和责任，是企业区别于其他企业而存在的理由，是企业开展活动的方向、原则和哲学。德鲁克认为，企业使命是对三个问题进行深入思考的结果，即“我们的企业是一个什么企业？我们的企业将是一个什么企业？我们的企业应该是一个什么企业？”一个定义清晰的企业使命至少阐述了企业存在的基本目的、企业经营活动范围、企业基本行为规则和原则三个方面。

2. 企业愿景

企业愿景是企业管理层、员工和其他利益相关者的共同愿景，是建立在共同价值和使命基础上的共同愿望、期待或理想，简单地说就是企业管理层、员工和其他利益相关者想使企业成为什么样的共同愿望形成的具体景象。企业使命是对企业长远战略目标的抽象化表述，而企业愿景是企业使命的具体化和形象化表达，因而企业愿景比企业使命更加具体、直接地影响企业的生存和发展。

3. 企业目标

要使企业的使命和愿景得以实现，必须将其进一步具体化，根据企业内部等级体系、分工合作关系、企业特定的发展阶段等因素进行分解，转化为不同部门乃至于不同岗位的具体目标，让每个员工明确知道自己该做什么、做到什么水平。企业目标应当包括以下五个方面的内容：成长性目标，用来衡量企业增长和发展的程度、水平与速度，表示企业的总体实力及增长；效益性目标，用来衡量企业投入产出的效益和效率，表示企业生存与发展的质量；资源性目标，用来衡量企业拥有资源的数量、质量和运用水平，表示企业未来发展的潜力；创新性目标，用来衡量企业在学习、创新、创造方面的水平和能力；社会性目标，用来衡量企业在履行社会责任方面的行为和表现。

（二）企业战略体系

企业战略体系是企业各层级的战略措施，是实现企业使命、愿景与目标的途径和方式。企业战略体系由三个层次构成，即总体战略、业务战略、职能战略。

1. 总体战略

总体战略又称公司战略，是企业最高管理层为实现企业使命、愿景和目标而制定的企业战略总纲，是企业最高层次的战略措施。总体战略的基本类型分为三大类：增长型战略，即企业在现有的战略水平上追求更高的目标，提高经营层次、增强企业实力、实现企业扩张和发展；维持型战略，即企业在现有的发展状况下，一定时间内维持现有的战略态势；紧缩型战略，即企业在一段时间内减小经营规模、缩小经营范围或放弃原有业务而发展新业务。

2. 业务战略

业务战略又称经营单位战略、战略业务单元战略、事业部战略、竞争战略等，该层次战略的主要思想和目标是促使企业在某项业务领域中获得优势地位。业务战略由战略业务单元或事业部根据总体战略特别是业务组合的要求，确定本业务的发展方向、具体竞争方式和资源使用重点。总体战略要回答“干什么”的问题，业务战略要解决“怎么干”的问题。

3. 职能战略

职能战略是按照总体战略或业务战略对企业内各方面职能活动进行的谋划，其主要任务是根据总体战略和业务战略确定职能活动的基本方向、原则和政策；制定该职能领域的重大活动方针，以支持总体战略和业务战略的实现；根据该职能在公司或战略业务单元中的地位与作用统筹配置资源；与相关职能活动建立跨职能协调机制等。根据职能部门在公司组织结构中所处的不同层级，指导其工作的职能战略又分为公司级职能战略和业务级职能战略两个层级。

综上所述，总体战略、业务战略与职能战略的总体结构关系如图 5-6 所示，这是企业战略体系的完整构架。

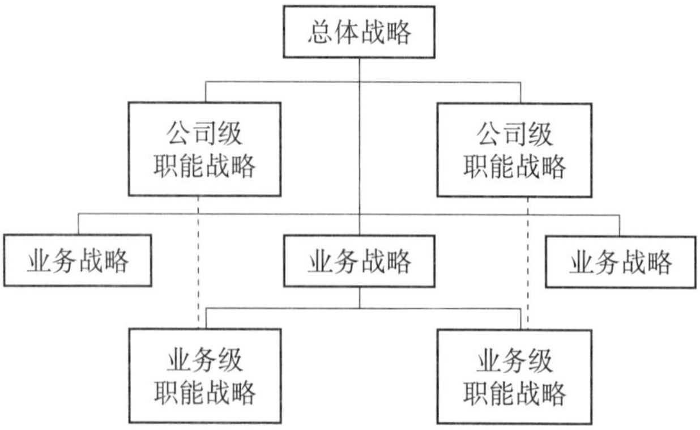

图 5-6 企业战略体系

二、企业战略制定

企业战略制定过程可以分为两个阶段：信息输入阶段和信息匹配阶段。信息输入阶段的目的是全面收集、整理、分析企业经营过程中的优劣势及其影响程度，信息匹配阶段的主要任务是对企业外部环境因素中的机会与威胁、企业内部环境因素中的优势和劣势进行匹配，是战略成型的过程。

企业战略制定这两个阶段所用的技术方法的主体框架有外部因素评价（external factor evaluation，EFE）矩阵、内部因素评价（internal factor evaluation，IFE）矩阵、SWOT矩阵、战略地位与行动评价（strategic position and action evaluation，SPACE）矩阵、波士顿咨询集团（BCG）矩阵等。由于篇幅所限，我们重点介绍 EFE 矩阵、IFE 矩阵、SWOT 矩阵和 BCG 矩阵，为读者提供战略制定的一般框架。

（一）信息输入阶段

信息输入是对企业内外部环境分析的总结和凝练，就是将企业在内外部环境分析中发现的机会、威胁、优势和劣势等关键因素加以提炼和总结，利用矩阵方法进行量化评分，为进行信息匹配、制定战略做好准备。信息输入阶段用到的主要技术工具有 EFE 矩阵和 IFE 矩阵。

1. EFE 矩阵

EFE 矩阵是战略制定者在完成对企业外部环境的分析后进行的总结和提炼，囊括了在宏观环境分析、行业环境分析、市场环境分析和竞争对手分析中发现的所有关键环境因素。建立 EFE 矩阵的步骤如下：

（1）选择外部环境关键因素。一般来说，所选择的关键因素总数应不超过20个。首先列出环境中的重要机会，其次列出外部环境中的重要威胁，将列出的机会和威胁按顺序编号，依次填入 EFE 矩阵的左边第一列。因素要尽量用具体、简练的语言来表述，必要时要采用数字说明。

（2）关键因素赋权。权重的数值由0.0（表示该因素不重要）到1.0（表示该因素非常重要），所有因素的权重总和等于1。每项因素的权重值表示该因素对企业在产业中取得成功的影响大小，影响越大，则权重越高。

（3）关键因素评分。评分分值的范围为1～4分，如果某项环境因素得到4分，就代表企业现行战略能够很好地对该因素做出反应；得2分，说明企业现行战略对环境因素的反应处于平均水平；得1分，代表现行企业战略难以有效响应环境变化。

（4）计算加权分数。用每个因素所得的权重乘以它的评分，即得到每个因素的加权分数，填入“加权分数”一列中与该因素对应的空白位置。

（5）计算总加权分数。将“加权分数”一列所有因素的加权分数相加，得到企业外部环境因素的总加权分数，填入“总计”栏与“加权分数”列相交的、矩阵右下角的空白位置。一个企业所能得到的总加权分数最高为4.0，最低为1.0，平均总加权分数为2.5。如果总加权分数为4.0，说明企业在整个产业中对现有机会与威胁做出了最出色的反应。换言之，企业的战略充分利用环境中的机会并将外部威胁的潜在不利影响降至最低。

我们以S汽车公司为例，表5-1说明了 EFE 矩阵在战略制定中的应用。

表 5-1 S汽车公司 EFE 矩阵

关键因素	权重	评分	加权分数
机会			
1. 政府支持轿车生产的政策、国家经济的稳定发展、居民购买力的上升，使中国轿车市场继续保持快速增长的态势	0.10	2	0.20
2. 国家即将制定和出台一系列涉及环境保护、资源节约、降低污染等方面的政策法规，有利于L系列轿车技术水平的发挥	0.15	3	0.45
3. 国内代用燃料汽车技术研发取得新进展	0.10	4	0.40
4. S汽车公司在产品质量方面有优势，而产品质量正是经销商最关心的因素	0.10	4	0.40
威胁			
1. 新动力汽车技术迅速市场化，我国的研发和应用都相对落后	0.10	1	0.10
2. 我国加入世界贸易组织使世界著名汽车公司大举进入我国汽车市场，竞争更加激烈	0.10	2	0.20
3. 同行业竞争对手正在融入跨国公司全球战略，竞相推出新产品，竞争力正在不断加强	0.15	2	0.30
4. 国内银行在汽车消费信贷方面的支持力度不足	0.05	1	0.05
5. 未来较长时间内，国内轿车产能的增长速度很可能快于产品市场需求的增长速度，极有可能供过于求	0.15	3	0.45
总计	1.00		2.55

2. IFE 矩阵

IFE 矩阵是战略制定者在完成对企业内部环境的分析后进行的总结和提炼，囊括了对企业进行资源分析、能力分析、现状分析和企业文化分析发现的所有关键因素。建立 IFE 矩阵的步骤如下：

（1）选择内部环境关键因素。一般来说，所选择的关键因素总数应不超过 20 个。将选出的关键因素按优势和劣势进行编号，依次填入 IFE 矩阵的左边第一列。要尽量用具体、简练的语言来表述，必要时采用数字说明。

（2）关键因素赋权。对优势与劣势中的每一项关键因素赋予权重，填入“权重”一列中与该因素对应的空白位置。权重的数值由 0.0（表示该因素不重要）到 1.0（表示该因素非常重要）。每项因素的权重值表示该因素对企业在产业中取得成功的影响大小。

（3）关键因素评分。评分分值范围为 1～4 分，4 分代表重要优势，3 分代表次要优势，2 分代表次要劣势，1 分代表重要劣势。评分反映了企业战略的有效性，是以公司为基准的，而步骤（2）中的权重则是以产业为基准的。

（4）计算加权分数。用每个因素所得的权重乘以它的评分，即得到每一个因素的加权分数，填入“加权分数”一列中与该因素对应的空白位置。

（5）计算总加权分数。将“加权分数”一列中所有因素的加权分数相加，得到企业内部环境因素的总加权分数，填入“总计”栏与“加权分数”列相交的矩阵右下角的空白位置。

仍以S汽车公司为例，表5-2说明IFE矩阵在战略制定中的应用。

表5-2 S汽车公司IFE矩阵

关键因素	权重	评分	加权分数
优势			
1. 大部分员工受过高等教育，有较高的专业素质	0.10	3	0.30
2. 生产工艺先进，技术含量高	0.15	4	0.60
3. 建立了科学的产品质量保证体系，产品质量在行业内处于领先地位	0.20	4	0.80
4. K轿车在其所定位的细分市场上具有一定的竞争力	0.05	3	0.15
5. 将得到F国X汽车公司全方位的支持	0.10	4	0.40
劣势			
1. 资金需求大，长期债务负担重	0.20	1	0.20
2. K轿车还未真正成为名牌产品，市场占有率低，品牌价值不高	0.05	2	0.10
3. 一些配套零部件成本较高	0.05	2	0.10
4. 营销和服务体系尚不完善，激励机制有待改进	0.10	2	0.20
总计	1.00		2.85

（二）信息匹配阶段

信息匹配阶段就是在机会、威胁、优势和劣势等关键因素构成的战略约束条件下，在对这些关键因素进行匹配的基础上进行战略构想，提出能抓住外部机会、回避外部威胁，发挥内部优势、弥补内部劣势的战略思路，供决策者进行评价和决策。信息匹配阶段采用的主要方法是SWOT矩阵和BCG矩阵。

1. SWOT矩阵

企业战略的目的在于获得和保持竞争优势，实现企业战略目标。有效的企业战略应该能够最大限度地发挥内部优势和利用环境机会，同时使企业内部劣势和环境威胁的影响降至最低。SWOT矩阵就是按照SWOT分析的基本思想，系统地对企业内部的优势和劣势、外部环境的机会和威胁进行匹配和分析，寻找利用优势、抓住机会、弥补劣势及防范威胁的切入点，从而制定合理有效的企业战略的一个基本分析工具。SWOT矩阵的构建过程包括以下五个步骤：

（1）填写企业内外部环境因素。将在EFE矩阵和IFE矩阵分析中筛选出的主要机会与威胁和主要优势与劣势填入SWOT矩阵的四个因素格中。

（2）制定优势机会（SO）战略。将各项内部优势因素与各项外部机会因素相匹配，构思发挥优势抓住机会的可行战略措施，把结果填入SO战略格中。

（3）制定劣势机会（WO）战略。将各项内部劣势因素与各项外部机会因素相匹配，构思抓住机会弥补劣势的可行战略措施，把结果填入WO战略格中，该战略决策试图通过外部有利因素来弥补内部因素的不足，充分利用现有的环境机会。

（4）制定优势威胁（ST）战略。将各项内部优势因素与各项外部威胁因素相匹配，构思发挥优势规避威胁的可行战略措施，把结果填入ST战略格中，目的是充分利用公司内部资源能力应对外部的威胁。

（5）制定劣势威胁（WT）战略。将各项内部劣势因素与各项外部威胁因素相匹配，构思既弥补劣势又规避威胁的可行战略措施，把结果填入WT战略格中。

通过SWOT矩阵，我们可以得到四类战略，即SO战略、WO战略、ST战略和WT战略（见表5-3）。SWOT矩阵由九个格子组成，包括四个因素格，填入内外部环境因素，以及四个战略格，填入经过因素匹配后得到的备选战略。而左上角的格子则永远是空格。

需要注意的是，在SWOT矩阵中进行战略因素匹配的目的是产生可行的备选战略，而不是选择和确定最佳战略，并不是矩阵中的所有战略都要实施，这些战略只是公司战略决策的待选方案。

我们仍以S汽车公司为例，表5-3是其运用SWOT矩阵制定的企业战略方案。

表5-3　S汽车公司战略制定

	优势S	劣势W
	1. 大部分员工受过高等教育，有较高的专业素质 2. 生产工艺先进，技术含量高 3. 有科学的产品质量保证体系，产品质量业内领先 4. 产品在其细分市场上有一定的竞争力 5. 将得到X汽车公司全方位的支持	1. 资金需求大，长期债务负担重 2. 市场占有率低，品牌价值不高 3. 一些零部件成本较高 4. 营销和服务体系尚不完善
机会O	**SO战略**	**WO战略**
1. 政府支持轿车生产的政策、国家经济持续稳定发展和居民购买力提高将使轿车市场继续保持快速增长的态势 2. 国家即将制定和出台一系列涉及环境保护等方面的政策法规，有利于公司技术能力的发挥 3. 国内代用燃料汽车技术研发取得新进展 4. 大多数经销商最关心产品质量，企业质量有一定的优势，有利于打开市场	1. 与国内科研机构或高校合作研发环保汽车（S_1，O_2，O_3） 2. 营销战略中强化对企业技术水平和产品质量的宣传，以过硬的质量塑造品牌形象（S_2，S_3，O_4）	1. 争取早日在境内或境外上市，增加资金来源（W_1，O_1） 2. 加强市场营销和广告投入，突出企业在质量、技术方面的优势，树立优质优价的产品形象（W_2，W_3，O_2，O_4）
威胁T	**ST战略**	**WT战略**
1. 我国对新动力汽车技术的研发和应用都相对落后 2. “入世”后世界著名汽车公司大举进入我国汽车市场，竞争更加激烈 3. 同行业竞争对手正在融入跨国公司全球战略，竞争力不断加强 4. 国内银行在汽车消费信贷方面的支持力度不足 5. 未来较长时间内，国内轿车可能供过于求	1. 争取X汽车公司的支持，在华设立研发中心，开发第二、第三代产品和环保轿车（S_1，S_5，T_1，T_2，T_3） 2. 大力培育以质量和技术为中心的核心竞争力（S_2，S_3，S_4，T_2，T_3） 3. 争取X汽车公司的支持，尝试设立公司融资中心，进行公司对客户的消费贷款业务（S_4，S_5，T_4）	1. 改善营销和服务体系，强化与经销商的利益共享关系，也可考虑与实力雄厚的大经销商建立战略联盟（W_4，T_2，T_3，T_5） 2. 帮助零部件配套企业降低成本、改善管理，用零部件标准化、采供市场化、业务长期化来降低零部件成本（W_3，T_2，T_3，T_5）

2. BCG 矩阵

BCG 矩阵又称发展-份额矩阵，该方法适用于多元经营的企业，通过对其业务单元进行相对市场地位和产业增长速度的匹配来评价和决定业务组合及业务单元的战略取向。BCG 矩阵的结构如图 5-7 所示。

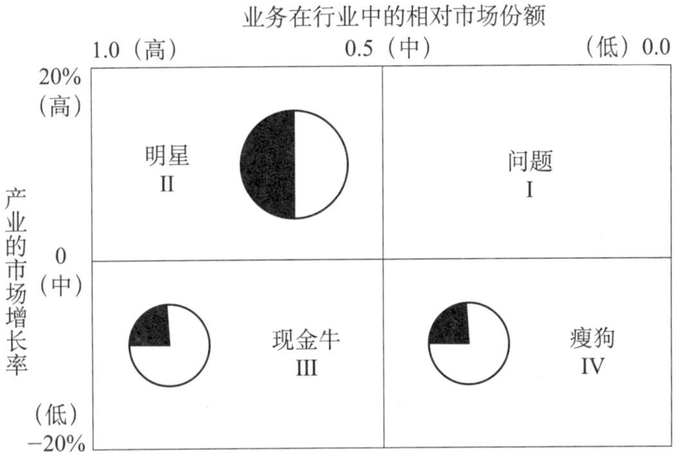

图 5-7　BCG 矩阵实例

矩阵的横轴代表相对市场份额地位，是某业务单元在其产业中的市场份额与该产业最大竞争对手的市场份额之比。横轴的取值范围为 0.0～1.0，中位值一般设为 0.5，表示公司的市场份额为本行业领先公司的一半。纵轴是以销售额增长百分比为衡量指标的产业的市场增长率，取值范围为−20%～20%，中位值为 0。以上取值范围是常用的横轴和纵轴数值范围，但必要时也可根据企业的具体情况进行调整。

BCG 矩阵中的每个圆圈代表一个独立的业务单元或分部，圆圈大小表示该业务或分部的收入占公司总业务收入的比例，圆圈中阴影部分代表该业务单元所创利润占公司总利润的比重。

BCG 矩阵的四个象限代表业务单元的不同战略地位。位于第Ⅰ象限的业务单元称为“问题”，位于第Ⅱ象限的称为“明星”，位于第Ⅲ象限的称为“现金牛”，位于第Ⅳ象限的称为“瘦狗”。

（1）第Ⅰ象限的“问题”业务在高速增长的产业中占有较低的相对市场份额。该区域市场潜力大、发展速度快，有可能成为企业的主导业务，但企业现有市场占有率低，先进创造能力较低，竞争力尚不突出和明确。因此，企业对“问题”业务需要考虑是采取市场渗透、市场开发或产品开发等战略，投入大量资金，提高其市场占有率和市场竞争力，还是采取紧缩型战略，放弃该项业务。

（2）第Ⅱ象限的“明星”业务是企业业务组合中具有长期发展机会和获利能力的业务，是企业最佳的长期增长和获利机会所在。企业要对“明星”业务采取增长型战略，进行大量投资以保持或加强其主导地位，扩大市场占有率，支持其进一步发展。

（3）第Ⅲ象限的“现金牛”业务有相对较高的市场份额地位，但产业的市场增长率不高。该区域的业务发展已经成熟，因此增长率低，占有率高。处于此象限的业务往往收益明显超过投入，是企业业务组合中的基础部分。对弱势的“现金牛”业务，市场已经走到尽头或正逐步衰退，应采取紧缩战略，进行收缩或剥离，减少投入，最大限度地回收现金。对强势的“现金牛”业务，由于市场刚刚饱和，企业应采取维持型战略，尽可能长时期保持其优势地位，利用它贡献的资金发展新业务。

（4）第Ⅳ象限的“瘦狗”业务处于低增长或零增长阶段，市场已经基本饱和，竞争激烈，利润率低，企业的市场占有率也低。由于“瘦狗”业务的相对劣势地位，企业对这类业务往往采取紧缩型战略，将其清算或剥离。但在一个业务单元刚刚沦为“瘦狗”时，可以先进行大规模的资产和成本削减，力争使其起死回生，成为有活力的盈利分部，如果仍旧无法改变困境则应果断撤出该业务领域。

通过BCG矩阵分析，企业可以对现有业务单元的战略地位有非常清晰的认识，进而合理安排公司的业务组合。一般来说，企业在安排业务组合时有以下基本原则：保持正常的业务分布，即“现金牛”业务和“明星”业务居多，“问题”业务和“瘦狗”业务较少；合理配置资源，资源应该更多地向“明星”业务和“问题”业务转移；将管理重心向“明星”业务倾斜；避免出现业务区域真空，真空区域的出现表明企业很可能出现高成本转移；业务转移速度应当恰当，要符合业务本身的发展规律和企业战略变革目标的要求；资源转移和资源需求相配合，要注意正确处理当前收益和未来收益的关系。

三、企业战略决策

通过信息输入与匹配，战略制定者综合运用各种分析工具和思维方法，得出了备选战略方案，接下来就要将其提交给最高决策者进行最终的战略决策。企业战略决策常用的方法是定量战略计划矩阵。

定量战略计划（QSPM）矩阵是在战略制定阶段的分析基础上，对备选战略方案进行的重新梳理和回顾，客观地评价各种备选战略对企业内外部环境的应对能力和战略价值。如表5-4所示（以S汽车公司为例），矩阵左边一列按照机会、威胁、优势与劣势分别填入信息输入阶段所确定的关键内外部因素，在紧靠关键因素的权重中，标出因素在EFE矩阵和IFE矩阵中所得到的权重。顶部一行依次填入在信息匹配阶段形成的备选战略方案。

表5-4　S汽车公司的QSPM矩阵

关键因素		权重	备选战略			
			国内合作研发战略		外资支持研发战略	
			AS	TAS	AS	TAS
机会	1. 轿车市场持续快速增长	0.10	4	0.40	3	0.30
	2. 环保政策有利于公司技术能力的发挥	0.15	3	0.45	4	0.60
	3. 国内代用燃料汽车技术研发取得进展	0.10	4	0.40	2	0.20
	4. 大多数经销商最关心产品质量	0.10	2	0.20	1	0.10

续表

关键因素		权重	备选战略			
			国内合作研发战略		外资支持研发战略	
			AS	TAS	AS	TAS
威胁	1. 国内新动力汽车研发和应用都相对落后	0.10	1	0.10	4	0.40
	2. 市场开放度提高伴随竞争加剧	0.10	3	0.30	4	0.40
	3. 同行业竞争对手的竞争力不断加强	0.15	3	0.45	4	0.60
	4. 国内银行在汽车消费信贷方面的支持力度不足	0.05	—	—	—	—
	5. 未来较长时间内国内轿车可能供过于求	0.15	3	0.45	2	0.30
优势	1. 员工有较高的专业素质	0.10	3	0.30	4	0.40
	2. 工艺先进、科技含量高	0.15	3	0.45	1	0.15
	3. 产品质量业内领先	0.20	3	0.60	2	0.40
	4. 产品在细分市场上有一定竞争力	0.05	—	—	—	—
	5. 将得到 X 汽车公司全方位支持	0.10	1	0.10	5	0.40
劣势	1. 长期债务负担重	0.20	2	0.40	4	0.80
	2. 市场占有率低，品牌价值不高	0.05	3	0.15	4	0.20
	3. 一些零部件成本较高	0.05	—	—	—	—
	4. 营销和服务体系尚不完善	0.10	2	0.20	1	0.10
总计		2.0		4.95		5.35

要注意的是，QSPM 矩阵只能在战略组合内进行战略评价，即只能对同类的战略方案进行比较，因为不同类型的战略方案缺乏可比性。例如，在一组战略中可能包括集中化和多元化，另一组战略中可能包括发行股票和出售分部以筹集资金等内容。这两组战略完全不同，所以难以进行比较评价。建立 QSPM 矩阵的步骤如下：

1. 列出关键因素

在 QSPM 矩阵的左栏列出企业的关键外部机会与威胁、内部优势与劣势，这些信息直接来源于 EFE 矩阵和 IFE 矩阵。

2. 关键因素赋权

将每个内外部关键因素在 EFE 矩阵和 IFE 矩阵中的权重填入权重栏。

3. 填入备选战略

将战略制定阶段提出的备选战略填入 QSPM 矩阵的顶部横栏中，如备选战略分为互不相容的若干组，分组进行评价，将一组内的不同战略填入。

4. 确定吸引力分数

对每个备选战略的相对吸引力进行量化。吸引力分数（attractiveness scores，AS）的确定方法为：依次考察各项关键因素，对其提出问题："这一因素是否影响战略的选择？"如果回答"是"，便应就这一因素对各战略进行比较，即考虑在这一特定因素的影响下，各战略应对该种特定环境的能力，并按照下面的规则进行评分：1＝没有吸引力；2＝有一些吸引力；3＝有相当吸引力；4＝很有吸引力。吸引力高表示该战略措施对环境的应对能力强。

5. 计算吸引力总分

将各横行的权重分别乘以吸引力分数即得到某情境下的吸引力总分（total attractiveness scores，TAS），吸引力总分综合反映了不同重要性的关键因素对各备选战略的相对影响力和战略吸引力。

6. 计算吸引力总分和

将各备选战略中吸引力总分进行汇总得到吸引力总分和。吸引力总分和综合体现出备选战略吸引力的高低，总分和越高说明战略越具有吸引力。这个总分和综合考虑和体现了所有影响战略决策的内外部关键因素，备选战略中各战略吸引力总分和的不同表明各战略相对于其他战略可取性的高低。

第5节　战略实施与控制

一、企业战略的实施

企业战略分为公司、业务和职能三个层次，处于组织高层的管理者通常要对公司战略负责，处于中层的管理者通常要对业务战略负责，处于较低层的管理者通常要对职能战略负责。

（一）公司战略

公司战略即总体战略，决定了组织所开展的、应当开展的或希望开展的业务以及开展这些业务所要做的工作。它建立在组织的使命、目标和组织业务单元所发挥作用的基础之上。一般把公司战略划分为增长型战略、维持型战略和紧缩型战略三种。

1. 增长型战略

增长型战略，又称为成长型战略、发展型战略、扩张型战略、进攻型战略，它是一种使企业在现有的基础水平上向更高一级的方向发展的战略。该战略以增长为导向，以企业生产能力、销售量、市场占有率、利润额的提高，企业竞争力的增强和规模的扩张为核心。增长型战略是企业成功的必经之路，正确地运用增长型战略，可以使一个企业由小变大、由弱变强、由缺乏竞争力变得具有较强竞争力，实现企业的不断成长与发展。增长型战略通常又分为集约型、一体化、多元化和国际化增长战略。

（1）集约型增长战略。集约型增长战略是指在原有生产范围内充分利用其产品和市场方面的优势和潜力来求得成长与发展的战略。该战略要求企业提高努力程度，尽量查找和发现缺口，缺口包括产品线缺口、分配缺口、市场缺口和竞争缺口等。采用集约型增长战略的企业会将全部或者绝大部分的资源集中在最能代表自己优势或者有严重缺口的某项业务上，力争在该业务上取得最佳业绩。

（2）一体化增长战略。一体化增长战略是指企业充分发挥自身在产品、商誉、技术和市场上的优势，使企业不断地向深度和广度发展的战略。根据物资流动的方向，一体化增长战略可分为：前向一体化战略、后向一体化战略和横向一体化战略，其中前向一体化战略和后向一体化战略合称为纵向一体化战略。

前向一体化战略是指获得分销商或零售商的所有权，加强对其控制的一种战略，后向一体化战略是指获得供应商的所有权或加强对其控制的一种战略，二者合称为纵向一体化战略。纵向一体化战略是企业确定最佳经营范围时要涉及的核心问题之一。实际上，每个企业都要涉及内部交易问题，或者说在多大程度上实现纵向一体化的问题，这类决策的实质是决定企业“生产”还是“购买”，或者“代销”还是“自销”的问题。

横向一体化战略是指获得竞争对手所有权或加强对其控制的一种战略，既可能发生在产业成熟化的过程中，也可能发生在产业成熟之后，但一般发生在企业竞争比较激烈的情况下。横向一体化战略也是风险与利益并存的战略，其战略利益在于获得规模经济、扩张生产能力、减少竞争对手、增强竞争实力、取得协同正效应；该战略的风险在于增加管理成本、提高退出壁垒、减少经营灵活性、加大协调难度、受到政府法规的限制等。

(3) 多元化增长战略。多元化增长战略，又称为多角化或多样化增长战略，最初由安索夫于20世纪50年代提出，是指一个企业同时在两个或两个以上的行业中经营，或者同时生产或提供两种或两种以上的产品或服务的战略。根据企业涉足的新产业与现有产业的相关性，多元化战略又分为相关多元化战略与无关多元化战略。顾名思义，相关多元化战略指企业进入与现有业务相关的产业，无关多元化战略指企业进入与现有产业关联不大的产业。

(4) 国际化增长战略。企业国际化是指企业突破地域的界限，在国际市场上组合生产要素，利用管理技能，从事国际性的生产经营活动，由国内经营向国际经营转变的过程。国际化增长战略是从事国际化经营的企业为求得在国际市场中长期生存与发展所做的长远的、总体的规划，是国际性企业经营活动的指导原则。它以全球市场为出发点来合理配置企业资源，要求国际企业把全球的经营活动作为一个整体，在全面考虑企业所处的竞争环境和自身资源的基础上，周密安排全球战略目标和全球战略部署。

2. 维持型战略

维持型战略，又称为稳定型战略，是指企业依据自身的经营环境和内部条件，将经营状况维持在战略起点的范围和水平上的一种战略。所谓战略起点，是指企业制定新战略时关键战略变量的现实情况，其中最主要的是企业当时所遵循的经营方针、正在经营的产品或服务、产品或服务的市场区域及其产销规模和市场占有率、盈利状况等。

企业实施维持型战略往往会表现出如下特征：企业以前一战略期的成功为基础和前提，满足于过去的绩效，经营活动的主要目的是保持已经取得的经营成果；企业保持当期的战略目标和经营计划的稳定，在一段时间内战略目标和行动计划保持不变；为消费者提供与过去相同的产品或服务；保持现有的市场占有率和投资回报率，巩固现有的市场地位；实施维持型战略的战略风险较小，但企业的发展速度较慢，甚至在某些领域会有一定程度的萎缩。

3. 紧缩型战略

紧缩型战略是指偏离战略起点，从现有经营领域和基础水平上收缩的战略。与增长型战略和维持型战略相比，紧缩型战略是一种相对消极的战略。但如果企业无法增长甚至难以维持现状时，就只有采取紧缩型战略，进行战略撤退了。虽然没有企业会愿意实施紧缩型战略，但在某些特定的情况下，紧缩是较好的甚至唯一可行的战略选择。

（二）业务战略

业务战略注重企业应怎样在每项业务上开展竞争。对于只有一条业务线的小型企业和没有实行多元化的大型企业，业务战略仅仅描述了公司如何在主要市场进行竞争。但对于有多项业务的企业，每一项业务都应该有自己的战略，这些战略定义了该业务的竞争优势、其服务的顾客以及应该提供的产品或服务。业务战略通常有三种：成本领先战略、差异化战略和集中化战略。

1. 成本领先战略

低成本领导者积极寻求在生产、营销和其他运营领域中的高效率，将制造费用保持在尽可能低的水平上，想方设法削减成本。虽然低成本领导者并不过于强调产品或服务的品质，但它们所销售的产品或服务在质量上必须不低于竞争对手，至少能够为消费者所接受。而且，实施成本领先战略并不意味着价格必然低于竞争对手甚至要挑起价格战。

2. 差异化战略

差异化的来源可以是与众不同的质量、独树一帜的服务、创新的设计、技术的潜在能力或者杰出的品牌形象。对于这种竞争战略来说，关键在于产品或服务的属性必须使公司有别于它的竞争对手，并且足以创造价格的溢价，这种溢价超过了差异化所增加的成本。

3. 集中化战略

前两种竞争战略寻求在广阔市场上的竞争优势，而集中化战略的目的是在狭窄的市场上寻求成本优势（集中成本领先），或者差异化优势（集中差异化）。换言之，管理者选择产业中特定的细分市场或者顾客群，而不是试图服务于广阔的市场。集中化战略的目标是开发狭窄的细分市场，这些细分市场的划分可以基于产品品种、最终消费者类型、分销渠道或者消费者的地理分布。

（三）职能战略

职能战略是企业总体战略和业务战略的基础，也是培育企业竞争优势的基础。职能战略是企业不同的职能部门用以支持其他业务或者竞争战略的战略。按照其功能，职能战略又可分为三类十三种：第一类，生产运营型职能战略，包括研发战略、供应链战略、生产战略、质量战略、营销战略；第二类，资源保障型职能战略，包括财务战略、人力资源战略、信息化战略、知识管理战略；第三类，战略支持型职能战略，包括组织结构战略、企业文化战略、公共关系战略、品牌战略。当然，并非所有企业都必须制定以上的所有职能战略，应根据自身的组织结构和职能部门分工来灵活掌握。

二、企业战略的控制

控制是管理的一项主要职能，也是进行管理工作的一个重要手段，在管理中扮演着至关重要的角色。正确有效的战略控制，不仅能够及时发现和纠正偏差，确保战略目标的实现，在一定条件下，还可以提出新的目标和计划。要实施正确有效的战略，就必须有科学合理的战略控制流程和战略控制方法。

(一) 战略控制流程

战略控制的目的是通过一系列控制措施确保组织目标的顺利实现，而战略控制能否在企业目标的实现过程中发挥出应有的作用，关键在于企业是否依照科学的控制流程，实施有效而可行的控制计划和措施。一般而言，战略控制的过程主要包括以下几个方面。

1. 收集战略信息

战略信息是指与战略制定、战略实施和战略控制活动有关联的信息。收集战略信息的目的是为战略控制标准的制定提供科学合理的决策依据。战略信息隐藏在一般信息中，因而需要信息收集人员从所收集的各类大量信息中甄别过滤出来。

2. 确定控制标准

战略控制标准是进行战略控制的期望结果，也就是战略目标的具体指标。控制标准有定性的，也有定量的，是一个多层次的标准体系。一个较好的控制标准体系一般由定量标准和定性标准共同构成。企业常用的控制指标有销售额、销售增长率、净利润、资产总额、销售成本、市场占有率、产品质量、劳动生产率和顾客满意度等。

3. 配置控制资源

在控制标准制定完成付诸实施之前，企业必须对当前的组织结构、人员配置、资源配置等情况进行摸底，并对它们是否适应控制要求进行必要的可行性分析。对不利于战略控制的组织结构、人力资源、生产设备等进行重新配置。

4. 进行战略评审

在战略实施过程中，应当通过阶段性的战略评审来检验和预测控制效果。一般评审由企业内部的专门评审小组来实施，并由企业高层领导牵头负责。评审可根据各个单位的实施情况，控制评审计划，定期或不定期地开展。评审可以是系统全面的评审，也可以是针对某个战略业务单元、职能部门或者一些关键工序、控制环节而开展的专项评审。

5. 实施纠正措施

评审结果与控制标准间的差异即为控制偏差。偏差产生的原因有企业内部的实施问题、制定战略的前提错误、环境的变化等。企业可采取的纠正措施有：

(1) 制定可行的改进措施来渐渐温和地影响或纠正偏差；

(2) 重新制订和调整计划；

(3) 调整组织结构、管理职能、执行人员或资源配置，促使这些影响因素符合战略实施的要求；

(4) 针对个别控制瓶颈或薄弱环节成立专项攻关小组；

(5) 借助外力，与管理咨询专家或者专业机构合作解决困难。

6. 战略控制反馈

控制论的主要奠基人维纳认为："反馈，即将系统的以往操作结果再送入系统中去，其特点是根据过去的操作情况去调整未来的行为。"将反馈应用于战略控制的目的主要在于：第一，提高所制定的控制标准的准确性；第二，及时地对控制标准进行纠偏，防止控制标准对控制的误导。

综上所述，一个完整的战略控制流程可以用图5-8表示。

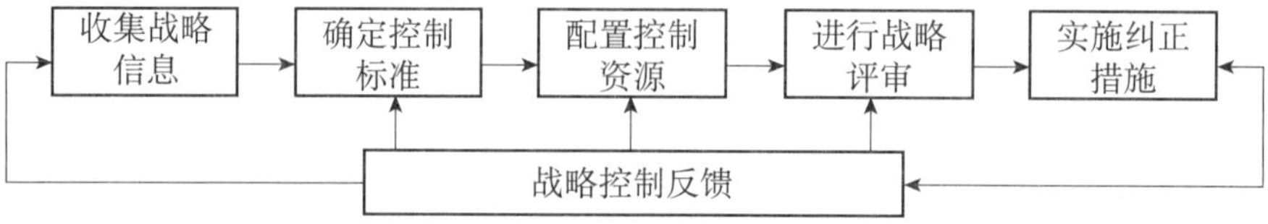

图 5-8　战略控制流程

（二）战略控制方法

战略控制方法的分类较多，可以按照控制时点、控制主体的状态、控制目的等将战略控制划分为不同的类型。本书着重介绍按照控制时点进行分类的战略控制方法，即事前控制、过程控制、事后控制。

1. 事前控制

事前控制是战略实施之前所进行的一系列控制。事前控制多用于对重大问题的控制，如任命重要人员、签订重大合同、购置大额关键设备等。由于事前控制是在战略行动成果获得之前，通过对战略绩效可能偏离战略目标的情况进行预测而进行的控制，因此，为了提高预测的准确性，降低预测偏差，管理者需要着重分析以下三种要素：第一，投入要素，即战略实施投入要素的种类、数量和质量；第二，早期成果因素，依据早期的成果可以预见未来的绩效；第三，外部环境和内部条件的变化对战略实施控制的影响。

2. 过程控制

过程控制是在战略实施过程中所进行的一系列控制。过程控制的关键在于找出战略实施过程中的关键环节和重点控制点，从而保证控制环节既能够抓住瓶颈和薄弱环节等控制软肋，又能够兼顾整个战略实施过程。用“二八原则”来说明，就是80%的精力要放在重点控制上，20%的精力要用在兼顾全局上。

3. 事后控制

事后控制是在企业的战略计划和方案实施以后所采取的控制。控制的注意力主要集中在战略实施的结果上，通过对战略绩效进行衡量、比较和分析，找出偏差并采取措施予以纠正。事后控制要注意两点。

（1）联系行为。员工的战略绩效的评价与控制直接同他们的工作行为挂钩。这样不仅使员工比较容易接受，而且能明确战略行动的努力方向，使个人的行动导向和企业的战略导向并轨。同时，通过行动评价的反馈信息来修正战略实施行动，使之更加符合战略的要求。通过行动评价有助于纠正不合理的分配，强化员工的战略意识。

（2）目标导向。让员工参与战略行动目标的制定和工作业绩的评价，既可以看到个人行为对实现战略目标的作用和意义，又可以从工作业绩的评价中看到成绩与不足，从中得到肯定和鼓励，从而增强他们战略实施的自觉性和主动性。

上述三种战略控制方法在企业中形成了一个完整的控制环，其关系如图5-9所示。

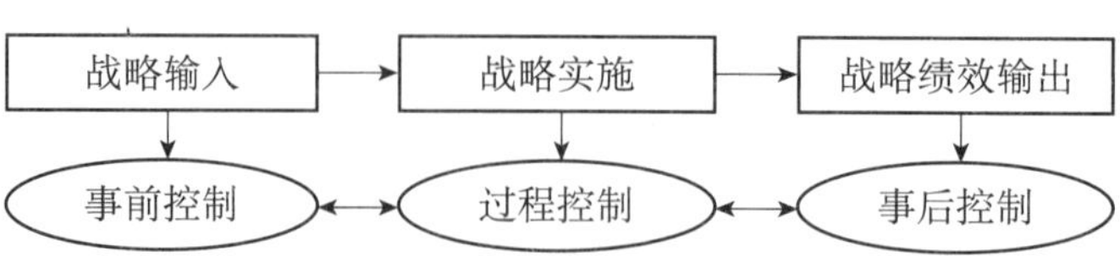

图 5-9　战略实施的控制环

关键术语

战略管理　战略分析　战略制定　战略体系

思考题

1. 什么是战略管理？它主要解决什么问题？
2. 战略管理包括哪几个环节？重点环节是哪些？
3. 战略管理的利益相关者一般有哪些？
4. 企业的战略环境分析包含哪些内容？
5. 选定一家公司，分析它是如何制定战略的，战略选择是什么。
6. 企业如何进行战略控制？

案例分析

比亚迪成立于 1995 年 2 月，是一家致力于“用技术创新，满足人们对美好生活的向往”的高新技术企业，已在香港和深圳上市，营业额和总市值均超千亿元。比亚迪最初做电池起家，创始人王传福被业界称为“电池大王”，直到 2003 年才开始涉足汽车业务。经过 20 多年的高速发展，比亚迪已在海内外设立 30 多个工业园，业务涵盖电子、汽车、新能源和轨道交通等领域，从能源的获取、存储到应用，全方位构建了零排放的新能源整体解决方案。

作为中国汽车“走出去”最为典型的企业之一，比亚迪的“出海”可以追溯到 1998 年——在荷兰成立了一家海外公司，1999 年成立了北美分公司。比亚迪早期“出海”是以电池、电子业务为主，之后才将纯电动大巴为代表的商用车打入国际市场。比亚迪给了海外团队足够的自由度，让其深耕本土市场，积累当地资源。这些分公司为比亚迪建立了海外人才储备库，也在海外打响了比亚迪的品牌，为日后的大规模国际化打下了坚实的基础。

比亚迪进入整车业务之初，在国内表现平平。在没有“双碳目标”的那几年，王传福和他的团队坚持推进电池材料、储能与充放电领域的研究。当新能源汽车在政策东风的吹动下迎来大发展时，比亚迪最先尝到了甜头——在国内连续多年拿到新能源汽车销量桂冠。随着海外市场新能源汽车需求日趋旺盛，2021 年 5 月，比亚迪开启了新能源乘用车的全球化时代，于当年正式布局欧洲市场，首站放在挪威，完成了 1 000 辆新能源汽车的交付。比亚迪品牌及公关处总经理助理罗昊接受记者采访时表示：“中长期来看，比亚迪将根据自身业务拓展情况和市场需求，综合考虑在海外地区建设乘用车工厂和核心零部件工厂的可能性。”2022 年，比亚迪加速开拓欧洲、亚太、美洲等多个地区市场，并迅速推进从产品出海到生产线出海。

比亚迪在国际市场上主要采用与当地企业合作的销售服务模式，依托海外各市场优质的本地销售服务合作伙伴，为消费者提供质保、保养、维修、救援、客户关怀、车联网等全面的售后服务，升级消费者用车体验。例如，2022 年 10 月，比亚迪宣布与巴西最大的经销商集团 Saga 在首都巴西利亚开设首家门店。

2022 年 9 月 8 日，比亚迪汽车泰国有限公司与 WHA 伟华集团大众有限公司签约，正式签署土地认购、建厂相关协议，这标志着比亚迪全资投建的首个海外乘用车工厂正式在泰国落地，企业全球化进程开启崭新篇章。2023年3月10日，比亚迪泰国乘用车生产基地举行奠基仪式，于2024年开始运营，年产能约15万辆，产品投放泰国当地市场，同时辐射周边国家及地区。

作为东盟最大的汽车市场和东南亚汽车制造中心，泰国有着丰富的汽车工业底蕴以及一流的制造能力。近年来，在发展充电基础设施、建设智慧电网、新能源汽车减税等多项政策的激励下，泰国新能源汽车市场发展迅速，逐渐形成了强大的市场引力。泰国政府计划，到2030年泰国电动汽车产量占汽车总产量的30%，泰国或将成为东南亚重要的新能源汽车市场中心。随着首个海外乘用车工厂的落地，比亚迪将充分发挥自身全产业链优势和核心技术优势，结合泰国本土汽车工业的沉淀及规模化产业集群效应，积极推动新能源汽车的普及。

随着企业海外布局的本土化程度越来越高，未来中国车企在海外市场将不只停留在卖产品的层面，而是逐步发展为产业链出海。

资料来源：比亚迪出海：从产品到产业链．(2023－05－04)．腾讯.

讨论题

1．比亚迪在发展过程中是如何进行战略管理的？

2．比亚迪的海外战略布局对中国企业制定实施国际化战略有哪些启示？

第 3 篇
市场与运营

第 6 章

品牌管理与市场营销

| 本章要点 |

在现代市场经济条件下，品牌管理在企业市场竞争中扮演的角色愈加重要，对品牌进行有效的管理，可以使企业获得更加持久的发展。而企业要完成和实现战略计划规定的各项任务及目标，应十分重视市场营销管理，根据市场情况制订计划和配置资源。

引例

在 2023 年的杭州亚运会上，万事利丝绸以极致匠心、文创和科技，让中国丝绸的品牌影响力与美誉度再上新台阶，其间有超 8 000 位来自世界各地的媒体记者、运动员体验了万事利 AI 定制，超 200 位亚运冠军拿到了万事利“冠军时刻”定制丝巾，超 40 万件万事利亚运主题丝绸产品从杭州走向世界，超过 2 万件创意产品在亚运会期间精彩亮相……亚运会成功的品牌传播和营销实践，既展现了万事利的创新能力，也向世界传播了中华丝绸文化。

文化底蕴和先进技术是“中国丝绸文创第一股”——杭州万事利丝绸文化股份有限公司的两大“法宝”。其数字化研发中心 AIGC 实验室相继孕育出“西湖一号”“喜马心意礼小程序”“选品平台”等产品创新成果，这些成果不仅提升了产品设计能力、满足了个性化的定制需求、丰富了消费体验，提供虚拟购物等新服务，而且让生产更加环保和智能化，同时还实现了先销售后生产的新型商业模式。万事利产品的最大特色是在产品设计阶段汲取了中国传统节日、传统礼仪、文化习俗等广泛的中国文化元素，例如每年新年爆火的祈福彩围巾，万事利创造性地将中国结、万字纹、柿子纹、祥云、如意等代表祝福的元素融入祈福图案设计中，以围巾为载、福为意，形成一条具有浓重中华福文化韵味的大红围巾，深获各界广泛赞誉。

万事利一直非常重视对丝绸文化的传承创新，长期开展丝绸文化研究。在万事利看来，丝绸不仅是一块面料，更是文化的载体。万事利董事长李建华先后两次登上央视《百家讲坛》，用独特视角解读丝路精神；万事利还建成了杭州丝绸文化博物馆与丝绸工业博物馆，并向社会免费开放。在文化传播方面，万事利也做了很多工作，不仅发行了许多关于丝绸文化的书籍，诸如“柔软的力量”丝绸文化系列丛书（《字说丝绸》《话说丝绸》《红楼梦·丝绸密码》《丝路密码》《神州丝路行》等），还打造了52期中国首档丝绸文化电视节目《字说丝绸》和6集精品专题纪录片《丝行天下》。此外，万事利还通过修复古丝绸、传承丝绸工艺等方式传承非物质文化遗产，与宋锦、缂丝、苏绣、云锦、杭罗等非物质文化遗产传承人和国家级大师保持紧密合作，充分利用自身在品牌、传播、渠道、资源整合等各方面的优势，为更多非遗丝绸文化传承创新发展做出贡献。

深厚的文化底蕴为万事利的产品设计提供了源源不断的灵感，产品凝聚了中华丝绸文化的精髓，富有创意且寓意深远，这正是万事利产品的独特之处，也是其深受消费者欢迎的根本原因。同时，先进的科技为富有文化内涵的产品赋能，给万事利产品插上了飞入世界市场的翅膀。

资料来源：传承和创新是根植于万事利丝绸的两大基因．(2023-11-01)．腾讯．

第1节　品牌战略、品牌定位与品牌国际化

一、品牌战略概述

（一）品牌战略的定义

品牌战略（brand strategy）就是企业将品牌作为核心竞争力，以获取差别利润与价值的企业经营战略。战略的本质是塑造企业的核心专长，从而确保企业的长远发展。在科技高度发达、信息快速传播的今天，产品、技术等很容易被对手模仿，而品牌一旦树立，则不仅有价值而且不易被模仿，因为品牌是一种消费者认知，是一种心理上的感觉，这种认知和感觉不能被轻易模仿。

（二）品牌战略与企业战略

从传统的企业战略理论来看，品牌战略属于企业的战略支持型职能战略，品牌战略的制定应当服从于企业总体战略或业务战略的安排。但随着市场的发展，越来越多的企业认为品牌战略的核心是品牌价值，品牌战略的地位愈发重要，甚至在很多情况下，企业战略需考虑和适应品牌战略。

二、品牌战略的内容

品牌战略一般包括品牌化决策、品牌模式的选择、品牌识别的界定、品牌延伸的规划、品牌管理的规划等方面的内容。

（一）品牌化决策

品牌化决策（brands of decision-making）解决的是品牌的属性问题。是选择制造商

品牌还是经销商品牌，是自创品牌还是加盟品牌，在品牌创立之前就要解决好这些问题。

（二）品牌模式的选择

品牌模式（brand model）的选择解决的是品牌的结构问题：是选择综合性的单一品牌还是多元化的多品牌，是选择联合品牌还是主副品牌。品牌模式虽无好坏之分，却有一定的行业适用性与时效性。如日本丰田汽车在进入美国的高档轿车市场时，没有继续使用“丰田”，而是另立一个完全崭新的独立品牌“雷克萨斯”，这样做的目的是避免“丰田”给“雷克萨斯”带来低档次印象，使其成为可以与宝马、奔驰相媲美的高档轿车品牌。

（三）品牌识别的界定

品牌识别（brand identification）的界定确立的是品牌的内涵，也就是企业希望消费者认同的品牌形象。它是品牌战略的重心，从品牌的理念识别、行为识别与符号识别三个方面规范了品牌的思想、行为、外表等内外含义，其中包括以品牌的核心价值为中心的核心识别和由品牌承诺、品牌个性等组成的基本识别元素。

（四）品牌延伸的规划

品牌延伸（brand extension）的规划是对品牌未来发展领域的清晰界定。它明确了未来品牌适合在哪些领域、行业发展与延伸，在降低延伸风险、规避品牌稀释的前提下，谋求品牌价值的最大化。如海尔家电统一使用“海尔”品牌，就是品牌延伸的成功典范。

（五）品牌管理的规划

品牌管理（brand management）的规划是从组织结构与管理机制上为品牌建设保驾护航。它为品牌的发展设立了方向，并明确了品牌发展各阶段的目标。

三、品牌战略的类型

（一）单一品牌战略

单一品牌（single-brand）就是一个企业对所有产品都使用同一品牌的情形，一般分为一牌一品和一牌多品两种情况。一牌一品，即一个品牌只有一种产品的品牌战略，例如金嗓子喉宝；一牌多品，即一个品牌下有多种产品的品牌战略，例如海尔拥有冰箱、彩电、空调、电脑等产品。

（二）副品牌战略

采用副品牌（subsidiary brand）战略的具体做法是以一个成功品牌作为主品牌，涵盖企业的系列产品，同时又给不同产品分别起一个富有魅力的名字作为副品牌，以突出产品的个性和形象。以海尔为例，虽然海尔所有的产品都使用同一个商标，但是为了区分彼此，仅冰箱就分为变频对开门“领航系列”，变频冰箱“白马王子系列”和“彩晶系列”，电脑冰箱“数码王子系列”和“太空王子系列”，机械冰箱“超节能系列”和“金统帅系列”等。

（三）多品牌战略

多品牌（multi-brand）战略，是指企业发展到一定程度后，利用自己创建起来的一个知名品牌延伸出多个知名品牌的战略计划，并且多个品牌相互独立，而又存在一定的关联。多品牌战略在具体实施过程中又可划分出个别品牌策略、分类品牌策略、企业名称加个别品牌策略三大类。

（四）背书品牌战略

背书品牌（endorsed brand）是指出现在一个产品品牌与服务品牌背后的支持性品牌。背书品牌有时又叫作父品牌，被背书的叫作子品牌。背书品牌一般分为显性背书品牌（又称硬背书品牌）和隐性背书品牌（又称软背书品牌）。

四、品牌定位

品牌定位（brand positioning）是企业在市场定位和产品定位的基础上，对特定的品牌在文化取向及个性差异上的商业性决策。它是建立一个与目标市场有关的品牌形象的过程及结果。

（一）品牌定位的内容

1. 品牌品质的确定

品牌品质涉及产品的耐久性、可靠性、精确性等属性。企业确定品牌品质大体上可以在低品质、普通品质、优良品质、特优品质中选择。企业品牌品质的决策可依市场细分原理进行。

2. 品牌作用、方向和消费者心理

品牌作用、方向和消费者心理是影响企业品牌使用决策的重要因素，这些因素也是进行品牌定位的依据。

（二）品牌定位的过程

品牌定位和市场定位密切相关，品牌定位是市场定位的核心，是市场定位的扩展和延伸，是实现市场定位的手段。因此，品牌定位的过程也就是市场定位的过程，其核心是细分市场、选择目标市场和具体定位（STP），它们之间的关系可用图 6－1 表示。

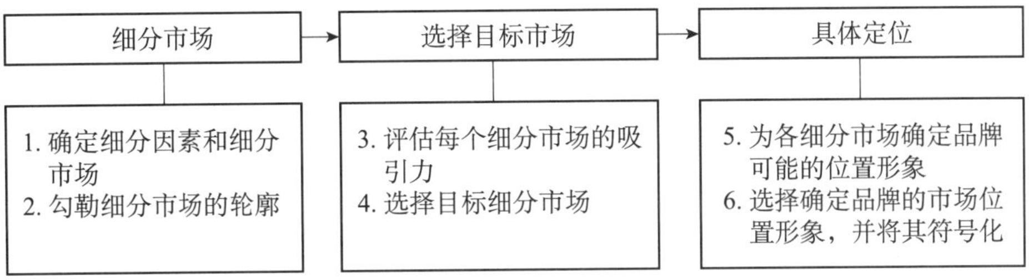

图 6－1　品牌定位的过程

（三）品牌定位的策略

1. 产品利益定位策略

消费者购买产品主要是为了获得产品的使用价值，希望产品具有所期望的功能、效果和效益，因而以强调产品功效作为诉求是品牌定位的常见形式。向消费者承诺一个功效点的单一诉求更能突出品牌的个性特点，从而获得成功的定位。例如，洗发水中飘柔的承诺是“柔顺”，海飞丝是“去头屑”，潘婷是“健康亮泽”；香皂中舒肤佳强调“有效去除细菌”；汽车中沃尔沃定位于“安全”等。

2. 情感利益定位策略

情感利益定位策略是将人类情感中的关怀、牵挂、思念、温暖、怀旧、爱等情感内涵融入品牌，使消费者在购买、使用过程中获得这些情感体验，从而唤起消费者内心深处的认同和共鸣，最终形成对品牌的喜爱和忠诚。如浙江纳爱斯的雕牌洗衣粉，在品牌塑造上大打情感牌，就是较成功的情感定位策略，“……妈妈，我能帮您干活了”的真情流露引起了消费者内心深处的震颤以及强烈的情感共鸣。哈尔滨啤酒“岁月流转，情怀依旧”的品牌内涵则勾起人们对旧时光的怀念。

3. 自我表达利益定位策略

自我表达利益定位策略通过表现品牌的某种独特形象和内涵，让品牌成为消费者表达个人价值观、审美情趣、自我个性、生活品位、心理期待的一种载体和媒介，使消费者获得一种自我满足和自我陶醉的快乐感觉。例如，轩尼诗 VSOP 的广告语“每个人都有梦想，我相信，只有把梦想付诸行动，才真够有意思，我就是这样子”成功地将对梦想的追逐、成功、坚持等元素融入品牌。

（四）品牌定位的方法

1. 3C 分析法

3C 分析法是指针对企业所处的微观环境——消费者（customer）、竞争者（competitor）、企业（corporation）三大方面进行全面的营销扫描。营销的本质在于满足消费者的需求。消费者分析主要包括以下几个方面：消费者的人口统计特征（包括年龄、性别、职业、收入、受教育程度等）、消费者的个性特征、消费者的生活方式、消费者的品牌偏好与品牌忠诚度、消费者的消费习惯与行为模式等。竞争者分析主要包括以下内容：企业的主要竞争品牌、企业在竞争中的地位、竞争品牌的产品特征、竞争品牌的品牌定位与品牌形象、竞争品牌的传播策略等。企业分析主要针对企业的品牌现状进行，包括以下内容：企业的产品特征、企业现有的目标市场、企业在消费者心目中的品牌形象、企业现有的品牌传播策略、企业现有的品牌知名度和美誉度等。

2. SWOT 分析法

SWOT 分析法是战略管理中最常见的分析工具之一，它是一种综合考虑企业外部环境和内部条件的各种因素，进行系统评价，从而选择最佳经营战略的方法。对于品牌定位的前期调研与分析而言，SWOT 分析工具同样适用，只不过此时所分析的对象更加微观，主要集中于与企业品牌相关的内容。

3. 品牌定位图

品牌定位图（brand mapping）主要用于对市场上各种竞争品牌的定位进行比较分

析。相对于 SWOT 分析法及 3C 分析法，品牌定位图的调查范围更为狭窄，主要限于对竞争者的分析。图 6－2 为四家服装公司的品牌定位图示例。

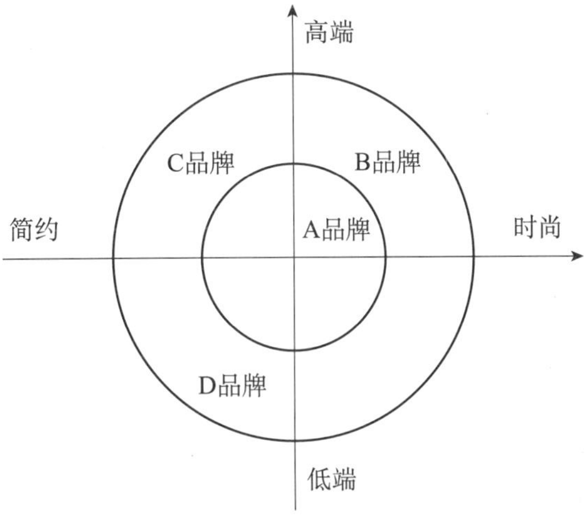

图 6－2　品牌定位图示例

品牌定位图准确直观地指出了企业主要竞争品牌的定位布局，因而可以帮助企业迅速找到细分市场上的空隙，从而确立自己的品牌定位。

五、品牌国际化

历史和现实都已经证明，世界市场竞争的核心是国际化品牌的竞争，国际化品牌的状况也是决定一个国家国际竞争力的重要因素。无论在技术上还是在理念上，我国的品牌与西方发达国家的品牌都存在一定差距，要想战胜跨国巨头，我国企业必须在产品质量、技术上缩小与世界品牌的差距，强化服务理念，建立国际化品牌。

（一）品牌国际化的含义

品牌国际化（global branding），又称品牌的国际化经营，是指将同一品牌，以相同的名称（标志）、相同的包装、相同的广告策划等向不同的国家、不同的区域进行延伸扩张的一种品牌经营策略。其目的是通过对品牌的统一化和标准化经营来获取规模经济效益，进而实现低成本运营。品牌国际化有不同的形式，最低级的形式是产品的销售，即品牌商品的输出；较高级的形式是资本的输出，即通过在品牌延伸国投资建厂达到品牌扩张的目的；最高级的形式是无形资产的输出，即通过签订商标使用许可合同等方式，实现品牌扩张的目的。

（二）品牌国际化的意义

对国家来说，众多的国际化品牌能够大大提高本国的国际竞争力；对企业本身来说，培育国际化品牌也有非常重要的意义。著名品牌专家凯勒认为，企业实施品牌国际化有以下意义：

1. 有效传递各种信息，增加顾客感知价值

在国际市场上，空间距离和文化距离使顾客信息的收集十分困难。企业把产品内涵凝聚在有形的品牌形象上，就可以通过品牌向顾客传递信息，传递企业本身的文化、产品属性以及产品价值等方面的信息。

2. 实现生产与流通的规模经济

从供应方面看，品牌国际化能产生大量生产和大量流通的规模效应，降低成本，提高生产效率。

3. 降低营销成本

实施品牌国际化，可以在包装、广告宣传、促销以及其他营销沟通方面实施统一的活动。如果在各国实施统一的品牌化活动，企业经营成本降低的潜力将会更大。如可口可乐、麦当劳、索尼等企业在世界各地采取了统一的广告宣传活动。可口可乐通过全球化的广告宣传，20多年里节省了9 000万美元的营销成本。

4. 保持品牌形象的一贯性

由于顾客流动性的提高，顾客能在不同国家看到同一品牌的形象。各种不同媒体对不同的消费者进行同一品牌的宣传，能反映该品牌相同的价值和形象，保持品牌的一贯性。顾客不论在哪里，都能选购反映自己个性或偏好的产品或服务。

5. 促进知识的迅速扩散

品牌国际化能增强组织的竞争能力。品牌国际化使在一个国家提出的好的构想或建议，能迅速地被吸取或利用。无论是在企业的研发、生产制造方面，还是在营销或销售方面，在全球范围内汲取新的知识，不断改进创新，都能提高企业整体的竞争力。

（三）品牌国际化的基本模式

1. 标准全球化

这种模式的基本特点是，在所有的营销组合要素中，除了必要的战术调整外，其余要素均进行统一化和标准化，即将全球视为一个完全相同的市场，每一个国家或地区都是具有无差异特征的子市场。从行业和产品上看，采用这种模式的主要是一些高档奢侈品和化妆品品牌，也有部分食品品牌，约占品牌总数的25%。采用标准全球化模式具有充分的根据：交通和通信的现代化使各国在地理和文化上的差距逐步缩小；经济全球化促使跨国公司逐步消除国别色彩；国际市场的统一化推动了全球消费品市场的趋同，生活在不同国家的居民更乐于接受相同的产品和生活方式。

2. 模拟全球化

除了品牌形象和品牌定位等重要的营销要素要实行全球统一化外，其他要素都要根据当地市场的具体情况加以调整，以提高品牌对该市场的适应性。其他要素包括产品、包装、广告策划等。这种模式简单地说就是“思考全球化，行动本土化”，它兼顾全球化与本土化，使品牌更符合当地市场的需要，更易于树立全球统一的形象，成本费用也不会增加太多。

3. 标准本土化

这是一种国际化程度最低的品牌国际化策略，即所有的营销组合要素都充分考虑所在国的文化传统、语言，并根据当地市场情况进行适当调整，采用这种模式的主要是一些食品和日化用品品牌，约占品牌总数的16%。采用这种模式的根据是，文化背景不同，顾客的需求必然存在明显的异质性，加上产品进入国际化市场时还要关注各国的政治、法律、经济等差异性因素，因此标准本土化更符合客观实际。

4. 体制决定

体制决定，是指由于某些产品具有特殊性，它们的营销并不完全取决于企业本身，而是要受所在国贸易和分销体制的巨大影响，故而企业只能在体制约束的框架内做出统一化或者本土化的决策。典型的是音像制品行业，其产品品牌约占品牌总数的 35%。一般来说，这些产品品牌的国际化进程受到体制的极大影响，国际化程度非常低。

第 2 节　消费者研究与市场调查

一、消费者研究

（一）消费者研究的定义

消费者研究（consumer research）也称消费市场研究，是指在对市场环境（政治、法律、社会、文化、技术）、人口特征、生活方式、经济水平等基本特征进行研究的基础上，运用各种市场调研技术和方法，对消费群体通过各阶段来实现自身愿望和满足需要的研究。

（二）消费者研究的内容

1. 消费者基本特征研究

它是指对消费者基本情况、具体特征、变动情况和发展趋势等的分析，包括对年龄、性别、文化程度、职业、婚姻状况、个人收入、家庭收入等众多基本变量的了解与分析。

2. 消费者行为研究

消费者行为研究（consumer behavior research）是指研究个人、集团和组织究竟怎样选择、购买、使用和处置商品、服务、创意或经验，以满足他们的需要和愿望。

3. 消费者购买动机及认知能力分析

购买动机（purchasing motivation）又可以从不同层次加以分析，比如，从消费者对动机的表达方式上可以分为表面动机和实际动机，从习惯上又可以分为偏好动机、习惯购买和从众动机。认知能力分析涉及消费者研究，即对影响消费者购买的因素进行研究。

二、市场调查

（一）市场调查的定义

市场调查（market research）是指运用科学的方法，有目的、系统地收集、记录、整理有关市场营销信息和资料，分析市场情况，了解市场的现状及其发展趋势，为市场预测和营销决策提供客观、准确的资料。

（二）市场调查的内容

市场调查的内容涉及市场营销活动的整个过程，主要包括：

1. 市场环境调查

市场环境调查主要包括经济环境调查、政治环境调查、社会文化环境调查、科学环境调查和自然地理环境调查。具体的调查内容可以是市场的购买力水平，经济结构，国家的方针、政策和法律法规，风俗习惯，科学发展动态，气候等各种影响市场营销的因素。

2. 市场需求调查

市场需求调查主要包括消费者需求量调查、消费者收入调查、消费结构调查、消费者行为调查，即消费者为什么购买、购买什么、购买数量、购买频率、购买时间、购买方式、购买习惯、购买偏好和购买后的评价等。

3. 市场供给调查

市场供给调查主要包括产品生产能力调查、产品实体调查等，具体为某一产品市场可以提供的产品数量、质量、功能、型号、品牌等，生产供应企业的情况等。

4. 市场营销因素调查

市场营销因素调查主要包括对产品、价格、渠道和促销活动的调查。产品调查主要是指了解市场上新产品开发的情况、设计的情况、消费者使用的情况、消费者的评价、产品生命周期阶段、产品的组合情况等。价格调查主要是指了解消费者对价格的接受情况、对价格策略的反应等。渠道调查主要包括渠道的结构、中间商的情况、消费者对中间商的满意情况等。促销活动调查主要包括各种促销活动的效果，如广告实施的效果、人员推销的效果、营业推广的效果和对外宣传的市场反应等。

5. 市场竞争情况调查

市场竞争情况调查主要包括对竞争企业的调查和分析，了解同类企业的产品、价格等方面的情况，它们采取了什么竞争手段和策略，做到知己知彼，通过调查帮助企业确定竞争策略。

三、消费者研究与市场调查的步骤

市场调查具有宏观性，调查对象较为广泛；消费者研究注重的是对消费者所进行的研究，主要包括消费者基本特征研究、消费者行为研究以及消费者购买行为及认知能力分析。但是，就调查和研究的过程来看，两者具有较大的相似性。

（一）明确调查目标

进行消费者研究或市场调查，首先要明确消费者研究或市场调查的目标，要按照企业的不同需要，确定消费者研究或市场调查的目标。企业实施经营战略时，必须调查宏观市场环境的发展变化趋势，尤其要调查所处行业未来的发展状况。企业制定市场营销策略时，要调查市场需求状况、市场竞争状况、消费者购买行为和营销要素情况。企业在经营中遇到问题时，应对问题原因进行市场调查。

（二）设计调查方案

一个完善的消费者研究或市场调查方案一般包括以下几方面内容：调查目的要求、调查对象、调查内容、调查表、调查地区范围、样本的抽取以及调查方法的选取。

（三）制订调查工作计划

调查方案设计好后，需要对方案进行落实，即制订调查工作计划，这主要包括以下几方面：组织领导、人员配备、访问员的招聘及培训、工作进度安排以及费用预算。

（四）组织实地调查

各项准备工作完成后，开始进行问卷调查工作，要做好实地调查的组织领导工作及实地调查的协调、控制工作。

（五）调查资料的整理和分析

实地调查结束后，即进入调查资料的整理和分析阶段。由调查人员对调查表进行逐份检查，剔除不合格的调查表，然后将合格的调查表统一编号，以便于调查数据的统计。调查数据的统计可利用 Excel 电子表格或 SPSS 软件完成。利用上述统计结果，就可以按照调查目的的要求，针对调查内容进行全面的分析工作。

（六）撰写调查报告

撰写调查报告是消费者研究或市场调查的最后一项工作内容，消费者研究或市场调查工作的成果主要体现在最后的调查报告中，调查报告将提交企业决策者，作为企业制定市场营销策略的依据。调查报告要按规范的格式撰写，完整的消费者研究或市场调查报告由题目、目录、概要、正文、结论和建议、附件等组成。

四、传统的消费者研究与市场调查方法

（一）案头调研

案头调研（desk research）是对已存在并为某种目的而收集起来的信息进行的调研活动，也就是对二手资料进行收集、筛选，并据以判断问题是否被全部解决。案头调研是相对于实地调研而言的，通常是市场调研的第一步，为进一步调研先行收集市场数据。案头调研主要包括以下几种方式：搜索、查找、索讨、购买、交换、接收。成功地进行案头调研的关键是发现并确定二手资料的来源。二手资料的来源很多，归纳起来有以下几种：企业内部资料，政府资料，国际组织、行业协会、商会公布的资料。

（二）实地调研

1. 观察法

观察法（observation）是指调研者根据一定的调研目的、调研提纲或观察表，用自己的感官和辅助工具去直接观察调研对象，从而获得资料的一种方法。科学的观察具有目的性和计划性、系统性和可重复性等特征。常见的观察方法有核对清单法、级别量表法和记叙性描述法。

2. 询问法

询问法（inquiry）就是调查人员通过各种方式向被调查者征求意见来收集市场信息的一种方法。它可分为深度访谈、座谈会、问卷调查等方法，其中问卷调查又可分为电话访问、邮寄调查、留置问卷调查、入户访问、街头拦访等形式。

3. 实验法

实验法（experimentation）是最正式的一种方法。它是指在控制的条件下，对调研对象的一个或多个因素进行控制，以测定这些因素之间的关系，它的目的是通过排除观察结果中带有竞争性的解释来捕捉因果关系。在因果性调研中，实验法是一种非常重要的工具，主要有产品试销和市场实验等方法。

（三）专家咨询法

1. 头脑风暴法

头脑风暴法（method of brainstorming）可分为直接头脑风暴法（通常简称为头脑风暴法）和质疑头脑风暴法（也称反头脑风暴法）。前者是指在专家群体决策的过程中尽可能激发创造性，产生尽可能多的设想的方法；后者则是对前者提出的设想、方案逐一质疑，分析其现实可行性的方法。头脑风暴法的流程：首先，对所有提出的设想编制名称一览表；其次，用通用术语说明每一设想的要点；再次，找出重复的和互为补充的设想，并在此基础上形成综合设想及对设想进行评价的准则；最后，分组编制设想一览表。

2. 德尔菲法

德尔菲法（Delphi method）也称专家调查法，它采用通信方式分别将所要解决的问题单独发送到各个专家手中，征询意见，然后回收并汇总专家的意见，并整理出综合意见，随后将该综合意见和预测问题再分别反馈给专家，再次征询意见，各专家依据综合意见修改自己原有的意见，然后再汇总，这样多次反复，逐步取得比较一致的预测结果。德尔菲法采用匿名发表意见的方式，专家之间不互相讨论，不发生横向联系，只能与调查人员发生联系，经过多次征询、归纳、修改，最后汇总成专家基本一致的看法作为预测结果。这种方法避免了专家之间的互相影响，能够客观反映不同观点并进行综合，结果较为可靠。

3. 名义群体法

名义群体法（nominal group technique）是指在决策过程中对群体成员的讨论或人际沟通加以限制，但群体成员是独立思考的。像召开传统会议一样，群体成员都出席会议，但群体成员首先进行个体决策。在提出问题之后，采取以下几个步骤：第一，成员集合成一个群体，在进行任何讨论之前，每个成员独立地写下他对问题的看法。第二，经过一段时间的思考后，每个成员将自己的想法提交给群体，然后一个接一个地向大家说明自己的想法，直到每个人的想法都表达完并记录（通常记在一张活动挂图或黑板上）下来。第三，群体开始讨论，把每个想法搞清楚，并做出评价。第四，每个群体成员独立地把各种想法排出次序，最后的决策是综合排序最高的想法。

4. 电子会议法

电子会议法（electronic meetings）是一种名义群体法与复杂的计算机技术结合的群体决策方法。在使用这种方法时，先将群体成员集中起来，每人面前都有一个与中心计算机相连接的终端。群体成员将有关解决问题的方案输入计算机终端，然后再将它投影在大屏幕上。专家认为，电子会议法比传统的面对面会议效率提高了55%。例如，佛尔普斯·道奇采矿公司运用这种方法，使年度计划会议从几天缩短到12小时。

五、大数据时代的消费者研究与市场调查方法

随着数字经济时代的到来，大数据已经成为重要的生产要素，对社会各行各业都产生了深远影响。市场调查作为企业获取信息的一种有效手段，其竞争的核心是“信息”。毫不夸张地说，在大数据背景下，企业只有运用好大数据，才能获得发展先机，这需要企业深入剖析大数据内涵，以及大数据对市场调查产生的深远影响，进一步优化市场调查方式，提升企业可持续发展能力。以下介绍三种大数据条件下的消费者研究与市场调查方法。

1. 整体式调查

大数据条件下，信息资源非常丰富，有足够的信息资源，为整体式调查创造了条件。不必再采用抽样调查方法，也就意味着不再受抽样局限性的影响，从整体上对信息资源进行分析研究，形成的调查结果更加准确。基于大数据的整体式调查方法，将获得对消费者的整体认识，能够帮助企业设计出一个相对完美的解决方案，从而大大降低抽样调查造成的误差。

2. 观察式调查

观察式调查是相对传统调查而言的，传统调查往往需要调查者介入调查对象，直接与调查者发生关系，以获得调查者的相关信息资料。大数据条件下，调查者视角发生了变化，他以观察者的身份介入市场调查。消费者的行为会在网络中留下千丝万缕的痕迹，包括消费信息、浏览痕迹、定位信息、运动痕迹等，市场调查者利用这些大数据信息资源，进行信息分析与整合，就可获取消费者的相关信息资源，掌握其消费习惯、需求等，进而为企业提供决策支持。

3. 联姻式调查

大数据丰富的信息资源与各种类型的信息资源，借助互联网实现了有效整合。联姻式调查通过互联网与各种媒体（包括传统媒体、新媒体等）、各个平台等的联合，将不同媒体的信息资源、不同平台的信息资源进行有效整合，以获取全面、有效的信息资源，帮助调查者了解消费者的消费痕迹、习惯、需求等，为企业提供有力的资源支撑。

第 3 节　市场营销战略与市场细分

一、市场营销战略概述

市场营销战略（marketing strategy）是指企业为实现长远经营目标，在总体战略或业务战略的指导下，对其市场营销活动制定的一种长期性、全局性、系统性的筹划谋略与行动方案。市场营销战略属于企业的生产运营型职能战略，其核心内容是市场细分、目标市场选择与市场定位，包括营销战略思路、战略目标、战略任务、战略重点、战略步骤、战略对策与措施等。

二、市场细分、目标市场选择与市场定位

（一）市场细分

1. 市场细分的概念

市场细分（market segmentation）是企业根据消费者需求的不同，把整个市场划分成不同的消费者群体的过程，其客观基础是消费者需求的异质性。进行市场细分的主要依据是异质市场中存在需求一致的顾客群体，实质就是在异质市场中求同质。市场细分的目的是聚合，即在需求不同的市场中把需求相同的消费者聚合到一起。

消费者市场细分的常用维度有：

（1）地理维度：国家、地区、城市、农村、气候、地形。

（2）人口维度：年龄、性别、职业、收入、教育水平、家庭人口、家庭类型、家庭生命周期、国籍、民族、宗教、社会阶层。

（3）心理维度：社会阶层、生活方式、个性。

（4）行为维度：时机、追求利益、使用者地位、产品使用率、忠诚程度、购买准备阶段、态度。

（5）收益维度：追求的具体利益、产品带来的益处，如质量、价格、品位等。

2. 市场细分的步骤

（1）选定市场范围。首先，选定产品的市场范围。产品的市场范围即潜在的顾客群体，应以市场的需求而不是产品特性来定，并且尽可能全面。其次，确定市场细分变量。第一，列出潜在顾客的基本需求。可通过头脑风暴法，从地理、人口、行为和心理等方面的变量出发，预测潜在顾客的基本需求。第二，分析潜在顾客的各自需求，包括：1）对所列出的需求进行总结分类；2）按照不同变量对顾客进行分类；3）设计调查问卷；4）进行市场调查；5）对问卷进行统计分析。

（2）形成细分市场。企业发现顾客的差异性需求后，把差异性需求相对应的顾客细分变量和利益细分变量作为市场细分变量，通过调查数据或者经验判断，重新按影响顾客购买行为的程度大小对变量进行降序排列，从而找出最合适的变量。之后，选择适宜的细分方法，将市场划分为不同的群体或子市场，并结合各市场的顾客特点赋予其名称，在分析中形成一个简明、容易识别和表述的概念，同时深入分析细分市场的特点。

（3）放弃较小或无利可图的细分市场。应注意以下三点：首先，弄清非重复细分市场的属性以及所提供的产品或服务用途。其次，产品或服务在每一个细分市场中的比重及一切相对价值应各不相同。最后，所提供的产品或服务不会取得相同的利益。

（4）合并较小且与其他需求相似的细分市场。拆分内部需求差异较大的细分市场，应注意的问题有：在能取得经济效益的细分市场中，拥有顾客数量的最低界限是什么？企业能够控制的细分市场数量是多少？

（5）初评细分市场规模。市场规模分析方法包括以下几种：

第一，分析预测法。首先，确定产品的潜在购买者和使用者（有需求、有使用产品的必要资源和有支付能力的顾客，或运用反向提问——谁是不合格的潜在顾客）。其次，确定第一步界定的每个潜在购买群体中有多少人。最后，估计购买率或使用率（根据调

查或其他调研所获得的平均购买率来确定，或根据假设前提——潜在使用频率等于重度使用者的使用频率来确定。市场潜力就等于两者的乘积，即潜在顾客数乘以潜在使用频率。企业需要预测不同城市、地区的市场潜量）。

第二，市场因素组合法。要求辨别在每一个市场上的所有潜在购买者，并且对他们潜在的购买量进行估计。

第三，多因素指数法。例如，函数 $B_i=0.5y_i+0.3r_i+0.2p_i$。式中，B_i表示地区 i 的购买力占全国总购买力的百分比；y_i表示地区 i 的个人可支配收入占全国的百分比；r_i表示地区 i 的零售额占全国的百分比；p_i表示地区 i 的居住人口占全国的百分比。权数要加到每一个变量之上，还需要指定一些其他权数，制造商还应该因一些额外因素而调整市场规模。

（6）预测细分市场未来需求。首先是环境预测，主要包括通货膨胀、失业、利率、消费者开支和储蓄、企业投资、政府支出以及与本公司有关的其他重要环境因素和事件。其次是依照预测结果进行行业预测。最后是对照行业预测的销售额，进行公司销售预测。

3. 市场细分的方法

（1）单一变量法（simple variable method）。单一变量法是指根据市场营销调研结果，选择影响消费者或用户需求的最主要因素作为细分变量，从而达到市场细分的目的。这种细分方法以公司的经营实践、行业经验和对顾客的了解为基础，在宏观变量或微观变量中，找到一种能有效区分客户并使公司的营销组合有效的变量来对市场进行细分。

（2）主导因素排列法。主导因素排列法即用一个因素对市场进行细分，如按性别细分化妆品市场，按年龄细分服装市场等。这种方法简便易行，但难以反映复杂多变的顾客需求。

（3）综合因素细分法。综合因素细分法即用影响消费需求的两种或两种以上的因素进行综合细分，例如可用生活方式、收入水平、年龄三个因素将女性服装市场划分为不同的细分市场。

（4）系列因素细分法。当细分市场所涉及的因素是多项的，并且各因素按一定的顺序逐步进行时，可由粗到细、由浅入深，逐步进行细分。

（二）目标市场选择

根据各个细分市场的独特性和公司的总体战略及业务战略，在细分后的市场中选择企业的目标市场。共有三种目标市场策略可供选择。

1. 无差异市场营销

公司只推出一种产品，或只用一套市场营销办法来招徕顾客。当公司断定各个细分市场之间差异很小时，可考虑采用无差异市场营销策略。

2. 密集性市场营销

公司将一切市场营销努力集中于一个或少数几个有利的细分市场。

3. 差异性市场营销

公司根据各个细分市场的特点，相应增加某些产品的花色、样式和品种，或制定不同的营销计划和办法，以充分适应不同消费者的不同需求，吸引各种不同的购买者，从而扩大各种产品的销售量。

（三）市场定位

市场定位也称作营销定位，是在目标市场上塑造产品、品牌或组织的形象、个性的营销技术。

1. 市场定位的方法

（1）区域定位。区域定位是指企业在执行营销策略时，应当为产品确立要进入的市场区域，即确定是进入国际市场、全国市场，还是只在某市场、某地等。只有找准了自己的市场，才会使企业的营销计划获得成功。

（2）阶层定位。每个社会都包含许多社会阶层，不同的阶层有不同的消费特点和消费需求，企业的产品究竟面向什么阶层，是企业在选择目标市场时应考虑的问题。

（3）职业定位。职业定位是指企业在制定营销策略时要考虑将产品或劳务销售给什么职业的人。将饲料销售给农民及养殖户，将文具销售给学生，这是非常明显的，而真正能产生营销效益的往往是那些不明显的、不易察觉的定位。在进行市场定位时要有一双善于发现的眼睛，及时发现竞争者的视觉盲点，这样才能在定位领域内有巨大的收获。

（4）个性定位。个性定位是指考虑如何把企业的产品销售给那些具有特殊个性的人。选择一部分具有相同个性的人作为自己的定位目标，针对他们的爱好实施营销策略，可以取得最佳的营销效果。

（5）年龄定位。在制定营销策略时，企业还要考虑销售对象的年龄问题。不同年龄段的人有不同的需求特点，只有充分考虑到这些特点，满足不同消费者的要求，才能够赢得消费者。如对于婴儿用品，营销策略应针对母亲制定，因为婴儿用品多是由母亲来购买的。

2. 市场定位的策略

（1）避强定位策略。这种策略是企业避免与强有力的竞争对手发生直接竞争，而将自己的产品定位于另一市场区域内，使自己的产品在某些特征或属性方面与竞争对手有明显的区别。

（2）迎头定位策略。这种策略是企业根据自身的实力，为占据较佳的市场位置，不惜与市场上占支配地位、实力最强或较强的竞争对手发生正面竞争，从而使自己的产品进入与对手相同的市场位置。

（3）重新定位策略。这种策略是企业对销路少、市场反应差的产品进行的二次定位。初次定位后，如果顾客的需求偏好发生转移，市场对本企业产品的需求减少，或者新的竞争者进入市场，选择与本企业相近的市场位置，企业就需要对其产品进行重新定位。

三、市场营销组合策略

营销组合是企业市场营销策略的核心内容，是企业在市场营销战略的指导下，综合考虑环境、能力、竞争状况，对企业自身可以控制的因素进行最佳组合和运用，以实现企业营销目标的具体措施。

（一）4P 营销组合策略

1. 产品策略

产品（product）策略包括产品发展、产品计划、产品设计、交货期等决策的内容。其影响因素包括产品的特性、质量、外观、附件、品牌、商标、包装、担保、服务等。

2. 价格策略

价格（price）策略包括确定定价目标、制定产品价格原则与技巧等内容。其影响因素包括付款方式、信用条件、基本价格、折扣、批发价、零售价等。

3. 促销策略

促销（promotion）策略是指促进顾客购买商品以实现扩大销售的策略。其影响因素包括广告、人员推销、宣传、营业推广、公共关系等。

4. 分销策略

分销（place）策略是指使商品顺利到达消费者手中的途径和方式等方面的策略。其影响因素包括分销渠道、区域分布、中间商类型、运输方式、存储条件等。

（二）4C 营销组合策略

1. 消费者

消费者（customer）主要指顾客的需求。企业必须首先了解和研究顾客，根据顾客的需求来提供产品。同时，企业提供的不仅仅是产品或服务，更重要的是由此产生的客户价值（customer value）。

2. 成本

成本（cost）不单是企业的生产成本，或者说 4P 中的价格，还包括顾客的购买成本，同时也意味着产品定价的理想情况应该是既低于顾客的心理价格，也能够让企业有所盈利。此外，顾客购买成本不仅包括货币支出，还包括顾客为此耗费的时间、体力和精力，以及购买风险。

3. 便利

便利（convenience）即为顾客提供最大的购物和使用便利。便利是客户价值不可或缺的一部分，4C 营销理论强调企业在制定分销策略时，要更多地考虑顾客的方便，而不是企业的方便。要通过优质的售前、售中和售后服务，使顾客在购物的同时也享受到便利。

4. 沟通

沟通（communication）是用来取代 4P 中的促销。4C 营销理论认为，企业应通过同顾客进行积极有效的双向沟通，建立基于共同利益的新型企业与顾客关系。这不再是企业单向地促销和劝导顾客，而是在双方的沟通中找到能同时实现各自目标的途径。

（三）4R 营销组合策略

4R 营销组合策略包括关联（relevance）、反应（reaction）、关系（relationship）、报酬（reward）四项内容。

1. 关联

关联是指企业与顾客是一个命运共同体。建立并发展与顾客之间的长期关系是企业经营的核心理念和最重要的内容。

2. 反应

在相互影响的市场中，对经营者来说最现实的问题不在于如何控制、制订和实施计划，而在于如何站在顾客的角度及时地倾听和转换为高度回应需求的商业模式。

3. 关系

在企业与客户的关系发生了本质变化的市场环境中，抢占市场的关键已转变为与顾客建立长期稳固的关系。与此相适应产生了五个转向：从一次性交易转向强调建立长期友好合作关系；从着眼于短期利益转向重视长期利益；从顾客被动适应企业单一销售转向顾客主动参与生产过程；从相互的利益冲突转向共同的和谐发展；从管理营销组合转向管理企业与顾客的互动关系。

4. 报酬

任何交易与合作关系的巩固和发展，都是经济利益问题。因此，一定的合理回报既是正确处理营销活动中各种矛盾的出发点，也是营销的落脚点。

4P、4C、4R三种营销组合策略的比较如表6-1所示。

表6-1 4P、4C、4R营销组合策略比较

项目	4P组合	4C组合	4R组合
营销理念	生产者导向	消费者导向	竞争者导向
营销模式	推动型	拉动型	供应链
满足需求	相同或相近需求	个性化需求	感觉需求
营销方式	规模营销	差异化营销	整合营销
营销目标	满足现实的、具有相同或相近的顾客需求，并获得目标利润最大化	满足现实的和潜在的个性化需求，并培养顾客的忠诚度	适应需求变化，创造需求，追求各方互惠利益最大化
营销工具	4P	4C	4R
客户沟通	“一对多”单向沟通	“一对一”双向沟通	“一对一”双向沟通或多向沟通
投资成本和时间	短期低，长期高	短期较低，长期较高	短期高，长期低

第4节 营销管理与大数据营销

一、营销管理

营销管理（marketing management）是指为实现企业战略目标，建立和保持与目标市场间互利的交换关系，而对市场营销活动的分析、规划、实施和控制。营销管理的实质是需求管理，即对需求的水平、时机和性质进行有效的调节。在营销管理实践中，企业通常要预先设定一个预期的市场需求水平，然而实际的市场需求水平可能与预期的市场需求水平并不一致，这就需要采取相应的管理措施。

（一）营销计划

企业营销计划（marketing plan）是指在对企业市场营销环境进行调研分析的基础上，制定企业及各业务单位对营销目标以及实现这一目标所应采取的策略、措施和步骤的明确规定和详细说明。

1. 营销计划的编制

营销计划是企业战略计划的核心内容。在编制营销计划时要遵循以下原则：以消费需求为中心，以企业的总体战略或业务战略为基本指南和出发点；充分考虑企业内外部环境，在综合平衡的基础上，做到切实可行、灵活调整；计划的行动方案要明确、具体。市场营销计划的编制过程一般包括以下步骤：

第一，分析现状，做到知己知彼，为编制计划做好充分准备。

第二，确定目标，为具体活动程序指明方向。

第三，编制计划草案，交由有关部门讨论。

第四，如果讨论后有异议，要在规定时间内修改计划草案。

第五，编制正式计划，在企业内部执行。

2. 营销计划的内容

（1）计划概要。计划概要是对主要营销目标和措施的简短摘要，目的是使高层主管迅速了解该计划的主要内容，抓住计划的要点。例如，某零售商店年度营销计划的内容概要是："本年度计划销售额为 5 000 万元，利润目标为 500 万元，比上年增加 10%。这个目标经过改进服务、灵活定价、加强广告和促销努力，是能够实现的。为达到这个目标，今年的营销预算要达到 100 万元，比上年提高 12%，占计划销售额的 2%。"

（2）营销状况分析。这部分主要提供与市场、产品、竞争、分销以及宏观环境因素有关的背景资料。

（3）机会与威胁分析。首先，对计划期内企业营销所面临的主要机会与威胁进行分析，再对企业营销资源的优势与劣势进行系统分析。在机会与威胁、优势与劣势分析的基础上，企业可以确定在该计划中所必须注意的主要问题。

（4）拟定营销目标。拟定营销目标是企业营销计划的核心内容，在市场分析基础上对营销目标做出决策。计划应建立财务目标和营销目标，目标要用数量化指标表达出来，要注意目标的实际、合理，并具有一定的开拓性。营销目标可以由以下指标构成，如销售收入、销售增长率、销售量、市场份额、品牌知名度、分销范围等。

（5）营销策略（marketing strategy）。拟定企业将采用的营销策略，包括目标市场选择和市场定位、营销组合策略等。明确企业营销的目标市场，如何进行市场定位，确定何种市场形象；企业拟采用什么样的产品、价格、促销和分销策略。

（6）行动方案。对各种营销策略的实施制定详细的行动方案，即阐述以下问题：将做什么？何时开始？何时完成？谁来做？成本是多少？整个行动计划可以列表加以说明，表中具体说明每一个时期应执行和完成的活动时间安排、任务要求和费用开支等，使整个营销战略落实于行动，并能循序渐进地贯彻执行。

（7）营销预算（marketing budget）。营销预算即开列一张实质性的预计损益表。收益的一方要说明预计的销售量及平均实现价格，预计销售收入总额；支出的一方要说明生产成本、实体分销成本和营销费用，以及再细分的明细支出，预计支出总额。最后得出预计利润，即收入和支出的差额。业务单位编制出营销预算后，送上层主管审批。经批准后，该预算就是材料采购、生产调度、劳动人事以及各项营销活动的依据。

（8）营销控制（marketing control）。营销控制即对营销计划执行情况进行检查和控制，用以监督计划的推进。为便于监督检查，具体方法是将计划规定的营销目标和预算按月或季度分别制定，营销主管每期都要审查营销各部门的业务实绩，检查是否实现了预期的营销目标。凡未完成计划的部门，应分析问题原因，并提出改进措施，以争取实现预期目标，使企业营销计划的目标任务都得到落实。

（二）营销组织

企业的市场营销部门是执行市场营销计划、服务市场购买者的职能部门。市场营销部门的组织形式，主要受宏观市场环境、企业管理模式、企业所处发展阶段、经营范围、业务特点等因素的影响。营销组织的形式包括以下几种类型。

1. 功能性营销组织

这是最常见的市场营销机构的组织形式，是在营销副总经理的领导下由各种营销职能专家构成的职能性组织。具体结构如图6-3所示。

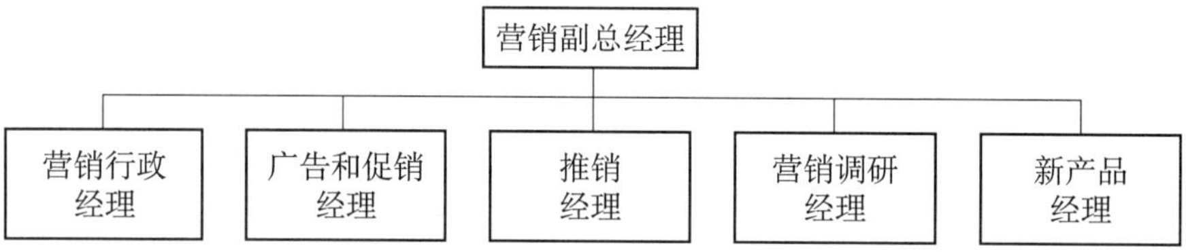

图6-3 功能性营销组织

功能性营销组织的主要优点是管理简单。但随着产品增多和市场扩大，这种组织形式会暴露出很大的缺点。由于没有人对一项产品或一个市场负全部责任，因而每项产品或每个市场制订的计划欠缺完整性，有些产品或市场很容易被忽略。另外，各个职能部门为了各自的利益容易发生纠纷。

2. 地区型营销组织

在全国范围内组织营销的企业往往按地理区域组织其营销人员。例如，许多公司把中国分成华东、华南、华北、西南四大区域，每个区域设立区域经理，区域经理根据所管辖省市的销售情况再设若干地区销售经理，地区销售经理下再设若干地方销售经理/主任，每个地方销售经理/主任再领导几位销售代表。这种模式明显增加了管理层级。但在推销任务复杂、推销人员对利润影响很大的情况下，这种分层是有必要的。

3. 产品或品牌管理组织

生产不同产品或品牌的公司往往需要设立产品或品牌管理组织。这种组织并没有取代功能性营销组织，只不过是增加了一个管理层级而已。其基本做法是，由一名产品主管经理领导，下设若干个产品大类（产品线）经理，产品大类（产品线）经理下再设几个具体的产品经理。

4. 市场型营销组织

当企业把一条产品线上的各种产品向不同市场进行营销时，可采取这种组织模式。例如，生产电脑的企业可以把目标客户按不同的购买行为和产品偏好分成不同的用户类别，设立相应的市场型营销组织。具体结构如图 6-4 所示。

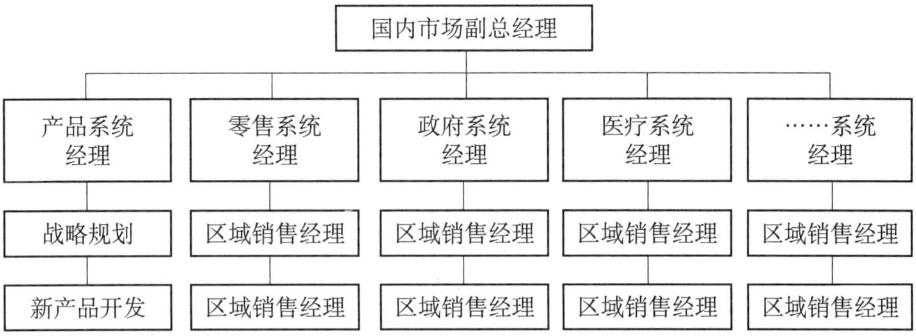

图 6-4　市场型营销组织

市场型营销组织的优点在于，企业的市场营销活动是按照满足各类不同客户的需求来组织和安排的，有利于企业加强销售和市场开拓。其缺点是存在权责不清和多头领导的矛盾。

5. 产品-市场管理组织

生产多种产品并向多个市场销售的企业，可以采用产品管理型组织，也可以采用市场管理型组织，还可以建立一种既有产品经理又有市场经理的两维矩阵组织。

（三）营销控制

1. 营销控制及其程序

营销控制（marketing control）是指衡量和评估营销策略与计划的成果，以及采取纠正措施以确保营销目标的实现。营销控制的程序如图 6-5 所示。

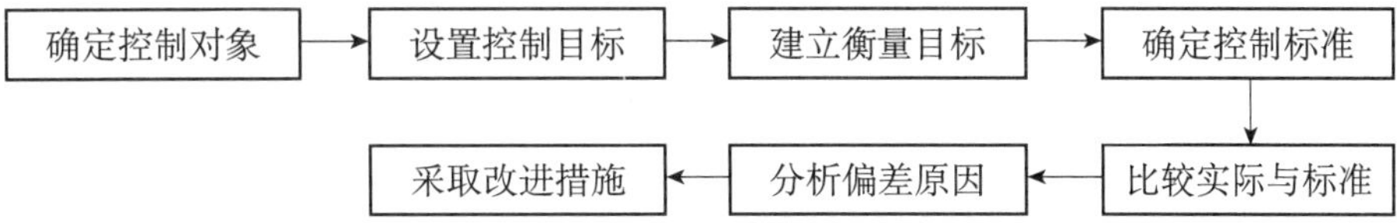

图 6-5　营销控制的程序

2. 营销控制的分类

（1）年度计划控制。年度计划控制由企业高层管理人员负责，旨在检查年度计划目标是否实现。一般可用四种方法检查计划执行绩效。

第一，销售差异分析。衡量并评估企业的实际销售额与计划销售额之间的差异情况。譬如，某公司在上海、深圳、广州三个地区的计划销售量分别是 2 000 件、1 500 件、1 000 件，总计 4 500 件，而实际总销量是 3 800 件，三个地区分别是 1 200 件、1 400 件、1 200 件，与计划的差距分别为－40%、－6.7%、20%。通过分析可知，上海是造成销售差异的主要原因，因而应进一步查明上海地区销量少的原因。

第二，市场占有率分析。衡量并评估企业的市场占有率情况。根据企业选择的比较范围不同，市场占有率一般分为三种：全部市场占有率，即企业的销售额（量）占行业销售额（量）的百分比；目标市场占有率，即企业的销售额（量）占其目标市场总销售额（量）的百分比；相对市场占有率，即企业的销售额（量）和几个最大竞争者的销售额（量）的百分比。

第三，营销费用率分析。衡量并评估企业的营销费用对销售额的比率，还可进一步细分为人员推销费用率、广告费用率、销售促进费用率、市场营销调研费用率、销售管理费用率等。

第四，顾客态度追踪。企业通过设置顾客抱怨和建议系统，建立固定的顾客样本或者顾客调查等方式，了解顾客对本企业及其产品的态度变化情况，进行衡量并评估。

（2）盈利能力控制。盈利能力控制一般由财务部门负责，旨在测定企业不同产品、不同销售地区、不同顾客群、不同销售渠道以及不同规模订单的盈利情况。盈利能力指标包括资产收益率、销售利润率、资产周转率、现金周转率、存货周转率、应收账款周转率与净资产报酬率等。

（3）营销效率控制。如果分析发现公司在某些产品、地区或市场方面的盈利不佳，接下来要解决的问题便是寻找更有效的方法来管理销售队伍、广告、促销和分销。

第一，销售人员的工作效率。各销售经理可用以下指标考核和管理销售队伍，提高销售人员的工作效率，包括：销售人员日均拜访客户的次数；每次访问平均所需时间；每次访问平均收益；每次访问平均成本；每百次销售访问预订购的百分比；每月新增客户数目；每月流失客户数目；销售成本对总销售额的百分比。

第二，广告效率。为提高广告宣传的效率，企业应掌握以下统计资料：每种媒体接触每千名顾客所花费的广告成本；注意阅读广告的人在受众中所占的比例；顾客对广告内容和效果的评价；广告前后顾客态度的变化；由广告激发的询问次数。

第三，营业推广效率。为了提高促销效率，企业应关注的统计资料有：优惠销售所占的百分比；每一单位销售额中所包含的陈列成本；赠券回收率；因示范引起的询问次数。

第四，分销效率。主要是对分销渠道的业绩、企业存货控制、仓库位置和运输方式的效率进行分析和改进，提高分销效率。

（4）企业营销审计。营销审计（marketing audit）是对一个企业或一个业务单位的营销环境、目标、战略和活动所做的全面的、系统的、独立的和定期的检查，其目的在于确定问题的范围，提出行动计划，以提高企业的营销业绩。营销审计可由企业内部人员来做，也可聘请外部专家进行。

营销审计是营销战略控制的重要工具。一次完整的营销审计活动的内容包括六大方面：营销环境审计、营销战略审计、营销组织审计、营销制度审计、营销效率审计以及营销职能审计。

二、大数据营销

（一）大数据营销的含义

随着网络技术的愈发成熟，市场营销所面对的市场发生了众多变化，其中，一部分市场变成了“虚拟”市场，经营活动也在“虚拟”市场上完成。大数据营销是指在大数据环境下，将对大数据进行分析挖掘得来的有价值的信息运用到网络营销中，即通过收集整理生活中方方面面的数据，进行分析和挖掘获得有价值的信息，以指导公司经营，降低风险、赢得利润的一种市场营销模式。

（二）大数据营销的特点

1. 营销设备无线化

随着在中国市场上高质量移动应用的激增、网络的快速普及，以及对 O2O 模式投入的增加，我们可以看到一些专为移动端设计的品牌广告，以及根据用户个人兴趣和浏览历史优化的个性化内容。这都体现了基于移动互联网平台的新型数字营销的变化，移动互联网将承载、孕育更多的经济体。

用户每天都会浏览新闻、微博、视频等媒体内容，这些内容为营销提供了条件。据统计，在 iOS 和 Android 这两大移动互联网平台上，89%的用户在一周内看过植入广告，其中有 35%能够回忆起广告涉及的品牌。也就是说，两大平台的无辅助广告记忆率为 31%。在移动终端上，营销要更多地考虑移动用户的访问使用特点，减少视频、动画等元素的宣传内容，但可以突出在客户端、本地搜索、社交平台等应用中的产品宣传。

2. 营销环境社交化

无论是使用有线的互联网还是无线的移动终端，人们都有自己的社交圈子，且这个圈子随着社交平台发展和交流的方便性而不断丰富，更具规模、更加成熟。比如近年来很流行的微信，允许用户分享自己喜欢的内容和品牌故事，商家可在这个平台上开展“分享营销信息即可获得奖品”的营销活动。

3. 营销推广个性化

营销推广个性化，即数字营销的精准化，其本身就最能体现大数据的时代特征。与传统营销不同的是：大数据时代，商家愿意关注更贴近自己需求的用户，而消费者愿意关注更贴近自己需求的产品和服务。营销推广个性化，不仅需要提供定制化服务，而且需要提供基于用户行为方式、爱好特点等个性化标签的个人属性，采取适当的方式对其进行精准的个性化营销。比如对查询有关机票预订信息的人投放相应区域的酒店、购物、景点、美食等促销信息。

4. 营销信息互动化

营销信息互动化突出的是交互性。多屏一体终端、商场电子导航系统、多屏拼接播放器和显示器、透明触摸展示柜、3D 全息投影显示终端、互动导览立牌等众多内容展示终端，通过提供极具视觉吸引力和互动性的购物体验，融互动营销和丰富展示于一体。近年来火爆的网络直播带货更是营销信息互动化的生动体现。

营销信息互动化对消费者和商家来说是双赢的过程。一方面，商家可以通过互动营销信息丰富营销方式和内容，减少中间环节，更有利于捕捉消费者最真实的感受和看法，从而为产品开发和市场推广寻找新思路。另一方面，消费者可以更直观深刻地感受到商家产品和服务的优劣，缩小品牌印象和实际购买感受之间的差距，从而梳理并强化对喜好品牌的归属感。

5. 营销手段整合化

大数据时代，一方面，网民的分散化及互联网的碎片化使网络的用户覆盖率和页面浏览量被众多媒体瓜分和稀释，媒体价值不能得到深入挖掘和利用；另一方面，广告主面对浩瀚的互联网无所适从，仍然为如何将信息精准送达用户和提升营销效果所困扰，网络广告需求得不到更高层次的满足，广告预算也在增加。大数据时代的整合营销利用了技术手段和平台整合，是对社会化营销的升级，面向“个众”进行精细化说服。商家越来越倾向于通过整合方式来抓取细分的目标用户，进而投放更加精准又有针对性的营销广告。

6. 营销传播智能化

智能化大数据营销注重用户体验，商家可以根据品牌和产品宣传计划自由选择，并定制细分目标用户群和数字营销方式，之后还可以设定数字营销投放效果的考核标准。在大数据时代，这种智能化的数字营销传播方式会更加灵活多样，未来不排除会出现基于云数字营销等服务应用。人们将利用数据挖掘等技术形成数据分析报告，并对营销目标提出行动步骤。而所有这些都将在云平台上实现，通过定制化的资源租用获得切合商家营销传播需要的数据。营销传播智能化，不仅仅是大数据时代的特点，也是对大数据、云计算和营销传播的整合。

7. 营销产品感知化

营销产品感知化是指对产品的感知化推广，即从用户需求出发，而不是传统的以商家营销目标为主导。比如，某消费者想以5 000元左右的预算选购一款笔记本电脑，那么商家理应考虑到如何引导准消费者进行价值体验和产品真实体验。既要向消费者提供电脑的技术参数、与其他电脑的对比等，又要告诉消费者在购买前可以在哪家实体店考察实物。关于产品的感知，还可以通过图像分析与理解、人机交互、虚拟环境、智能计算等手段提升设备与人的交互与感知力。要根据消费者的需求推出相应的营销推广手段，尽可能切合消费者的需求。

关键术语

品牌战略　　市场调查

思考题

1. 企业战略、品牌战略以及营销战略有何异同？
2. 如何进行品牌定位？有哪些策略和方法？
3. 消费者研究具体包括哪些方法？请以一种方法为基础，为某市青少年男装调研拟定一份调研提纲。

4. 市场细分的主要步骤有哪些?

5. 主要的市场营销组合策略有哪些?

案例分析

创建于1927年的中华老字号“恒源祥”原来只是上海南京路上一家专门卖毛线的商店。1987年,29岁的刘瑞旗被任命为恒源祥绒线公司总经理时,和南京路上众多的老字号一样,恒源祥绒线公司早已没有了昔日的辉煌,淹没在南京路林立的繁华店面里,悄无声息。当时公司所有资产加起来也不过50万元,穷得只剩下一个招牌了。

如何才能走出“日薄西山”的困境?刘瑞旗苦思冥想。从一句“店誉比金贵”的口头禅中,他突然意识到,老一辈长期苦心经营、点滴积累打造的“恒源祥”三个字,本身就是一笔极大的资产。于是,他上任后的第一件事就是花900元,把“恒源祥”三个字由店名注册成商标名,开展一系列以广告为核心的品牌重塑活动。同时,采用虚拟企业组织模式,以恒源祥品牌吸引全国毛线加工厂加盟,将生产任务外包给这些加盟的企业。随着恒源祥品牌知名度的不断提升,加盟者越来越多。到目前为止,恒源祥品牌下已聚集了70多个加盟工厂、5 000多家加盟店,遍布全国各地;产品也从单纯的手工毛线延伸出针织、家纺、服装、床上用品等70多个门类。

要提高品牌知名度,除了常规的广告之外,事件营销是最快的方法。2004年3月,恒源祥策划了一起事件营销。在澳大利亚一个盛大的羊毛拍卖会上,恒源祥以600万元人民币买下90千克顶级超细羊毛。恒源祥成功拍得的超细羊毛来自澳大利亚南威尔士州的古德里奇兄弟所养的羊,被认为是世界上最纤细、质地最优良的羊毛,其直径只相当于人类头发直径的1/5。古德里奇兄弟为了生产出世界上最好的羊毛,搭建了一个豪华羊圈,精挑细选羊只,严格控制室温,喂以特制的饲料。拍卖之前,这90千克顶级超细羊毛专门保管在澳大利亚国民银行保险柜中。在此背景下,恒源祥成功买下这捆“金羊毛”,声名大噪,轰动全球,品牌知名度也一飞冲天。此次购买事件在羊毛界引起了强烈反响,不但媒体争相报道,而且世界羊毛主要生产国如新西兰、南非、乌拉圭、阿根廷都有公司来电表示祝贺。因为在以往的拍卖中,超细羊毛大多被意大利著名公司拍走,最后流入巴黎、米兰、纽约或东京高档服装店。此次恒源祥在澳大利亚悉尼拍卖会上力挫意大利、日本、澳大利亚、韩国等众多羊毛大鳄,成为这捆“金羊毛”的主人,创下了三个“最”:中国企业第一次成功参与;这次拍卖的是迄今世界上最细的羊毛,直径只有11.9微米;世界上价格最昂贵的羊毛。

而恒源祥的广告可谓简单直白,六个字“恒源祥,羊羊羊”,在一个五秒的电视广告片中用童声重复三次。广告反复投放在各个电视台的各档节目中,消费者也许记不住广告画面,却会记住这优美的童音。广告虽然简单,但完全符合传播的本质,使消费者牢牢记在心里,在购买的时候影响他们的选择。

在产品质量管理方面,恒源祥形成了自上而下的质量观念和质量意识,树立质量与市场密切相关的市场观念。除此之外,其不断完善质量管理体系,针对各企业不同的发展状况、不同产品的生产过程,制定不同的质量监控和检测方法。对申请加盟的所有企业的资产状况、设备状况、销售网络、领先程度等进行评价、判断。允许加盟后,恒源祥会首先向加盟企业灌输先进的管理方法、理念和质量管理体系,这些企业在经过一个

“痛苦”的过渡阶段以后，再按照恒源祥规范的质量管理和内部管理规范生产运营，以保证其产品质量和企业管理都能达到恒源祥几乎苛刻的标准。

资料来源：贾旭东．现代企业战略管理：思想、方法与实务. 2版．北京：清华大学出版社，2022.

讨论题

1. 你认为恒源祥的品牌营销有何成功之处？
2. 谈谈恒源祥走向成功给你带来的启示。

第 7 章

研发战略管理

| 本章要点 |

研发是许多创新产品的起点。研发战略对于企业，特别是那些位于尖端技术领域的公司来说具有重大意义。研发战略在多数情况下属于职能战略，处在总体战略和业务战略之下，是企业战略的重要组成部分。研发战略为公司总体战略奠定创造性的基础。

引例

改革开放后相当长一段时间内，跨省通行往往需要先坐火车，再换乘汽车甚至轮船，一路辗转几十个小时，购票难、乘车难、出行难严重阻碍着经济发展。铁路是一个国家的经济大动脉，飞速发展的中国不能没有高速铁路。但高速铁路的建设是一个复杂的系统工程，其创新过程更是布满荆棘，充满艰难险阻。

1978 年 10 月，邓小平访问日本，被问及乘坐新干线的感受时回答："就感觉到快，有催人跑的意思，我们现在正适合坐这样的车。"这成为我国高铁发展的起点。之后，中国铁道部于 20 世纪 90 年代初完成《京沪高速铁路线路方案构想报告》。1998 年，广深铁路电气化工程竣工。同年，京沪高铁引发"轮轨"和"磁悬浮"之争。2002 年，我国拥有完全知识产权的"中华之星"动车组在秦沈客运专线驶出了彼时我国铁路的最高速。但此时我国仍未出现真正的高铁，当时的主要目标是积累技术理论基础和试运行经验，并探索研制国产高速列车，这为此后的高铁发展奠定了基础。

2004 年至 2005 年，我国根据"市场换技术"思路，先后从加拿大、日本、法国和德国学习了关键动车生产技术。2008 年，标志着我国高铁实现由引进到自主创新飞跃的第一条高速铁路——京津城际铁路开通，这表明我国已经实现了引进、消化、吸收老牌高铁强国的技术，并在此基础上进行了再创新，这代表我国已经掌握了高铁的核心技术。

2009 年，我国高铁建设迎来热潮，石太客运专线、宁蓉铁路合武段、杭深铁路甬连段、京广高速铁路武广段相继开通。至 2013 年，我国开通高铁的地级及以上城市达 110 个，高铁营业里程首次超过1万公里。2017年，中国标准动车组正式被命名为“复兴号”。“复兴号”动车组掌握了高速转向架等九大核心关键技术和受电弓等十大配套技术，我国高铁核心技术不再受制于人，使我国高铁从“中国制造”迈向了“中国创造”。

现在，国内高铁建设东中西部遍地开花，全面繁荣，我国高铁已开通的运营里程和总计里程已远远超过日、德、法等国，稳居世界第一，高铁成为一张靓丽的“中国名片”。

资料来源：从追赶到领跑 中国高铁匠心“智”造绘就“中国名片”.（2022-07-28）.中国日报网.

第1节 研发战略

一、研发战略的概念

研究与开发（research and development，R&D），又称研究与实验性发展，简称研发，是指各种研究机构、企业为获得科学技术或者新知识而持续进行的具有明确目标的系统活动。

研发战略又称研究与开发战略，是企业战略体系的重要组成部分。在多数情况下，它属于生产运营型职能战略，处在企业总体战略和业务战略之下。因此，在垂直方向上，研发战略直接担负着支持总体或业务战略的义务，为总体或业务战略的实现提供坚实的基础。在水平方向上，研发战略又与生产战略、市场营销战略、人力资源开发战略、财务战略等职能战略形成协同关系。

二、研发战略的作用

研发战略是企业从事研发活动所必须遵循的指导思想，也是研发部门及人员的行动指南。研发战略包括研发的领域、目标、实施步骤及措施等，其主要作用有以下两个方面：

第一，研发战略能够保证资源配置获得最大的经济效益。在现实中，企业很容易落入盲目研发的陷阱，造成巨大的资源浪费。研发战略的首要任务是划定研发的范围。这包括两层意义：一是限制企业把资源投向不适合本企业参与的、发展潜力小的研发机会；二是鼓励企业开拓特别适合本企业参与的、具有良好发展潜力的研发机会。这样就可以使投入的研发资源获得最大的经济效益。

第二，研发战略能够指导企业研发的全过程。企业的研发活动是由一系列相互关联的步骤构成的有机整体，包括诸多复杂的子活动，它们相互关联、相互影响、相互衔接，共同构成了研发活动。因此，为了确保研发活动的有效性，就必须建立明确的研发战略，并据此对研发活动的全过程进行统一指导和管理。

三、研发战略的基本内容

（一）研发战略的领域

研发战略的领域是指企业从事研发的基本方向和范围。明确研发战略的领域，一般需要考虑产品、用途、市场和技术四个因素。

考虑产品，就是要明确以哪种产品作为研发的对象，比如，是消费品还是工业品，是高新技术产品还是普通技术产品，是家电产品还是办公设备等。研发战略的领域可以是单一的，也可以是多样的，还可以有一个主攻领域和若干个副主攻领域。企业需要根据自身的总体战略、业务战略和技术力量来界定研发战略的领域。

考虑用途，就是要明确以什么用途的产品作为研发的对象，比如，是个人用还是办公用。产品用途的不同导致产品性能与结构的不同，因此，明确产品用途可以使研发的目的更加明确。

考虑市场，就是要分析研发产品的市场状况，具体来说，新产品是针对原有的市场还是针对新市场，新产品市场以什么特征的消费群体为对象等。企业可通过人口特征状况、顾客状况、心理特征分析等方法来分析市场特点。

考虑技术，就是要考虑可以利用的所有技术，包括企业原有的技术以及其他企业所拥有的相关技术。企业可以独立研发新技术，也可以引进技术加以改进，还可以与其他企业联合开发。

（二）研发战略的目标

研发战略的目标是企业研发方向的具体化，主要有三种：开发目标、市场目标和特殊目标。开发目标是指在一个较长时间内研发产品所要达到的规模和速度，一般用产量、产值、销售额、利润额等指标来表示。市场目标是指在一个较长时间内研发产品的潜在竞争力，比如，是保持市场占有率、提高市场占有率，还是开拓新市场。特殊目标是指企业根据自身的实际情况，为研发产品制定的一些特殊目标，比如，产品多样化目标就是企业为降低经营风险和增加市场盈利而制定的特殊目标。

（三）研发战略的实施步骤

研发战略的实施步骤包括收集创意、评估和筛选项目以及实施研发。收集创意是研发的第一步，它为明确研发的基本方向提供依据。创意产生的范围很广，研发部门、制造部门、市场营销部门、高层管理人员、一线工人、顾客、销售商、供应商、外部专家等都可以提供有价值的创意。另外，研发项目是否合适，直接关系到新技术、新产品、新工艺的成败和企业获得经济效益的多少，要组织专家进行评估和筛选。研发项目确定以后，研发就进入了实施阶段。

（四）研发战略的实施措施

企业研发战略的实施措施是指企业研发所采取的具体方法和手段。比如，通过什么渠道来收集创意，采取什么方式筛选研发项目，采取何种研发手段，建立什么样的研发组织，配备多少研发人员，如何招聘、培养和激励创造性人才，如何控制研发项目的进度等。

四、研发战略的基本类型

企业可根据经营环境、技术力量以及公司战略来选择不同的研发战略。以下列举几种常见的研发战略。

（一）攻势战略

该战略的特点是企业在经营领域中处于稳定地位并获得一定优势的前提下，通过研发，进一步扩大企业规模，增强企业的竞争能力和发展潜力。攻势战略的领域一般限定在产品的技术和用途上，即以研发新技术和新用途为对象。其战略目标往往是快速发展和提高市场占有率。研发的创意一般来自研发部门和市场营销部门。研发多采用独立研发和技术引进相结合的方式。因此，该战略适用于规模较大、技术力量较强、研发水平较高的企业。

（二）冒险战略

该战略的特点是企业在原市场地位受到威胁的情况下，将大量资源投入到某种全新技术和产品上，不断开辟新的市场，大幅提高企业竞争能力和发展潜力。在此战略下，其研发的领域往往是某种全新技术和某种产品的全新用途，创新程度很高。冒险战略的目标一般是快速发展、大幅提高市场占有率和开辟新市场。研发的创意来源主要是研发部门。研发多采用独立研发、联合研发和技术引进等方式。冒险战略需要企业在技术、资金、市场营销等方面具有较强的实力。如果成功，将给企业带来巨大的收益，一旦失败，将会给企业造成巨大的损失。因此，冒险战略具有很大的风险，适用于实力雄厚的大企业。

（三）守势战略

该战略的特点是企业在内部经营状况和外部环境没有发生重大变化的情况下，为继续保持现有市场的地位和竞争能力，有选择地研发一些与原有产品具有密切联系且风险较小的产品。守势战略的目标往往是保持适当的发展规模和发展速度，或者适当地提高市场占有率。守势战略所研发的产品创新程度不是很高，一般是对原有产品进行的改进，研发的创意主要来自市场营销部门。它适用于实力一般且资源较少的企业。

（四）紧随战略

该战略的特点是企业为了保持和不断提高市场地位，紧跟同行竞争者的研发动向，研发与竞争者的技术和产品类似的技术和产品。其目标一般是保持适当的发展规模和发展速度，或者维持和提高市场占有率。研发的创意主要来自市场营销部门，其创新程度多为对竞争者产品的模仿或者改进。这种战略具有投资少、风险小、见效快的优点，但要求企业能迅速掌握竞争对手的研发动向和信息，还需要企业具有较高的营销水平。因此，该战略适用于规模不大、技术力量不强、研发灵活的企业。

第 2 节 研发管理

研发管理就是对研发进行团队建设、流程设计、绩效管理、风险管理、成本管理、项目管理和知识管理等活动。

一、研发概述

研发活动是一种创新活动，需要创造性的工作。研发是企业创新的原动力，强化研发工作，对促进企业技术进步，加快产品更新换代，增强市场竞争能力，提高经济效益具有重要的推动作用。

（一）研发的特点

作为创新知识、研发新产品的活动，研发活动与企业一般的经营活动有显著区别，主要表现为：

（1）探索性和创造性。研发活动的目的就是探索未知、寻求解决问题的方法。其根本目的是通过探索来创造新知识而不是对现有知识的转移。

（2）风险性和不确定性。研发的探索性和创造性必然导致研发活动具有较高的风险和对预期的不确定性。

（3）个体性、集体性和社会性的统一。作为一种创造性活动，个人的聪明才智在研发中发挥了重要作用。作为一项探索创造性的工作，研发需要丰富的知识，只有依靠整个社会的技术基础、人力资源和资金才能完成这样的任务。

（二）研发的过程

研发并不只是研发部门的事情，研发过程从选题、方案准备、方案实施、控制和评价，到完成详细的设计方案，涉及一系列环节和多个部门。任何环节出现失误都会直接影响到研发目标的实现。

（三）研发的组织

企业内部研发系统的组织，除涉及研发活动的物理场所，还包括资金提供问题。研发场所涉及研发部门在企业中的隶属关系、与企业各职能部门的关系等；资金一般由获得潜在利润的地区，如部门或公司来提供。在大中型企业中，研发系统的组织形式有如下三种。

1. 集中型

将企业的研发力量集中在公司层，而非公司的各事业部（分厂或车间）。贝尔实验室就是实行集中研发的典型例子。这种组织形式有利于对科技力量的集中使用，但不利于研发与生产、营销的结合。我国企业传统上常常采用这种组织形式。

2. 分散型

这类组织形式是指公司保留一部分研发人员从事协调、计划和组织工作，其余部分的研发力量被下放到事业部，针对各部门的具体需要成立研究课题组。国外的事业部多采用这种组织形式。这种形式适用于科技力量较为雄厚，各事业部的产品具有技术上的相对独立性和完整性，产品的研发、生产和销售的配合程度较高的企业。

3. 混合型

混合型组织形式是指研发系统分为公司层和事业部层，由各事业部保持同产品密切相关的开发性研究，而公司层主要负责基础性研发工作。这种组织方式同时具备了集中型组织方式和分散型组织方式的优点。

二、研发管理的演进

在制造企业的所有经营活动中，研发管理对经营环境的变化十分敏感，受经营环境的影响很大。随着环境变化不断加快，研发的有效性和效率在不断提高。研发管理经过三代演进，现在已经进入第四代。

（一）第一代研发管理

第一代研发管理产生于20世纪40年代初，至20世纪60年代结束，是一个由技术专家主导的极为初级的管理阶段。在该阶段，组织仅认识到了研发活动的专业性特征，尚未认识到研发活动对企业运营的重要性与关联性。该阶段的基本特征是研发主题大部分由技术人员自主决定，研发活动主要由科学家与技术专家主导；没有明确的战略目标，企业高层不参加与研发活动相关的决策，研发部门对研发活动没有一套系统化的管理方式，研发与当前业务没有直接关联，没有明确的商业化动机，对研发成果的衡量以技术产出指标为主。

从应用知识的特征看，第一代研发管理寻求从当前知识向新知识的跳跃，其重点在于跳跃，而不是适用性。新知识是在无边界的基础研究中产生的，在新的技术、产品和服务中也许应用得到，但这些新知识的出现是企业不可预知和管理的。

（二）第二代研发管理

第二代研发管理产生于20世纪70年代初，至20世纪80年代结束，研发管理的重点转向支持业务需求。企业力图把研发部门与其他部门的关系确定为供应商与客户的关系，研发项目需求主要由业务部门提出，而研发部门被动地配合。组织仍然采取与业务目标相关的功能性分工，也开始采取矩阵式的管理方式。依据项目的不同类型，对研发活动采取不同的绩效评估与管理方式，且评估方法是量化的，如净现值法、投资回报率等。但研发创新成果并不被视为竞争优势的主要组成部分，因此研发部门在企业中仍处于功能性部门的地位。

第二代研发管理者认识到研究与开发的项目特征，并对单个项目的成本效益进行定量分析，按照项目目标对项目进度进行监控。但企业重点关注单个项目可能创造的价值，对多个项目的均衡组合考虑不够。从应用知识的特征看，第二代研发管理基本延续了第一代研发管理的特点。

（三）第三代研发管理

第三代研发管理产生于20世纪90年代初，至20世纪90年代末结束。该阶段的研发管理将研发活动纳入企业的战略架构之中，有比较明确的战略目标，与企业发展的关系紧密。技术创新成为研发活动的重要组成部分，研发创新活动融入企业整体的业务流程。企业以跨部门的矩阵组织形式来从事创新活动，对于重要的创新项目，也会采取独立项目小组的方式，超越部门本位的限制，由公司高层直接领导。研发部门与其他职能部门的关系极为密切，技术创新成为创造竞争优势的重要因素。

从应用知识的特征看，第三代研发管理对新的基础性知识重视不够，主要是将不同学科的现有知识组合成有用的工程技术，知识和经验的增长被限制在经验和期望的壁垒内。

（四）第四代研发管理

第四代研发管理于 21 世纪初提出，是新市场和新技术的合成物，是正在发展中的新一代研发管理模式。企业将研发投资视为一种知识资产，认为这种知识资产将创造出比其他有形资产更高的投资回报率；将知识创新视为创造战略性竞争优势的主要手段，并将研发管理提升至公司战略实施的核心位置，研发管理的重点是针对未来市场所需要的技术。在研发项目管理与绩效评估方面，重视研发活动带来的战略性效益，会给予研发部门更多的自主权，对研发资源应用的控制也具有弹性、较为宽松。研发过程涉及整个组织的活动，并延伸到利益相关的所有群体，如顾客和最终使用者、组织内人员、所有者和投资者、供应方和合作方、社会等。

从应用知识的特征看，第四代研发管理是新市场知识和新技术知识的集合，将顾客与其他利益相关者结合。它发生于现有市场和知识的范围之内，为新市场和新工业的潜在需求服务。

三、研发管理的组织形式

公司不同层级感兴趣的研发活动具有不同特点：事业部感兴趣的，一般是时间跨度短、学习反馈环节快、与内部知识源联系强的研发项目；而出于长远战略考虑，公司层的研发部门往往对那些时间跨度长、学习反馈环节多、与外部知识源联系强的项目感兴趣。选择研发组织形式的考虑因素包括以下方面。

1. 技术的成熟度

在取得重大技术突破前，长期的试验、试错和学习是必要的，这时应采用集中型组织形式，即研发直接隶属于公司的中央实验室。新技术开发出来后，再转移到事业部进行运用。如果研发是为了支持现有业务，则应考虑放在已有的事业部中。

2. 涉及事业部的多少

如果某个研发项目涉及的事业部较多，则应采用集中型组织形式。由公司直接进行研发活动，比较容易协调与各事业部的关系，提高研发的工作效率。

3. 研发活动的性质

探索性的研发活动一般由公司的研发实验室完成，应采用集中型组织形式。而偏重市场应用的研发活动应在各事业部开展，这时宜采取分散型或者混合型组织形式。

4. 事业部的能力

如果事业部的能力很强，技术的引进又与事业部有着直接的关系，则可以采取分散型或者混合型组织形式。

5. 公司的战略取向

当公司的战略完全由现有产品的短期财务业绩来驱动时，研发实验室在公司中的重要性较低，研发活动更多地倾向于在部门的层面开展，即关注市场驱动型研发项目，这时宜采取分散型或者混合型组织形式。

四、研发管理的过程

（一）研发项目的选题

研发项目选题的产生有两种途径：一是问题导向，针对企业在实际经营过程中出现的问题，寻求解决方案；二是应用导向，技术开发人员受某种需求的驱使，在对已有技术寻求应用的基础上产生新的设想。

不管哪种导向，都必须遵循两个原则：一是必要性原则；二是可行性原则。必要性原则是指要根据市场的需要以及生产中的薄弱环节，结合国内外科技发展动态和趋势来选题。可行性原则是指必须综合考虑现有技术力量、物质、资金、场地及经济效益等来选题。因此，应在立项之前做好充分的调研工作，包括市场可行性、技术可行性、成本可行性、知识产权等内容，开展可行性研究。

研发项目的选题尤其要注意对市场可行性的评估，要充分考虑将来市场以及客户的认同程度。调研工作可以由各个部门来承担，也可以外包给某些专业公司。在调研的基础上形成的选题，必须经过充分论证，才能列为正式的研究课题。在论证过程中，研发部门必须准备好研发计划书。计划书的内容一般包括：课题来源；研发目的和意义；国内外同行的水平和发展趋势；技术关键问题和技术经济指标；研发内容、途径及技术工艺路线；起止年限和计划进度；所需要的主要工作条件（设备、场所、原材料）；需要追加的条件；经费预算和效果预测；承担单位和主要协作单位的分工等。

（二）研发的准备

这个阶段的主要环节包括组建研发小组，确定研发方案，进行试验设计和完成试验准备等。准备工作是否充分、细致，将对研发的整个过程产生重要影响。研发的准备如下：

1. 组建研发小组

这是开展研发工作的组织保证，具体要求包括三点：第一，人员的结构要合理，即骨干人员与辅助人员、不同技术等级、不同工种和专业等方面的比例要适度；第二，研发小组的负责人既要懂得把握技术的方向，又要协调好研发过程的各种关系；第三，要保持研发小组成员的相对稳定性，使研发工作保持较强的连续性。

2. 确定研发方案

合理的研发方案是保证研发工作成功的关键。研发小组成员要根据调研的情况和现有条件提出若干研发方案，由主管部门组织有关专业技术人员进行论证与比较，在审核方案的可行性、先进性及经济合理性的基础上，经过筛选、补充、完善，确定一种较好的研发方案。

3. 进行试验设计

研发小组成员根据要确定的研发方案，设计具体的研发途径、内容及方法。

4. 完成试验准备

根据研发方案及试验设计，进行各项具体的试验准备工作。

（三）研发的实施

1. 小型试验

通过试验、测试，记录试验数据，以获得试验结果以及反映客观事实的材料。

2. 阶段成果一

对产品的物化性能进行系统的测定，记录测试数据，严格掌握测试方法，力求使测试数据和计算方案可靠与完善。

3. 阶段成果二

正确分析和处理实验数据，是摸索试验规律、得出正确试验结论的保证。研发小组的成员要及时总结各阶段的工作，检查试验方法，查看试验记录，处理试验数据，分析整理试验结果，观察样品，总结试验规律，得出阶段成果，并根据实际情况，决定是否需要调整试验进度或改进试验工作。

4. 中间试验

中间试验是研发成果从实验室阶段转到工厂生产所经历的中间扩大阶段，是考核阶段成果是否可行的重要环节。经过小型试验成功的产品，为考核其性能和经济指标，必须在生产线上进行中间试验，参照小型试验来调整配方及工艺参数，取得主要技术经济指标，为生产提出较成熟的工艺方法，从而保证研发成果能在生产中迅速见效。

5. 用户试用

研发人员将已达到预定指标、性能基本稳定的新产品送有关用户进行试用，并进行完整的试用情况记录，以进一步考核产品的性能。

6. 改进性能试验

根据产品性能及试用情况，进一步进行补充试验、调整产品配方或相关工艺参数，改进产品性能。

7. 重复试验

根据改进性能试验确定的配方和工艺，确定产品的更新换代工艺规程草案及质量标准草案，根据工艺规程组织试产，按照质量标准检验产品质量。通过重复试验、批量试产，进一步考核各项技术经济指标，为大规模的投产准备必要的工艺参数。

（四）研发的控制

由于研发活动的复杂性，任何项目都需要对其过程加以控制，主要包括成本控制、质量控制和进度控制。常用的进度控制方法有以下三种。

1. 任务检查法

任务检查法是将研发过程中的各种活动分解为具体的任务，按活动顺序列出所有要完成任务的清单，清单的详细程度视活动的复杂程度而定，也可以画出研发活动的流程图。在研发过程中按任务清单和活动流程图部署工作，检查各项任务的完成情况。

2. 关键事件控制法

相比任务检查法，关键事件控制法更加严格。这种方法要求找出标志着研发过程中各项活动圆满完成的关键事件，按事件顺序列出关键事件表。在关键事件表中，要标明每项事件所对应活动的负责人或负责部门、要求完成的时间、计划调整后要求完成的时间和实际所对应的时间。在列出关键事件表的基础上，还可以用甘特图描述各个关键事件的部署、任务完成情况和计划的调整等。

3. 关键路径法

最严格的进度控制方法是关键路径法。关键路径法将研发项目涉及的所有活动以及这些活动间的关系用网络图的方式表示出来，根据各项活动所需要的时间和活动的先后顺序确定在最短的时间内完成全部研发任务的关键路径。在研发过程中要密切关注关键路径上的活动，围绕关键路径上的活动部署和控制整个项目的进度。

及时准确地获得各种必要的信息是有效进行研发进度控制的前提。获取信息的途径主要有三种：一是直接观察，即项目管理人员到研发现场了解项目进展情况，获取第一手资料；二是通信，即通过信件、电话、传真、计算机网络获取信息；三是会议，即召开相关人员会议，由各项研发活动的负责人报告项目进展情况。

五、研发管理活动的关键要点

（一）时间管理

时间管理对研发活动进度控制至关重要。通过确定、调整合理的工作排序和工作周期，时间管理可在满足项目时间要求的情况下，使资源配置和成本达到最佳状态。进度是计划的时间表，应该按计划安排进度，计划决定需要做什么、谁去做、花多长时间、成本多少等问题。

（二）成本管理

产品的成本可以分为研发成本、制造成本、销售成本三大部分。大量调查表明，产品的成本结构主要由研发、设计阶段决定，一个产品的目标成本其实在设计成功后就已基本定型，作为后期的产品生产等制造工序来说，其最大的可控度是降低生产过程中的损耗以及提高装配加工效率。可见，研发阶段的成本管理决定了未来的整个生产成本，对企业的利润起着决定性作用。

（三）风险管理

在项目管理中，风险是指能够影响项目一个或多个目标的不确定性因素。要注意把风险管理与目标联系起来，那些与目标不相关的不确定性因素应该被排除在风险管理过程之外，确保风险识别过程关注那些起作用的因素。

风险识别以后，应当考虑不确定性因素可能会导致的后果。根据项目风险的特性、项目组织的抗风险能力、可供选择的风险应对措施和办法、机遇和威胁等因素，采用购买保险、制订应急计划、从外部获取各种资源、设定应急的不可预见费用、制定可代替的项目总体方案或具体实施方案等方法。

六、研发团队的管理

团队合作对创新活动具有特殊的价值。实践证明，在新设想的产生和解决方案的开发方面，小组比个人有更大的作用，研发绩效的高低取决于企业是否有一支优秀的工作团队。

（一）研发团队的组织

研发团队的组织模式是由研发项目的性质决定的。研发团队的组织原则是：研发项目越复杂，对企业的意义越重大，研发团队就越独立，越需要减少企业日常工作对其的影响。

1. 研发团队的类型

研发团队一般有以下三种类型：

（1）独立的专职团队。这种团队的特点是独立于企业的日常运营，有决策自主权并在财务上保持独立性。另外，研发团队人员队伍相对稳定，有利于知识和经验的积累从而产生技术突破。独立的专职团队适合在开发新平台技术或开展基础性研究时采用。

（2）跨部门临时团队。这种团队的特点是具有临时性，成员来自现有组织，一般是为某个具体的项目而组建的，项目完成后团队即告解散，各自回到原先的部门。因此，这种研发工作也常常与团队成员的其他日常工作并行，在管理上要注意部门间的协调。

（3）技术改进团队。这种团队形式一般涉及较少的部门，甚至是在本部门内组建，用于开展技术改进等项目。其优点是涉及范围小、方式灵活，但应注意把握好项目运行的时机。

2. 研发团队的合理结构

研发团队建设是企业进行研发和创新工作的重要环节。一个企业如果没有一支素质好、水平高又配合默契的队伍，再好的组织管理也无法实现创新目标。除了达到足够的数量和质量要求，研发团队还应有合理的结构，包括学科结构、年龄结构、智能结构、职能结构四个方面。

（1）学科结构。学科结构是指企业研发创新所必需的专门人才的数量及他们之间的比例关系。为有效地开展研发工作，企业应配备多种学科人才。如美国通用电气公司的研发中心，由于主要从事基础研究，拥有相当多的化学家、物理学家、数学家、冶金学家和生物学家。同时，为适应科技的发展，还配备了一定数量的经济学家、法学家等社会科学方面的专家，以开展软科学的研究。

（2）年龄结构。年龄结构是指一个研究单位老、中、青科技人员的构成与比例。青年科技人员精力充沛，接受能力强，求知欲旺盛，但一开始还缺乏经验，需要老一辈的指导、帮助。中年科技人员是科研的中坚力量。老年科技人员在精力等方面不如年轻人，但拥有宝贵的阅历和经验。因此，把老、中、青合理地组织起来，形成学术梯队，既能培养学科接班人，又能使研发能力最大限度地发挥作用。

（3）智能结构。智能结构是指不同能力、素质、知识水平的人员的构成比例，或者是高、中、低级研究人员间的比例关系。每个科技人员在一个群体中，客观上都处于一定的级别，如果人才自身的能级低于岗位要求的能级，那么属于小材大用，影响工作的质量甚至无法完成任务；反之，则属于大材小用，是对人才的浪费和埋没。因此，必须对人才和岗位之间的能级对应情况适时做出调整。

（4）职能结构。职能结构是指同一研发系统中从事不同性质的科学劳动人员的构成。针对不同的范围有不同的职能结构。从一个国家的角度来看，科技队伍的职能结构是指基础研究人员、科技教学人员与科技管理人员之间的构成比例；从一个研究单位的范围来看，科技队伍的职能结构是指基础研究人员、工程技术人员、辅助人员与管理人员的构成比例；从一个科技课题组或项目的角度来看，科技队伍的职能结构则指负责指挥和协调的领导人员、具有企业家精神的创业者、信息流通的技术桥梁人物等的构成比例。

（二）研发团队的运行机制

1. 沟通机制

要保证研发团队的工作顺利开展，关键在于信息的沟通、责任的明确以及进度的协调。正式的沟通机制主要体现为团队会议；非正式的沟通机制则体现为不同部门的开发人员之间的随机交流，它在很大程度上受到团队文化的制约。研发团队的正式沟通机制如表7-1所示。

表7-1　研发团队的正式沟通机制

机制	参与部门	主要内容
研发、市场部门联席会议	市场部门、研发部门	定期交流所有项目情况，确定研发方向、产生新项目研发方向、产生新项目
项目运行会议	项目组所有成员	到达某项目里程碑后评估项目运行情况，做出下一步安排
项目回顾会议	项目组所有成员	项目完成或终止后对项目整体运行进行总结
总结报告制度	市场部门或研发部门项目经理	项目每一阶段结束后汇总项目运行情况，并发给每位项目组成员

在很多消费品生产企业，研发项目的主要责任者是市场部门和研发部门，因为它们是新产品的设计师、知识源和专家。研发团队的沟通首先是这两个部门之间的沟通与协调，然后才是由这两个部门主导的团队沟通。

2. 激励机制

对研发团队成员的激励主要是激发其对企业价值的认同感，激发团队的创新能力和积极性。由于研发人员具有独立自主性、创造性、工作过程难以直接控制、劳动成果难以衡量、成就动机较强、流动意愿强等特点，企业激励机制和制度设计应具有如下特点：较宽的职责范围和权限，充分授权和高度信任；鼓励创新和冒险、容忍失败的组织氛围，鼓励成功的组织制度，灵活的绩效考核机制等。激励机制要注意以下两个关键方面：

（1）设立有挑战性的团队目标。组织的目标对员工行为具有强烈的引导和激励作用。而设置一个具体、明确、适宜的目标是发挥激励作用的基本前提。对研发人员而言，这个目标必须符合两个要求：一是符合他们的价值观；二是具有挑战性。

（2）完善以团队为基础的报酬制度。对研发工作的奖励以团队工作为基础进行，有利于将个人工作与团队业绩联系起来，促进团队成员的合作精神及科技队伍的素质提升，对提高创新效率有着积极影响；同时还可以鼓励那些能力较高的成员去帮助落后的成员，使团队成为真正意义上的互助学习型组织。在此前提下，团队奖金可以在团队成员之间进行二次分配。

（三）研发团队的文化管理

研发团队的文化是企业整体文化的组成部分，因此研发团队的文化既有企业文化的共性，又有独特性。

研发团队的文化与研发项目所需要的专业知识和技能无关，但是它深刻影响着研究工作的质量，甚至可能会导致研发过程的严重失误。在很多美国公司，高级研发领导人甚至没有技术背景，但他们依然可以卓有成效地领导产品的研发，其中一个重要原因是他们有能力塑造一种优秀的研发团队文化。建设良好的新产品研发团队文化，需要高层管理者从自身做起。除了把握企业的战略和产品方向，高层管理者对研发活动的管理在很大程度上体现为对研发团队的整体管理，应注意以下几个方面：

（1）容忍失败。研发是高风险的创造性活动，应该允许失败。很多成功企业都注意到了这一点，如3M公司。但允许失败并不是放任自流、不负责任、无目标、无目的，而是技术工程师具有挑战精神和战胜各种困难的勇气，不被一两次失败吓倒，冷静地分析失败的原因，实现最终成功。因此，容忍甚至奖励失败正是在为成功铺路。

（2）培养承诺精神，减少对研发细节的干涉。决定研发项目成败的关键人物，首先是那些敢于对产品创新负责的人，其次才是拥有丰富产品创新经验的人。如果一个企业没有人对研发活动负责，使得决策“议而不决”，那么高层管理者在企业内部就不能培养出产品创新者。

（3）给研发人员提供见习机会。创新经常来自从不同角度来看问题，来自找到正确的基准。研发人员一年到头埋头于实验室不利于发扬创新精神。研发人员若有参观、学习、研讨的机会，回过头来审视自己的产品，就会产生新的认识，有利于产生新的产品创意。

（4）打破技术部门的壁垒，鼓励横向交流。技术部门在企业中一向是管理的“黑箱”，只看到投入产出，却看不到里面发生了什么。由于研发过程对产品的影响最大，高层管理者应该鼓励技术部门走出“黑箱”，与市场、销售、采购、财务等部门建立交流的机制，使技术部门看到他们的工作对企业其他部门产生了怎样的影响，同时看到进行产品创新的机遇。

第3节 技术管理

技术是驱动社会进步的重要力量之一，随着现代科学技术的发展，技术研发方面的投入呈现递增趋势，从技术发明到商业化应用的周期越来越短，技术在现代经济增长中的贡献越来越大。一方面，技术已经成为企业竞争优势的主要来源，是决定现代商业竞争成败的关键；另一方面，技术发展的投入及复杂程度也在不断增加，新技术的开发与应用往往具有很高的风险，这些风险不易为人们所了解且难以管理。在此背景下，技术管理（management of technology，MOT）已成为学术界研究的热点。

一、技术管理的含义

（一）技术管理的概念

技术管理是企业管理系统的一个子系统，是对企业的技术开发、产品开发、技术改造、技术合作以及技术转让等进行计划、组织、指挥、协调和控制等一系列管理活动的总称。

技术管理一词最早出现于 20 世纪 80 年代，纵观国外文献对技术管理的定义，主要有三种不同的观点。第一种观点注重规划，将技术定位为一个公司最重要的资源之一，认为技术管理应当包括与技术创新和技术应用相关的组织管理问题；第二种观点注重创新，在技术创新快速发展的背景下，技术管理解决如何开发、适应和利用技术能力创造新的或更先进的产品或服务，以实现组织的战略目标；第三种观点认为技术管理是战略管理的一部分，实际上是企业将技术战略和业务战略整合起来的实践，要求对研发、生产和服务等部门与市场营销、财务和人力资源部门进行细致的协调。

技术管理能力是一种不断变化的能力，与外部环境和内部组织结构始终保持一致，其实质是对技术、战略和竞争优势三者的协调管理，从而构建和提升企业的核心技术能力。

（二）技术管理的发展阶段与出现的原因

20 世纪 60 年代末至 70 年代，管理学进入了系统管理阶段，此时的技术管理开始进入萌芽阶段。熊彼特认为，经济发展的实质是在市场中不断引入以技术为基础的创新，而创新是一种新的生产函数的出现，或企业生产要素的组合，以获得“企业家”利润。1950 年，美国经济学家爱德华·曼斯菲尔德和比尔·科克等创立了“技术创新经济学”这一新的分支学科。20 世纪 80 年代，管理学进入战略管理阶段，技术创新经济学领域开始转向管理学研究，于是技术管理正式诞生。这一阶段，技术管理被认为是一种竞争优势，商学院开始开设技术管理课程。20 世纪 90 年代以来，技术管理学科已成为商学院的主要课程，我国清华大学、浙江大学等相继开设了技术管理课程。

从技术管理发展的历程来看，国外学者认为技术管理出现的原因主要包括以下几个方面：企业业务、政治与社会环境的变化；研发费用绝对增长与研发费用占国民生产总值的比重上升；“核心竞争力”被当作竞争优势的来源。

二、技术管理过程

作为竞争优势的来源之一，技术管理对企业至关重要。企业有必要将技术管理与基本管理职能相结合，整合融入市场营销、财务、运营和人力资源管理等职能中。

（一）技术管理过程模型

为开发出一个能被接受的架构来理解技术管理，以及通过一系列技术和方法来支持战略的执行，有学者提出了技术管理五过程模型。

(1) 识别哪些技术对组织的业务是重要的。

(2) 选择那些能被组织支持的技术。

(3) 获取和吸收所选择的技术。

(4) 开发技术来获取利润和其他收益。

(5) 保护产品和制造系统中所包含的知识和专门技术。

(二) 技术管理常用工具

技术管理中经常使用很多定量工具，如 PERT 分析（通常用在复杂项目的管理中）、趋势外推法和德尔菲法（两个普遍的技术预测技术）、项目选择定量模型，以及差距分析（一种预测公司未来需求的方法）。

三、技术管理的内容

(一) 科学制定规划并组织实施

根据企业总体战略、业务战略、技术创新战略、竞争压力和研发能力等内外部条件，制定企业研发和技术创新规划，编制年度项目计划，然后依据规划实施，具体包括如下内容。

1. 任务及可能的结果

此阶段的主要任务，一是为项目准备业务范例，以便据此评价和提供项目所需要的资源；二是对项目可能涉及的市场和竞争、可用的技能和技术、市场中的竞争地位等进行评价，以便判断是否对此项目立项。

此阶段产生的结果一般包括：项目业务范例；新产品或新工艺的绩效和价格说明书；通过调研和评价，对新产品或新工艺的开发做出“继续”或“放弃”的决策，即是否进行立项开发。

2. 管理活动

管理活动主要是为创新项目的调研评价提供依据和资料，其中外部市场和环境的分析与内部资源的可行性分析是重点。具体实施的活动包括：

(1) 技术管理活动。如确定业务范围等。

(2) 市场和环境分析活动。如识别并说明用户的需求，对市场进行细分，明确市场发展的规模、风险、机会以及外部制约因素（如法规、标准、公众倾向、专利等）。

(3) 企业资源分析及管理活动。如检查战略是否符合业务发展目标；明确为启动整个项目所需要的技能与经验；明确企业已有的知识和技能及可能存在的知识差距；明确技术和物质资源的可得性，包括企业自有的、合作者所有的、能够利用合同取得的三个方面；明确项目团队及领导人所需要的技能；明确是否拥有合适的项目经理以及能否组成合适的项目团队。

(4) 项目管理活动。这一阶段项目还没有实际执行，因此主要是初步明确有关产品启动方案、利润和时间表等内容。

3. 可能用到的项目管理工具

(1) 技术工具，如勾画技术路线；快速形成产品原型，以便为以后的项目开发提供明确基础；计算机上的新产品决策模型。

（2）项目管理工具，如项目重点小组和项目风险分析等。

（3）市场与环境趋势分析工具。

（4）文献检索，收集相关资料和信息，为决策者提供参考。

（5）战略工具，如制定明确的业务战略和创新战略，以作为创新项目评价和执行的基本指导。

4. 本阶段工作的评价与衡量

创新项目执行中的各阶段是相互衔接的，上一阶段的实施效果对下一阶段的成功实施有很大的影响。因此，每完成一个阶段后都要及时进行评价。评价的主要内容包括：是否满足事先确定的阶段标准；进行预测和分析的标准性如何；执行本项目所期望的技能与可能获得的技能是否匹配；制定的相关业务范例是否得到了认可等。

（二）改进设计并试制新产品

1. 主要任务与可能的结果

此阶段的主要任务是为项目的实施制订详细的计划并贯彻执行。其预期结果是获得所期望的新产品或新工艺。同时，努力使新产品或新工艺顺利进入生产或应用环节，为下一阶段的产品启动或工艺应用做好准备。

2. 管理活动

这一阶段是创新项目执行的重点过程，为保证其顺利进行，要求在管理上明确把握项目执行的相关因素，不断整合企业的资源和能力。管理的主要着眼点有两个：一是做出详细的计划；二是力求贯彻执行计划。具体管理活动包括：

（1）企业资源的分析及管理活动。明确项目管理者及项目管理团队成员所要求的技术、知识、经验，组建创新项目多功能团队；明确项目开发过程中所需要的物质资源及获得这些资源的可能性。

（2）项目管理活动。一是制订项目计划，主要包括项目程序、里程碑及到达各里程碑后的检查内容和成功标准；详细的项目开发成本和支出计划；项目应急计划，以便在意外事件出现后及时采取应对措施。二是执行项目计划，主要包括对项目正式进展情况的检查，应明确相应的行动—检查—行动周期；项目进行中，事先确定的目标和市场范例中的有关因素可能会发生变化，应及时采取应对措施；对企业及项目团队的信息网络和知识共享做出具体安排，促进项目执行中的合作与相互作用。

（3）技术管理活动。正式考虑不同产品和工艺开发的选择及它们各自的任务顺序，开展组织学习；记录和获取项目执行中可能产生的知识，以便为今后的项目开发提供经验和借鉴。

（4）其他管理活动。了解新产品开发成功后进行产品注册的要求；为可能的新产品或新工艺的启动或应用做好准备。

（三）组织间的沟通与协调

在研发团队中，成员之间要相互协作，相互传递信息，研发团队工作绩效与员工沟通的有效性密切相关。沟通有四种功能：控制、激励、情绪表达和信息。

（1）控制。沟通可通过多种方式控制员工的行为，员工必须遵守组织中的权力等级和纲领指导方针，非正式沟通也控制着员工的行为。

（2）激励。通过沟通来激励员工，明确告诉员工做什么、如何做、没有达到标准时应如何改进。

（3）情绪表达。员工通过群体内的沟通表达自己的挫折感和满足感，沟通提供了释放情感的情绪表达机制，满足了员工的社会需要。

（4）信息。沟通为个体和群体提供决策所需要的信息，使决策者能够确定并评估各种备选方案。

（四）项目流程管理

项目流程管理的任务是保证项目质量、控制项目进度和成本。研发和技术创新项目的流程管理要重点抓好以下环节。

1. 建立科学合理的立项程序

一般说来，立项要经过项目建议、项目可行性论证、项目评审和审查批准等程序。技术委员会、专家委员会在立项过程中要行使决策和咨询职能，对大项目要重点审查。

2. 建立科学可行的项目流程管理程序

项目流程管理一般包括课题组组建、任务书确认、资源（资金、材料、仪器设备等）落实、过程检查、结题评审和验收、总结归档等步骤。为便于高层管理者对项目进行有效控制，要将较大型的项目划分为若干阶段（如概念研究、设计、开发、试验应用等），确定每一阶段的目标和检查标准，在每一阶段完成后进行评审和决策，决定是加强、修改方案、继续进行还是中止。对于不宜继续进行的项目，要果断中止。

3. 探讨和建立项目界面管理机制

项目界面管理是指项目实施环节或内容之间衔接的管理。界面管理是项目管理的薄弱环节，需要特别予以重视。如建筑研发项目常常包括施工工艺创新、施工组织管理创新等在内的整合创新，界面管理尤为重要。

（五）技术改造、技术引进和设备更新

技术改造是以提高现有生产能力和生产技术水平为目的的技术更新、工艺改造及设备更新，具体指对旧的、落后的厂房、设备和工艺进行的更新。显然，技术改造是企业技术进步的主要内容之一，是技术进步最重要的具体措施和途径。

技术引进是指一方引进他方新的技术和经验，包括引进产品设计、制造工艺、测试方法、材料配方等；也包括引进企业管理技术，以及国际技术交流等。需要特别指出的是，技术引进与进口设备有不同的含义。进口设备只是购买生产手段，一般并不解决该项设备的制造技术问题。技术引进通常是通过许可证贸易进行的，它引进制造某种产品的权利和相应的专有技术。

设备更新，从广义上讲包括设备的局部更新和整体更新，即包括设备的维修、更换和技术改造。设备更新是一个动态过程。从系统内部分析，由于设备在生产经营过程中经常处于运行状态，或者由于自然力的影响，会产生有形磨损，这种磨损可以通过设备的维修加以消除；从系统外部分析，由于科学技术的进步和经济的发展、劳动生产率的

不断提高，原有设备的使用价值和价值相对降低，产生无形磨损，这种磨损可以通过设备技术改造加以消除。设备更新是彻底消除这两种磨损的根本手段。但由于设备的更新投资成本比较大，且容易受生产厂家和自身生产条件的限制，因此，要根据需要，有计划地使用设备维修、技术改造和设备更新相结合的方法解决设备磨损问题。

（六）生产技术准备工作

生产技术准备工作，按其性质可分为三方面的内容：一是设计准备；二是工艺准备；三是生产技术的组织与计划准备。

1. 设计准备

设计准备包括对新产品的设计和对老产品的改进设计，以及供应生产需要的全部图纸和技术文件等一系列准备工作。设计准备的质量决定了一个产品的技术水平、质量水平、劳动生产率水平和成本水平。

2. 工艺准备

工艺准备包括制定产品工艺方案，编制产品制造工艺规程，设计和制造工艺装备，制定材料定额，调整和改进生产组织等。由它保证新产品试制、生产以及老产品改造达到设计要求，保证产品质量和生产效率，并指导工人操作。

3. 生产技术的组织与计划准备

生产技术的组织与计划准备是指在生产技术准备工作中，对其内容加以统筹安排，把设计、工艺、试制、鉴定等各阶段工作落实到有关科室、车间和外协单位，保证在规定期限内完成。通过编制生产技术准备工作计划，保证生产技术准备工作顺利进行。

（七）技术成果的鉴定（验收）及应用

在一个企业技术研究项目按计划完成之后，应该按照计划、合同、任务书的要求，并根据国家的有关规定，认真组织同行专家以适当的形式进行技术鉴定（验收）。这是全面总结科研工作、综合评价科研成果的一种有效形式。

企业技术研究计划管理部门应该积极参与上述科研成果的技术鉴定（验收）工作。在这项工作中，其主要责任是当好参谋，进行监督并负责技术资料的审查。为保证科技成果技术鉴定（验收）工作能够做到注重实效、科学、民主、客观准确，必须注意两个问题：其一，要求课题完成单位提供完整、正确、规范的技术资料，为技术鉴定（验收）工作提供翔实可靠的基础材料。其二，要聘请职业道德良好、学术造诣深的同行或相近专业的专家，作为技术鉴定（验收）组的成员。同时，上述专家必须具有权威性（确系行业的知名专家）、代表性（专家应来自教学、科研、生产、科技管理等战线）和公正性（成果完成单位和计划下达部门的人不能作为技术鉴定（验收）组的成员）。

企业技术研究计划立项及实施的最终目的，不仅是取得一批技术水平较高的科技成果，而且要使之尽快转化为现实的生产力，促进经济与社会的发展。因此，必须进一步改进和完善企业技术研究计划管理工作，持续到科研成果技术鉴定（验收）完成时为止，再向后延伸一步，即跟踪到成果的应用推广阶段。在这个阶段里，企业技术研究计划管理部门要继续向项目承担单位提供服务，创造条件加速成果向现实生产力的转化，以期尽快见到科研投入后产出的实际效果。事实上，这才是检验企业技术研究计划立项是否准确、企业技术研究计划管理工作是否到位并卓有成效的真正标准。

第4节　当代研发管理问题

当前，全球新一轮科技革命和产业变革风起云涌，以大数据、云计算、人工智能等为代表的新一代信息技术不断涌现，并加速渗透融入企业管理中。充分把握新一代信息技术与制造业融合发展的新趋势，对提升我国信息技术水平，加速制造业的网络化、数字化、智能化转型，提升国际竞争力具有重要意义。本节主要对大数据、云计算、物联网、人工智能的相关概念、特征及与研发管理的联系进行介绍，以期对新科技时代下的研发管理有所启发。

一、大数据

（一）大数据概述

1. 大数据的产生

近年来，互联网与信息技术快速普及、迅猛发展，由此产生的数据呈爆炸式增长的态势。伴随着生产与传输数据载体的多样化，数据总量与数据类型得以快速发展。平均每分钟，百度会产生4亿条搜索请求，1.5亿封电子邮件会被发送，微信朋友圈动态更新超过100万条，天猫达成近10亿元交易。全球数据规模已超过12ZB，并以每年约40%的增速快速膨胀。这些海量的数据究竟是如何产生的呢？

大数据的产生大致经历了三个阶段，即运营式系统阶段、用户原创内容阶段与感知式系统阶段。运营式系统阶段最主要的特点是数据往往随一定的运营活动产生并记录在数据库中，这种数据的产生方式是被动的。用户原创内容阶段数据的产生方式是主动的。人类社会数据量第三次大飞跃最终导致大数据的产生，而今天我们正处于这个阶段。这次飞跃的根本原因在于对感知式系统的广泛使用，其数据的产生方式是自动的。简单来说，数据的产生方式经历了被动、主动和自动三个阶段，这些被动、主动和自动的数据共同构成了大数据的数据来源。

2. 大数据的概念

大数据又称巨量数据、海量数据。最早提出“大数据时代到来”观点的是全球知名咨询公司麦肯锡，目前对大数据的普遍定义是“难以用常规的软件处理工具在一定时间内对其内容进行获取、管理和处理的数据集合”。

3. 大数据的特征

大数据并非指容量非常大的数据集合，因为容量大仅仅是大数据的一个特征，如果只关注数据量的问题，就不能深入地理解大数据的内容意义。大数据的特征可以用四个V来概括，数据规模大（volume），数据种类多（variety），数据处理速度快（velocity），数据价值密度低（value），这些特征使得大数据区别于传统的数据概念。大数据的概念与海量数据不同，后者只强调数据的量，而大数据不仅指大量的数据，更进一步指出了数据的复杂形式、数据处理速度快和对数据的分析等专业化处理，以及最终获得有价值信息的能力。

（二）大数据对企业竞争力的影响

大数据正在对各个领域产生影响，在贸易、经济和其他领域中，越来越多的决策基于数据分析做出，而不是像以往更多凭借经验和直觉。如今的商业世界已经变成承托巨轮的数据海洋，而那些具备大数据能力驶入蓝海的企业，将会赢得丰厚的回报。大数据对企业竞争力的影响主要表现在以下七个方面。

（1）客户洞察：能够结合内外部数据，给出全方位、多维度、更精准的客户画像。

（2）营销规划：锁定目标客户，实现精准营销，助力营销转型。

（3）产品创新：通过对产品数据的深入分析，精确掌握客户使用习惯和偏好，以支持产品创新、迭代及个性化产品开发。

（4）物流管理：优化物流配送及库存管理，提高物流管理效率，节约成本。

（5）流程优化：更加及时、准确地发现流程中存在的问题并开展以市场和客户为导向的流程优化。

（6）人力资源管理：更加准确地预测人员配置需求；优化匹配人员能力与岗位要求。

（7）风险控制：定位存在问题的环节，预测可能出现的风险，调整运营战略。

（三）大数据技术的发展趋势

（1）技术趋于多样化，企业应选择接受度高和未来会快速普及的技术。

（2）基于云的信息分析平台将更趋完善。

（3）数据分析集逐步扩大，企业级数据仓库将成为主流，未来还将逐步纳入行业数据、政府公开数据等多种来源的数据。

二、云计算

（一）云计算的定义

关于云计算，目前为止还没有形成一个统一的概念。但可以简单地认为，云计算就是集用户所需资源于一身并能通过互联网提供即时即需计算服务的一种技术服务模式。

（二）云计算的特征

云计算具有超大规模、资源虚拟化、可靠性高、通用性强、扩展性高、按需供给、物美价廉等特征。

（1）超大规模。“云”具有相当的规模，谷歌云计算已经拥有100多万台服务器，亚马逊、IBM、微软、雅虎等的“云”均拥有几十万台服务器。企业私有云一般拥有成百上千台服务器。“云”能赋予用户前所未有的计算能力。

（2）资源虚拟化。云计算支持用户在任意位置使用各种终端运用应用服务。所请求的资源来自“云”，而不是固定的有形实体。应用在“云”中某处，但实际上用户无须了解，也不用担心应用运行的具体位置。只需要一台笔记本电脑或者一部手机，人们就可以通过网络服务来执行所需要的一切，甚至包括超级计算这样的任务。

（3）可靠性高。“云”使用数据多副本容错、计算节点同构可互换等措施来保障服务的高可靠性，使用云计算比使用本地计算机更可靠。

（4）通用性强。云计算不针对特定的应用，在“云”的支撑下可以构造出千变万化的应用，同一个“云”可以同时支撑不同的应用运行。

（5）扩展性高。“云”规模可以动态伸缩，满足应用和用户规模增长的需要。

（6）按需供给。“云”是一个庞大的资源池，用户可按需购买，也可以像水电煤气一样按需使用和付费。

（7）物美价廉。由于“云”的特殊容错措施，可以采用极其廉价的节点来构成“云”，“云”的自动化集中式管理使大量企业无须负担日益高昂的数据中心管理成本，“云”的通用性使资源的利用率较传统系统大幅提升，用户可以充分享受“云”的低成本优势，经常只要花费几百美元、几天时间就能完成以前需要数万美元、数月时间才能完成的任务。

（三）云计算的作用

云计算不仅是一次技术革新，更是一场商业模式革命。云计算实质上是一种新的 IT 运营业务模式，即以服务的方式提供或消费 IT。可以说，云计算技术使企业商业模式发生了根本性的改变，具体表现如下。

1. 云计算将使企业 IT 成本实现巨大节约

通过云计算，在远程的数据中心，几万甚至几千万台电脑和服务器连接成一片，大型数据中心的规模效应使信息处理和存储的成本大幅降低，更主要的是其将提供更强大、更适合个性化需求的应用软件，以互联网方式提供服务，按需分配，减少资源浪费，大大提升工作效率，大幅降低业务创新的门槛。

从长期趋势看，云计算的解决方式将使信息获取或处理变得更加简单，即消费者无论位于何处，只要有网络就可以得到所需的信息和应用。云计算使 IT 技术以更低成本的、更快捷的方式向社会各个领域渗透，目前已呈现出信息技术与各产业融合发展的趋势。

2. 云计算商业模式本身即体现了一种分享经济

美国国家标准与技术研究院给出的对云计算的描述为：“云计算是一种对 IT 资源的使用模式，是对共享的可配置的计算资源提供无所不在的、标准的、随需的网络访问。资源的使用和释放可以快速进行，不需要多少管理代价。”这种“新的 IT 资源使用模式”，指的是动态、随需、自动化。换句话说，云计算将 IT 基础架构的所有权和使用权分离，将 IT 服务以一种“消费品”的方式进行交付，用户可以通过互联网实现生产生活。这就是云计算所带来的更大价值——一种新型的分享经济。

三、物联网

（一）物联网的定义

物联网是一个基于互联网、传统电信网等信息载体，让所有能够被独立寻址的普通物理对象实现互联互通的网络，其实质就是一张万物互联的网络。它区别于我们熟悉的互联网：互联网连接人与人、人与物、人与信息，而物联网连接物与物，将其用户端延伸和扩展到所有物品与物品之间，并进行信息互换和通信。

（二）物联网的特征

物联网具备三个特征：一是全面感知，即利用射频识别技术（RFID）、传感器、二维码等随时随地获取物体的信息；二是可靠传递，通过各种电信网络与互联网，将物体的信息实时准确地传递出去；三是智能处理，利用云计算、模糊识别等各种智能计算技术，对海量的数据和信息进行分析和处理，对物体实施智能化的控制。

（三）物联网的应用

物联网的应用涉及国民经济和人类社会生活的方方面面，因此，物联网被认为是继计算机和互联网之后的第三次信息技术革命。物联网具有实时性和交互性的特点，从功能上看，它主要有八大应用领域：城市管理、数字家庭、定位导航、现代物流管理、食品安全控制、零售、数字医疗、防入侵系统。从产业结构上看，我国物联网主要有九大应用领域：智能工业、智能农业、智能物流、智能交通、智能电网、智能环保、智能安防、智能医疗、智能家居。

四、人工智能

近年来，人工智能技术获得蓬勃发展，世界各国都投入巨资进行开发，其应用技术也开始加速落地，逐步渗透到经济社会各个领域。通过建立学习网络和数据生态，人工智能可多角度洞察消费者，并迅速学习新的知识，即时开展自动决策。以 ChatGPT 为代表的人工智能大语言模型掀起了又一轮人工智能应用开发的热潮，并正在对许多行业产生深刻影响。

例如，阿里云研发了基于人工智能技术的 ET 工业大脑，可将产地和制造环节等生产端的各类数据打通，进行深度运算和分析，给出对资源进行最优利用的方案组合，将良品率提升 1%，这样可使每年的利润增加上万亿元。ET 工业大脑还可对传统工业流程型制造环节进行“最大公约数”抽离，使模型具备普适性和可复制性，旨在提供面向全行业的解决方案。例如，ET 工业大脑用了 6 个月，在协鑫光伏的切片生产车间开展了关于流程型制造的数据化控制、设备故障预测等模型的搭建工作。此后，在同为流程型制造模式的轮胎制造企业中策橡胶，ET 工业大脑仅用 1 个多月就完成了模型搭建的相关工作，使中策橡胶的良品率提升了 3%～5%，创造了大量经济效益。

关键术语

研发管理　　研发战略管理　　研发团队　　技术管理

思考题

1. 研发战略有哪几种类型？
2. 研发战略对企业的作用有哪些？包括哪些内容？
3. 阐述研发管理的要点，并讨论如何进行研发管理。

4. 企业如何进行技术管理？

案例分析

在浙江省海盐县的杭州湾畔，九座核岛巍然矗立。这里，就是中国核电起步的地方——秦山核电基地。自秦山核电站1991年12月并网发电至今，秦山核电基地不仅发出了中国大陆第一度核电，更见证了我国核电技术更迭升级、多堆型多机组安全高质量建造运营、核能多元综合利用的发展历程。

1970年2月初，周恩来总理在听取上海市关于解决战备电源问题汇报后说："从长远看，要解决上海和华东用电问题，要靠核电。"同年2月8日，上海市研究部署了核电站的建设工作。为了更好地开展工作，水、电、气、通信的建设成为首要任务，1983年6月1日，伴随着秦山双龙岗上的轰轰炮声，中国大陆第一座核电站的前期建设工作开始了。

秦山核电站占地2 400多亩，其中92%是山地和滩涂，技术人员昼夜不停地炸山填海，奠定了核电厂的基石。1985年3月20日，反应堆主厂房浇灌第一罐混凝土，向世界宣告中国大陆第一座核电站正式开工。此时，100多家科研单位、7个设计机构、11个施工单位、从全国各地精心选择的500多家装备制造厂由核工业部统一归口管理，兴起了民族核电的建设热潮。

1989年2月，经过3年多的建设，秦山核电站一期工程即将进入装备安装调试阶段，核电生产需要先进的工艺与精良的设备，这代表着国家最高级别的装备生产能力。因此，国家三委两部召开联席会议，给上海以及国内的100多家大型制造企业层层分派任务，启动了一次"核电大协作"。核电装备部件数量多，主要部件除了"堆内构件"，还包括反应堆、压力容器、蒸汽发生器、汽轮机等，70%的装备都是国产的，其中主要设备有一半来自上海。为了配合秦山核电站的建设，上海第一机床厂、上海汽轮机厂、上海锅炉厂等企业都设立了专门的核电装备生产车间。

1990年，秦山核电站的主要装备相继制造完成，从全国各大承制单位运送至秦山核电站建设现场。技术专家们一边进行反复调试，一边潜心研究，创造性地编写出一套核电站设备调试大纲。秦山核电站在调试阶段实现了六个"一次成功"：回路水压试验一次成功、非核蒸汽冲转汽轮机一次成功、安全壳强度和密封性试验一次成功、首次核燃料装料一次成功、首次临界试验一次成功、首次并网发电试验一次成功。

1991年12月15日0时15分，主控室值长、高级操纵员王日清大声宣布，"秦山核电站即将并网"，随即下达了并网指令。操纵员张初明按下启动按钮，随着电功率显示屏上的数字瞬间由0跳到15兆瓦，中国大陆的第一股核能电流汇入了华东电网。秦山核电站的成功，不仅表明中国人自主掌握了核电设计技术，实现了零的突破，还显著拉动了中国的核电装备制造产业。

经过30多年的运行，秦山核电站为国内其他核电站输出了2 000多名技术骨干，为中国核电的大发展奠定了基础，成为名副其实的中国核电摇篮。随着秦山二期、三期方家山核电工程的相继完成，目前，秦山核电基础总容量达660.4万千瓦，年发电量500亿千瓦时，成为全世界核电机组数量最多、堆型品种最丰富、装机容量最大的核电基地。

秦山核电站实现了中国核电从无到有、从小到大、自主发展的历史性跨越。中国核电在发展之初，除了坚持独立自主、自力更生的方针外，也一直注重加强国际合作，引进吸收国外先进的核电技术。在我国的核电引进项目中，有来自俄罗斯、美国、法国的核电技术，其中引进的美国AP1000技术，是全球第三代核电技术。

资料来源：中国核电发起“大会战”，打破国外专家的质疑，728工程终完成.（2023-08-03）.百家号网站.

讨论题

1. 阐述本案例中秦山核电站研发的作用和意义。
2. 秦山核电站的研发战略对你有何启示？

第8章

生产运营管理

| 本章要点 |

本章阐述生产运营管理方面的相关知识，包括生产运营战略、设施选址与布置、生产计划与控制、生产运营过程与组织和生产运营管理的新特征与新理念等。生产运营管理一直是企业提高生产率的关键手段之一，本章的介绍有助于提高读者运用运营管理理论解决实际问题的能力。

引例

2010年4月6日，“小米”横空出世——北京小米科技有限责任公司在北京正式成立并入驻北京银谷大厦。2011年，由雷军带领的小米创始团队正式宣布进军手机市场。小米手机目前已经远销海外，并且成功上市。各项数据显示，2018年，小米的盈利增长速度在互联网公司里排名第一，在国家工业和信息化部等各大部委发布的2018年中国互联网企业100强榜单中名列前十。但正如普通的创业者一样，小米也经历过挫折，经历过大起大落，经历过漫长的艰难困苦。

从2011年至2016年，手机市场的大盘一直不断上涨，这说明消费者对手机产品有着旺盛的需求，这给了新入局者机会。从2015年下半年，小米产品开始出现发货周期跟不上产品热度的问题，如小米Note产品非常受“米粉”追捧，但由于曲面玻璃的良率问题导致缺货好几个月。在小米产品缺货的情况下，竞争品牌却能够正常出货，满足了消费者对手机更新换代的需求，从而抢占了一定的市场份额，给小米带来冲击。

2016年2月24日，小米5手机发布，成功的短视频营销收获了网友的喜爱，网友们看完视频后纷纷评论道，短视频展示了小米特色——有趣、好玩、接地气。发布会一如既往地成功，但小米5仍然出现了产能不足的问题，一直持续到2016年4月的“米粉节”，缺货问题也未能得到缓解。

此外，在订单的准确性和市场预测情况屡屡出现偏差的时候，一笔小米采购美国高通公司的芯片订单也出现了延迟交付的问题。在小米的供应链中，如果上游的芯片没有到货，下游的工厂根本无法生产，这让本已处于缺货状态的小米雪上加霜，外界的质疑声此起彼伏。为排查问题根源，美国高通公司总裁带着团队来到雷军办公室，现场了解订单追溯问题，最后发现原因是：小米的订单还停留在高通的销售系统里而没有进入排产系统，这两个系统当时没有打通，这就相当于小米比实际晚了一个月才下单。在当时，小米不但没有与高通的系统打通，就连公司内部都没有一个完整的信息系统。在每周的订货会上，供应链、生产、销售三个部门分别抱着三台电脑，打开各自的Excel表格进行比照，效率可见一斑。

就在小米硬件的研发周期节奏被打乱、小米5的问题迟迟未解决之际，一个更棘手的问题出现了——小米供应链管理团队在公司发展壮大的过程中过于强势，矛盾的累积使供应链副总裁得罪了对小米来说几乎最重要的供应商——三星公司，从而使三星公司决定不再给小米供应手机屏。雷军经过仔细调查后才知道，在一次和供应商的交流会上，因为供货和成本问题，供应链某个负责人对三星公司高管出言不逊，从而使双方产生了激烈冲突，此后三星公司就终止了和小米的合作。这是小米成立以来遭遇的最严重的供应链危机，小米Note2产品上市因此延迟了近1年的时间。

资料来源：小米史上最漫长的一天.（2020-09-11）. 搜狐.

第1节　生产运营战略

生产运营活动是企业最基本的活动之一。为了达到企业的经营目的，必须将其所拥有的资源要素合理地组织起来，并且保证有一个合理、高效的运营系统来进行一系列的生产作业，以便在资源投入一定的条件下，使产出可以达到最大。为了达到这样的目标，必须在生产运营战略指导下展开生产活动。

一、生产运营战略的定义

生产运营的实质是一种生产活动。人们习惯把提供有形产品的活动称为制造型生产，而将提供无形产品即服务的活动称为服务型生产。生产运营战略就是为了实现组织的战略目标，对销售、设计、加工等各个环节设计一套调配和运营各种内外部资源的政策和计划，以支持企业的总体战略及业务战略。

二、生产运营战略与公司战略的关系

生产运营战略简称为生产战略，属于生产运营型职能战略，是公司战略的重要组成部分，是企业为了实现总体战略或业务战略而对生产运营系统的建立、运行以及如何通过生产运营系统来实现组织目标而制定的行动纲领。生产运营战略有以下特点：

首先，生产运营战略的着眼点是企业所选定的目标市场。

其次，生产运营战略的工作内容是在既定目标导向下制定企业建立生产系统时所遵循的指导思想，以及在这种指导思想下的决策规划、决策程序和内容。

最后，生产运营战略的目的是使生产系统成为企业立足于市场并获得长期竞争优势的基础。

生产运营战略、公司战略与市场的关系如图8－1所示。

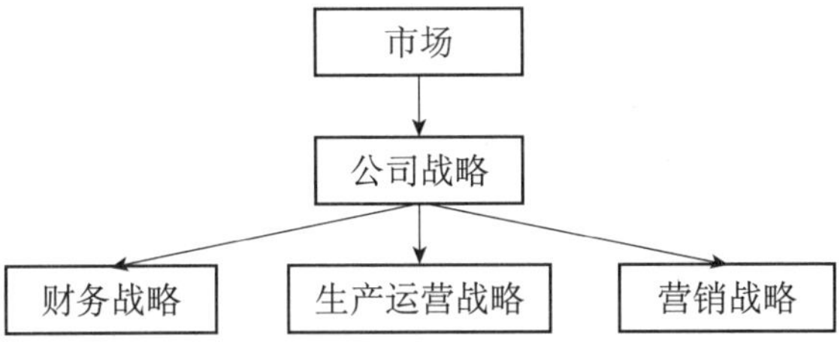

图8－1 生产运营战略、公司战略与市场的关系

三、生产运营战略的制定过程

生产运营战略是职能战略之一，必须在企业总体战略、业务战略制定之后才能制定。一般而言，生产运营战略的制定程序如下：

（1）编制战略任务说明书。此部分应包括生产运营战略的目的、意义、任务、内容、程序以及注意事项等。

（2）进行环境分析。环境分析包括外部环境和内部环境分析。通过外部环境的分析发现企业面临的机会与威胁，通过内部环境的分析总结出企业的优势与劣势。

（3）制定战略目标。根据企业的总体战略和业务战略目标，在环境分析的基础上，进一步确定企业生产运营战略的目标，具体包括产能利用目标、质量目标、产量目标和物资消耗目标等。

（4）评价战略目标。为保证生产运营战略目标的科学性，对企业确定的目标要进行全面的综合评价，可以根据企业的生产运营实际情况，运用定性、定量的方法进行分析。

（5）提出备选方案。在环境分析的基础上，根据企业生产运营战略目标拟定出备选的战略方案。备选方案的数量要考虑企业规模、实力及企业的性质，并针对不同的条件，体现方案的差异性。

（6）选择战略方案。对企业拟定的备选方案从成本、收益、风险及它们对企业长期竞争优势的影响等方面进行全面评估，综合运用定性、定量分析的方法，以形成对备选方案的综合评价，作为企业选择生产运营战略的依据。

（7）组织实施。为更好实施生产运营战略，应根据选定的战略方案制定具体的实施计划，建立协调和控制机制。

四、生产运营战略的主要内容

生产运营战略主要包括以下内容。

（一）产品选择战略

企业进行生产运营，首先要确定将以何种产品或服务来满足市场需求。产品或服务的选择决定着企业能否快速健康地发展，甚至关系到企业的生死存亡。做出决策时，需要对各种设想进行充分论证，此时通常要考虑以下几个因素：

（1）市场条件。主要分析拟选择产品或服务所处行业的生命周期阶段、企业开拓市场的资源及能力、市场供需的总体状况及发展趋势、企业在目标市场的地位和竞争能力的预期等。

（2）企业内部的生产运营条件。主要分析企业的技术、设备水平，新产品的技术、工艺可行性，所需原材料和外购件的供应状况等。

（3）财务条件。主要分析产品开发和生产所需的投资、预期收益和风险程度等财务衡量指标，此外还要结合产品所处的生命周期阶段来判断产品对企业的贡献。

（4）企业各部门工作目标的差异性。各部门工作目标的差异必然会对产品选择产生影响，增加工作难度。需要企业在进行产品选择时综合考虑、全面协调。

除以上几个方面，企业还要兼顾社会效益、生态效益等方面的影响因素。

（二）自制或外购战略

企业进行新产品开发或建立并改进生产运营系统，都要首先做出自制或外购的决策。企业自制战略有两种选择：一是完全自制，即建造完备的制造厂，购置相应的生产设备，进行组织生产所必需的人员招聘与配备，产品生产的各个环节都在本厂完成；二是装配阶段自制，即“外购＋自制”战略，部分零部件外购，企业建造一个总装配厂，进行产品组装。企业如果选择外购战略，就需要成立一个经销公司，为消费者提供相应的服务。

一般而言，对那些非关键、不涉及核心技术的零部件，如果外购价格合理，市场供应稳定，企业会考虑以外购或外包的方式来实现供应。

（三）生产运营方式选择战略

正确地选择生产运营方式，可以帮助企业动态地适应快速变化的市场需求、日益激烈的市场竞争、日新月异的科技发展，使企业能适应甚至引导生产运营方式的变革。这里介绍两种典型的生产方式。

1. 大批量、低成本

这种战略是成本领先业务战略的体现，适用于对需求量大、差异性小的产品或服务的提供。在特定的市场上，企业采用低成本和大批量生产运营的方式，就能够获得低价格竞争优势。

2. 多品种、小批量

这种战略是差异化业务战略的体现，对消费者需求多样化、个性化的产品或服务，不宜采用大批量生产方式，而更适合小批量的顾客定制方式。

除以上两种较传统的生产运营方式，可供企业选择的先进生产方式还有敏捷制造、准时制（JIT）、计算机集成制造、大规模定制等。

第 2 节　设施选址与布置

生产和服务设施的选址与布置决策与后期生产运营的便利性和生产成本有非常大的关系，应综合多方因素审慎决策。

一、设施选址的重要性

生产企业设施的选址至关重要，厂址选择正确能够有效地降低成本，在提高物流效率的同时提高服务水平。选址是否合理，能否靠近客户和原材料产地，劳动力资源是否丰富以及生产协作条件等因素均直接影响新厂的投资效益和运营效益。

二、选址的影响因素

选址的影响因素主要有以下方面。

（1）劳动力资源的供应条件。不同地区劳动力的工资水平和教育水平有很大差异，是否容易获得企业所需的劳动力是选址时首先要考虑的因素。

（2）产品的销售便利性。产品的生产应尽可能地接近目标市场，这样能够使产品迅速投放市场而且节省物流成本，同时能够帮助企业实时获得销售信息，帮助企业对市场变化迅速做出反应。

（3）原材料和燃料的供应条件。对原材料依赖性强、消耗量大的企业必须考虑其供应时间和成本。

（4）自然资源条件。主要指土地价格及资源的供应价格，有时当地的气候条件也应当考虑。如造纸行业、化工行业必须优先考虑水资源供应的可能性。

（5）交通条件。对运输量比较大的企业，需要考虑当地的物流便利性。

（6）当地的社会生产协作化程度。一些地区产业集群的兴起，使得当地的生产协作化水平比较高，从原材料生产到下游的加工配送都比较健全，在这些地区建厂能够有效地和当地相关企业进行协作，大大降低企业成本。

三、选址的基本步骤

设施选址通常包括以下主要步骤：

第一步，明确目标。首先要明确，在一个新地点设置新设施符合企业发展目标和生产运营战略，能为企业带来收益。只有在此前提下，才能开始进行选址工作。

第二步，收集有关数据并分析各种影响因素，对各种因素进行主次排列，权衡取舍，拟定出初步的候选方案。在有些情况下，还需征询专家的意见。

第三步，对初步拟定的候选方案进行详细的分析。所采用的分析方法取决于要考虑的因素是定性的还是定量的，也可以把这些因素都用金额来表示，综合成一个财务因素，用现金流等方法来分析。

第四步，在对每个候选方案都进行上述的详细分析后，将会得出关于各个方案的结论，或找到一个明显较优的方案。这样即可选定最终方案，并准备详细的论证材料，以提交企业最高决策层批准。

四、选址的决策方法

（一）负荷距离法

单一设施选址中要用到多种分析方法，比如定性与定量分析方法，以及将定量与定性分析相结合的选址度量法等。负荷距离法就是一种单一设施选址的定量方法。

负荷距离法的目标是在若干个候选方案中，选定一个目标方案，它可以使总负荷（货物、人或其他）移动的距离最小。当与市场的接近程度等因素至关重要时，使用这一方法可以从众多候选方案中快速筛选出最有吸引力的方案。这一方法也可在设备布置中使用。

（二）因素评分法

因素评分法在选址方法中使用最广泛，因为它以简单易懂的模式将各种不同因素综合起来。因素评分法的具体步骤如下：

（1）决定一组相关的选址决策因素。

（2）对每一因素赋予一个权重以反映这个因素的重要性。每一因素的分值根据权重来确定，权重则要根据成本的标准差来确定，而不是根据成本来确定。

（3）对所有因素的打分设定一个共同的取值范围，一般是1～10或者1～100。

（4）对每一个备选地址的所有因素按设定范围打分。

（5）把各个因素的得分与相应的权重相乘，并把所有因素的值相加，得到每个备选地址的最终得分。

（6）选择获得最高分的地址作为最佳的选址。

应注意，在运用因素评分法时，由于确定权重和得分完全靠主观判断，如果存在判断误差就会影响评分数值，最后影响决策。目前确定权重的方法很多，比较客观准确的方法是层次分析法，该方法操作并不复杂，有较为严密的科学依据，在做多方案多因素评价时应尽可能采用。

（三）盈亏分析法

盈亏分析法是厂房选址的一种基本方法，也称生产成本比较分析法。这种方法基于以下假设：可供选择的各个方案均能满足厂址选择的基本要求，但各方案的投资额不同，投产以后原材料、燃料和动力等变动成本不同。这时，可利用盈亏分析法的原理，以投产后生产成本的高低作为比较的标准。

五、设施布置的内容

设施布置是指在一个给定的范围内，对多个经济活动单元进行位置安排。经济活动单元，是指需要占据空间的任何实体，包括人。设施布置的目的是要将企业内的各种物质设施进行合理安排，使它们组合成一定的空间形式，从而获得更好的经济效果。设施布置要考虑以下四个问题：

（1）设施布置包括哪些经济活动单元。这取决于企业的产品、工艺设计要求、企业规模、生产专业化水平与协作化水平等因素，经济活动单元的构成在很大程度上影响生产率。

（2）每个单元需要多大空间。空间太小会影响到生产率，影响到工作人员的活动，有时甚至会引起人身事故；空间太大是一种浪费，同样会影响生产率，并且使工作人员之间相互隔离，产生不必要的疏远感。

（3）每个单元空间的形状如何。每个单元的空间大小、形状如何以及应包含哪些单元，这几个问题实际上相互关联。

（4）每个单元在设施范围内的位置。这里的位置有两个含义：单元的绝对位置与相对位置。有时，几个单元的绝对位置变了，但相对位置没变。相对位置的重要意义在于它关系到物料搬运路线是否合理，是否节省运费与时间，以及通信是否便利。此外，如果内部相对位置影响不大，还应考虑与外部的联系，例如，将有出入口的单元设置于靠近道路的位置。

六、设施布置的类型

（一）工艺导向布局

工艺导向布局，也称车间或功能布局，是指一种将相似的设备或功能放在一起的生产布局方式。

在工艺导向布局的计划中，最为常见的做法是合理安排部门或工作中心的位置，以减少材料的处理成本。这种方法的材料处理成本取决于两个因素：（1）两个部门（i 或 j）在某一时间内人员或物品的流动量。（2）与部门间距离有关的成本，成本可以表达为部门之间距离的一个函数。这个目标函数可以表达成以下形式：

$$\text{最小成本} = \sum_{i=1}^{n}\sum_{j=1}^{n} X_{ij}\, C_{ij}$$

式中，n 为工作中心或部门的总数量；i，j 为各个部门；X_{ij} 为从部门 i 到部门 j 物品流动的数量；C_{ij} 为单位物品在部门 i 和部门 j 之间流动的成本。

进行工艺导向布局的目的是尽量减少与距离相关的成本。C_{ij} 这个因子综合考虑了距离和其他成本。于是，可以假定不仅移动难度相等，装卸成本也是恒定的。虽然它们并非总是恒定不变的，但为方便起见，可以将这些数据（成本、难度和装卸费用等）概括为一个变量。

工艺导向布局的优点是设备和人员的安排具有灵活性，缺点是设备使用的通用性要求有较高的劳动力熟练程度和创新。

（二）产品导向布局

产品导向布局是指根据产品制造的步骤来安排设备或工作过程的一种布局方式。产品导向布局是对生产大批量、相似程度高和变化少的产品进行的组织规划，其两种类型是生产线和装配线。

生产线是在一系列机器上制造零件，诸如汽车轮胎或冰箱的金属部件。装配线是在一系列工作台上将零件组合在一起。两种类型都是重复过程，而且二者都必须平衡。在生产线上的一台机器所做的工作必须与另一台机器所做的工作相平衡，就像装配线上的一个员工在一个工作站上所做的工作必须和另一个员工在另一个工作站上做的工作相配合一样。

产品导向布局的中心问题是平衡生产线上每个工作站的产出，使之趋于相等，从而获得所需的产出。管理者的目标就是在生产线上保持一种平滑、连续流动的生产状态，并减少每个工作站的闲暇时间。平衡性好的装配线的特点是人员和设备利用率高、员工间工作流量相等。产品导向布局适用于大批量、高度标准化的产品生产，其优点是单位产品的变动成本低，物料处理成本低，存货少，对劳动力标准要求低；缺点是投资巨大，不具备产品弹性，一处停产将影响整条生产线。

工艺导向布局与产品导向布局之间的区别是工作流程的路线不同。工艺导向布局中的物流路线是高度变化的，因为用于既定任务的物流在其生产周期中要多次送往同一加工车间。产品导向布局中，设备或车间服务于专门的产品线，采用相同的设备能避免物料迂回。只有当给定产品或零件的批量远大于所生产的产品或零件种类时，采用产品导向布局原则才有意义。

（三）混合类型布局

混合类型布局是将以上两种方式结合起来的布局方式。其主要目的是：在产品产量不足以大到使用生产线的情况下，也尽量根据产品的一定批量、工艺相似性来使生产有一定顺序，物流流向有一定秩序，减少中间在制品库存，缩短生产周期。混合类型布局的方法包括一人多机、成组技术布局、固定位置布局等。

1. 一人多机

一人多机是一种常用的混合类型布局方式。其基本原理是：如果生产量不足以使一个人足够忙到看管一台设备的话，可以设置一人看管一条小的生产线，即由一个人同时看管几台机器，这样操作人员既可保持足额的工作量，又可在生产线内使物流的流向有一定秩序。一人多机布置示意图如图 8-2 所示，图中，M_1，M_2，M_3，M_4分别表示不同的机器设备。

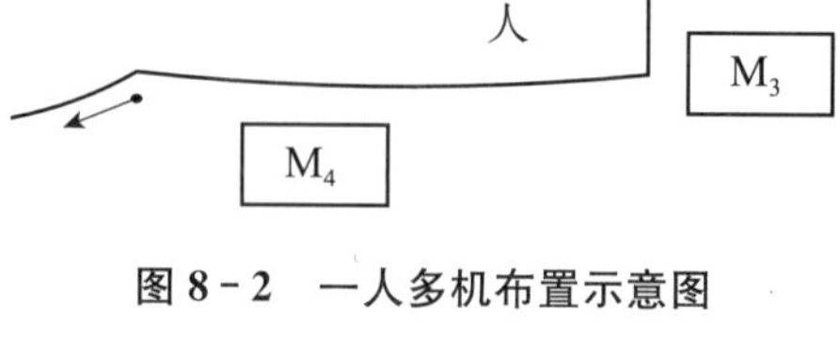

图 8-2　一人多机布置示意图

在一人多机系统中，因为有机器自动加工时间，员工只在需要的时候（装、卸、换刀和控制等）照管，因此有可能在 M_1 自动加工时去看管 M_2，依此类推。通过使用不同的装夹具或不同的加工方法，具有相似性的不同产品可以在同一系统中生产。这种方法可以减少在制品库存以及提高劳动生产率，工件不需要在每一机器旁积累到一定数量后再搬运至下一机器。

图 8-2 所示的一人多机系统呈现一种 U 形布置，其最大特点是物料入口和加工完毕的产品的出口在同一地点。这是一种最常见的布置，其中加工的产品不一定必须通过所有的机器，可以是 $M_1 \rightarrow M_2 \rightarrow M_3 \rightarrow M_4$，也可以是 $M_2 \rightarrow M_3 \rightarrow M_4$ 等。通过联合 U 形布置，可以获得更大的灵活性，这在日本丰田汽车公司的生产实践中已被充分证实。

2. 成组技术布局

成组技术布局是将不同的机器分成单元来生产具有相似形状和工艺要求的产品。成组技术布局广泛应用于金属加工、计算机芯片制造和装配作业。成组技术布局有以下好处：

（1）改善人际关系：员工组成团队来完成整个任务。

（2）提高操作技能：在一个生产周期内，员工只能加工有限数量的不同零件，重复程度高，有利于员工快速学习和熟练掌握生产技能。

（3）减少在制品和物料搬运：一个生产单元完成几个生产步骤，可以减少零件在车间之间的移动。

（4）缩短生产准备时间：加工种类的减少意味着模具的减少，因而可提高模具的更换速度。

3. 固定位置布局

固定位置布局是指产品由于体积庞大或重量过重，只能停留在一个地方，从而需要将生产设备移到要加工的产品处，而不是将产品移到设备处。

在固定位置布局中，生产项目保持在一个地方，工作人员和设备都到这个地点工作。在建设过程中的不同阶段需要不同的材料，所以随着项目的进行，不同材料的安排成为关键。与此同时，材料所需的空间是不断变化的。例如，随着工程进展，建造一艘船的外壳所使用的钢板量不断改变。造船厂在靠近船的地方有称为平台的装载区域，物料装卸则由事先计划好的部门完成。

七、选址与布置决策的定量分析

在实际操作中，生产单元都会存在可测量的数据，比如工人在两点之间的行走距离、加工某零件的具体时间等，给定量分析提供了有利条件。通过定量分析并结合数学模型，能够对选址和布置进行优化决策。下面介绍几种比较经典的选址和布置的定量分析方法。

（一）物料流向图法

按照原材料、在制品及其他物资在生产过程中的总流动方向来布置工厂的各车间、仓库和其他设施，并绘制物料流向图。图 8-3 为某加工企业按物料流向的布置图。

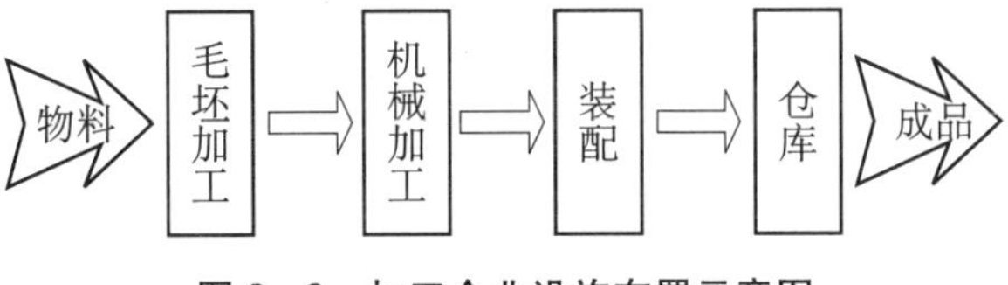

图 8-3　加工企业设施布置示意图

（二）物料运量比较法

该方法是按照生产过程中物料流向及生产单位之间运输量布置设施的相对位置，其步骤如下：

（1）根据原材料、在制品在生产过程中的流向初步布置各个生产单位的相对位置，绘出初步物流图。

（2）统计各个单位间的物料运量，制定物料运量表（见表8-1）。

表8-1　物料运量表示例

		至×车间						总计
		01	02	03	04	05	06	
从×车间	01		6	4	3	2		15
	02			6	5	3		14
	03				8	3	2	13
	04		5	3		6	2	16
	05		3				11	14
	06							0
总计		0	14	13	16	14	15	72

注：左列车间为起始车间。

（3）按运量大小进行布置，将彼此之间运量大的单位安排在相邻位置，并考虑其他因素进行改进和调整。

（三）相对关系布置法

根据工厂各组成部分之间关系的密切程度进行布置，得出较优方案。工厂各组成部分之间的密切程度一般可分为六个等级，如表8-2所示。

表8-2　工厂各组成部分之间的关系密切程度及代号

代号	关系密切程度	评分	代号	关系密切程度	评分
A	绝对必要	5	O	普通	2
E	特别重要	4	U	不重要	1
I	重要	3	X	不予考虑	0

影响密切程度的原因，可能是单一的，也可能是综合的，一般可根据表8-3所示的原因确定组成部分的关系密切程度。

表8-3　关系密切程度的原因

代号	关系密切程度原因
1	使用共同的记录
2	共用人员
3	共用地方

续表

代号	关系密切程度原因
4	人员接触
5	文件接触
6	工作流程的连续性
7	做类似的工作
8	使用共同的设备
9	可能的不良秩序

应用相对关系布置法时，首先根据工厂各组成部分确定相互作用关系表，然后依据此表确定各组成部分的位置。

(四) 从至表法

从至表法是一种常用的车间设备布置方法。从至表是记录车间内各设备间物料运输情况的工具，是一种矩阵式图表，因表达清晰且阅读方便，得到了广泛的应用。

一般来说，从至表根据其所含数据元素的意义不同，分为三类：表中元素表示从出发设备至到达设备距离的称为运输距离从至表；表中元素表示从出发设备至到达设备运输成本的称为运输成本从至表；表中元素表示从出发设备至到达设备运输次数的称为运输次数从至表。当达到最优化时，这三种表所代表的优化方案分别可以实现运输距离最小化、运输成本最小化和运输次数最小化。

通过对两两设备之间的距离等一些测量数据的对比，可以对现在的设施布置重新进行梳理和优化，从而降低相关的成本和实现距离的最小化。从至表简易示例如表 8-4 所示。

表 8-4　从至表简易示例

		至					合计
		01	02	03	04	05	
从	01		7	2	1	4	14
	02			6	2		8
	03		4		5	1	10
	04			6		2	8
	05						
合计			11	14	8	7	40

第 3 节　生产计划与控制

生产运营战略制定完成后，付诸实施前要根据战略目标制定计划，按照计划推进相关工作。在实施过程中，如何保证工作能够按照计划顺利进行而不发生大的偏差或存在偏差时能够及时纠偏，就要通过控制工作进行监督和调整。

一、生产系统、生产计划与控制

（一）生产与生产系统

任何一个生产运营系统都包括两个子系统：技术子系统和社会子系统。应该把生产运营组织看作一个社会技术系统，包括人和设备、物料等要素。既然人也是投入要素，这个系统就具有社会性，人与这些因素结合的好坏不仅决定着系统效益的高低，还决定着人对工作的满意程度。

（二）生产计划与控制的功能

生产计划是关于企业生产系统的总体计划，是企业在计划期应达到的产品品种、质量、产量、产值和出产期等生产方面的指标，以及生产进度的相应安排，它是指导企业生产活动的纲领性方案。

生产计划与控制工作是指生产计划的具体编制工作。它通过一系列综合平衡工作，完成生产计划的确定。优化的生产计划必须具备以下三个特征：

（1）有利于充分利用销售机会，满足市场需求。

（2）有利于充分利用盈利机会，实现生产成本最低化。

（3）有利于充分利用生产资源，最大限度地减少生产资源的浪费和限制。

二、生产计划

（一）生产过程的规划与设计

产品的生产过程是指从原材料投入生产到产品制造出来的全过程。企业的生产过程是在企业范围内各种产品的生产和与其直接相连的准备、服务过程的总和。这个过程要消耗人的劳动，故可按人的劳动消耗的不同情况进一步分解为劳动过程、自然过程和等候过程。

1. 劳动过程

劳动过程是产品生产过程的主要部分，它可以分为以下三个方面。

（1）工艺过程：这是直接使劳动对象的形状、尺寸、性质以及相互位置发生预定变化的那部分劳动过程。

（2）检验过程：这是对原材料、半成品的物理和化学的性质进行测量、分析和判断的过程。

（3）运输过程：这是指劳动对象从一个地方搬运到另一个地方的劳动过程。

2. 自然过程

劳动对象向产品变化的过程，主要是由人的劳动的力量推进的，除此之外，也可能有部分过程是借助自然界力量完成的。由自然界力量完成的那部分生产过程就叫自然过程，如冷却、干燥、发酵等。

3. 等候过程

在实际生产过程中，劳动对象并不总是连续不断地处在加工状态中，常常由于生产技术或生产管理的原因，需要停下来等待下一步加工或检验、运输，这便是等候过程。

（二）需求预测与生产作业计划

生产计划应当与当年的需求预测相结合，在制订生产计划时要考虑生产能力的高低。生产能力是指在一定时期内（通常是一年），企业的全部生产性固定资产在先进合理的技术组织条件下，经过综合平衡后，所能生产的一定种类和一定质量的产品的最大数量，或者能够加工处理的一定原材料的最大数量。

（三）制造资源计划

制造资源计划（MRPⅡ）是 20 世纪 70 年代在发达国家制造业中开始采用的先进的现代管理技术，是一种在对一个企业的所有资源进行有效计划安排的基础上，以达到最大的客户服务、最小的库存投资和高效率的工厂作业为目的的先进管理思想，由美国著名管理专家奥利弗·怀特（Oliver W. Wight）在物料需求计划（material requirement planning，MRP）的基础上发展而来。图 8-4 为 MRP 的基本模型。

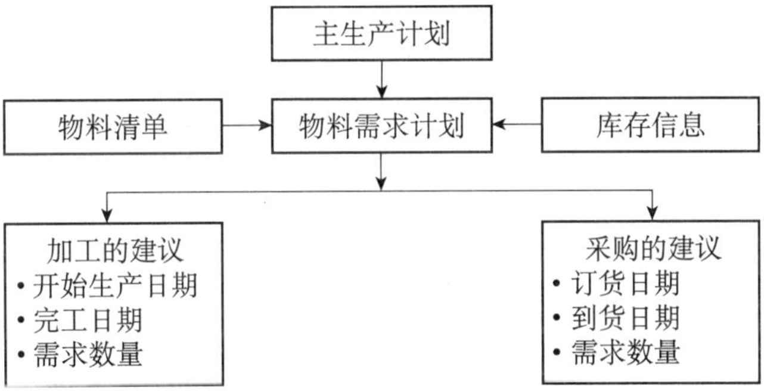

图 8-4　MRP 的基本模型

MRP 以订单式生产为基础，通过需求的多少生成主生产计划单，通过对生产计划的分解，得出生产计划的物料需求情况，然后根据企业自身的库存情况和物料清单制订出采购计划和生产计划。

MRP 系统的出现使生产活动的各种子系统得到统一，但所涉及的仅仅是物流，而与物流密切相关的还有资金流。在 20 世纪 80 年代，人们把生产、财务、销售、工程技术、采购等各个子系统集成一个一体化的系统，为了区别于 MRP 而记为 MRPⅡ。

MRPⅡ的基本思想就是把企业作为一个有机整体，从整体最优的角度出发，通过运用科学方法对企业各种制造资源和产、供、销等环节进行有效的计划、组织和控制。其中的计划与控制流程包括决策层、计划层和控制执行层，可以理解为经营计划管理的流程。基础数据则存储在计算机系统的数据库中反复调用。

（四）企业资源计划

进入 20 世纪 90 年代，企业竞争的空间与范围进一步扩大，20 世纪 80 年代，MRPⅡ主要面向企业内部资源全面计划管理的思想逐步发展为怎样有效利用和管理整体资源的管理思想，企业资源计划（enterprise resource planning，ERP）随之产生。ERP 在 MRPⅡ的基础上扩展了管理范围，给出了新的结构。

ERP 同 MRP Ⅱ 的主要区别是：MRP Ⅱ 主要侧重对企业内部人、财、物等资源的管理，ERP 在 MRP Ⅱ 的基础上扩展了管理范围，它把客户需求和企业内部的制造活动以及供应商的制造资源整合在一起，形成企业完整的供应链并对供应链上所有环节，如订单、采购、库存、计划、生产制造、质量控制、运输、分销、服务与维护、财务、人事、实验室、项目、配方等都进行有效管理。

MRP Ⅱ 把企业归类为几种典型的生产方式进行管理，如重复制造、批量生产、按订单生产、按订单装配、按库存生产等，对每一种类型的生产方式都有一套管理标准。ERP 除了 MRP Ⅱ 的制造、分销、财务管理功能，还增加了支持整个供应链上物料流通体系中产、供、需各环节之间的运输管理和仓库管理；支持生产保障体系的质量管理、实验室管理、设备维修和备品备件管理；支持对工作流（业务处理流程）的管理。

第 4 节　生产运营过程与组织

一、生产运营过程

生产运营过程是指从准备生产一种产品开始到这种产品生产出来为止的全部过程。生产运营过程可分为五个基本过程：第一，基本生产过程，是指直接完成产品加工制造的生产活动。第二，辅助生产过程，是指为保证基本生产过程的正常进行所必需的各种辅助性生产活动。第三，生产技术准备过程，是指产品正式投产前在技术方面所做的工作，如产品设计、工艺设计等。第四，生产服务过程，是指为保证企业生产活动正常进行所做的服务性工作，如对零部件的保管运输等。第五，附属生产过程，是指生产附属产品的过程。附属产品即企业有时生产一些不代表企业专业方向却满足市场需要的产品。

（一）生产运营过程的分类

生产运营过程有不同的分类法则，这些法则构成了基本的分类标准，不同的分类标准能得出不同的生产运营过程，基本的分类如表 8-5 所示。

表 8-5　生产运营过程的分类

分类方法	生产类型
按产品使用性能	通用产品 专用产品
按生产工艺特征	流程型 加工装配型
按生产稳定性和重复性	大批量 成批生产 单件小批生产
按产品需求特征	订货生产（MTO） 备货生产（MTS）

（二）合理组织生产运营过程的要求

(1) 连续性。产品和它的零部件在生产过程各环节上的运动始终处于连续的状态，不出现或少出现不必要的中断、停顿或等待的现象。

1) 优点：缩短生产周期，减少在制品数量，加速资金周转；充分利用设备、物资，减少等待损失，改善产品质量。

2) 措施：进行符合工艺路线的总体布置；作业安排紧密衔接；提高机械化、自动化水平；采用先进组织形式；提前做好生产准备。

(2) 平行性。生产过程的各项活动、各工序在时间上实行平行交叉作业，有零件平行、工序平行等。

(3) 比例性。生产过程各阶段、各工序间在生产能力上要保持一定的比例，具体体现在工人人数、设备数量、生产速率、开工班次上。要注意产品生产规模和生产能力间的平衡，加强计划管理。

(4) 均衡性。在生产过程的各阶段都要保持按计划有节奏、均衡地进行，要求在相等的时间间隔内生产相等或递增数量的产品。

(5) 准时性。准时完成生产任务。

二、生产运营过程的组织

（一）生产运营过程的空间组织

空间组织是指生产过程各阶段、各工序及相应的机器设备在空间上的分布和位置情况，一般有工艺专业化、对象专业化、成组技术加工等形式。

1. 工艺专业化形式

工艺专业化形式是指按照工艺特征建立生产单位，将完成相同上艺的设备和工人放到一个厂房或一个区域内的生产形式，例如铸造车间、机加工车间、装配车间。它适用于多品种、单件小批生产或成批生产，而且同类设备较多的企业，或者专业方向未定、生产的产品不稳定、专业化程度较低的企业。工艺专业化形式的示意图如图 8-5 所示。

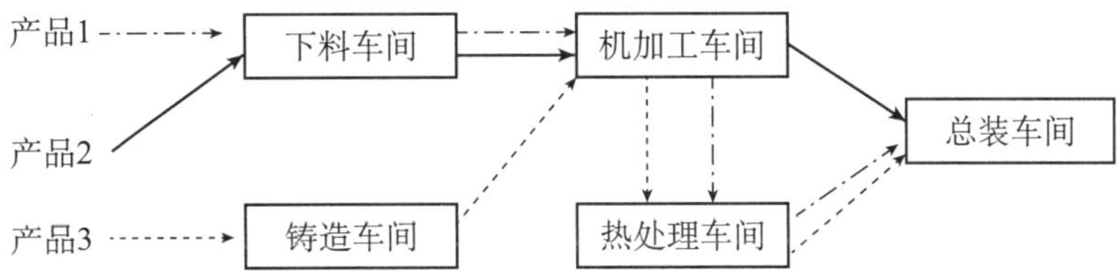

图 8-5　工艺专业化形式的示意图

优点：(1) 产品的工艺路线有一定弹性，能较好地适应产品品种的变化；(2) 同类设备集中，不易造成生产中断，提高了设备利用率；(3) 同种工人集中，有利于技术交流和提高技术水平；(4) 工艺和设备管理较方便。

缺点：(1) 运输路线较长，往返、交叉运输增多，运输费用增加；(2) 产品在加工过程中停放、等待的时间增多，延长了生产周期，增加了在制品，多占用了流动资金；（3）各生产单位之间的协作关系复杂，生产管理工作难度增大。

2. 对象专业化形式

对象专业化形式是指把加工某种产品或零部件的全部或大部分工艺过程集中在一个厂房或一个区域内，相应地该区域内也集中了加工该产品或零部件所需的设备、工艺装备和工人，又称产品专业化形式，例如齿轮车间、轴类车间。它适用于大量大批生产、生产自动化程度较高的企业；或者专业方向已定，产品结构、产量、品种比较稳定，工种和设备配套比较齐全的企业。对象专业化形式的示意图如图8－6所示。

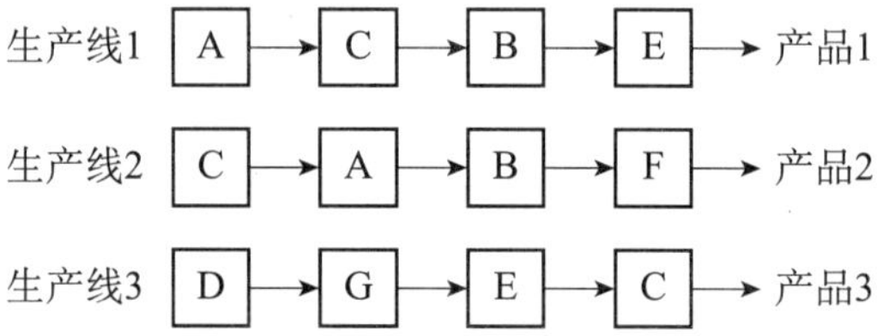

图8－6 对象专业化形式的示意图

优点：（1）减少运输次数，缩短运输路线；（2）有利于提高工作地的专业化程度；（3）可使用专用高效设备和工艺装备；（4）协作关系较简单，简化了生产管理工作。

缺点：（1）对品种变化的适应性较差；（2）工艺及设备的管理较复杂；（3）生产系统可靠性较差。

3. 成组技术加工形式

用系统分析方法将具有某些相似信息的事物集合成组来进行处理的一种高效率的生产技术和管理技术，称为成组技术。

成组技术的核心是成组工艺，它是把结构、材料、工艺相似的零件组成一个零件组，按零件组制定工艺并进行加工，从而扩大了批量、减少了品种，便于采用高效方法，提高了劳动生产率。适用条件为多品种小批量生产。成组技术加工形式的示意图如图8－7所示。

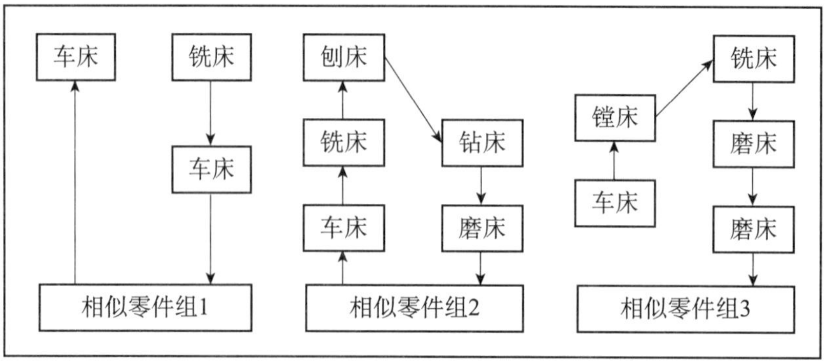

图8－7 成组技术加工形式的示意图

（二）生产运营过程的时间组织

生产运营过程的时间组织，是指产品在车间、工段之间及工作地之间的移动方式。

生产运营过程的时间组织形式有顺序移动方式、平行移动方式和平行顺序移动方式。

1. 顺序移动方式

该方式是指一批零件或产品在前道工序全部加工完成后，整批转移到后道工序加工的移动方式。其特点是零件在各道工序之间整批移动，工序之间的移动是顺次、连续的，就每个零件而言都有明显的等待加工时间。优点是运输次数少、设备加工过程连续；缺点是零件等待时间长、生产过程在制品占用多、加工周期长。它适用于批量不大、单件加工时间较短、生产单位按工艺专业化组成、距离较远的情况。顺序移动方式如图 8－8 所示。

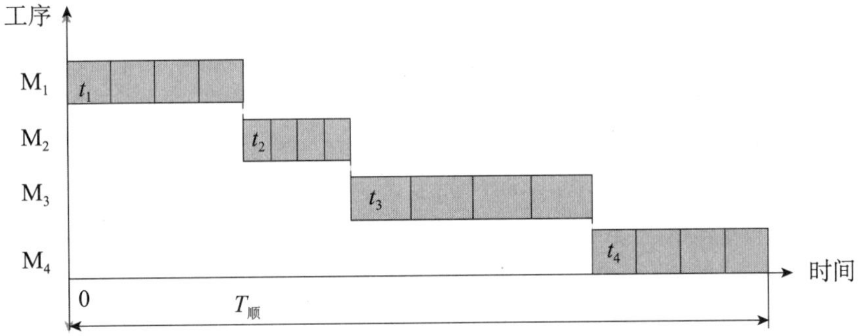

图 8－8　顺序移动方式

2. 平行移动方式

该方式是指每个产品或零件在上道工序加工完成后，立即转到下道工序加工，使各个零件或产品在各道工序上的加工平行地进行。其特点是一批零件同时在各道工序上平行地进行加工，因而缩短了生产周期，但是后道工序在加工完毕后，会有一部分停歇时间。优点是加工周期短，在制品占用量少；缺点是运输次数多，当前后工序时间不相等时存在生产中断和在制品等待的情况，对设备和人力的利用不够充分，有停歇时间。平行移动方式如图 8－9 所示。

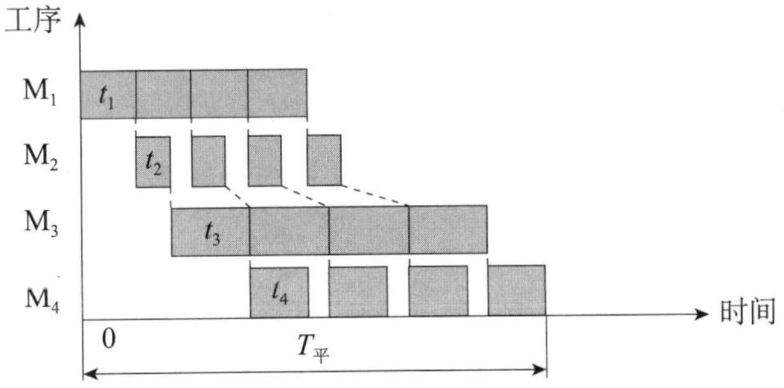

图 8－9　平行移动方式

3. 平行顺序移动方式

该方式是指一批零件在一道工序上尚未全部加工完毕，就将已加工好的一部分零件转入下道工序加工，以恰好能使下道工序连续地全部加工完该批零件为条件。

第5节 生产运营管理的新特征与新理念

一、现代生产运营管理的新特征

信息技术突飞猛进的发展和普及，为生产运营管理提供了新的有力手段，使企业的生产运营管理进入了一个新的阶段。这些新特征及其发展趋势可归纳如下：

（1）现代生产运营管理的涵盖范围越来越大。首先，现代生产运营突破了传统制造业仅对生产过程和生产系统的控制，扩展到对非制造业的生产运营过程和生产运营系统的设计上；其次，现代生产运营管理不仅局限于对生产过程的计划、组织与控制，而是把生产运营战略制定、生产运营系统设计以及生产运营系统运行等多个层次的内容纳入考虑，把生产运营战略、新产品开发、产品设计、采购供应、生产制造、产品配送直至售后服务看作一个完整的"价值链"，对其进行综合管理。

（2）随着市场需求日益多样化、多变化，多品种小批量混合生产方式成为主流，生产方式的这种转变使得在大批量生产方式下靠增大批量降低成本的方法不再奏效，生产管理面临多品种小批量生产与降低成本相悖的新挑战，这就要求企业从生产系统的"硬件"（柔性生产设备）和"软件"（计划与控制系统，工作组织方式和人的技能多样化）两个方面去探索新的方法。

（3）信息技术、数字技术、AI技术已成为生产运营系统控制和生产运营管理的重要手段，随之而来的一系列管理模式和管理方法上的变革已成为生产运营管理的重要研究内容。

（4）随着经济全球化趋势的加剧，"全球生产运营"成为现代企业的重要课题，全球生产与运营管理越来越成为生产运营管理研究中的一个新热点。

（5）跨企业的集成管理——供应链管理成为企业生产运营管理中的一个重要方面，企业开始致力于对整个供应链的物流、信息流和资金流的合理化和优化，与供应链上的多个企业结成联盟，以应对日趋激烈的市场竞争。

（6）"绿色生产"成为生产运营管理所面临的重要新课题。在整个20世纪，人类社会得到了飞速发展，同时也带来了资源枯竭、环境污染和生态失衡，如何保护环境和合理利用资源成为企业生产运营管理中的一个基本问题。

二、现代生产运营管理的新理念

（一）企业流程再造

企业流程再造（business process reengineering，BPR）以流程为改善企业运营绩效的对象，以流程导向式组织取代金字塔式的阶层组织。其内涵是"从根本上重新思考，彻底翻新作业流程，以便在成本、品质、服务和速度等方面获得戏剧性的改善"。这个定义共有以下四个关键词。

1. 根本（fundamental）

在流程再造过程中，企业负责人必须持续自问一些最根本的问题，例如，为什么要执行此事？为什么要如此执行？借助反问最基本的问题的方式，重新审视经营企业的策略与手段。

2. 彻底（radical）

彻底翻新，就是从根上改造，不是只作表面上的改变、改善或修补现行流程，而是在改造过程中，根除现有不合时宜的架构与流程，另辟蹊径来完成工作。

3. 戏剧性（dramatic）

流程再造并非缓和、渐进式的改善，而是一日千里的大跃进，是一剂猛药。一般而言，渐进式的变革需要精雕细琢，而剧烈的革命则必须除旧布新。

4. 流程（processes）

流程是企业改造过程中最关键的字眼，其基本定义是“企业集合各种‘原料’，制造客户所需产品的一连串活动”，提出企业流程再造观念的迈克尔·哈默亦强调，企业流程再造的重点在于流程。任何愿景的实现、信息系统的导入、企业价值观的呈现终将落到流程上。

（二）TOC

约束理论（theory of constraint，TOC）就是关于进行改进和如何最好地实施这些改进的一套管理理念和管理原则，可以帮助企业识别在实现目标的过程中存在的制约因素——TOC 称之为约束，并进一步指出如何实施必要的改进来消除这些约束，从而更有效地实现企业目标。

（1）一套解决约束的流程。用来有逻辑地、系统地回答以下在为任何企业做改进的过程中所必然提出的三个问题：改进什么？改成什么样子？怎样使改进得以实现？

（2）一套日常管理工具。用来大大提高管理效能，例如，如何有效沟通、如何双赢地解决冲突、如何进行团队协作、如何进行权力分配等。这些日常管理的顺利开展，是成功解决约束的必备条件和基础性工作。

（3）把 TOC 应用到具体领域的具有创新性的实证方案。这些领域包括生产、分销、营销和销售、项目管理和对企业方向的设定等。

关键术语

生产运营战略　　生产计划与控制

思考题

1. 影响设施选址的因素有哪些？
2. 设施布置的类型有哪些？
3. 如何进行设施选址与布置的决策分析？
4. 简述 MRP 和 ERP 的基本思想。
5. 生产运营过程的组织方式有哪些？
6. 现代生产运营管理出现了哪些新特征和新理念？

案例分析

2023 年 9 月，茅台与瑞幸推出的联名咖啡“酱香拿铁”火遍全网，单品首日销量突破 542 万杯，首日销售额突破 1 亿元，瑞幸再次站在“风口浪尖”，并被网友戏称其“打败星巴克”。瑞幸在“退市”风波后取得如此大的成功，与其门店的选址策略密切相关。

过去十几年，星巴克几乎成了咖啡的代名词，也成为许多城市白领的生活方式。众所周知，咖啡厅对选址有着严苛的要求。星巴克定义咖啡厅为“第三生活空间”，其开店选址不仅要求交通便利，周边还要具备稳定的产业或商业环境。因此，星巴克在长三角、珠三角、京津冀等沿海经济发达地区集中开店，特别是在一、二线城市。截至 2023 年 8 月，星巴克的新一线城市门店数量反超一线城市，新一线城市开出了 2 249 家门店，而一线城市仅为 2 182 家，排在其后的是二线城市，有 1 214 家，而三、四线城市的门店数量则基本维持在百家。在整体门店选址上，星巴克 40%的门店都分布在购物中心，在办公场所附近的门店数量约有 34%，在住宅和交通枢纽的门店数量则分别为 19%和 4%。在具体位置上，星巴克选址中“一层”占比仅在 20%左右，与常见的“商铺”“大道”等比例基本持平，这表明星巴克在大厦、购物中心一层与街边商铺的选址数量相对平均，并未过于侧重某个选址方向。

在咖啡店选址要求高度同质化的竞争中，瑞幸没有完全照搬星巴克的选址逻辑，而是另辟蹊径。不同于星巴克，瑞幸在办公场所的门店数量占比为 44%，在购物中心的门店仅占 25%，11%的门店分布在学校周边，可见瑞幸门店整体集中度较高。此外，瑞幸选址中“大堂”“大厦”“中心”的出镜率很高，其中“一层”占比达到 63%，远超星巴克，同时瑞幸门店中“街道”“商铺”占比非常小。显然，瑞幸的门店集中在一些商务写字楼和购物中心的一楼或大堂，将写字楼一层的内部店面作为选址的重中之重，以“商务”包围城市，一步步扩大自己的咖啡版图。

2022 年 9 月，星巴克发布了 2025 年中国战略愿景，计划在未来 3 年内，以平均每 9 小时开一家新门店的速度，在中国增开 3 000 家门店，使门店数量达到 9 000 家。2023 年 6 月 5 日，瑞幸的第 10 000 家门店在福建厦门开业，这不仅意味着瑞幸的门店总规模正式破万，也意味着中国咖啡市场“万店俱乐部”的大门正式打开，瑞幸似乎逐渐拉开了与星巴克的差距。

资料来源：别跟瑞幸学上市，要学就学如何开店选址．(2020-06-29)．创业邦.

讨论题

1. 星巴克和瑞幸在选址策略上有何异同？
2. 如果你负责瑞幸的选址工作，你将如何开展工作？

第 9 章

质量管理

| 本章要点 |

本章旨在通过对质量管理及其战略的初步阐述，使读者对质量管理体系的构建及基本模式有一个初步的了解，重点介绍当下运用较为普遍的质量管理工具和手段，以更好地服务于企业管理。同时，详细介绍了质量管理的新老七种工具，使读者对质量管理及质量战略有一个基本的认识。

引例

华为真正把质量视为核心战略始于 2000 年的一次质量反思大会。在此之前，华为在发展的初级阶段就已经明确了“以客户为中心”的价值观。但如何在产品质量上体现这个价值观，还没有引起公司足够的重视。

从 2000 年开始，华为走上了发展的快车道，有了完整的产品体系，而且开始了全球化进程。在高速发展过程中，员工们都忙着抢市场，尽可能多地获得订单。正是在这种高速增长中，质量问题凸显，客户的抱怨越来越多。以客户为中心的华为员工，不吝惜时间与成本，一趟一趟地飞到客户身边，把坏了的产品换回来，通过售后服务弥补质量带来的问题。但这是一个死循环，以客户为中心是华为的核心价值观，若产品质量不行，客户的订单越多，抱怨也就越多。

为此，华为公司总裁任正非亲自主持召开了一次质量反思大会。从客户那里换回来的坏设备单板，以及一趟一趟来回飞的机票，被任正非装裱在相框里，成为那次质量反思大会的“奖品”。而这些“奖品”则成为很长一段时间大家办公桌上最重要的一个摆设，时时刺激着每一位当事人。这次大会成为华为将质量视为核心战略的一个起点。

资料来源：这篇文章，把华为质量管理体系说透了！.（2018－07－18）. 搜狐 .

第1节　质量管理与质量战略

一、质量管理与质量战略概况

随着全球的发展，不论国家、组织还是个人都越来越意识到质量管理的作用，质量成为推动经济快速发展的重要指标之一，如何更好地应用质量管理与质量战略密不可分。

（一）质量、质量管理的概念和发展

自 ISO 9000 族标准实施以来，质量的定义也在不断地完善与发展。从早期的“小 q”质量，发展到现在的“大 Q”质量；从 1994 年版的“质量是实体满足明确需求与隐含需求能力的特性之总和”，到 2000 年版和 2008 年版的“质量是一组固有的特性满足要求的程度”，对质量的界定在不断发展完善。质量管理的发展阶段及各阶段特点如表 9－1 所示。

表 9－1　质量管理的发展阶段及各阶段特点

阶段	检验质量管理	统计质量管理	全面质量管理
发生时间	20 世纪初至 30 年代末	20 世纪 40 年代至 50 年代末	20 世纪 60 年代至今
历史背景	1. 经验管理已不适应当时的工业生产 2. 泰勒的科学管理得到广泛应用，最主要的是设立了检验员 3. 检验员的主要职责是对企业的产品进行检验	1. 第二次世界大战爆发后，军需品的需求量增加 2. 检验质量的管理方式无法适应军需品质量控制的要求，军需品不可能事后逐一检验 3. 质量控制统计方法得到广泛运用	1. 科技与经济的发展，使消费者需求日益增加 2. 局部生产过程的质量控制，已无法适应消费者多方面的质量需求 3. 费根鲍姆提出了企业的全面质量管理
质量概念	狭义质量	狭义质量向广义质量过渡	广义质量
生产特点	手工半机械化	大量生产	现代大生产
管理深度	单纯检验	检验与预防	控制与提高
管理范围	检验	制造过程	全过程
管理对象	产品	产品和工序质量	产品和工作质量
管理依据	质量标准	质量标准、控制标准	用户需要
管理方法	技术检验方法	数理统计方法	运用所有有效手段
参加人员	检验人员	检验人员与技术人员	企业全员
方法优势	1. 加强产品质量检验 2. 杜绝不合格产品进入流通领域 3. 使企业的经济效益迅速提高	1. 防检结合，产品质量事先得到控制 2. 大大降低了企业内部的质量成本	1. 使质量管理成为全公司的事情 2. 使各方面的质量得到有效的控制 3. 全面质量管理成为一种先进的管理思想和方法而推广到全世界

续表

阶段	检验质量管理	统计质量管理	全面质量管理
缺陷分析	1. 检验只限于生产过程 2. 属于事后检验 3. 只起把关作用，不能预防废品的产生	1. 预防检验只局限于生产过程 2. 数理统计方法比较高深，不利于普及 3. 人们称之为“贵族经济”	各方面的工作有待进一步规范与深化

资料来源：黄怡，林艳，王廷丽．质量管理理论与实务．北京：经济科学出版社，2011.

质量管理各阶段的标志性事件如图 9－1 所示。

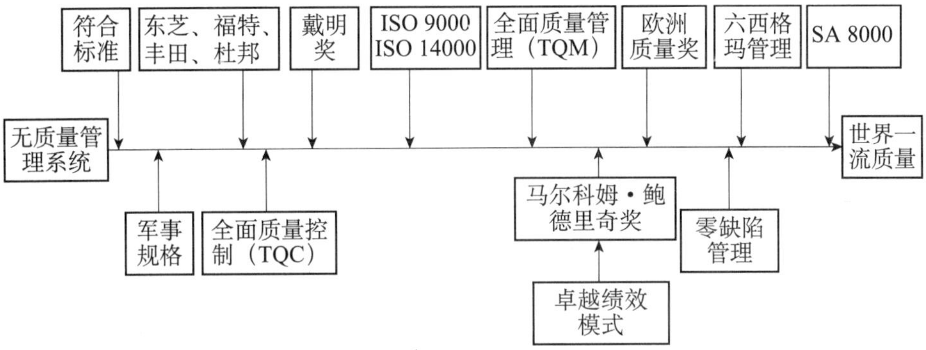

图 9－1　质量管理各阶段的标志性事件

资料来源：黄怡，林艳，王廷丽．质量管理理论与实务．北京：经济科学出版社，2011.

（二）质量战略

1. 质量战略的含义

质量战略是以企业总体战略或业务战略为指导所制定的生产运营型职能战略，是关于企业质量管理活动的战略目标及实现该目标的途径和手段，对满足消费者需求、实现企业战略目标起着决定性的作用。

2. 质量战略的类型

一般将质量战略分为以下几类：领先型质量战略、进攻型质量战略、模仿型质量战略、防御型质量战略。领先型质量战略，是指一些技术力量雄厚，研发、管理能力强的企业，为了保持自身的领先地位，不断进行技术研发和产品创新，并将产品或服务定位于高端市场，提供高质量的产品或服务；进攻型质量战略，是指根据主要竞争对手的产品质量状况，找出本企业同类产品的质量差距，迅速采取针对性的战略措施，不断吸引竞争对手的忠诚消费者，以扩大自己的市场占有率，提高企业的市场竞争力；模仿型质量战略，是指分析行业领先者的产品质量、产品档次和市场定位，模仿领先者的产品，并避免与领先者直接竞争；防御型质量战略，是指企业在大体保持原有产品质量水平和风格的前提下，提高进入壁垒，阻止或避免新进入者或竞争对手的竞争。

3. 质量战略对顾客的再认识

质量战略要求树立现代的“大质量观念”，即质量应满足企业的利益相关者，包括顾客、员工、股东、供应商、社会等的需求。从这点出发，顾客不仅是指产品的用户，而且指一切为企业带来需求和机会的人或组织，包括企业的批发商、零售商、最终用户、供应商、除本部门外的其他部门以及竞争对手。

二、质量管理与质量战略的实现路径

随着质量管理的重要性日益提升，如何更好地实施质量管理与质量战略，成为当今时代的主题。可以从管理观念、管理模式以及采取恰当合理的方法等方面来寻求合理的途径，提升质量管理水平，制定合理的质量战略。

（一）转变观念

传统观念对质量的定义比较模糊，如许多企业的口号“质量第一，效率第一，安全第一”等，只流于形式，并没有深入执行。它们多以通过质量认证为目标，并没有从观念上转变，因而转变观念是树立正确的质量战略的必经之路。转变观念首先要健全培训体系，从增强培训的能力与效果着手，明晰质量定义、质量意识，构建质量文化环境等。

（二）改变管理模式

在观念得到有效改善和提升后，匹配有效的管理模式是十分必要的。在管理模式的选择中，费根鲍姆的 TQM 模式、ISO 9000 族标准、“零缺陷之父”克劳士比所提出的零缺陷管理，以及后来由杰克·韦尔奇所提出的六西格玛管理都是有效的模式。

（三）健全方法体系

在经过前两个步骤之后，结合质量管理的新老七种工具、PDCA 循环、质量成本管理、质量管理小组、过程管理、质量屋、故障树等方法不断提升质量管理。

图 9－2 详细表述了质量管理提升路径。

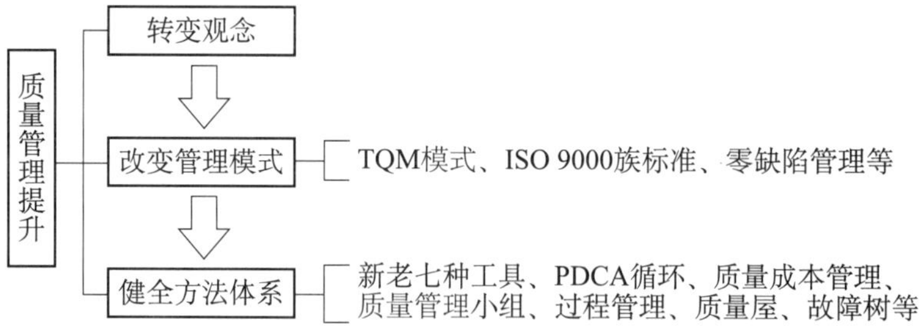

图 9－2　质量管理提升路径

三、质量战略与总体战略、业务战略的关系

质量战略是为了更好地实现企业战略目标，同时保证各业务层目标能够顺利实施的职能战略，在企业战略结构中处于公司级或业务级职能战略的位置。

质量战略贯穿于公司经营始终，以服务公司战略为主旨，同时又有其特性。质量的战略管理与战术管理相结合，使质量管理的“软件”“硬件”与“活件”（人的因素）相结合，以适应世界市场质量社会化、规范化、国际化的发展趋势。质量战略体系是由若干个子系统组成的多目标、多因素、多层次的庞杂多变的动态大系统，根据服务对象的不同，质量战略有高层次战略如国家级质量战略，也有较低层次的战略如部门质量战略。

第 2 节　质量管理体系构建

质量管理是在质量方面指挥和控制组织的协调活动，为保证质量管理工作的顺利进行，一个合理的质量管理体系对企业来说必不可少。

一、ISO 9000（GB/T 19000—2000）族标准简介

ISO 9000 族质量管理体系国际标准，是运用先进的管理理念，以简明标准的形式推出的实用管理模式，是对当代世界质量管理领域成功经验的总结。它是由国际标准化组织（International Organization for Standardization，ISO）质量管理和质量保证技术委员会（ISO/TC 176）制定的国际标准。

1. 产生的历史背景

国际标准化组织成立于 1946 年，其成员包括 120 多个国家和地区的标准化非官方组织，同时拥有相关的技术委员会负责讨论和建立标准，其准则是经过相关成员批准后才发布的，目前已发布了 10 000 多个国际标准，已有 150 多个国家和地区将 ISO 9000 族标准采用为国家标准。

ISO 9000 族标准产生的社会背景和基础如表 9－2 所示。

表 9－2　ISO 9000 族标准产生的社会背景和基础

1. 优胜劣汰的市场经济是产生 ISO 9000 族标准的社会基础。
2. 消除国际贸易中的质量体系注册/认证等方面的技术壁垒，促进国际贸易顺利发展，是 ISO 9000 族标准产生的经济基础。
3. 高科技产品的需求是 ISO 9000 族标准产生的技术基础。
4. 世界各国制定与颁布的质量责任、法令、法律、法规，把质量保证体系的建立与实施作为强制性的社会要求。这是 ISO 9000 族标准产生的法律基础。
5. 各国消费者权益保护运动的广泛深入开展成为 ISO 9000 族标准产生和发展的群众基础。
6. ISO 9000 族标准源于 20 世纪 40 年代的美国军工业标准，经过半个世纪的实践，逐步发展成国家标准，最后成为国际标准。这是 ISO 9000 族标准产生和发展必不可少的实践基础。

资料来源：尤建新，杜学美，张建同．质量管理学．北京：科学出版社，2008.

质量管理体系基本包括以下内容：质量管理体系理论；质量管理体系要求和产品要求；质量管理体系方法；过程方法；质量方针和质量目标；最高管理者在质量管理体系中的作用；文件；质量管理体系评价；持续改进；统计技术的作用；质量管理体系与其他管理体系的关注点；质量管理体系与优秀模式之间的关系。

2. 影响及意义

质量管理体系的构建不仅是生产发展的需要，也是企业生存和市场竞争的需要。实施 ISO 9000 族标准，有利于提高产品质量，保护消费者利益，提高组织的运营能力；有利于增进国际贸易，消除技术壁垒，持续改进组织绩效和满足顾客的需求和期望。

3. 1987、1994、2000、2008、2015 年版 ISO 9000 族标准的构成及主要内容

从国际标准化组织首次发布 ISO 9000 族标准至今经历了五个阶段，如表 9－3 所示。

表 9-3 ISO 9000 族标准的五个阶段

第一阶段	第二阶段	第三阶段	第四阶段	第五阶段
1987 年，国际标准化组织在总结并结合全世界质量管理的经验基础上，制定了 ISO 9000 族标准。	1994 年，对第一版的 ISO 9000 族标准进行了局部修改，并补充制定了一些 ISO 10000 族标准，对质量体系的一些要素活动做出了具体规定。	ISO/TC 176 在总结 1994 年版 ISO 9000 族标准的基础上提出质量管理八项原则，作为 2000 年版 ISO 9000 族标准的设计思想。八项原则为以顾客为中心、领导作用、全员参与、过程方法、系统管理、持续改进、以事实为决策依据、互利的供方关系。	ISO 9001：2008 标准质量管理体系，对 2000 年版标准进行修订，使表述更为明确。其中包括八项原则，即以顾客为关注焦点、领导作用、全员参与、过程方法、管理的系统方法、持续改进、基于事实的决策方法、与供方互利的关系。	ISO 9001：2015 是一次里程碑式的换版，对 2008 年版标准进行了大修订。它面向所有组织，通用性更高；结构简化，更易于使用；强调顾客满意是质量管理体系的动力；突出持续改进，并要求加以证实。

4. 企业普遍采用的 ISO 9000 族标准

截至 2024 年，ISO 质量管理体系的最新版本是 ISO 9001：2015 标准，该标准也是目前企业普遍采用的质量管理体系。

二、质量管理体系的建立和实施

质量管理体系是在质量方面指挥和控制组织的管理体系，是基于质量管理原则和体系的基本要求进行的整合与应用。

（一）质量管理体系的构建

一般质量管理体系的构建需要经历如下步骤：领导决策，统一思想；建立精干的工作班子；学习培训，制订工作计划；制定质量方针、目标；调查现状，找出薄弱环节；与标准对比，合理裁减；确定组织机构、职责权限和资源配置等。

（二）质量管理体系文件编制阶段

编制适合企业自身特点并具有可操作性的质量管理体系文件是质量管理体系建立过程中的中心任务。其工作内容主要包括：质量管理体系文件结构策划；文件编写培训；文件编制（包括质量手册、程序文件、质量计划、作业指导书、质量记录的编制）；文件审核、批准和发放。

（三）质量管理体系的实施运行阶段及体系审核

企业通过质量管理体系实施教育、组织指挥协调、建立信息反馈系统、进行质量管理体系审核和评审及进一步修改完善体系文件等步骤来运行质量管理体系。

在质量管理体系的运行过程中为获得质量管理体系审核证据并对其进行客观的评价，需对质量管理体系进行审核。其审核可分为第一方审核、第二方审核和第三方审核。第一方审核又称为内部质量管理体系审核，第二方审核和第三方审核又称为外部质量管理体系审核。

通过确定质量管理体系是否符合规定的要求并有效运行，进而决定受审核方的质量管理体系是否可以认证注册，能为受审核方提供改进其质量管理体系的机会，也为潜在的顾客提供信任，减少重复的第二方审核。

三、质量认证

质量认证包括产品质量认证和质量管理体系认证，是指由一个公证机构（第三方）对产品质量或质量管理体系做出合格评定。因此，通过质量认证可以提高供方的质量信誉，促进企业完善质量管理体系，减少社会重复评定费用，有利于保护消费者的利益。

（一）产品质量认证

产品质量认证是认证机构证明产品符合相关技术规范的强制性要求或标准的合格评定活动。由一个公正的第三方认证机构，对工厂的产品抽样，按规定的技术规范中的强制性要求或标准进行检验，并对工厂的质量管理体系进行评审，以做出产品是否符合有关技术规范中的强制性要求或标准的结论。认证机构确认并通过颁发认证证书和认证标志来证明某一产品符合相应标准和相应技术要求，可分为合格认证和安全认证。

1. 产品质量认证的特点

（1）产品质量认证活动由专门的认证机构实施，在我国开展产品质量认证活动的认证机构必须经过国务院认可的监督管理部门批准，方可从事规定范围内的认证活动。

（2）产品质量认证的依据是相关技术规范的强制性要求或标准。

（3）实行强制性认证和自愿性认证相结合的制度。国家对涉及国家安全、人体健康和安全、动植物生命和健康以及环境保护的产品实行强制性认证，又称 3C 认证，并编制了强制性产品认证目录。对于强制性产品认证制度管理范围之外的产品或产品技术要求，中国国家认证认可监督管理委员会按照国家统一推行和机构自主开展相结合的方式，结合市场需求，推动自愿性产品认证制度的实施，企业可根据需要自愿向认证机构提出认证申请。

（4）产品质量认证的对象是产品。

（5）产品质量认证的标准是认证的依据。

（6）产品质量认证的方法包括对产品质量的抽样检验和对企业质量管理体系的审核评定。

（7）产品质量认证的方式有认证证书和认证标志。

（8）产品质量认证是第三方从事的活动。

2. 实施程序

产品质量认证的实施流程如图 9-3 所示。

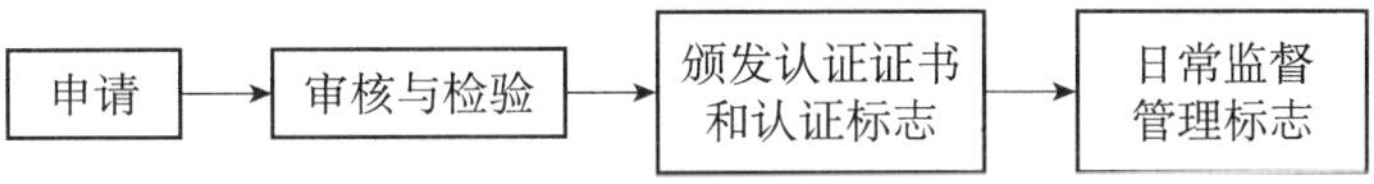

图 9-3　产品质量认证的实施流程图

（二）质量管理体系认证

质量管理体系认证是指经质量管理体系认证机构确认并颁发质量管理体系认证证书，证明企业的质量管理体系的质量保证能力符合质量保证标准要求的活动。

这种认证的特点主要有：认证的对象是质量管理体系；认证的依据是有关质量管理体系的国家标准；鉴定质量管理体系是否符合标准要求的方法是质量管理体系审核；认

证的机构是第三方质量管理体系评价机构；认证获准的标识是注册和发给证书；认证是企业的自主行为。

质量管理体系认证的基本流程如图 9－4 所示。

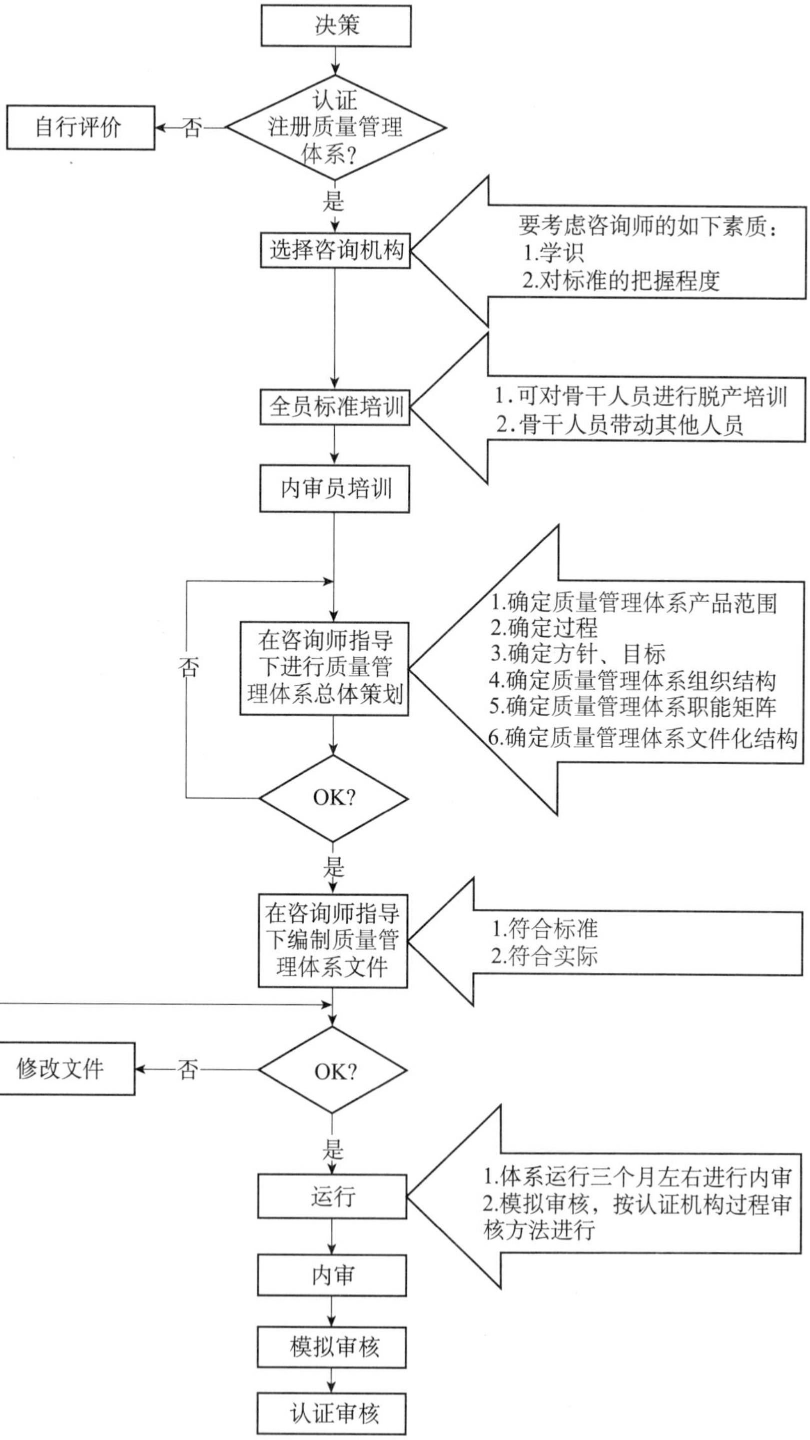

注：必要时可先组织体系试运行，然后正式运行，内审可进行两次。

图 9－4　质量管理体系认证的基本流程

在质量战略实施的过程中要注意设立专门机构，建立完善的控制体系，培育质量文化，运用计算机技术等。

第 3 节　质量管理工具与方法

随着质量管理学科的不断发展，出现了包括新老七种工具在内的多种现代管理工具与方法。本节将对质量管理工具与方法进行较为详细的阐述，以便读者在今后从事质量管理工作时借鉴。

一、全面质量管理

全面质量管理一直以来都是质量管理的核心内容，更是质量管理发展中的重要里程碑。全面质量管理所提出和倡导的许多理论，至今仍被许多企业所借鉴，成为企业保持其核心竞争力的重要手段之一。

（一）全面质量管理的定义

全面质量管理起源于 20 世纪 50 年代的美国，1956 年美国通用电气公司的费根鲍姆在《哈佛商业评论》上发表论文《全面质量控制》（Total Quality Control），提出了全面质量管理的概念，后经质量管理大师朱兰等人推广和倡导。1961 年，费根鲍姆对全面质量管理进行了更加完整的阐述，他认为："全面质量管理是为了能够在最经济的水平上，并考虑到充分满足顾客要求的条件下进行市场研究、设计、制造和售后服务，把企业内部各部门研制质量、维持质量和提高质量的活动整合为一体的有效体系。"全面质量管理在第二次世界大战后由质量管理专家戴明推广，得到了日本的极大重视，并在应用后获得了很好的效果，日本为此设立的戴明奖后来成为世界三大质量奖项之一。

全面质量管理在 20 世纪 80 年代后期由早期的 TQC（total quality control）发展为 TQM（total quality management）。TQM 是一种全面的经营管理理念，其实质是以顾客满意、附加价值和持续改善为核心，是组织以质量为中心、以全员参与为基础，目的是让顾客及本组织所有成员满意和社会受益的一种管理理念。它强调用事实和数据说话，强调广泛应用统计方法和技术。其研究对象包括组织的活动、过程、人员结构等各个方面。

（二）全面质量管理的基本方法

为了更好地提升质量管理水平，美国质量专家戴明教授通过分析，得出一套系统的工作方法，称为戴明环。任何一个全面质量管理的过程都要按照计划（plan）、实施（do）、检查（check）、处置（action）的顺序进行。因此，戴明环也简称为 PDCA 循环。

1. PDCA 循环的工作程序

全面质量管理的基本工作程序一般可以概括为 18 个字，即“一个过程，四个阶段，八个步骤，数理统计方法”。下面主要介绍前 12 个字。

（1）一个过程。一个过程是指企业管理的过程，企业在不同的过程中要完成不同的工作任务。企业在现实中一般都有一个产生、形成、实施和验证的过程。

（2）四个阶段。四个阶段是指计划阶段、实施阶段、检查阶段以及处置阶段。计划（P）阶段包括制定方针、目标、计划书等；实施（D）阶段是按照既定的计划内容和日程安排，组织有关人员执行计划，落实具体对策，力求实现计划的要求和目标；检查（C）阶段按照计划要求检查执行的情况，进一步发现执行过程中出现的问题，判断按计划执行是否取得了预期的效果，或执行过程中是否出现偏离计划的情况，从而更好地为执行计划提供信息；处置（A）阶段总结成功的经验，明确遗留的问题，将有益的经验转化为工作标准，以后按此标准执行。对没有解决的问题，列入下一阶段的工作目标，作为以后工作活动计划的根据，为下一轮 PDCA 循环提供依据和借鉴。

（3）八个步骤。为了解决质量问题，PDCA 循环中的四个阶段还可以具体划分为八个步骤。第一步，找出问题。首先分析当前的状况，找出存在的问题，包括产品或服务的质量问题以及在管理中存在的问题。第二步，分析原因。尽可能将所有问题都找到，分析要详细，同时应避免主观判断。第三步，确定主因。先从人、机、料、法、环等大的方面逐一寻找，再从大因素中寻找小因素，然后确定直接、间接因素。第四步，制定措施。针对主要影响因素制定措施，提出改进计划，并预测其效果，可以依据 5W1H 的原则进行措施设定和检验。第五步，执行计划。若在执行过程中偏离原定计划，可以进行事中控制，及时进行调整。第六步，检查效果。根据计划的要求，检查是否按计划执行，以及进行实事求是的评价。第七步，纳入标准。根据检查的结果，将成功与失败经验纳入有关标准、规程、制度。第八步，处理遗留问题。

在前面的八个步骤中，前四步是 P 阶段的具体化，第五步是 D 阶段的具体化，第六步是 C 阶段的具体化，第七步和第八步是 A 阶段的具体化。

2. PDCA 循环的特点

（1）四个阶段缺一不可。PDCA 循环的四个阶段，是一个完整的逻辑，反映从事一项工作的完整逻辑思路，缺一不可。不论在完整的质量管理过程中，还是在质量管理的某一个方面，PDCA 循环都有很好的适用性。其具体循环模式如图 9－5 所示。

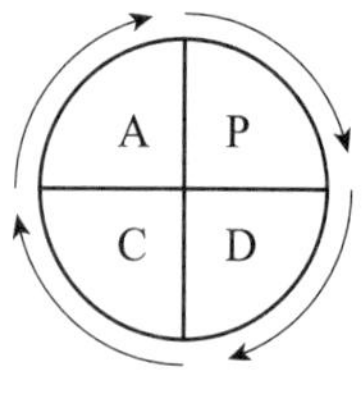

图 9－5　PDCA 循环图

（2）大环套小环，互相促进。PDCA 循环也是组织进行行政管理的一种科学方法，适用于组织的各个层面。因此，整个组织就是一个大的 PDCA 循环，而在大的组织下的各个部门，又有各自的小型 PDCA 循环，直至落实到具体的每一个人，即通过 PDCA 循环将整个组织与个体有机联系起来，彼此互相促进，如图 9－6 所示。

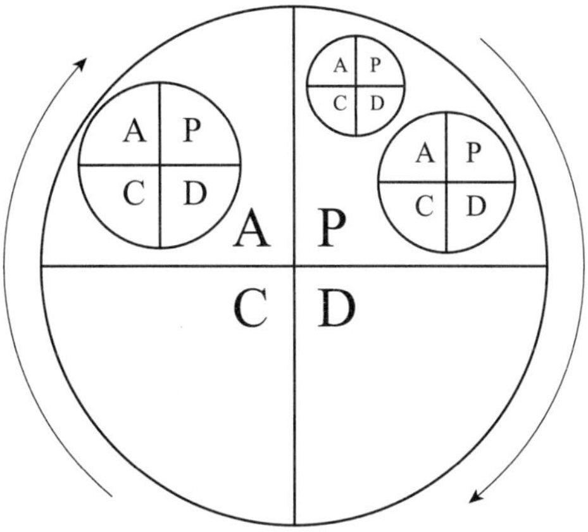

图 9-6　大环套小环示意图

（3）不断循环上升。四个阶段要周而复始地转动，每一次转动都有新的内容和目标，也意味着不断进步与提升。每次循环都会解决一些问题，使质量水平得到提升，如图 9-7 所示。

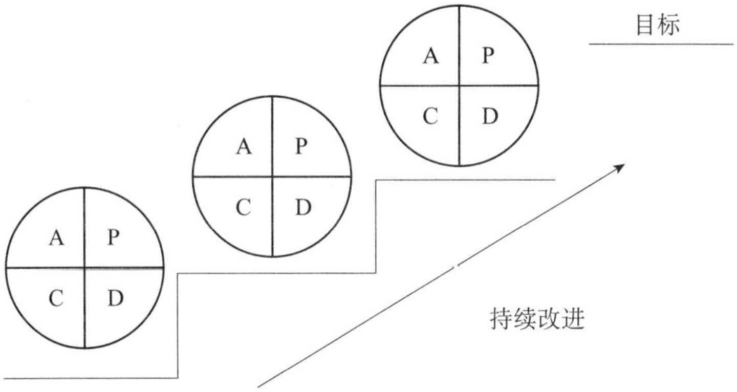

图 9-7　不断循环上升示意图

（4）推动 PDCA 循环，关键在 A 阶段。该阶段的主要工作是对这一循环的计划实施情况进行总结，将成功的经验与失败的教训纳入标准、制度和规定。同时，发现问题，找出原因，制定方案以避免下次再犯，进而将上次循环与此次循环相结合，保持 PDCA 循环持续进行。

3. 全面质量管理的基本要求

全面质量管理在我国得到了较为深入的发展，其在实施过程中应满足“三全一多样”的基本要求。

（1）全过程的质量管理。任何产品或服务的生产过程都需要许多环节的衔接，在质量管理形成的全过程中同样需要将各个环节与因素有机地结合起来，为此形成一个综合的全面质量管理体系。

（2）全员的质量管理。质量管理的有效运行，离不开员工的参与。为此，应抓好全员的质量素质教育和培训，明确各部门及各类人员的质量责任，各司其职，密切配合，形成一个高效、协调、严密的质量管理工作系统。

（3）全企业的质量管理。全企业的质量管理应从组织的纵横两个层面来理解。从纵向组织管理角度来看，企业一般都有基层管理、中层管理和高层管理三个层次，各层次的管理侧重点不同，因此，需要根据企业不同层次的特点进行质量管理。从横向部门间的关系来看，同级组织之间的协调必不可少，协调好部门之间的组织关系，才能从组织上与制度上保证企业生产出符合规定要求的、满足顾客需求的产品。

（4）多方法的质量管理。影响产品或服务质量的因素越来越复杂，既有物质的因素，又有人的因素；既有技术的因素，又有管理的因素；既有企业内部的因素，又有企业外部的因素。要想在复杂多变的环境中整合出有效的质量管理方法，就需要不断开拓质量管理的方法。

4. 全面质量管理的基础工作

全面质量管理的基础工作决定了组织全面质量管理的水平，也决定了能否长期为顾客提供满意的产品。全面质量管理的基础工作主要从五个方面着手：首先是质量教育工作，主要体现在对全面质量管理基本思想、基本原理的宣传和教育，以及对员工技术业务的培训上。其次是标准化工作，一般分三部分：了解组织标准化的基本任务，建立组织的标准化体系，对组织标准化体系的贯彻实施与监督。再次是计量工作，包括精密测量、理化试验和技术鉴定等，是保证产品质量特性的数据统一、技术标准有效执行、生产优质产品的重要手段。又次是质量信息工作，反映出产品各环节工作质量的原始记录、基本数据以及产品使用过程中的各种信息资料。最后是质量责任制，将组织各职能部门和工作岗位的质量责任与工作职责联系起来，以保证产品或服务的质量。

二、质量管理小组

质量管理小组（QC 小组）是指在生产或工作岗位上从事各种劳动的员工，围绕企业的目标和存在的问题，以改进质量、降低消耗、提高经营绩效和人的素质，运用质量管理的理论和方法开展活动的群众性组织。组建 QC 小组的目的是提高员工素质，激发员工的积极性和创造性，改进质量，降低消耗，提高经济效益，构建文明且令人心情舒畅的生产、服务、工作现场。要结合实际情况按照规范流程组建 QC 小组，同时在后期对成果进行评审，以便指出成果的优势和不足，不断改进和完善。

三、老七种工具

在全面质量管理“三全一多样”的基本要求中，“一多样”是指方法的多样性。由于早期质量管理的方法不能被基层一线员工掌握，达不到“全员参与”的目的，因此，以石川馨等人为代表的日本质量管理学家提出了老七种工具。尽管用“老”来形容这七种工具，但并不意味着工具的落伍，只是相对新七种工具的叫法而已。这七种工具如图 9－8 所示，下面作详细介绍。

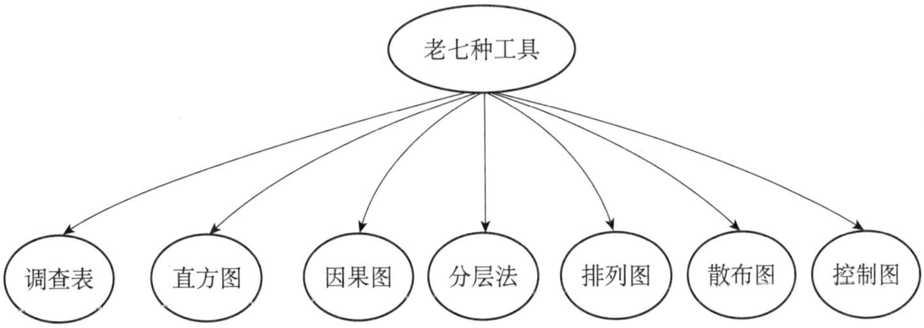

图 9-8　质量管理的老七种工具

(一) 调查表

调查表是为了解现场质量问题而设计的简单、形象的图表。调查表法是指利用统计表进行数据整理和粗略原因分析的一种方法，也叫检查表法或统计分析法。一般操作是针对现场质量问题进行灵活的设计，明确项目的含义，最好用简洁的符号、最少的时间将现场的资料及时记录下来。其常用类型有缺陷位置调查表、不良项目调查表以及不良原因调查表。

1. 缺陷位置调查表

缺陷位置是指在对产品各个部位的缺陷情况进行调查时，可将产品的草图或展开图画在调查表上，当某种缺陷发生时，可用不同的符号或颜色在发生缺陷的位置上做标记。若用草图划分缺陷分布，可进行分层研究，区域要尽可能等分。缺陷位置调查表的一般格式如表 9-4 所示。

表 9-4　缺陷位置调查表

名称		调查项目	尘粒	日期	
代号			流漆	检查者	
工序名称	喷漆		色斑	制表者	

(草图位置)

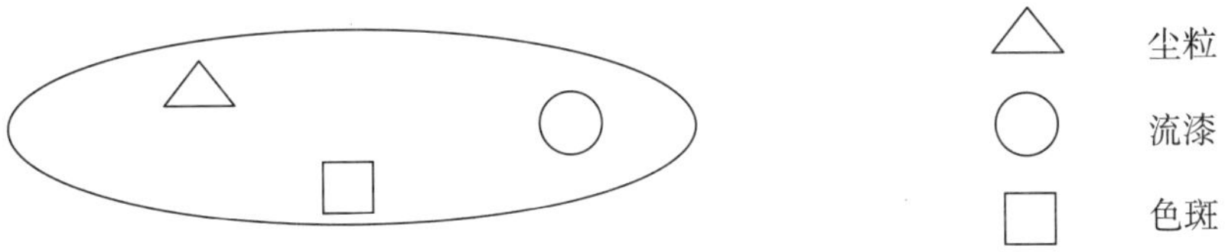

2. 不良项目调查表

该调查表适用于调查不合格品是由哪些不符合质量标准的特性造成的以及各自出现的次数是多少。

例 9-1　某产品不良项目调查表如表 9-5。

表 9-5　某产品不良项目调查表

名称		项目数		日期	
代号		不良件数		检查人	
工程名称		检查数		制表人	
不合格项目		频数	小计	占不合格项目的比例（%）	
表面缺陷					
砂眼					
……					
其他					
合计					

3. 不良原因调查表

要弄清各种不良品所产生的原因，就需要按设备、操作者、时间等标志进行分层调查，填写不良原因调查表。

例 9-2　某餐厅在星期一随机抽取 300 名顾客进行了调查，寻求提升服务质量的途径。调查结果如表 9-6 所示。

表 9-6　某餐厅服务质量提升方面的调查表

待提高项目	品种不全	口感	色泽	卫生	服务	其他
反映人数	84	77	59	23	38	19

（二）直方图

直方图（histogram）是指从总体中随机抽取样本，将获得的数据进行整理，从而找出数据变化的原因，以便测量工序质量的一种方法。通过直方图的分布状况，可以判断工序质量的好坏、预测产品质量的发展趋势，进而及时掌握工序质量变化的规律。正常情况下直方图呈正态分布，其在公差允许的范围内（见图 9-9）。若分布不呈这种状态，则说明工序质量不稳定，容易出现不合格产品。一般异常直方图有锯齿形、孤岛形、偏向形、平顶形、双峰形等。

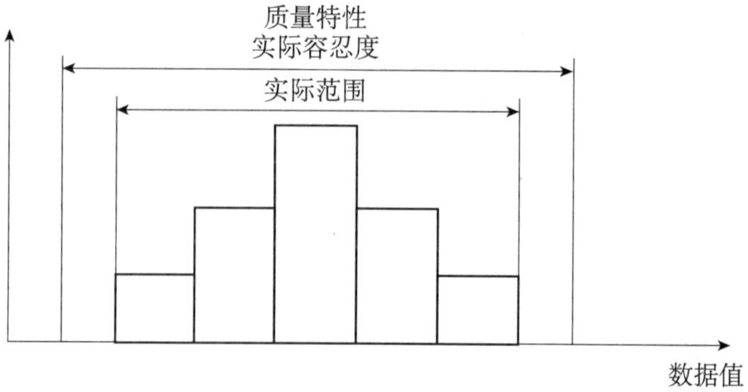

图 9-9　正常分布的直方图

一般直方图要求收集的数据在 50 个以上，记作 N，组数定为 K，后求极差 $R=X_{max}-$

X_{min}，定组距为 H，$H=R/K$，然后计算 $X_{min}\pm(H/2)$。第一组的上界限为第二组的下界限，依此类推。最后寻找组中值，将资料图示化并标出公差。

（三）因果图

因果图也称为鱼刺图，由日本质量管理大师石川馨提出，用于寻找单一问题的原因，按照“大枝展开法”寻找。首先，要确定主因，根据主因找出影响问题的大原因，一般从人、机、料、法、环五个方面寻找；其次，在主因的结构上找出中、小原因；再次，在原因中找出不超过三个主要影响因素，并有针对性地制定措施；最后，标出制表人及日期。

例 9-3 某高校多媒体质量问题研究如图 9-10 所示。

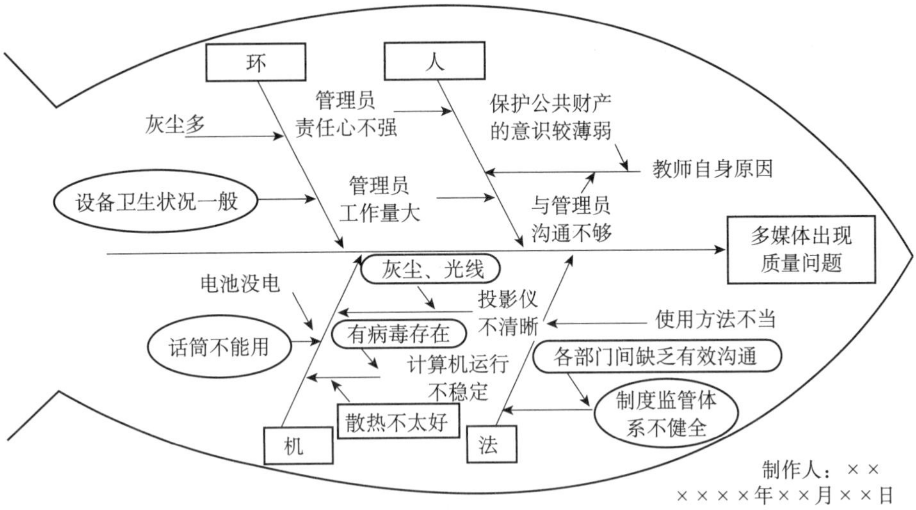

图 9-10 某高校多媒体质量问题研究示意图

（四）分层法

分层法又称分类法，是指将收集来的原始质量数据根据一定目的加以分类整理，以便分析质量问题及其影响因素的一种方法。根据分层的目的，按照一定的标志加以区分，把性质相同的、在同一条件下收集的数据归在一起。在分层过程中，同层数据的差距要尽可能小，使其波动范围稳定，而层间差距要尽可能大。

例 9-4 某班某日制造车间生产了 90 件次品，按生产时间及操作者进行分层后如表 9-7所示。

表 9-7 某班某日生产状况分层表

时间	班次	操作者	设备	次品数（件）	
某日	早班	A	甲	12	25
		B	乙	13	
	中班	C	甲	20	36
		D	乙	16	
	晚班	E	甲	14	29
		F	乙	15	

（五）排列图

19世纪，意大利经济学家帕累托（Pareto）在分析研究本国社会财富的分配状况时，从大量的统计资料中发现少数人拥有绝大部分的社会财富，而大多数人只占有少量社会财富，即呈现关键的少数和次要的多数的关系。后来美国质量管理学家朱兰将这种排列图应用到质量管理中。

一般在制作排列图时，先收集一定的数据，把这些原因、人员等标志进行分层，统计各项目的频数。根据频数的大小依次排列，并计算累计频数和累计频率，按照频数大小从左至右依次用直方图表示出来，左侧纵坐标为频数，右侧纵坐标为累计频率，找出A，B，C三类因素，A类因素一般占60%左右，B类因素一般占30%左右，C类因素一般占10%左右（见图9-11），最后针对A类问题提出措施。

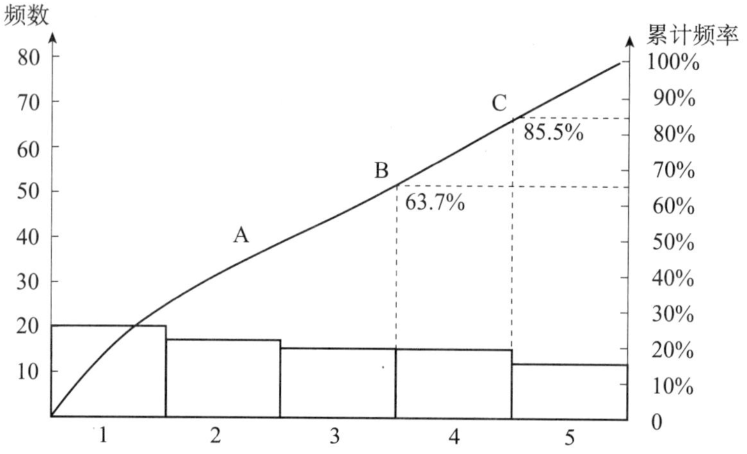

图9-11 排列图

（六）散布图

散布图又称相关图，是通过分析和研究两种因素的数据关系来控制影响产品质量的因素的一种有效方法，主要用于分析质量与影响因素之间是否存在相关关系。一般相关关系可以分为原因与结果之间、原因与原因之间、结果与结果之间的关系。一般用相关系数、回归分析等定量方法进行分析处理，确定各因素对产品质量的影响程度。

相关系数的取值范围是（−1，+1），“+”表示正相关，“−”表示负相关。其计算公式如下：

$$r=\frac{\sum(x_i-\bar{x})(y_i-\bar{y})}{\sqrt{\sum(x_i-\bar{x})^2\sum(y_i-\bar{y})^2}}$$

一般情况下，两个因素的相关关系主要有六种，即强正相关、弱正相关、不相关、强负相关、弱负相关和非线性相关，如图9-12所示。

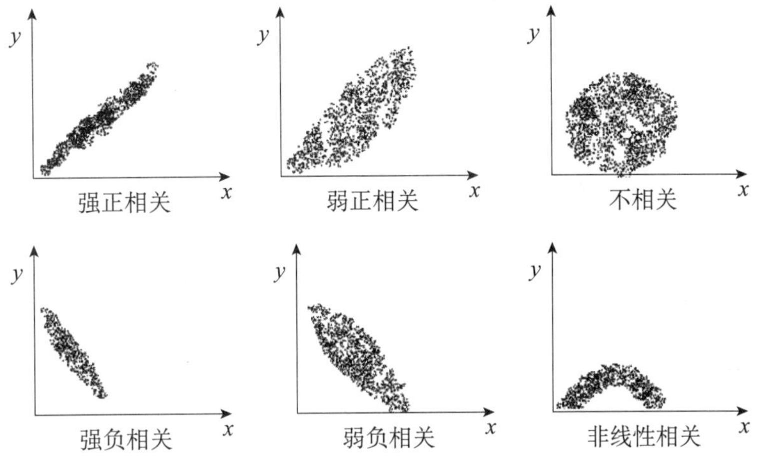

图 9-12 常见的相关关系

（七）控制图

控制图又称管理图，是由美国管理学家休哈特在1924年首先提出的，用于判断和预报生产工序中质量状况是否发生了异常波动，从而分析和判断工序是否处于稳定状态。控制图中的 X 通常为计量值数据，它服从正态分布。在过程受控的前提下，μ 和 σ^2 基本上不随时间变化。

$$P[(\mu-3\sigma)<X<(\mu+3\sigma)]=0.9973$$

正态分布情况下不同范围的概率分布如表9-8所示。

表 9-8 正态分布情况下不同范围的概率分布

范围	概率
$(-1\sigma, 1\sigma)$	68.27%
$(-2\sigma, 2\sigma)$	95.45%
$(-3\sigma, 3\sigma)$	99.73%
$(-4\sigma, 4\sigma)$	99.994%
$(-5\sigma, 5\sigma)$	99.999 94%
$(-6\sigma, 6\sigma)$	99.999 999 8%

在确定控制界限时，可以用 3σ 原则确定控制图的控制界限（control lines），即

$$CL=\mu$$
$$UCL=\mu+3\sigma$$
$$LCL=\mu-3\sigma$$

式中，CL表示控制线；UCL表示上控制线；LCL表示下控制线。三者的关系如图9-13所示。

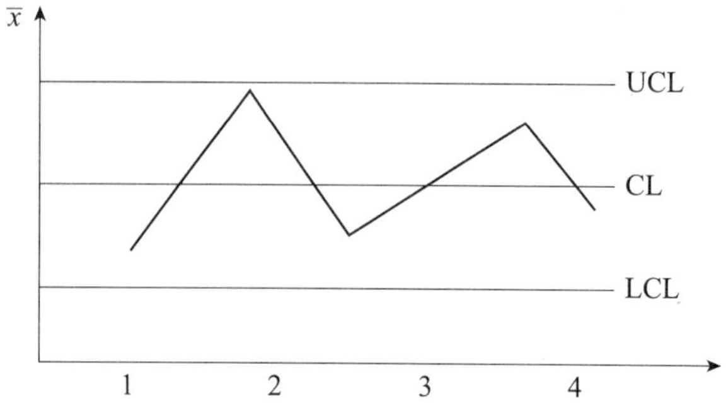

图 9-13 X 控制图

在生产过程中产品质量的波动由两种原因引起：一种是系统波动，另一种是正常性波动。通常关注在（-3σ，3σ）之外的波动，这说明系统出现异常，应及时采取措施，予以纠正，以防止不合格的产品出现。控制图的作用主要在于过程分析与过程控制。排列异常通常有以下几种状况：

（1）落在控制界限以外即在$+3\sigma$以外（含落在控制界限上）；

（2）连续 9 点落在中心线的同一侧；

（3）连续 6 点递增或递减；

（4）连续 14 点在相邻点上上下交替；

（5）连续 3 点中有 2 点落在中心线同一侧的$+2\sigma$以外；

（6）连续 5 点中有 4 点落在中心线同一侧的$+1\sigma$以外；

（7）连续 15 点在$+1\sigma$中心线上下；

（8）连续 8 点在中心线两侧，但没有处在$+1\sigma$中的点。

四、新七种工具

1972 年，日本科技联盟的纳谷嘉信从众多质量管理方法中总结出七种方法，恰巧均不同于原有的七种方法，所以称为新七种工具。新七种工具将系统运筹学等引入质量管理，并强调用系统、多元方式来思考问题与解决问题，同时强调利用图形对资料进行整理。新七种工具如图 9-14 所示。

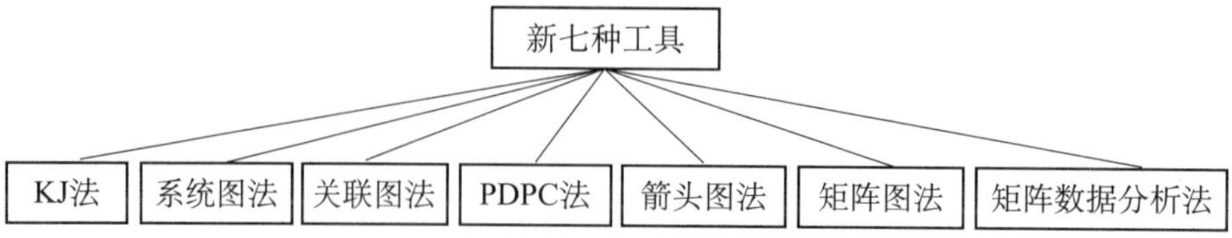

图 9-14 新七种工具

（一）KJ 法——分析语言资料的工具

KJ 法由日本专家川喜田二郎提出，这种方法是处理语言文字及表示信息资料的有效工具。KJ 法能够将杂乱无章的语言资料按相互接近原则进行统一，并用图形表示，以明确要解决的问题，具体内容如图 9-15 所示。

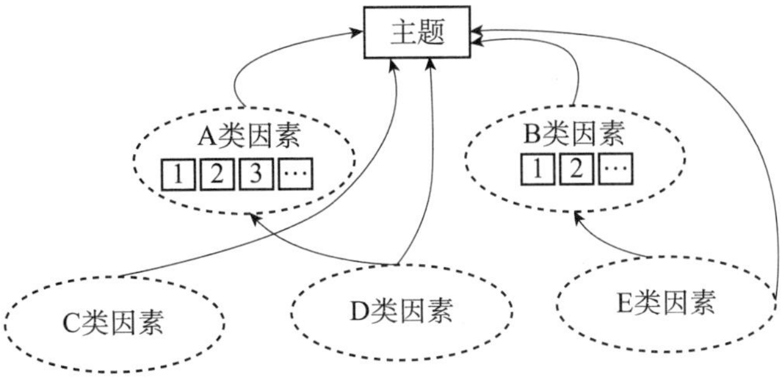

图 9-15　KJ 法

KJ 法一般需要经历确定主题、针对主题收集语言资料等步骤。收集语言资料的方法如图 9-16 所示。

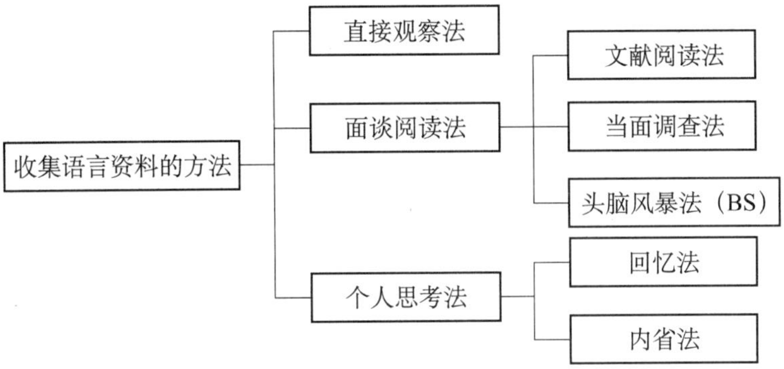

图 9-16　收集语言资料的方法

（二）系统图法

系统图法是指系统地寻找达到目的的手段的一种方法。系统图法可以系统掌握问题，寻找实现目的的最佳手段，广泛应用于质量管理中。通常有“树形”结构与“宝塔”结构，一般需要经过以下几个步骤：首先，明确目的和目标，提出手段和措施；其次，针对手段和措施进行评价、检查；最后，制订具体实施计划。

（三）关联图法

关联图是解决关系复杂、因素之间又相互关联的原因与结果或目的与手段的单一或多个问题的图形，是根据逻辑关系理清复杂问题、整理语言文字资料的一种方法，其基本内容如图 9-17 所示。

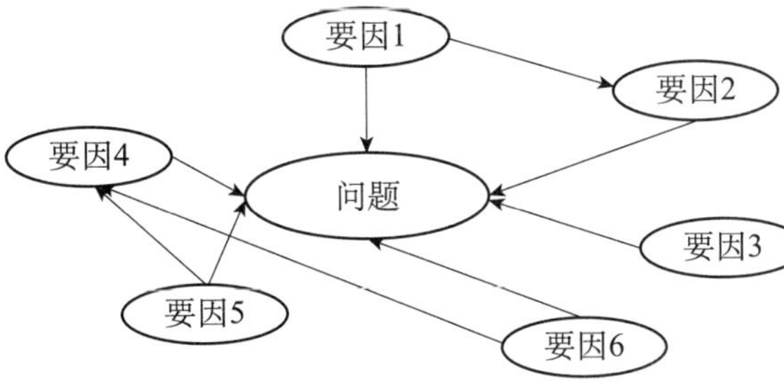

图 9-17　关联图

关联图的形式有：中央集中型关联图，即把要解决的问题放在中间，把影响因素排列在周围；单向汇集型关联图，即把要解决的问题放在右边或左边，把各影响因素放在另一边；关系表示型关联图，即可以有多个问题与原因，进行自由排列。

例9-5 某高校多媒体质量调查关联图（见图9-18）。

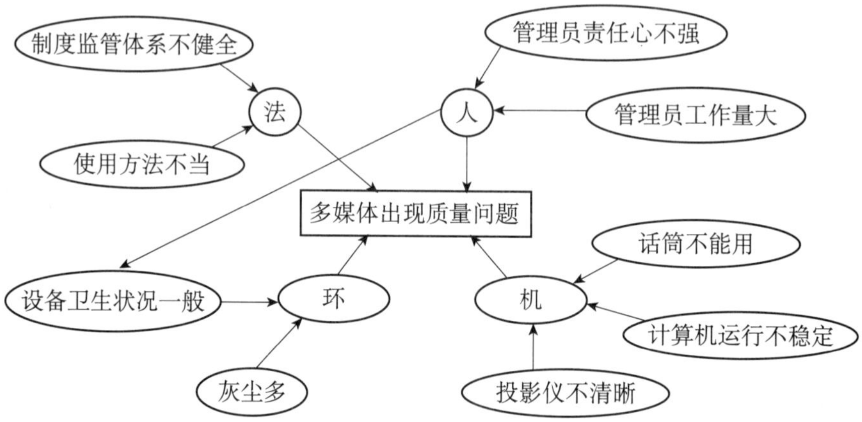

图9-18 高校多媒体质量调查关联图

（四）PDPC法

PDPC法是为了达成目标计划，尽量导向预期理想状态的一种方法。PDPC法在制订计划阶段或进行系统设计时，事先预测可能发生的障碍（不理想事态或结果），从而设计出一系列对策措施以最大可能引向最终目标（达到理想结果）。该方法可用于防止重大事故的发生，因此也称为重大事故预测图法。

例9-6 运用PDPC法寻求某高校多媒体质量问题对策的示意图（见图9-19）。

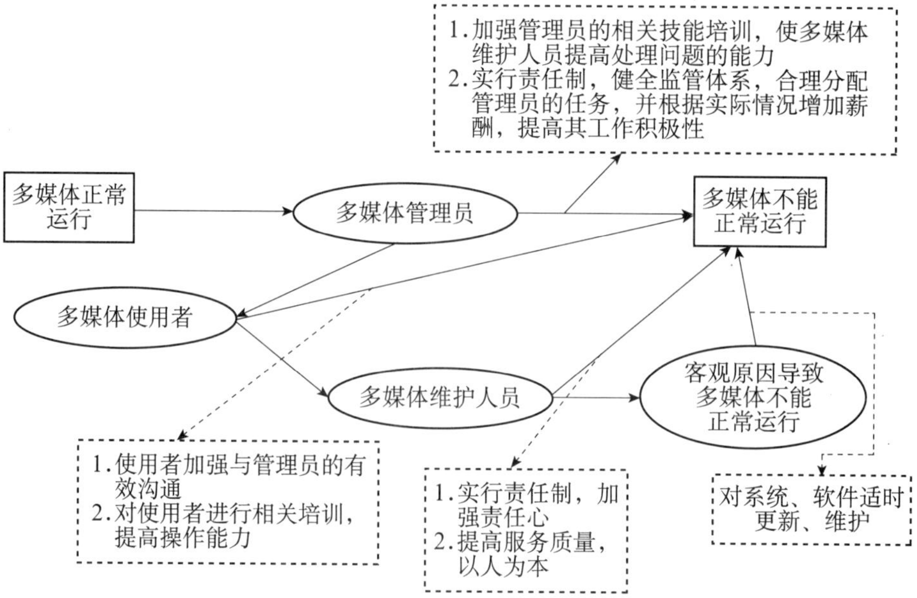

图9-19 运用PDPC法寻求某高校多媒体质量问题对策的示意图

（五）箭头图法

箭头图法又称为网络计划技术，是一种有效、合理地安排时间、资源和费用的科学方法。一项任务或工程，可以分解为许多作业，这些作业在生产工艺和生产组织上相互依赖、相互制约，箭头图可以把各项作业之间的这种依赖和制约关系清晰地表示出来。通过箭头图，能找出影响工程进度的关键和非关键因素，从而进行统筹协调，合理地利用资源，提高效率与效益。箭头图如图 9－20 所示。

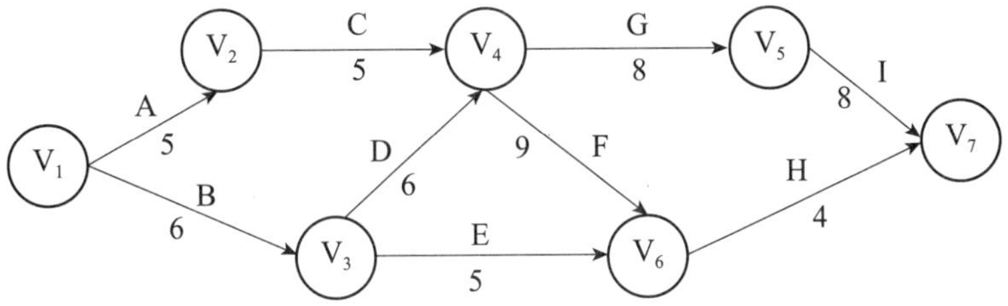

图 9－20　箭头图

箭头图是一张有向无环图，节点表示事件（如 V_1，V_2，V_3，…），箭线表示活动（如 A，B，C，…），箭线上的数值表示活动持续的时间（如 5，6，8，…）。在箭头图中，最长（数值之和最大）的路径称为关键路径，它的长度代表完成整个工程的最短时间，称为总工期。由于只有压缩关键路径上的活动时间，才能使整个工期缩短，因此关键路径上的活动是影响整个工程的主要因素。

（六）矩阵图法

矩阵图法就是从多维问题的事件中找出成对的因素，排列成矩阵图，然后根据矩阵图来分析问题、确定关键点的方法。它利用数学上矩阵的形式表示因素间的相互关系，从中探索问题所在并得出解决问题的设想。它是进行多元思考、分析问题的方法。一般矩阵图有 L 形、T 形以及 X 形。其基本形态如图 9－21 所示。

		R					
		R_1	R_2	…	R_i	…	R_n
L	L_1						◎
	L_2	○	◎				○
	⋮						
	L_i				○		△
	⋮						
	L_n	△			◎		○

图 9－21　矩阵图

绘制矩阵图一般要经过如下步骤：列出质量因素，把成对因素排列成列和行，以表示其关系；选出合适的矩阵图类型并在成对因素交叉点上判断关系强弱，用符号表示；根据关系程度确定控制重点因素并制作对策表。

（七）矩阵数据分析法

矩阵数据分析法是将矩阵图中各元素用数据量化表示，对矩阵数据图中的数据进行整理分析的方法。矩阵数据分析法对成对因素群进行数据处理，用以判断各因素对结果影响程度的大小，各因素对事件的影响程度可分为0～10级，其中“10”影响最大，“0”则无影响。

五、质量检验

质量检验是质量管理中的重要环节，是保证产品质量不可或缺的重要方法。

（一）质量检验概述

质量检验就是对产品的一项或多项质量特性进行观察、测量、试验，并将结果与规定的质量要求进行比较，以判断每项质量特性合格与否的活动。

质量检验能够较好地发挥鉴别职能、预防职能、把关职能、报告职能以及监督职能。经过质量检验能够更好地测量、比较、判定产品质量的好坏。一般在企业正常生产过程中需要进行进货检验、过程检验以及最后的检验。检验是贯穿整个过程的一项必备工作。

（二）质量检验过程

在实施质量检验的过程中要做好前期准备工作，比如人员准备工作、技术准备工作以及物资准备工作。在进货检验的阶段，一般会对首批样品进行检验，后期还会对成批进货进行检验。在过程检验阶段，一般会有对首件产品进行的检验、巡回检验、末件检验、完工检验等。

（三）抽样检验

抽样检验是按数理统计的方法，从一批待检产品中随机抽取一定数量的样本，并对样本进行全数检验，再根据样本的检验结果来判定整批产品的质量状况并做出接收或拒收的结论。

抽样检验一般根据其检验特性值的属性分为计数抽样检验和计量抽样检验；按抽样方案制定的原理分为标准型抽样检验、挑选型抽样检验、调整型抽样检验、连续生产型抽样检验；根据检验次数分为一次抽样检验、两次抽样检验以及多次抽样检验。此外还有简单随机抽样法、分层抽样法以及系统抽样法。

第4节　现代质量管理的挑战与问题

随着时代的变迁和社会的发展，人们对质量概念的理解逐步发生变化，质量管理的理论也在不断地充实和发展过程中。面对日新月异的质量管理现象，新的观点、理论与思想必将不断涌现，以完善现代质量管理的内容。

一、快速多变的市场环境

企业面对的顾客、供应商、政府、公共组织、竞争者等各方相关者，构成了企业的外部环境。当前，企业正处于瞬息万变的市场环境中，而这些环境变化则向现代质量管理理论提出了挑战。

首先是顾客需求的多样化和个性化。这就需要企业及时把握顾客的各种需求，以顾客为中心进行产品设计、开发与生产安排。其次是来自政府和社会的压力。随着人们环境保护意识的增强、健康标准的提高，许多今天看起来令人满意的产品在将来可能变得让人无法接受。政府会出台一系列的法律法规对产品的生产过程及性能质量进行约束，公共组织也会不断对一些原本被认为无关紧要的生产环节提出要求。随着 ISO 14000 标准的颁布，企业的竞争已不仅是产品性能、质量等方面的竞争，也是绿色产品、绿色制造与环境保护水平间的竞争。

二、先进制造模式的挑战

先进制造模式，是为了增强企业的应变能力，在对传统生产模式进行扬弃的基础上，利用现代信息技术和管理理论发展起来的制造模式。西方国家很早就开始对先进制造模式进行尝试，如柔性生产、精益生产、敏捷制造和并行工程等，还提出了可重构制造模式等概念。为了适应新的制造模式，企业的组织模式也在发生相应的变化，如虚拟企业的产生。

生产模式的变革向原有的质量管理方法提出了新的问题。如在敏捷企业中，其核心能力是“精于变化的能力”——不断根据实际需求灵活选择组织结构、采用柔性的生产过程等，以达到敏捷性的要求，故其质量管理具有很强的动态性、离散性和实时性特征。而国际通行的 ISO 9000 质量标准体系是一个相对稳定的体系，很难适应敏捷竞争的需求。

三、质量管理面临的新问题和研究的新热点

现代质量管理理论起源于对制造业产品生产过程的研究，也是应制造业的迅猛发展需要而逐渐成熟完善起来的。发展到今天，服务业、信息产业、公共事业管理中都开始运用质量管理的理论与方法，质量的概念早已超出其固有的含义。教育业、政府工作、公共事业，这些近半个世纪以来才进入质量管理视野的领域，由于与制造业存在较大的差异，对它们的质量规律的研究工作一直处于艰难的探索中。

进入 21 世纪后，信息化、网络化、数智化成为经济社会发展的大方向，随着信息技术、人工智能的迅猛发展，供应链、虚拟企业、平台企业、电子商务、商业生态系统等新的企业组织运营模式应运而生，市场竞争已从企业间的竞争发展为供应链间、平台间、生态系统间、企业联盟间的竞争，产品与服务质量需要由整条供应链和企业联合体共同提供，其质量管理问题成为新的研究热点。

关键术语

全面质量管理　　QC 小组　　新老七种工具　　质量检验

思考题

1. 如何理解质量战略与质量管理的关系？
2. 阐述质量管理体系的实施运行阶段。
3. 质量管理体系认证的基本流程有哪些？
4. 如何理解并运用全面质量管理的原理？
5. 全面质量管理的工具方法有哪些？
6. 如何理解PDCA循环？其包含的内容有哪些？
7. 现代质量管理面临怎样的挑战？出现了哪些研究热点？

案例分析

华为一直以来都会把客户的要求与期望传递到它的整个供应链，以共同提高质量，这是因为今天的企业已不能独立地做出高质量的产品。以手机为例，每部手机都有几百个器件、上千种上层物料，只有整个产业链达到高质量才能成就最终产品的高质量。要做到零缺陷，除了对内部的每一个环节进行控制，还要对整个供应链进行管理。有一次，华为的手机摄像头出现了问题，反复测试后发现是摄像头的胶水质量有问题。摄像头企业是华为的供应商，胶水企业又是摄像头企业的供应商，上游的上游出的一点点小问题，都会使最终产品出问题。

在对供应链的管理上，华为有三点做法：第一是选择价值观一致的供应商，并对他们进行严格的管理和监控。第二是优质优价，绝不以价格为竞争的唯一条件。华为对每个供应商都会进行评价，而且是对合作全过程的评价，评价分数将决定其能否获得下一次投标的资格。这个评分体系分为ABCD档，当供应商评分为D档时，会被直接清除出供应商资源池，不会再被选用。第三是华为投入大量资金在整个生产线上建立自动化的质量拦截，一共包括五层防护网：元器件规格认证、元器件原材料分析、元器件单件测试、模块组件测试、整机测试。华为在生产线上做了五个堤坝，一层一层进行拦截，确保即使某些供应商的器件出现问题，也能尽早发现并成功拦截。

任正非在外界很少公开露面，内部讲话却很多。除以客户为中心这一不变的主题之外，任正非讲得最多的就是“质量文化”。在华为人看来，创新要向美国企业学习，质量要向德国、日本企业学习。在华为大质量观形成过程中，与德国、日本企业的对标起到了关键作用。文化的形成是一个慢工程。近几十年业界潮起潮落，不断有新的风口，但华为一直是一家很朴素的公司，提出了“脚踏实地，做挑战自我的长跑者”的口号。用任正非的话说，华为公司这只“乌龟”，没有别人跑得快，但坚持爬了28年，也爬到了行业世界领先的位置。任正非知道竞争会对慢跑型公司带来短期的冲击，但他要求公司上下一定要保持平稳。比如，消费品行业变化大，将来可能会碰到一些问题，所以华为一再强调终端要有战略耐性，要耐得住寂寞，扎扎实实把质量做好。

华为手机质量与运营部长在接受记者采访时说：“文化的变革才是管理变革的根本。大质量管理体系需要介入公司的思想建设、哲学建设、管理理论建设等方面，形成华为的质量文化。”若对华为的质量文化进行总结，就是将“一次把事情做对”和“持续改进”有机结合起来，在“一次把事情做对”的基础上“持续改进”。“不断反思，不断构建我们的体系，坚持不放过问题的意识，文化是根本的。”

资料来源：华为管理案例分析.(2018-05-31).新浪.

讨论题

1. 请你尝试总结华为的质量观。
2. 华为的质量管理带给你哪些启示?

第 10 章

物流与供应链管理

| 本章要点 |

供应链战略已成为企业职能战略的重要组成部分，整合了物流管理与供应链管理两个领域，其目标有二：一是降低企业的成本，二是更好地满足顾客的需求，故而越来越受到企业的重视。本章介绍物流管理与供应链管理的相关理论、方法与发展动态，帮助读者提高物流与供应链管理能力。

引例

青岛啤酒企业集团在 1998 年第一季度提出了以“新鲜度管理”为目标的物流管理思想，开始建立新的物流管理系统。当时青岛啤酒的年产量不过 30 多万吨，但是库存就高达 1/10，维持在 3 万吨左右。

这么高的库存，引发了几个问题：(1) 占用了相当多的流动资金，资金运营效率低下；(2) 需要有相当数量的仓库来储存，当时的仓库面积达 7 万多平方米；(3) 库存数量大，库存分散，出现局部仓库爆满而有些仓库空闲的问题，导致有一部分啤酒因储存期过长而新鲜度下降甚至变质。

青啤并没有把压缩库存作为物流系统的直接目标，而是把“新鲜度管理”作为目标，提出“让青岛人民喝上当周酒，让全国人民喝上当月酒”。其实施方法是：推进以提高供应链运行效率为目标的物流管理改革，建立集团与各销售点的物流、信息流和资金流全部由计算机网络管理的快速信息通道和智能化配送系统。成立仓储调度中心，重新规划全国的分销系统和仓储活动，实现统一管理，由提供单一的仓储服务，到对市场区域分布和流通时间等物流要素进行全面调整、平衡和控制。成立具有独立法人资格的物流有限公司，以保证按规定的要求，以最短的时间、最少的环节和最经济的运送方式将产品送到目的地。这样一来，就实现了全国的订货从生产厂直接运往港、站，省内的订货从生产厂直接运到客户仓库的目标。同时对仓储的存量做了大幅压缩，规定了存量的上下限，低于下限发出要货指令，高于上限不再安排生产，这样仓库便成为生产调度的“平衡器”。

受不断变化的市场需求、变化莫测的国际环境，以及新冠疫情等“黑天鹅”事件的持续影响，传统供应链正承受着过去几十年从未遇到的考验和挑战，供应链发展面临诸多困境，在此背景下，为节约成本、提高效率，2022 年青岛啤酒与蓝幸软件（上海）有限公司展开合作，根据青岛啤酒供应链业务的实际需要，共同打造具有青啤特色的智慧供应链决策中台系统，其建设目标有四大要点：供应链决策数据的标准化、供应链决策数据工作流的自动化、端到端的供应链计划和优化、供应链决策的可视化。

依托于蓝幸 SCATLAS 供应链决策中台，青岛啤酒统筹成本最佳的产销计划并落地实施，有效提升了供应链运营效率。除此以外，青啤还利用该决策模型有效优化了运输模式和运输距离，使运输环节中碳排放得以下降。

资料来源：青岛啤酒的物流系统目标．(2019－12－26)．豆丁网.

第 1 节　供应链战略与物流

一、供应链与物流

供应链与物流是两个不可分割的概念，现代企业的竞争是供应链层面的竞争，单个企业往往无法独立提供一个产品，必须与合作者一起才能完成产品从原材料到产成品配送到顾客手里的各个环节。供应链由供应商、制造中心、仓库、配送中心和零售网点组成，原材料、在制品和成品在这些设施间流动，形成了物流。物流虽不像生产环节那样能够直接为企业提供利润，但降低物流成本也是提升利润的一个重要方面，由此，物流效率的提高被称为企业的第三利润源。

二、供应链战略

供应链管理战略（supply chain management strategy，SCMS）简称供应链战略，是指为了实现快速响应顾客需求的目标，企业通过与外部的供应商、制造商、分销商间进行有效的信息共享和交流，对内部各项工作进行集成运营，以保证资金流、物流、信息流的通畅流动，最终从整体上提高企业的效率。

供应链战略是企业重要的生产运营型职能战略，包含了企业物流管理及供应链管理的各个环节，其目标是提高整个供应链系统的效率和效益，系统的所有成本，包括运输和配送，以及原材料、在制品和成品的库存都要最小化。

第 2 节　企业物流系统与管理

一、物流系统及其基本构成

物流系统是指在一定的时间和空间里，由所需位移的物资、包装设备、装卸搬运机械、运输工具、仓储设施、人员和通信联系等若干相互制约的动态要素构成的具有特定功能的有机整体。

建立物流系统的目的是实现物资的空间效益和时间效益，在保证社会再生产顺利进行的前提条件下，实现各种物流环节的合理衔接，并取得最佳的经济效益。物流系统是社会经济大系统的一个子系统或组成部分。

二、物流系统的规划与管理

（一）物流网络规划

物流网络是企业后期运行的基础，其中包括很多基础设施的建设，如仓库的规划和构建，运输路线的规划和制定等。物流网络由供应商、仓库、配送中心和零售网络组成，原材料、在制品和产成品在各个环节间流动。企业通过规划物流网络，能在生产成本、运输成本和库存成本之间找到合适的平衡点，同时通过高效率的库存管理，匹配供应和需求。

（二）物流系统运输规划与管理

运输就是通过火车、汽车、轮船、飞机等交通运输手段使实体货物在物流据点（如仓库、商场、配送中心、物流中心）之间流动。运输具有扩大市场、稳定价格、促进社会分工与扩大流通范围等社会经济功能。现代的生产和消费就是靠运输事业的发展来实现的，货物从甲地运到乙地可以产生地点或场所功效，而产生这种功效的是运输。

物流系统运输规划很重要的一个方面就是决定物流运输工具，要考虑的因素有：运费高低；运输时间长短；在固定期间可以运输配送的次数；运输能力大小；货物的安全性；时间的准确性；是否适合各类货物运输；是否适合多种运输需要；货物所在位置的信息能否有效地取得。在这些因素中以哪种因素作为重点，必须根据不同的运输需要来确定。

运输费率和运输模式的选择是一项重要工作，包括各种运输方式的选择，对比各种运输方式的费用、行驶里程、运量、有效运力，综合各种信息计算每单位每公里的运输成本。

（三）物流系统的库存管理策略和方法

1. 库存的基本概念

库存是仓库中实际储存的货物，可以分为两类：一类是生产库存，即直接消耗物资的基层企业、事业单位的库存物资，它是为了保证企事业单位所消耗的物资能够不间断地供应而储存的；一类是流通库存，即生产企业的成品库存、生产主管部门的库存和各级物资主管部门的库存。此外，还有特殊形式的国家储备物资，它们主要是为了保证及时、齐备地将物资供应或销售给基层企事业单位的供销库存。

2. 库存管理的两种基本模型

库存策略的目标是使库存保持最优水平，使总成本最低。我们假设库存的总成本包括采购（制造）成本、订货/生产准备成本、库存成本和缺货成本。在此基础上，库存管理有两种基本模型。

（1）最佳订货批量（EOQ）模型。这种模型就是确定企业的最佳订货批量以使企业的库存成本达到最低。EOQ 模型的基本假设如下：需求已知且固定，不允许缺货；提前期固定；一次性交货（即时交货）；单位采购成本不随订货数量改变；所有其他成本保持不变；上述成本是在特定时期内的成本。供应链库存水平变化如图 10－1 所示。

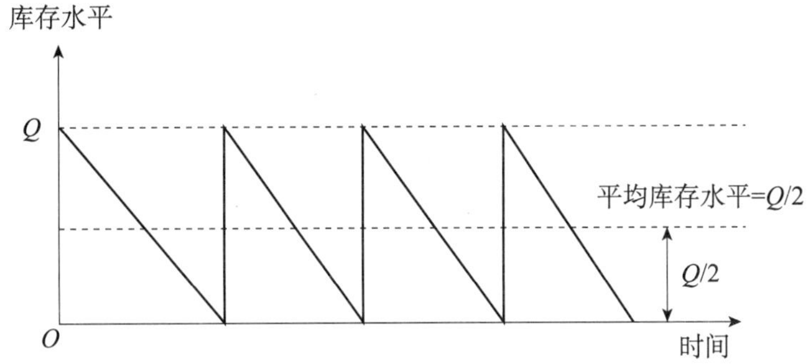

图 10－1　供应链库存水平变化图

用 D 表示一定时期的需求，Q 表示订货数量，P 表示每单位的采购成本，S 表示每次订货的启动成本或订货成本，h 表示单位时间每单位的库存成本，Q^* 表示最优订货批量，N^* 表示单位时期最优订货次数，T^* 表示最优订货次数之间的间隔时间，TIC^* 表示单位时期最优总库存成本，TIC 表示订货成本、库存成本、单位时期缺货成本之和，TC 表示 TIC、单位时期采购成本之和，则有

$$TC=PD+\frac{DS}{Q}+\frac{Q}{2}h$$

对 TC 一次求导：

$$\frac{\mathrm{d}(TC)}{\mathrm{d}Q}=0+\left(-\frac{DS}{Q^2}\right)+\frac{h}{2}=\frac{h}{2}-\frac{DS}{Q^2}$$

规定

$$\frac{\mathrm{d}(TC)}{\mathrm{d}Q}=0$$

可得出

$$\frac{h}{2}=\frac{DS}{Q^2}$$

最终结果为：

$$EOQ=Q^*=\sqrt{\frac{2DS}{h}}$$

最优订货批量与采购价格无关。在最优订货点：

$$\frac{Q^*}{2}h=\frac{DS}{Q^*}=\frac{1}{2}\sqrt{2DSh}$$

$$TIC=\sqrt{2DSh}$$

$$N^* = \frac{D}{Q^*}$$

（2）最优生产批量（POQ）模型。这个模型用于确定最优生产批量以使总成本最小。假设需求已知且不变；生产准备成本已知且不变；不允许缺货；以均匀的速度逐渐交货；单位生产成本不随生产批量而变化；所有其他成本保持不变，则供应链库存水平变化如图10-2所示。

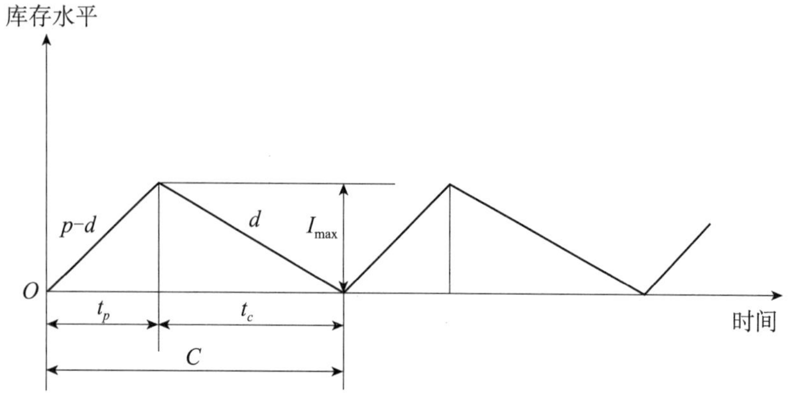

图10-2　供应链库存水平变化图

图中 d 为日需求量，p 为日生产量，t_p 为生产运转时间，t_c 为纯消耗时期，C 为生产周期，I_{max} 为最大库存。在每一个周期的生产运转期间，库存以 $p-d$ 的速度增加。当生产停止时，库存达到最大 I_{max}。在生产运转期间，产量（决策变量）$Q=pt_p$。因此，在生产运转期间：

$$t_p=Q/p$$

$$I_{max}=(p-d)Q/p=Q(1-d/p)$$

$$平均库存水平 = I_{max}/2 = Q(1-d/p)/2$$

$$年库存成本 = h\,I_{max}/2 = hQ(1-d/p)/2$$

$$年订货成本 = DS/Q$$

$$TIC = DS/Q + h\,Q(1-d/p)/2$$

由此得出各参数最优值

$$Q^* = \sqrt{\frac{2DS}{h\left(1-\frac{d}{p}\right)}}$$

$$TIC^* = \sqrt{2DSh\left(1-\frac{d}{p}\right)}$$

$$t_p{}^* = Q^*/p$$

$$C^* = Q^*/d$$

$$t_c{}^* = Q^*/d - Q^*/p$$

$$I_{max}^* = Q^*(1-d/p)$$

3. 物流包装和装卸搬运

（1）包装。包装具有保护物品、便利储存运输的基本功能。包装存在于物流过程的各环节，包括产品的出厂包装，生产过程中在制品、半成品的换装，物流过程中的包装、分装、再包装等。包装分为工业包装和商业包装。工业包装按单元包装，便于运输和保护物品；商业包装的目的在于方便消费者购买。包装的研究还包括包装形式和包装方法的选择，包装单元的确定，包装形态、大小、材料、重量的确定和包装标记、标志的设计等。

（2）装卸搬运。装卸搬运是指在一定的区域内，以改变物品存放状态和位置为主要内容的活动。它是伴随输送和保管而产生的物流活动，是对运输、保管、包装、流通加工、配送等物流活动进行衔接的中间环节。在物流活动中，装卸搬运作业的频率比较高，仓库管理中装卸搬运是一项重要的活动。

4. 物流信息系统规划与管理

物流信息不仅包括与物流活动有关的信息，而且包括与其他流通活动有关的信息，如商品交易信息和市场信息。在现代经营管理活动中，物流信息和商品信息等交织在一起，这些信息不仅能起到连接生产厂家、批发商和零售商、消费者的整个供应链的作用，而且在现代信息技术的基础上能实现整个供应链活动的效率化。因此可利用物流信息对供应链上各个企业进行协调、计划，对顾客服务和控制活动进行有效的管理。

物流信息系统是物流系统的神经中枢，它作为整个物流系统的指挥和控制系统，可以分为多种子系统或者多种基本功能。通常，可以将其基本功能归纳为以下几个方面：

（1）数据的收集和输入。首先是通过收集子系统从系统内部或外部将数据收集到预处理系统中，并整理成为系统要求的格式和形式，然后再输入物流信息系统中。在衡量一个信息系统的性能时，应注意它收集的数据的完善性、准确性，及其校验能力和预防与抵抗破坏的能力等。

（2）信息的存储。物流信息系统的存储功能就是要保证已得到的物流信息不丢失、不走样、不外泄、整理得当、随时可用。要考虑到存储量、信息格式、存储方式、使用方式、存储时间、安全保密等问题。

（3）信息的传输。物流信息一定要准确、及时地传输到各个职能环节，这就需要物流信息系统具有克服空间障碍的功能。物流信息系统在实际运行前，必须充分考虑所要传递信息的种类、数量、频率、可靠性要求等因素。

（4）信息的处理。物流信息系统最根本的目的就是要将输入的数据加工处理成物流系统所需要的物流信息。数据和信息有所不同，数据是得到信息的基础，但数据往往不能直接利用，而信息是对数据加工得到的，可以直接利用。只有得到了具有实际使用价值的物流信息，物流信息系统才算发挥了功能。

（5）信息的输出。信息的输出是物流信息系统的最后一项功能，也只有在实现了这个功能后，物流信息系统的任务才算完成。信息的输出必须采用便于人或计算机理解的形式，力求易读易懂、直观醒目。

根据不同企业的需要，物流信息系统可以有不同层次、不同程度的应用和不同子系统的划分。

第3节　企业供应链管理

一、供应链与供应链管理

（一）供应链的定义

供应链是围绕核心企业，通过对信息流、物流、资金流的控制，从采购原材料开始，制成中间产品以及最终产品，最后由销售网络把产品送到消费者手中的将供应商、制造商、分销商、零售商直到最终用户连成一个整体的功能网链结构。

（二）供应链管理

供应链管理是用于集成供应商、制造商、仓库与商店的一系列方法，通过这些方法，使生产出来的商品能够以恰当的数量，在恰当的时间被送往恰当的地点，从而实现在满足服务水平要求的同时使系统的成本最小化。这个定义要求人们从系统的角度来看待供应链，供应链延伸从供应商和制造厂开始，经过仓库和配送中心，直到零售商，凡是对成本有影响并在满足顾客要求的过程中起到作用的环节，都在供应链管理的考虑之列。此外，供应链管理的目标是提升整个系统的效率和优化成本效益，包括运输、库存等成本。最后，供应链管理围绕着上下游的各个企业，对各个企业进行有效的协调和集成，涵盖企业战略层、战术层和操作层，这就要求供应链管理不能孤立地去思考这些问题。

二、供应链整合

供应链整合就是将贯穿供应链的所有活动联系起来，从而提升企业的绩效，做到降低成本、提高服务水平、减少牛鞭效应、提高资源利用率。供应链整合涉及供应链运营的具体策略，包括牛鞭效应、推动策略、拉动策略、推拉策略等。

（一）牛鞭效应

1995年，宝洁公司的管理人员在考察婴儿一次性纸尿裤的订单分布规律时，发现一定地区该产品的消费比较稳定，零售商那里的销售量波动也不大，但厂家从经销商那里得到的订货量却出现了大幅波动，同一时期厂家向原材料供应商的订货量的波动幅度更大，这一现象与我们挥动鞭子时手腕稍稍用力，鞭梢就会出现大幅摆动的现象类似。因此，人们称之为牛鞭效应，具体内容如图10-3所示。

牛鞭效应的实质是供应链下游消费需求的轻微变动导致上游企业生产和经营安排的剧烈波动。当市场上一种商品的消费需求发生细微变动时，这种波动会沿着零售商、批发商、分销商直至制造商逆流而上，并逐级扩大，在达到最终源头供应商时，其获得的需求信息和实际消费市场中的顾客需求信息出现很大的偏差，需求信息严重扭曲或失真。

牛鞭效应的存在给企业造成严重的后果，使需求信息放大造成失真。由于这种需求

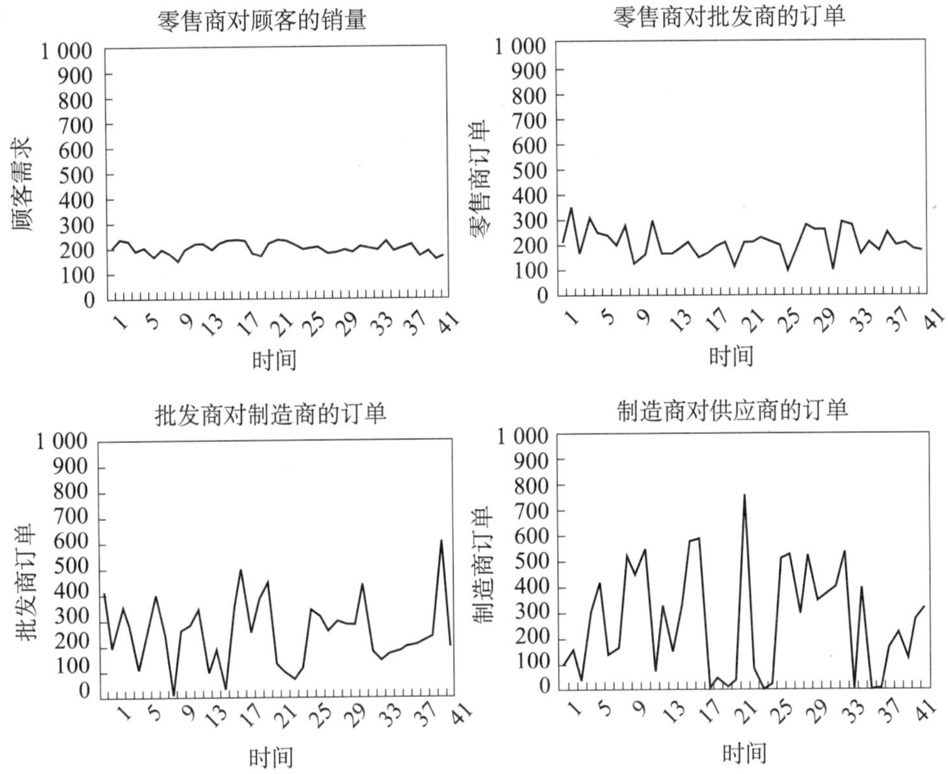

图 10-3 宝洁公司供应链上的牛鞭效应

信息放大的影响，上游供应商往往需要维持比下游需求更高的库存水平，以应对销售商订货的不确定性，从而人为地增大了供应链中上游供应商的生产、供应、库存管理和市场营销风险，导致库存成本上升，产品积压，资金占用，利润下降，削弱企业的竞争力，使整个供应链的运营效率低下，甚至导致生产、供应、营销的混乱。

（二）推动策略

传统上把供应链的整合策略划分为推动式和拉动式两种，这种划分源自 20 世纪 80 年代的制造业革命。推动式生产和分销策略都是根据长期预测的结果制定出来的，制造商利用从零售商获取的订单来进行需求预测，并根据预测来安排企业相关的生产和分销。这种策略有两大弊端：第一，企业不能满足市场已经变化的需求。第二，当某种需求消失时，企业会因存在大量库存遭受损失。由于牛鞭效应的存在以及产品更新换代的速度加快，根据长期信息进行预测的方法已经不能满足现在供应链管理的需要，因此，纯粹的推动策略现在很少使用。

（三）拉动策略

在拉动策略中，生产和分销是由需求驱动的，这样生产和分销就能够与客户的真正需求而不是预测需求进行协调。在拉动式供应链中，库存量很小，只要对订单快速做出反应就行了。使用拉动策略的好处是能够很好地预测零售商订单的到达情况，缩短提前期，由于提前期的缩短能够降低零售商的库存，同时能够大幅降低供应链系统的变动，从而反过来进一步降低供应链上的库存水平。

（四）推拉策略

推拉策略是将推动策略和拉动策略有效地整合在一起，在供应链的上下游有一个推拉分界点，这是供应链中推动策略和拉动策略的接口，如图10-4所示。这种策略具备拉动和推动两种策略的优点。下游实行拉动策略，主要通过产品延迟差异化策略来满足顾客多样化的需求，而上游主要采用推动策略，进行批量生产以降低成本。推拉策略能够有效结合两种策略的优势，在降低成本的同时不断满足顾客的需求。

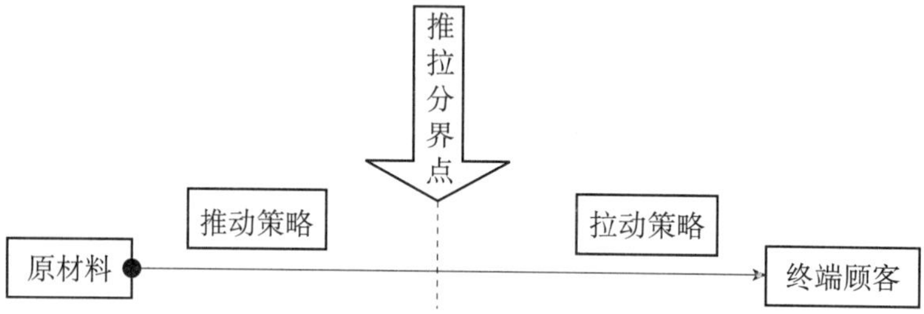

图10-4 供应链推拉策略的分界点

三、供应链信息共享

供应链上的信息具有以下几个方面的作用：

第一，有效减少供应链上的变动性。牛鞭效应最重要的诱因就是供应链上下游信息的不对称，如果供应链上各合作伙伴都能够共享各部分的信息，那么由信息不对称带来的波动会很小。

第二，供应链上的信息能够帮助供应商做出更好的预测，从而更好地应对市场的变化。

第三，信息的集成和分享能够更好地协调生产和分销系统，分销系统的信息传递到生产部分，从而使得生产部分能够按照市场的需求批量及产品种类进行生产。

第四，信息能够帮助零售商迅速对顾客产生的问题做出反应，并进行快速的调节适应。

（一）牛鞭效应与供应链的信息共享

需求信息的共享和对需求信息的控制是解决牛鞭效应一个重要途径。在了解信息如何降低牛鞭效应之前，我们需要了解牛鞭效应的成因。

1. 短缺博弈

当市场的需求大于供给时，制造商的产量可能无法满足所有需求。此时制造商常根据零售商的订货数量按照一定的分配制度进行限量供应。当供给只能达到总需求的50%时，零售商为了不缺货，就可能采取把订货量增大一倍左右、等到需求降温时再取消一半的策略。

2. 需求信息的多重处理

供应链上的各节点企业通常根据所获得的需求信息来对未来一个时期的需求做出预测，根据此预测结果来设定安全库存和订货批量。当供应链的下游企业制定了一份订单并传递给上游企业之后，上游企业就把订单的信息作为产品的未来需求信号处理，并且在此基础上进行相应调整之后再传递给上游企业。

3. 周期批量订货方式

需求出现后，库存量逐渐减少。在供应链中，每个节点企业都会向上游企业订货，并且会对库存进行监测和控制。订货批量一般来说有即时批量和周期批量之分。但实际应用中，企业并不是立即向上一级供应商订货，而通常在订货之前，将需求做批量处理或进行积累。

4. 产品价格波动

制造商通常会进行周期性促销，这些优惠实质上是一种间接的价格优惠，产生一定时期的价格波动。价格发生波动时，消费者和供应链中的其他成员会在低价时买进过量的产品并储存起来，而在价格上升的时候停止购买。

（二）通过供应链信息共享来降低牛鞭效应

降低牛鞭效应最常用的方法是通过共享顾客需求信息来减少整个供应链的不确定性。因为采用信息技术后需求信息的传递由原来的线性结构变为网状结构，即供应链中的每个成员不仅接收其直接下游传来的订单信息，同时接收来自最终顾客的需求信息。每个成员利用流向自己的各种信息来预测实际需求和向上游企业的订货量，能够有效避免由多头预测引起的信息失真。同时现代信息技术等也为更加快捷便利地进行供应链成员之间的信息传递提供了可行条件。

加强库存管理是降低牛鞭效应的有效途径，目前比较流行的有效降低牛鞭效应的库存管理方式如下。

1. VMI 库存控制

VMI 是一种供应链集成化运营的决策代理模式。它把客户的库存决策权代理给供应商，由供应商代理分销商或批发商行使库存决策的权力，从而打破传统的先产生订单再进行补货的供应模式中以实际或预测的消费者需求作为补货依据的做法，减少了多方预测而导致的重复次优选择，消除了传统方法中需求信息从分销商向供应商传递过程中的放大和扭曲，大大降低了牛鞭效应的影响。

2. 联合库存控制

联合库存是一种风险分担的库存管理模式，是基于协调中心的联合库存管理模式。联合库存管理强调双方同时参与共同制订库存计划，使供应链过程中的每个库存管理者（供应商、制造商、分销商）都从相互间的协调性角度来考虑和保持供应链相邻两个节点之间的库存，从而消除需求放大变异现象。

第 4 节　基于供应链的战略联盟

战略联盟是两个公司之间多方位、长期、战略目标导向的伙伴关系。公司加入战略联盟往往出于三个目的：达到战略目标；在增加收益的同时减少风险；充分利用资源。

战略联盟可为合作双方提供的显著优势有以下几个方面：

第一，协同性。整合联盟中分散的公司资源。

第二，提高市场反应速度。联盟方通过各方面的协同运营以提高各自的市场反应速度。

第三，分担风险。使公司能够抓住市场机遇并分散风险。

第四，加强合作者之间的技术交流，使它们在各自独立的市场上保持竞争优势。

第五，与竞争对手结成联盟，避免双方投入大量资金展开竞争。

第六，通过联盟可获得重要的市场信息，顺利进入新的市场，并与新客户保持好关系，有助于销售的增长等。

基于供应链的战略联盟主要有三种方式。

一、第三方物流

第三方物流，就是生产经营企业把原来属于自己处理的物流活动，以合同方式委托给专业物流企业，同时通过信息系统与物流企业保持密切联系，以达到对物流全程的管理和控制的一种物流运营方式。第三方物流的产生从根本上适应了全球企业逐步集中力量于核心业务的大趋势。客户订单的交货速度要求越来越快，并且市场部门需要将产品覆盖到更远的地域，销售部门要求更快、更频繁地获得全国各地的库存数据等，所有这一切都迫使企业不得不在物流管理上投入大量的资金、时间和精力，而物流通常不被制造业和分销业企业视为核心业务，一个企业如果把有限的资源分配在从属业务上，它在开发新产品和改良工艺方面必然力不从心。因此，企业将目光投向市场，从而产生了对第三方物流市场的需求。

二、零售商-供应商一体化

为了平衡零售商和供应商之间的关系，零售商和供应商努力合作，从而形成一种新的零售商和供应商关系，称为零售商-供应商一体化。

零售商和供应商之间有以下几种关系：快速响应、连续补货、高级持续补货、供应商管理库存。零售商和供应商之间的关系特征如表10-1所示。

（1）在快速响应中，供应商从零售商那里获得销售信息，并用此信息来将企业各部分进行同步化，供应商能够准确地预测各方面的需求信息。

（2）在连续补货中，供应商利用零售商的数据，按照事先约定的时间来准备运输，从而维持零售商既定的库存水平。

表10-1　零售商和供应商之间的关系特征

类型	决策制定者	库存所有权	供应商采购的新技术
快速响应	零售商	供应商	预测技术
连续补货	合约规定	任何一方	预测技术和库存控制技术
高级持续补货	合约规定并持续	任何一方	预测技术和库存控制技术
供应商管理库存	供应商	任何一方	零售管理

（3）在高级持续补货中，供应商在满足服务水平的前提下，逐渐降低零售商或者配送中心的库存水平。库存管理非常复杂，下游需求会不断变动，应当在应对这些变动的同时使库存最低。

（4）在供应商管理库存中，由供应商决定每种产品恰当的库存水平，并维持这种库存水平。

零售商-供应商一体化的形成需要具备先进的信息系统，使需求信息和库存信息能够在二者之间快速传递，这个信息系统有助于减少供应链上的波动和加快运输速度。零售商-供应商一体化需要建立在双方信任的基础上，如果缺乏信任，联盟必定走向失败。

三、分销商一体化

随着顾客需求的增加，分销商在分销网络中的作用越来越大，这也使得企业开始关注提升分销商的价值。就库存而言，分销商一体化在整个分销网络中会产生一个巨大的联合库存，这样可在提高服务水平的同时降低总体库存成本，还可以将顾客需求转到最合适解决此问题的分销商，满足顾客特定的技术服务需求。由于库存风险分担的观念，供应链的前期环节中必须持有库存，它们仅在需要的时候才进行配送。在分销商一体化中，每个分销商可以查看其他分销商的库存情况，以确定从哪里获得必要的产品和部件。当然，分销商必须给予其他分销商一定的报酬作为补偿。

第 5 节 供应链采购与外包管理

随着全球化的不断发展，世界工厂的格局越来越明显，以美国为代表的发达国家开始将自己的一些非核心制造部分向外转移以使人力资本和原材料价格降低。

一、外包的优势

整个 20 世纪 90 年代，将关键部件的生产外包给其他生产商成为快速降低成本的有效工具，很多美国企业通过外包获得了大量收益，也使得因外包而形成的新型组织模式——虚拟企业被誉为“21 世纪的主流企业模式”。外包的主要优势如下：

（1）风险分担。外包可能将需求的不确定性转嫁给合同生产商，即虚拟企业的盟员。而盟员的优势是它们能够将来自不同采购者即盟主的需求进行集成，实现了风险分担的目的。

（2）规模经济。进行外包的一个主要目标是通过不同采购者的订单合集实现规模经济，从而降低生产成本。

（3）降低资本投入。进行外包的一个重要原因是自己不需要投入大量的资本新建工厂生产相关的部件，这不仅分散了风险，更提高了企业的效率及市场反应能力。

（4）专注核心竞争力。通过外包，盟主企业能够专注于提高自身的核心能力，即它区别于竞争对手并能够被用户识别的能力，将更多的资源放在提高这些能力上将使其获得更大的竞争优势。

二、采购及制造决策

企业在采购和外包时通常面临一个问题：如何决定哪些部件自己生产，哪些部件外包。为解决此问题，法恩和惠特尼开发了一套评价框架，根据这个框架，他们将外包分为两大类：

（1）基于能力。在这种情况下，企业具备生产该部件的知识和技能，但由于各种原因决定外包。

（2）基于知识。在这种情况下，企业不具备生产该部件的人力、技能和知识，外包是为了获得这些能力。

通过上面两个大类，两位学者开发了一个用于采购/制造决策的简单框架，如表 10－2 所示。

表 10－2　采购/制造决策的简单框架

产品	依赖知识和能力	不依赖知识但依赖能力	不依赖知识和能力
模块化	外包有风险	外包是个机会	外包有降低成本的机会
整体化	外包风险非常大	可以选择外包	自己生产

三、采购战略

采购成本的降低对企业利润率的提升很重要，恰当的采购战略取决于采购企业产品的类型和风险以及不确定性的水平，并且不同行业的采购战略也不尽相同。克拉利奇认为采购战略应当分为两个维度：对利润的影响和供应风险。根据这两个维度得出了一个二维矩阵，如图 10－5 所示。下面对每个具体项目进行简单的说明。

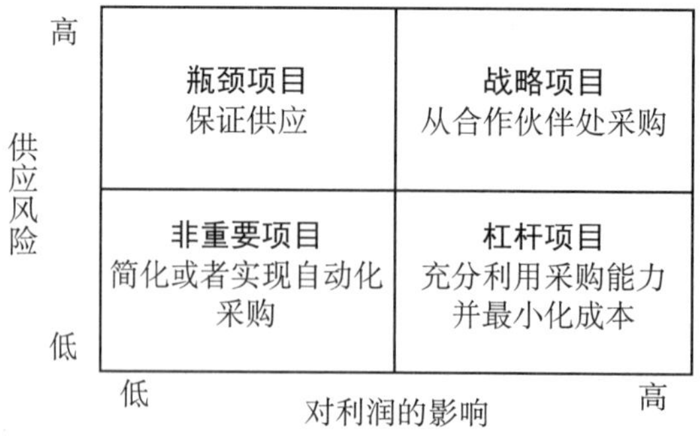

图 10－5　采购战略示意图

（1）右上角项目是战略项目，其风险和利润都很高，这些项目对顾客的感受影响非常大，并构成了系统成本的很大一部分，这种项目的供应商往往是唯一的。

（2）右下角项目利润很大，风险较小，这种项目称为杠杆项目，其成本的降低会带来很大的利润提升，因此，对于此类项目，应当引入供应商竞争机制，以大幅降低采购成本，获得利润的提升。

(3) 左上角项目具有比较大的风险，同时对成本影响比较小，称为瓶颈项目。这些项目不会对制造成本造成太大的影响，但它们的风险很大，因而保证持续供应非常重要。

(4) 左下角项目是非重要项目，目标是尽可能简化，甚至是实现自动化采购。这种项目可以授权一些员工，由他们直接采购。

这个矩阵给我们提供了采购决策的工具，只需要确定项目的类型便可以实行相对应的策略。

第 6 节　现代物流发展的新趋势

一、绿色物流

进入 21 世纪，现代物流将有效利用资源和维护地球环境放在发展的首位，以建立全新的从生产到废弃全过程效率化的、信息流与物质流循环化的可持续物流系统。绿色物流（environmental logistics）作为一种融合了环境保护理念的物流决策模式，是连接绿色制造和绿色消费的纽带，也是降低资源消耗和能源消耗、减少污染、提高竞争优势的一项具有长远利益的“战略武器”。

绿色物流是指在物流过程中抑制物流对环境造成危害的同时，实现对物流环境的净化，使物流资源得到最充分的利用。它以减少污染物排放、减少资源消耗为目标，通过先进的物流技术和面向环境管理的理念，进行物流网络系统的规划、控制、管理和实施。

（一）绿色物流系统的构成

物流系统的六大基本要素是运输配送、储存保管、装卸搬运、现代包装、流通加工和物流信息，这也是物流系统绿色化的基本内容。六大基本要素中，运输配送、储存保管、现代包装、流通加工对环境的影响较大，因而绿色物流系统的功能要素主要由绿色运输、绿色仓储、绿色包装和绿色流通加工构成。

1. 绿色运输

绿色运输是指以节约能源、减少废气排放为特征的运输。根据运输环节对环境影响的特点，运输绿色化的关键原则是降低卡车在道路上的行驶总里程。围绕这一原则的绿色运输途径包括绿色运输方式、环保型运输工具、绿色物流网络、绿色货运组织模式等。

2. 绿色仓储

绿色仓储是要求仓库布局合理，以减少运输里程、节约运输成本。如果仓库布局过于密集，会增加运输次数，从而增加能源消耗，增加污染物排放；如果仓库布局过于松散，则会降低运输效率，增加空载率。此外，在仓库布局前还应进行相应的环境影响评价，充分考虑仓库建设和运营对所在地环境的影响。

3. 绿色包装

绿色包装是指以节约资源、降低废弃物排放为目的的一切包装方式。按照包装的构成，绿色包装可进一步分解为包装材料的绿色化、包装方式的绿色化和包装作业过程的绿色化三个方面；按照包装产品的生命周期，绿色包装包括包装设计的绿色化、包装生产过程的绿色化、包装作业过程的绿色化、包装废弃物的回收再利用等。

4. 绿色流通加工

绿色流通加工的实施途径包括：（1）专业化集中式流通加工，以规模作业方式提高资源利用效率；（2）流通加工废料的集中处理，与废弃物物流顺畅对接，降低废弃物污染及废弃物物流过程的污染。

（二）绿色物流系统的特征

1. 开放性

绿色物流系统由多个要素构成，其内部各要素之间、系统与外部大环境之间不断地进行着物质、能量和信息的交换，并且以“流”的形态贯穿其间，从而形成一个动态的、系列的、层次的、具有自我调节和反馈能力的相对独立的体系。开放性的另一个体现就是绿色物流系统内部要素之间存在着协同与竞争的复杂关系。

2. 区域特性

绿色物流系统总是有一定的空间范围，在谈论物流发展时总要将它放在特定的空间中进行考察。区域作为某种特定范围的地域综合体，有其特定的自然、社会、经济、生态环境等要素，亦有其固有的形成、发展和演化机制，一个区域的经济社会活动必须遵循其固有的基本规律。因此，绿色物流系统必须考虑区域这一基本特征。

3. 多环节特性

绿色物流系统也就是物流系统的绿色化，既包括物流系统的“绿色”状态，也包括为使物流系统变得“绿色”所进行的调整和行动过程。不管是社会物流、城市物流还是企业物流，绿色物流系统都应该包括绿色运输、绿色仓储、绿色包装、绿色流通加工等功能环节。

4. 行为主体的多样性

绿色物流系统的行为主体包括广大的公众（消费者）、各行业的生产企业、分销企业、物流企业、批发零售企业等。这些行为主体的环境意识和环境战略将对其所在的供应链物流的绿色化产生重要的推动作用或制约作用。因此，与绿色物流系统相关的政策法规、消费者督导、企业自律等也是实施绿色物流战略的宏观管理策略。

5. 层次性

层次性表现在绿色物流系统本身可分解为若干子系统，各子系统还可进一步分解为更小的子系统。按照绿色物流系统管理和控制主体的不同，可分为社会决策层、企业战略层和企业作业层三个层次的绿色物流活动。其中，社会决策层的职能是通过制定绿色物流方面的政策、法规、标准，传播绿色理念，约束和指导企业的绿色物流战略；企业战略层的任务则是从战略高度，与供应链上的其他企业协同，共同规划并管理企业的绿色物流系统，建立有利于资源再利用的循环物流系统；企业作业层的绿色物流活动主要是指物流作业环节的绿色化，如运输的绿色化、仓储的绿色化、包装的绿色化、流通加工的绿色化等。

二、电子商务物流

电子商务物流，就是依托互联网平台，综合应用先进的计算机网络技术、信息技术、物流管理技术完成物流的组织、交易、协调、控制和管理的全过程，提供从网络前端到最终客户端的所有中间过程服务，实现产品最简单、精确、快捷的物理性流动。

（一）电子商务下的物流特点

1. 信息化

电子商务时代，物流信息化是必然要求。物流信息化表现为物流信息的商品化、物流信息收集的数据库化和代码化、物流信息处理的电子化和计算机化、物流信息传递的标准化和实时化、物流信息存储的数字化等。

2. 网络化

网络化有两层含义：一是物流配送系统的计算机通信网络，包括物流配送中心与供应商或制造商的联系要通过计算机网络。与下游顾客间的联系也要通过计算机网络通信，比如在物流配送中心向供应商提交订单时，就可以使用计算机通信方式——借助增值网（VAN）上的电子订货系统（EOS）和电子数据交换技术（EDI）来自动实现，物流配送中心通过计算机网络接受下游客户的订货过程也可以自动完成。二是组织的网络化，即企业内部网（intranet）。

3. 自动化

自动化是以信息化为基础的，其核心是机电一体化，外在表现为对各种自动化物流设施的应用，如射频识别系统、自动分拣系统、自动存取系统、货物自动跟踪系统等。

4. 智能化

物流信息化的高层次应用表现为智能化。物流作业过程中涉及大量的运筹和决策，诸如库存水平的确定、运输（搬运）路径的选择、自动导向车的运行轨迹和作业控制、自动分拣机的运行、物流配送中心经营管理的决策支持等问题都需要借助大量的运算才能解决。这就需要智能化的管理中心来提高物流现代化的水平，物流的智能化已成为电子商务下物流发展的一个新趋势。

5. 柔性化

随着市场变化的加快，产品寿命周期逐渐缩短，小批量多品种的生产已经成为企业新的生产模式。目前，国外许多适用于大批量制造的刚性生产线正在逐步改造为适用于小批量多品种的柔性生产线，以适应消费者的个性化需求。

6. 虚拟物流系统走向应用

随着对全球卫星定位系统（GPS）的应用，社会大物流系统的动态调度、动态储存和动态运输将逐渐代替企业静态固定的仓库。由于物流系统的优化目的是减少库存直到零库存，这种动态仓储运输体系借助全球卫星定位系统，充分体现了未来宏观物流系统的发展趋势。随着虚拟企业、虚拟制造技术的不断发展，虚拟物流系统已经成为企业内部虚拟制造系统的一个重要组成部分。

（二）制定电子商务物流方案的考虑因素

1. 消费者的地域分布

一般商务活动的有形销售网点资源是按销售区域来配置的，每一个销售点负责一个特定区域的市场。例如，把全国划分为八大销售大区，每个大区内设立一个配送中心，负责向该大区的销售网点送货，各销售网点向配送中心订货和补货，配送中心则在规定的时限内将订货送达各个销售网点。但这种方式的弊端在于，电子商务的客户可能在地理位置上十分分散，要求送货的地点很不集中，所以无法经济合理地组织送货。因此，提供电子商务服务的公司需要对销售区域进行市场定位，对不同的销售区域采取差别化的物流服务政策。

2. 销售商品的品种

从理论上讲，没有什么商品特别不适合采用电子商务的销售方式。人们认为，音乐、电影、游戏、图片、计算机软件、新闻、医疗咨询等可以通过信息传递完成物流过程的商品，是最适合采用电子商务销售的。因为这些产品信息的查询、订货、支付等商流、信息流、资金流可以在网上进行，其物流也可以在网上完成，也就是说这些类型的商品可以实现物流、商流、信息流和资金流的完全统一。为了将某一商品的销售批量积累得更多，推行电子商务就需要筛选商品品种。同时，电子商务也要有一定的销售渠道与之相配合，不同商品的进货和销售渠道可能不同。品种越多，进货渠道及销售渠道就越复杂，组织物流的难度也就越大，成本也就越高。因此，为了在物流环节不增加过多的费用，需要将商品的品种数量限制在一定的范围内。

3. 商品配送的具体要求

电子商务物流方案中的配送环节是完成物流过程并产生成本的重要环节，需要精心设计一个好的配送方案，应该考虑存货的可得性（stock availability）、反应速度（responsiveness）、送货频率（frequency of delivery）、送货的可靠性（delivery reliability）、首次报修修复率（first call fix rate）、配送文档的质量（documentation quality），同时还要设计配套的投诉程序（claim procedure），提供技术支持（technical support）和订货状况信息（order status information）等内容。

4. 电子商务服务提供者

互联网服务供应商（ISP）、互联网内容服务商（ICP）、传统零售商店、传统批发企业、制造企业等均有条件开展电子商务业务，但它们具有不同的特点，不同的组织物流、商流、信息流、资金流的能力。从物流的角度来看，传统零售商、批发商的物流能力要优于纯粹的 ISP、ICP 和一般的制造商；但从商流、信息流和资金流的角度来看，可能恰好相反。因此，设计物流方案时，要根据电子商务服务供应商种类的不同，扬长避短，发挥各自的优势，实现供应链集成，共同完成向消费者提供电子商务服务的工作。

5. 物流成本水平与库存控制策略

电子商务物流具有更加明显的多品种、小批量、多批次、短周期的特点，由于很难单独考虑物流的经济规模，因而物流成本较高。例如，消费者自己到一个商店去购买一台冰箱，商店提供免费送货服务。如果一次送货要花费 50 元，这时商店一般会将顺路的其他消费者购买的商品装配在一个送货车里一次性完成送货；如同时送 5 台冰箱，即便是免费送货，每个冰箱的送货费用也只有 10 元。但当采用电子商务方式时，公司很难如愿地将消费者的订货在一个比较短的时间内集中起来并装配在一台送货车里，这样就会造成送货次数的分散和一次送货批量的降低，直接导致物流成本的提高。这个物流成本由单个消费者负担，会对电子商务交易形式产生威胁，所以电子商务服务商必须扩大在特定的销售区域内消费者群体的基数，如果达不到一定的物流规模，则物流成本肯定居高不下。

在库存控制问题上，电子商务经营者也面临挑战，因为经营者难以预测某种商品的未来销量，库存控制历来就是销售管理中最难的课题。解决这一难题的最佳办法就是像戴尔公司那样做直销，先拿到订单，按照订单组织生产活动，再将货物送达消费者手中。但在直销过程中，消费者始终处于不利地位，因为他要等待，要支付更多的费用，一旦需要退货，消费者还将面临尴尬局面。另外，有的直销可能还要消费者预付货款，如果经营者不给消费者提供特殊的附加价值，消费者就不会去冒这些风险。同时，在采用直销时，对生产环节的要求更加严格，许多制造商不具备按单生产的条件，因此并非任何经营者都可成功地采用直销方式来规避库存风险。此外，在设计电子商务的物流方案时，还应该注意规划好运输工具、运输方式及运输整体方案等。

关键术语

供应链与供应链管理　　EOQ 模型　　牛鞭效应　　推拉策略　　现代物流发展

思考题

1. 如何进行库存管理？主要方法有哪些？
2. 试述牛鞭效应的成因、危害以及如何降低牛鞭效应。
3. 简述基于供应链的几种战略联盟以及战略联盟的优势。
4. 简述推拉策略在供应链中的价值。
5. 现代物流发展的新趋势有哪些？

案例分析

2005 年，权威市场调研公司 AMR 发布了“供应链 25 强”，名列榜首的正是戴尔公司。AMR 把供应链称为“捕食者的刀锋”。1996 年，戴尔的销售额只有 25 亿美元，到 2005 年，戴尔的年收入已达到 542 亿美元，连续数年在全球计算机厂商中名列第一。在中国市场，戴尔也获得了成功。自 1998 年 8 月进入中国后，戴尔一直保持高速增长，短短 7 年后其在中国的市场份额就已接近 10%，排名第三。

“直销模式”是戴尔的最大特色。戴尔完全按订单生产，客户打电话或者从网上下订单后，戴尔再根据客户的要求生产。这种生产和销售方式使得戴尔可以根据顾客实际需求的变化不断调整自己的物料需求，并通过信息系统和供应商共享这些信息。

戴尔的经营模式被理论界称为“虚拟经营”：专注于自己最擅长的领域，把不擅长的环节外包给行业中做得最好的企业去做，自己做最后的组装和整合。从某种角度看，供应商就相当于戴尔的一个车间，如果供应商提供的每一个零件的性价比都有竞争力，那么最后戴尔组装好的整个产品就是有竞争力的。戴尔把供应商看作自己的车间，但是通常工厂的零件车间就在组装车间的隔壁，而戴尔的供应商却分布在世界各地，该如何管理呢？这就不得不提到戴尔供应链中另外一个十分重要的概念——“交易引擎”。

很多工厂都安装了ERP系统，这是很平常的事情。但如果工厂的零件车间没有了，只有一个个外部供应商，就要将ERP系统延伸至每个供应商，这个越过四面墙壁的ERP系统就是戴尔的“交易引擎”。在这个信息平台上，戴尔和供应商的信息可以做到极大的共享：戴尔客户中心的采购人员可以从这个平台上看到供应商的生产情况和库存情况、供应商有多少货物正在运往戴尔的途中、供应商在戴尔附近的中转仓库的存货有多少等，所有信息一目了然，就像工厂对其车间的情况一样了解得非常清楚。

戴尔的供应商每个星期都会收到更新的对未来三个月的生产预测，对于一些需求变化比较大的零件甚至一天就会更新一次预测。这使戴尔在市场变化较大的情况下也能得到及时供货，供应商也可以根据实际情况安排生产，减少库存。戴尔根据市场需求不断调整自己的生产计划，并促使供应商不断地调整生产计划，双方的生产都在不断的调整过程中贴近市场的真实需求。在这个过程中，戴尔和供应商的信息高度共享，使它们就像一个整体一样运转，从而体现了戴尔“虚拟整合”的管理思想。

随着全球经济形势的不断变化以及贸易紧张局势的加剧，戴尔不断对自己的供应链进行动态调整，同时充分利用现代科技手段，如物联网、人工智能等提升供应链的效率和灵活性。同时，戴尔也更加重视环保和可持续发展问题，通过绿色生产、循环经济等手段，降低供应链的环境风险。

资料来源：姚建明．战略供应链管理．北京：中国人民大学出版社，2014.

讨论题

1. 戴尔根据市场需求不断调整生产计划，供应商也随之调整生产计划，这种方式会对供应商产生什么影响？作为戴尔的供应商，会如何应对这一问题？

2. 从供应链管理角度分析戴尔供应链的核心优势在哪里。

第 11 章

项目管理

| 本章要点 |

项目管理是 20 世纪 60 年代初在西方发达国家发展起来的一种新的管理技术，是现代工程技术、管理理论和项目建设实践相结合的产物。它考虑了工程项目的多种界面和复杂环境，强调了项目的总体规划、矩阵组织和动态控制，由此组成的项目管理系统具有规划、组织和控制等职能。本章将对项目管理概念、项目的组织与控制、项目管理方法、现代项目管理发展趋势加以介绍，使读者掌握项目管理的基础知识。

引例

港珠澳大桥岛隧工程是典型的多项目联动工程，也是国内交通行业第一次采用设计施工总承包模式建设的超大规模工程。作为海工工程领域唯一的“国家队”，中交集团承接并圆满完成了岛隧工程建设任务。

在港珠澳大桥岛隧工程建设中，中交集团利用总承包，形成团队整体优势，通过设计施工联动、动态整合优化资源，实现了大型复杂工程的管理协同；依靠自主创新，通过智能建造、风险驱动、并行管理，实现了外海岛隧技术突破；以可持续理念，追求设计长寿耐久、施工绿色低碳、运营低排低耗，实现了全寿命周期的绿色工程目标；以品质工程理念，提升更安全、更舒适、更精致、更美观的工程体验，实现了由追求“合格率”向追求“满意度”跃升；以本质管理理念，通过“五保”——创新、技术、装备、风险管控、以人为本保现场，推行“三化”——工地工厂化、6S 工地化、现场标准化，实现了一流水平的工程现场管理。

港珠澳大桥岛隧工程经过 5 年时间准备，发挥设计施工总承包优势，实现了 7 年建设期间安全零伤亡、环保零投诉，工程经受住了 2017 年“天鸽”和 2018 年“山竹”两次超强台风的考验，实现了我国外海沉管隧道建造技术的突破，促进了海工工程技术迭代升级，为推动世界岛隧技术发展做出了中国贡献。

2018年10月24日，港珠澳大桥正式开通运营。

资料来源：林鸣．建造世界一流超大型跨海通道工程：港珠澳大桥岛隧工程管理创新．管理世界，2020，36（12）：202－212.

第1节　项目管理概述

一、项目的定义

项目是指具有明确的开始点和结束点，以实现所要求的进度、费用以及各功能因素等特定目标，由某个人或某个组织从事的具有一次性特征的一系列协调活动。项目侧重于过程，是一个动态的概念，例如，我们可以把一条高速公路的建设过程称为项目，但不可以把高速公路本身称为项目。

二、项目的组成要素

项目由以下五个要素构成：项目的范围、项目的组织、项目的质量、项目的费用和项目的时间进度。在项目的五个要素中，范围和组织是最基本的，而质量、时间进度、费用可以有所变动，是依附于范围和组织的，下面分别介绍这五个要素。

1. 项目的范围

项目的范围是指为达到项目的目标所必须完成的工作。简单地说，确定项目的范围就是为项目确定一个界限，即确定哪些方面是属于项目应该做的，哪些不应该包括在项目之内，从而定义项目管理的工作边界，明确项目的目标。

在项目环境中，范围一词包括两方面的含义：一是产品的范围，即产品或服务所包含的特征或功能；二是项目的范围，即为交付具有规定特征和功能的产品或服务所必须完成的工作。在确定范围时首先要确定最终产生的是什么，它具有哪些可清晰界定的特性。特性必须表达清晰，以认可的形式表达出来，比如文字、图表或某种标准等，在此基础之上才能进一步明确需要做什么工作才能产出所需要的产品，也就是说产品的范围决定项目的范围。

2. 项目的组织

项目是按照目标以一定的形式组建起来的，由组织各部门调集专业人才，并指派项目负责人在特定时间内完成任务。所有成员仅向项目经理负责，不再听命原部门主管指挥，待项目完成后，所有成员再回到原组织单位。

3. 项目的质量

把项目作为一次性活动来看，项目的质量体现在由工作分解结构反映出的项目范围内所有的阶段、子项目、工作单元的质量上。把项目作为一项最终产品来看，项目的质量体现在其性能或者使用价值上，即项目的产品质量上。

项目活动是应业主的要求进行的。不同的业主有着不同的质量要求，其意图已反映在项目合同中。因此，项目质量除必须符合有关标准和法规外，还必须满足项目合同条款的要求，项目合同是进行项目质量管理的主要依据之一。

4. 项目的费用

项目的费用是指完成项目各工作所需资源（人、材料、设备等）的总成本。

5. 项目的时间进度

项目的时间进度是指计算完成项目中各项工作的时间占预计总时间的比例，从时间方面估计项目完成的进度。

三、项目的一般特点

1. 明确的目标

每个项目都有自己明确的目标，为了在一定的约束条件下达到目标，项目经理在项目实施前必须进行周密的计划。事实上，项目实施过程中的各项工作都是围绕项目的预定目标进行的。

2. 独特的性质

每个项目都有自己的特性，每个项目都不同于其他项目。项目所产生的产品、服务或完成的任务与已有的产品、服务或任务在某些方面有明显的差别。项目自身有具体的时间期限、费用和性能质量等方面的要求。因此，项目的过程具有自身的独特性。

3. 资源成本的约束性

每个项目都需要运用各种资源来实施，而资源是有限的。

4. 项目实施的一次性

这是项目与日常运营之间最大的区别。项目有明确的开始时间和结束时间，项目在此之前从来没有发生过，而且将来也不会在同样的条件下再发生。

5. 项目的确定性

项目必须有确定的终点，在项目的具体实施中，外部因素和内部因素总是会发生一些变化，当项目的目标发生实质性变动时，它就不再是原来的项目，而是一个新的项目，因此项目的目标是确定的。

6. 特定的委托人

项目的委托人既是项目结果的需求者，也是项目实施的资金提供者。

7. 结果的不可逆转性

不论结果如何，项目结束了，结果也就确定了。

8. 危险性

项目管理与日常运营管理不同，在项目开展过程中，项目所需的各种条件和所处环境都会有所变化。同时，人们认识问题也存在一定的局限性，从而会使项目的实际情况与预期目标产生一定的偏差，这就造成了投入与回报的不确定性。一个项目就是一次独一无二的冒险。

9. 创新性

因为项目具有独特性，这就需要项目进行不同程度的创新，而在创新过程中肯定会包含一定的不确定性。

四、项目管理的概念与意义

（一）项目管理的概念

项目管理是指项目的管理者在有限资源的约束下，运用系统的观点、方法和理论，对项目涉及的全部工作进行有效的管理，即对从项目的投资决策开始到项目结束的全过程进行计划、组织、指挥、协调、控制和评价，以实现项目的目标。

现代项目管理知识体系包括许多方面的内容，这些内容可以按照多种方式去组织。从管理职能角度，可将现代项目管理知识体系划分为九大职能领域，包括项目整体管理、项目范围管理、项目时间管理、项目费用管理、项目质量管理、项目人力资源管理、项目沟通管理、项目风险管理和项目采购管理。

（二）项目管理的意义

项目管理能够给我们带来什么好处呢？主要有以下几点：

1. 合理安排项目进度，有效使用项目资源，确保项目能够按期完成并降低项目成本

通过工作分解结构、网络图和关键路径、资源平衡及资源优化等一系列项目管理方法和技术，可以尽早地确定项目的任务组成，并合理安排各项任务的先后顺序，有效地安排资源，特别是项目中的关键资源和重点资源，从而保证项目的顺利实施，并有效降低项目的成本。

2. 加强项目的团队合作，提高项目团队的战斗力

项目管理提供了一系列人力资源管理、沟通管理的方法，如人力资源的管理理论、激励理论、团队合作方法等。通过对这些方法的使用，可以增强团队合作精神，提高项目组成员的工作士气和效率。

3. 降低项目风险，提高项目实施的成功率

通过项目风险管理可以有效降低不确定因素对项目的影响。这些工作是在传统的项目实施过程中最容易被忽略的，也是对项目产生毁灭性后果的因素之一。

4. 有效控制项目范围，增强项目的可控性

在项目实施过程中，需求的变更是经常发生的。如果没有一种好的方法来进行控制，势必会对项目产生不良影响，而项目管理中强调进行范围控制，设立变更控制委员会和变更控制系统，能有效降低项目范围变更对项目的影响，保证项目顺利实施。

5. 尽早发现项目实施中的问题，有效地进行项目控制

项目计划、执行状况的检查以及PDCA循环的应用，能够较早地发现项目实施中存在和隐含的问题，可以使项目决策更加有依据，避免项目决策的随意性和盲目性。

6. 有效地进行项目知识积累

传统的项目经常在项目实施完成时就戛然而止，缺乏对项目实施进行总结和技术积累的环节。知名跨国公司之所以运营得很成功，除了有规范的制度，还有一个因素就是有比较好的知识积累。项目管理强调项目结束时要进行项目总结，这样能将更多的公司项目经验转化为公司的财富。

总体来讲，项目管理可以使项目顺利地实施，降低项目的风险性，最大限度地达到预期目标。

五、项目的生命周期

项目的生命周期是项目从开始到结束所经历的各个阶段，一般将项目分为识别需求、提出解决方案、执行项目、结束项目四个阶段。实际工作中可根据不同领域或不同方法再进行具体的划分。在项目生命周期运行过程中的不同阶段，不同的组织、个人和资源扮演着不同的角色。项目的生命周期如图 11-1 所示。

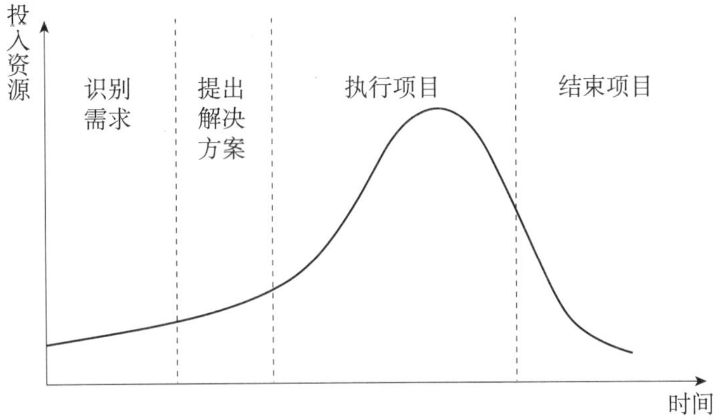

图 11-1 项目的生命周期

项目生命周期确定了项目的开端和结束。例如，当一个组织看到了一次机遇，它通常会做一次可行性研究，以便决定是否应该就此设立一个项目。对项目生命周期的设定会明确这次可行性研究应该作为项目的第一个阶段，还是应该作为一个独立的项目。项目生命周期的设定也决定了在项目结束时应该包括或不包括哪些过渡措施。项目的整个生命周期由项目的各个阶段构成，每个项目阶段都以一个或一个以上的工作成果的完成为标志。

当需求被客户确定时，项目就产生了。项目生命周期的第一阶段就是由客户和项目承约商就客户的需求进行识别，确认客户的真实需求和未来的潜在需求，分析投资收益比，研究项目的可行性，以明确项目的目标、产品、服务或要解决的问题，同时分析识别项目面临的各种制约因素。通常的做法是由客户以书面文件的形式明确自己的需求，并向个人、项目团队或组织（即项目承约商）征询需求建议书（request for proposal, RFP），要求项目承约商提交在成本约束和进度约束下用以满足客户需求的书面文件，以进一步识别、正确确定客户需求并决定项目是否由其承担。

项目生命周期的第二阶段主要是各项目承约商向客户提交标书、提出满足客户需求的方案，双方就方案及其目标做进一步磋商，确定最优方案并与项目承约商签订合同。这个阶段是赢得项目的关键，项目承约商要展示实力又要合理报价，花大量时间和精力提出解决客户问题、满足客户需求的方案及其所需资源的种类、数量，执行方案所需的时间等，并形成书面文件提交给客户，参与项目执行权的竞争。在客户对多个项目承约商的项目方案书进行评估并选出中标者后，客户和中标者将共同协商签署项目合同或协议，项目承约商开始承担项目成败的责任。

这个阶段容易出现的问题是：因看不见最终产品，项目营销人员为了获得项目执行权不惜“随便说”，甚至过度承诺（因不用他们去执行），会使得客户对项目产生过高的期望值，在项目交付使用时与项目公司发生冲突，导致项目公司发生损失。防治的方法是在合同中明确定义项目的目标和工作范围；在项目公司层级建立合同审核机制。

项目生命周期的第三阶段是执行项目方案，从公司角度来看这才是项目的开始。本阶段的内容包括细化项目目标，制订详细的工作计划；组建项目团队；协调人力和其他资源，执行项目计划；定期监控项目进展，分析项目偏差，采取必要措施进行偏差纠正；使客户满意于项目任务高质量地在预算内按时完成、实现项目目标。

在这个阶段，项目监控和纠偏工作与项目目标的实现休戚相关，特别是对一些不确定性较大的项目如IT项目以及有众多项目同时运行的IT公司而言，项目监控非常重要，必须建立全方位、一体化的监控体系跟踪项目的运行状态，保证项目实现预定的目标。

项目生命周期的最后阶段是项目结束阶段，该阶段有两个任务：一是项目结束的后续活动，即项目成果的移交与接交、项目款项的清算等。二是项目绩效的评估，一方面确认客户对项目的满意度及项目是否达到客户的期望度；另一方面分析项目缺陷，总结经验教训，以便为未来执行项目提供借鉴。项目的评估可以请客户参加，让其表达意见，并争取下一个商业机会，或请求将项目作为成果向其他客户展示。最后，举行庆祝仪式，让项目成员释放心理压力、享受成果。

在上述项目生命周期中存在两次责任转移：第一次在签订合同时，标志着项目成败的责任已经由客户转移给项目承约商；第二次在交付产品时，标志着项目承约商完成任务，开始由客户承担实现项目商务目标的责任。

第2节 项目的组织与控制

一、项目组织的类型

对于项目组织管理而言，由于项目不同，会有许多不同的项目组织类型。项目组织是为完成一次性、独特性的任务设立的，是一种临时性的组织，在项目结束以后项目组织的生命就终结了。

（一）职能型组织

职能型组织是一种层次型结构，主要适用于运营性企业或组织。这种组织是按照专业化分工和部门划分构建的，其结构如图11-2所示。

优点：在人员使用上具有较大的灵活性，专业技术人员等工作完成后又可以回去做他原来的工作；在人员离开项目组时，职能部门可作为保持项目连续性的基础；职能部门可以为本部门的专业技术人员提供一条正常的晋升途径。

缺点：技术复杂的项目通常需要多个部门的共同合作，交流方面存在一定的困难；这种组织结构使客户得不到应有的关注，因为职能部门有自己的日常工作，项目和客户的利益得不到优先考虑；职能部门的工作方式常常是面向本部门活动的，而一个项目要

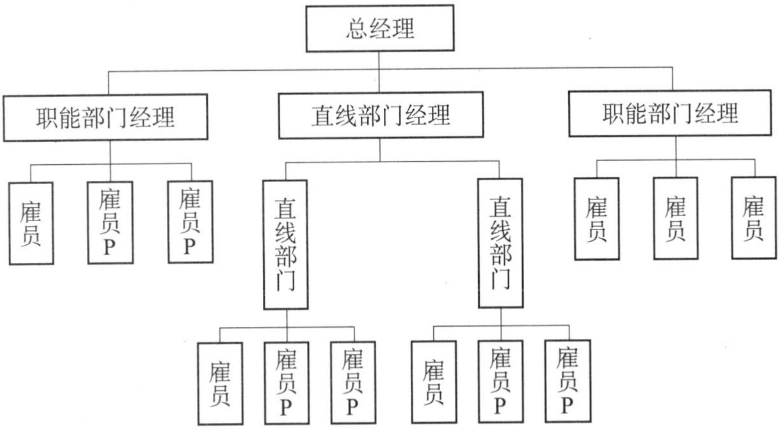

注：带 P 的雇员是分配去做项目的雇员（下同），他们的组合构成了职能型组织中的项目组织。

图 11－2　职能型组织的结构示意图

取得成功，其采取的工作方式必须是面向问题的；调配给项目的人员的工作积极性往往不是很高；责任不明确，最终导致协调困难，这会使对客户要求的响应变得迟缓和艰难。

（二）项目型组织

项目型组织是一种模块式的组织，专门为开展一次性、独特性的项目任务而建立。它主要适用于开展各种业务项目的企业和组织，结构如图 11－3 所示。

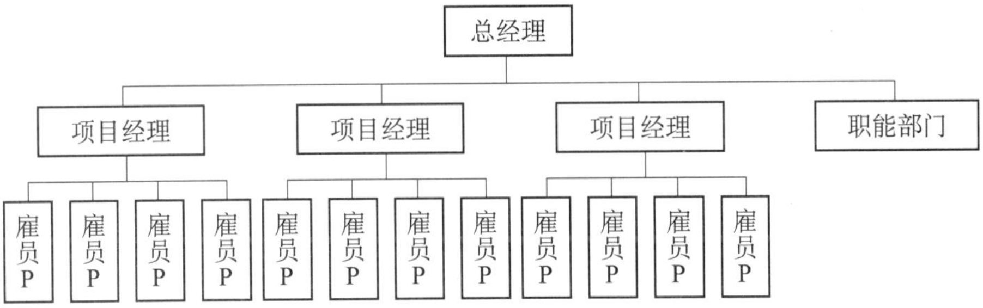

图 11－3　项目型组织的结构示意图

优点：项目经理对项目全权负责，可以全身心地投入项目中，可以调用整个组织内部与外部的资源；项目组织的所有成员直接对项目经理负责，每个成员只有一个上级，避免了多重领导、无所适从的局面；权力的集中加快了决策的速度，使整个项目组织能够对客户的需要和高层管理者的意图做出更快的响应；项目的目标是单一的，项目组成员能够明确理解目标，充分发挥团队精神；由于项目从职能部门中分离出来，沟通变得简洁，易于操作，在进度、成本和质量等方面的控制较为灵活。

缺点：当一个公司有多个项目时，每个项目有一套自己的独立班子，这会造成人员、设施、技术及设备等资源的重复配置，而且为了保证项目及时得到所需的专业技术人员及设备等，项目经理往往会将这些关键资源储备起来，使得具有关键技术的人员聘用的时间比项目需要他们的时间更长；当项目具有高科技特征时，由于职能部门对于不属于本部门的项目成员不直接开放，因而调用某些专业领域有较深造诣的人员阻力较大。

（三）矩阵型组织

矩阵型组织是职能型组织和项目型组织的混合物，这种组织中既有适用于日常运营的职能型组织结构，又有适用于完成专门任务的项目型组织结构。这种组织结构根据职能型和项目型的混合程度不同，又可以分为强矩阵型组织结构、弱矩阵型组织结构和均衡矩阵型组织结构。强弱不同的矩阵型组织分别保留了不同程度的职能型组织的特点。

矩阵型组织的主要特点是在组织中保留了各种专业职能部门，这些部门构成了组织矩阵的“列”，同时这种组织又建立了一系列专门的项目团队，这些项目团队构成了组织矩阵的“行”。例如，一个综合性医院会有各种医疗科室，但是当需要组织各种下乡、救灾、外援医疗队的时候，这些项目团队就是临时组织起来的。矩阵型组织有以下三种类型。

1. 弱矩阵型组织

这种矩阵型组织与职能型组织相似，但是这种组织有自己正式设立的项目团队，多数人是专职从事项目工作的，项目经理和项目管理人员大多是兼职的，他们的权力十分有限。这种组织的结构如图 11－4 所示。

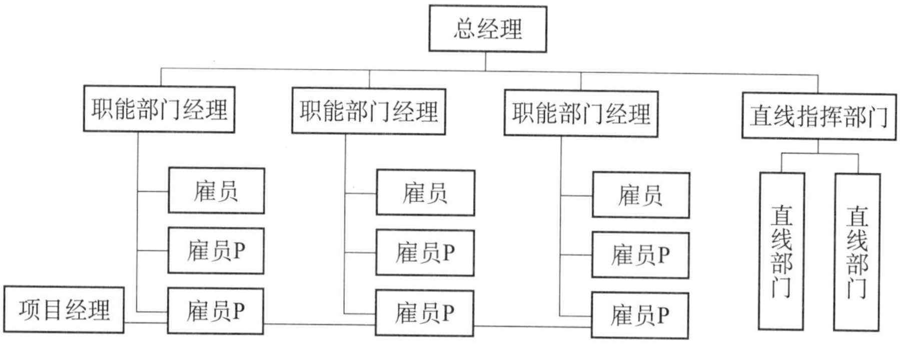

图 11－4　弱矩阵型组织的结构示意图

2. 均衡矩阵型组织

这种矩阵型组织是职能型组织和项目型组织两种体制相对均衡的一种组织形式，它兼有职能型组织和项目型组织两方面的特性。在这种组织中，不但有正式设立的项目团队，而且这种项目团队有较大一部分人员是专职从事项目工作的。这种组织的项目经理可以是专职的，也可以是兼职的，他们的权力比职能型组织中的项目经理大，但是比项目型组织中的项目经理小。这种组织的结构如图 11－5 所示。

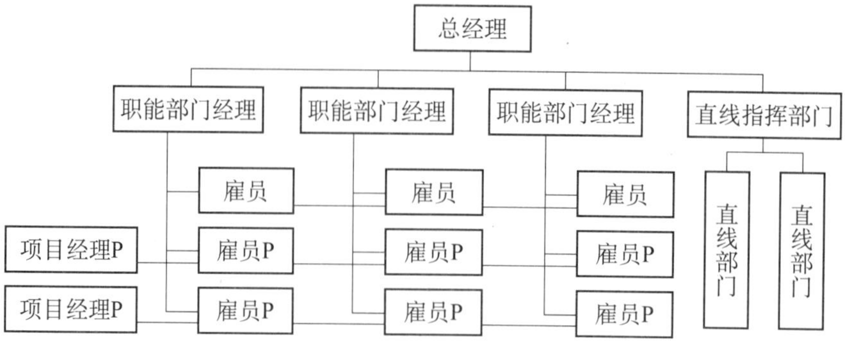

图 11－5　均衡矩阵型组织的结构示意图

3. 强矩阵型组织

这种矩阵型组织与项目型组织非常相似，所以在许多方面的特性与项目型组织是相近的。这种组织中有正式设立的项目团队，团队的大多数人员是专职的，因为这种组织中会有很多项目，所以专职从事项目工作的人在一个项目团队解散以后会很快转到另一个项目团队。项目经理和项目管理人员一般也是专职的，而且他们获得各种资源的权力都较大，因而这种组织称为强矩阵型组织。这种组织的结构如图 11－6 所示。

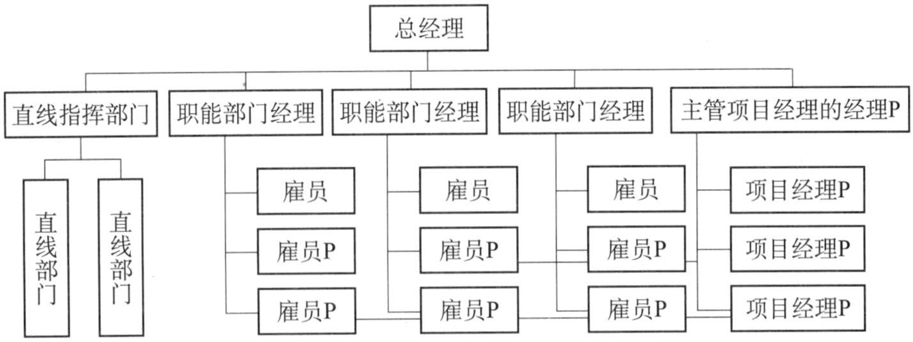

图 11－6　强矩阵型组织的结构示意图

优点：项目是工作的焦点，有专门的人即项目经理负责管理整个项目；由于项目组织是覆盖职能部门的，它可以临时从职能部门中抽调所需的人才；当有多个项目同时进行时，公司可以平衡资源以保证各个项目都符合其各自的进度、费用及质量要求；对客户要求的响应与项目型组织一样快捷灵活，对公司内部的要求也能做出较快的响应；项目组成员对项目结束后的忧虑减少，与项目有很强的联系。

缺点：若是多项目则有主次之分，资源在项目之间流动容易引起项目经理之间的争夺；项目经理主管项目的行政事务，职能部门经理负责项目的技术与资源支持，项目经理必须就各种问题与职能部门经理进行谈判，如果项目经理在这方面没有很强的能力，就会影响到项目的成功；矩阵型组织违反了统一指挥原则，项目组成员有两个上级，即项目经理和职能部门经理，当他们的命令产生分歧时，会令成员感到左右为难，无所适从。

（四）组合型组织

组合型组织是对职能型组织、项目型组织和矩阵型组织的全面组合。这种组织既有职能部门完成日常运营工作，又有为完成各类项目而设立的矩阵型组织和项目型组织。这种组织具有浓厚的矩阵型组织的色彩，使公司在建立项目组织时具有较大的灵活性，但也有一定的风险。同一公司的若干项目采取不同的组织形式，容易因利益分配上的不均衡产生矛盾。

综上所述，项目的组织结构可以多种多样，大多数公司将矩阵型组织作为基本方法。

二、项目经理的选拔

（一）项目经理的重要性

项目经理是整个项目组的灵魂，是项目组中一个很重要的角色，是决定项目完成与否的核心人物。

（二）项目经理的任职资格

1. 人格魅力

（1）忠诚。项目经理不可随意更换，主要有两个方面的含义：一是项目经理应对该项目忠诚，不能在项目尚未完成时轻易离开；二是公司应给予项目经理充分的信任，在项目尚未完成时不要轻易更换项目经理。

（2）公正无私。项目经理要整合项目组的所有资源从而为实现预期目标服务，即站在公正无私的立场合理地分配项目组的资源，如人力、物力、财力等，不能因为个人的原因而刻意增减各类资源。

（3）良好的职业道德。由于项目的特殊性，任何一个细微的变化都有可能导致项目的终止。因而，项目经理要具有良好的职业道德，时时跟踪和关注项目的进展情况，当项目运营过程中发生问题和困难时，要及时与公司、客户进行充分沟通和协调。

（4）善于学习。虽然项目经理是一个项目的核心人物，但他所具备的知识不一定比项目组的每个人都多。因此，项目经理应该放下架子，虚心学习大家的优点，积极收集大家的意见并集体探讨。一个听不进去别人意见的项目经理，会使整个项目团队的效率很低，项目的质量很差，甚至会使整个项目崩溃。

2. 知识素养

（1）有独到见解。项目经理对所接受的项目要有深刻的认识和理解，能够提出独到的见解，并针对项目实施，提出总体框架和解决方案。这样可在项目开始时使整个项目组对其总体目标和方向有一个理性认识，增强项目组对项目成功的信心。

（2）善于分析和解决问题。项目经理要具有敏锐的眼光和善于分析问题的能力，能够通过项目进展过程中的种种细节发现问题，在发现问题后又能果断地采取措施予以解决，而不是延误时机。

3. 管理能力

（1）具备管理的基本技能与知识。在岗位设计上，项目经理属于一个管理岗位。因此，项目经理要熟悉项目管理的基础知识和分析方法，并接受必要的技能训练，既要有管理意识，也要有管理的基本技能。

（2）很好的沟通与表达能力。一个项目经理在某种程度上承担着协调员的角色，因为项目经理要和各方面的人员进行沟通，不仅包括与项目组内人员之间的沟通，还包括与其他部门或人员之间的沟通与协调，如市场人员、客户、上级主管等。为了项目的成功，要通过沟通和交流来消除各方面的阻力。例如，一个ERP项目的开发与实施，在进行需求分析时，可能要和各种角色如老板、信息主管、现场操作人员等进行沟通。

当然，项目经理的选拔还要考虑诸多因素，如项目的规模、项目的紧迫性、项目的难易程度、公司的具体要求等。

三、项目的计划控制

项目的计划控制是以事先制定的计划和标准为依据，定期或不定期地对项目实施的所有环节进行调查、分析、建议和咨询，发现项目活动与标准之间的偏离，提出切实可行的实施方案，以供管理层进行决策的过程。

在项目的监测和控制阶段，首先要做的工作是根据计划对目标和方向进行设定，尽量使项目朝项目计划所确定的目标和方向前进。其次是提高资源的使用效率。在计划阶段是预见问题、预测问题。在实施阶段是判断问题、纠正问题，对计划做一些适当变更，以更好地完成项目目标。

1. 项目监测

项目监测也称为项目跟踪，是指项目各级管理人员根据项目的规划和目标等，在项目实施的整个过程中对项目状态以及影响项目进展的内外部因素进行及时、连续、系统的记录和报告的系列活动。项目监测主要针对计划、任务和项目成员三个方面，是为了了解项目的实际进展情况而进行的。

2. 项目控制

项目控制的重点是项目的范围变化、质量和工期等。

（1）范围变化控制。项目的范围变化是相对于项目计划中认可的和工作分解结构中指定的最初范围的变化。

范围变化会使项目有一种随时间增加的自然倾向，这称为范围的蔓延现象。范围的变化反映了工作定义的变化，往往会造成成本的增加。范围的变化直接影响工期和成本，范围变化控制是控制工期和成本的重要方面，可通过变更控制系统和配置管理来实施。

（2）质量控制。质量控制是为了保证项目的最终产品以及项目在工作过程中生产出满意的产品。在项目过程中，需要采取预防措施防止失误与错误，排除其根源，避免错误重复发生。进行质量控制的主要做法是在项目的计划阶段制订质量管理规划或计划。

（3）工期控制。工期控制的意图是使项目遵循工期，使工期的超标最小化。造成项目工期超标的一个原因是规划拙劣，特别是对时间的估算不够明确或比较拙劣。但是，即使项目经过细致的规划和估算，也可能由于超出控制而落后于工期，包括项目范围的改变、天气问题和材料运输的中断，也可能是其他因素，如多重任务、任务可变性等。

四、项目的绩效评价

项目的绩效评价是指对项目决策、准备、实施、竣工和运营过程中某一阶段或全过程进行评价的活动。项目的绩效评价应符合国家法律、法规以及有关部门制定的强制性标准；遵循独立、客观、科学、公正的原则；建立畅通、快捷的信息管理和反馈机制。项目绩效评价的主要内容包括：回顾项目实施的全过程；分析项目的绩效和影响；评价项目的目标实现程度；总结经验教训并提出对策建议等。项目绩效评价的基本做法有以下几个方面。

（一）对项目实施效果进行检查，收集测量数据

绩效目标一旦建立，所有项目管理人员都应了解这些目标，并按要求定期进行绩效测量和整理，对实施情况进行检查。项目检查主要包括状态检查和工作过程检查两方面。项目的状态检查主要检查项目的绩效是否达到要求，项目是否在计划进度和预算之内以

及项目管理的范围是否正确。项目的工作过程检查的重点在于检查项目管理工作开展得如何，是否满足要求，有哪些问题需要改进。

（二）对检查结果和测量数据进行综合分析和预测，制定必要的改进措施

分析和预测要紧紧围绕项目总体目标的要求进行。例如，某单项工程计划年底完成，施工高峰期在2—11月，5月底按计划应完成工作量的40%，费用开支应为40%，但实测结果是到5月底只完成工作量的35%，费用开支达到40%。这种情况说明，工期拖了半个月，费用额度没有超过规定，但由于工作量少完成5%，实际上预算超支5%。根据检查结果，管理人员应认真分析拖期和超支的原因，研究采取哪些措施，可否通过今后6个月的努力把半个月时间抢回来，超支的5%费用能否节约下来。如果采取措施，预计工期可以抢回10天，费用可以节省2%，就需进一步研究拖期5天对整个项目的建设进度是否会产生影响，影响有多大，还有3%的费用能否在不可预见费中得到解决。

（三）编写项目绩效报告

项目绩效报告是对项目执行期间的关键指标、目标、风险和设想等因素进行监控的结果，是对项目能否获得圆满成功的早期预警，能够及时反映出某一时点上项目的执行状态，并提出改进措施。项目计划和工作成果是绩效报告输入的重要内容，绩效报告的主要内容包括状态报告、进展报告、项目预测等。

1. 状态报告

状态报告介绍项目在某一特定时间点上所处的位置，它要说明的是从范围、时间和费用目标来看项目当前所处的状态：已经花费了多少资金？完成某项任务要多久？工作是否如期完成？项目是否在进度计划和预算之内？应对关键任务，特别是关键路径上的那些任务进行报告。对具有高技术风险的任务应予以特别注意，对那些项目管理人员仅能进行有限控制的由外部厂商、分包商等完成的任务也应特别注意。

2. 进展报告

进展报告介绍项目组织在某一特定期间所完成的工作。许多项目的做法是要求每个项目成员准备一份月度进展报告，有时是每周进展报告，项目经理以从各个成员那里收集的信息为基础完成统一的进展报告。

3. 项目预测

项目预测是在过去资料和发展趋势的基础上，预测项目未来的状态和进度。根据当前的进展情况，预计完成项目要多长时间，要多少资金，预计的进度、费用、绩效或范围是否存在重大偏差，目前存在和今后可能发生哪些问题，应当采取哪些措施加以改进。

编写绩效报告前，一种常见的做法是召开状态评审会议，这是一种很好的办法，能更广泛地收集信息，对项目的重要问题进行面对面的讨论。许多项目管理人员每月召开状态评审会议来交换重要项目信息，激励员工在自己负责的项目上取得进展。同样，许多高级经理召开月度或季度的状态评审会议，项目管理人员需要综合汇报状态信息。

第 3 节　项目管理方法

一、项目的进度管理方法

（一）项目整体计划分解

项目整体计划分解的目的是把项目整体目标分解为项目建设周期内月度控制目标，该分解计划是项目进行进度控制的里程碑计划，也是部门月度工作计划、员工个人工作计划、施工单位进度计划及月度施工计划的编制依据。

（二）项目月度工作责任分配表

月度工作责任分配表由项目经理制定，明确项目月度工作中每项工作的责任人及相关人、工作标准及深度要求。

1. 个人月度工作计划

个人月度工作计划每月由员工依据项目工作计划、部门月度工作计划、项目月度工作责任分配表编制。

2. 周工作推进表

周工作推进表由员工依据个人月度工作计划编制，具体内容为本周主要工作内容及完成时间、上周工作完成情况及对未完成工作的说明等。

3. 日工作计划

日工作计划的编制视项目进度确定。一般在进度滞后需要抢工、进度不滞后但完成阶段性工作有难度时，才需要编制日工作计划。

二、项目的成本管理方法

1. 合同方面

对施工承包合同中的暂定项目和存在变更的分项工程，要及时申报，尽可能地增加项目收入。对于材料、人工、机械等分包单位签订的分包合同也要明确权利和义务，充分规避风险。

2. 技术方面

根据施工现场的实际情况，科学规划施工现场的布置，为减少浪费、节约开支创造条件。依据自身的技术优势，充分调动管理人员的积极性，尽可能地扩大成本控制的范围和深度。

3. 质量和安全方面

严格按照工程技术规范和安全操作规程办事，减少质量和安全事故的发生，使各种损失降到最低限度。

4. 机械管理方面

合理选用机械；合理安排施工段落；定期保养机械。对于必须外租的机械设备，要做好市场调查。

5. 材料方面

材料采购要遵循“质量好，价格低，运距短”的原则，对进场材料要正确计量，认真验收，最大限度地减少采购过程中的消耗。要根据施工进度计划来科学组织材料的使用计划，避免停工待料现象的发生；对材料的领用应严格控制，定期盘点，随时掌握实际消耗和工程进度的对比数据；对周转材料要及时回收、整理，使用完毕要及时退场，这样有利于材料的周转使用和减少租赁费用，从而降低成本。

6. 行政管理方面

首先要精简管理机构，避免人浮于事，减少不必要的工资性支出，还要控制业务费用等各项非生产性开支。

7. 财务方面

财务部门是成本控制的重要组成部分，主要工作是审核各项费用的支出，平衡调度资金以及对各部门成本执行情况进行检查监督，对项目进行全方位的成本分析，并及时反馈到决策部门，以便采取有效措施来纠正项目成本的偏差。

8. 项目成本的动态控制

项目成本动态控制的内容主要包括：落实项目计划成本责任制、加强项目成本计划执行情况的检查与协调、核算项目成本等。

（1）落实项目计划成本责任制。在项目开始前，根据项目的投资和对往年项目实际成本的分析，确定成本计划。成本计划确定后，按计划的要求采用目标分解方法，由项目经理将目标分配到各职能人员、施工队和施工班组，签订成本承包责任状（或合同），然后由各承包者提出保证成本计划完成的具体措施。

（2）加强项目成本计划执行情况的检查与协调。项目经理应定期检查成本计划的执行情况，并在检查后及时分析，采取措施，控制成本支出，保证目标成本计划的实现。

（3）核算项目成本。项目经理根据承包成本和计划成本，绘制月度成本折线图。在成本计划实施过程中，按月形成实际成本折线，可以分析成本偏差。每条折线同时间的差值就是这一时期的成本偏差。成本偏差有三种：实际偏差＝实际成本－承包成本，计划偏差＝承包成本－计划成本，目标偏差＝实际成本－计划成本。目标偏差为计划偏差与实际偏差之和。应尽量减少目标偏差，目标偏差越小，说明成本控制的效果越好。如果偏差较大，应进一步分析其产生的原因。

三、项目的绩效管理方法

挣值方法是项目绩效管理（performance management）的方法之一，其核心目的是比较项目实际与计划的差异。它关注计划中的各个项目任务在内容、时间、质量、成本等方面与计划的差异情况，然后根据这些差异对项目中剩余的任务进行预测和调整。

如果单纯地使用时间进度的计划值和实际值进行比较，或者单纯地使用项目成本的预算值和实际值进行比较，都不能全面反映项目管理本身的绩效，必须看实际完成工作的效果。只有在完成同样工作任务的前提下，时间、成本的差异才有可比性。在我们平时的项目管理中，通过项目计划可以得到计划中各任务的计划时间和预算成本，通过对项目过程的跟踪可以得到项目计划中各任务的实际时间和实际成本，但如果仅使用这两组数据直接进行比较，就会出现前面提到的问题，以此评价项目绩效就可能有失公平，而使用挣值方法比较项目中的差异就要合理得多。

挣值方法充分考虑到了这样的要求，并引入了一个中间指标——挣值（earned value，EV），其表示实际完成的工作所对应的预算成本，从而在计划和实际之间建立起一座桥梁。其核心思想有以下几点：

（1）用成本指标来表示每个项目任务的价值，集中反映项目任务的时间、资源、成本、复杂度等多方面因素的影响。

（2）在实际完成同样工作的前提下，比较预算成本和实际成本之差，得到成本差异，实际中这种算法也可以平衡由于项目范围差异所带来的成本差异。

（3）在同样成本的前提下，将计划应完成的任务与实际完成的任务进行比较，得到进度差异。这里的进度是完成项目任务（工作量）的进度，而不是单纯的时间进度。

对应上述思想，用指标、公式表示就是：

第一，指标：BCWS 表示计划任务对应的预算成本；ACWP 表示实际完成的任务对应的实际成本；BCWP 表示实际完成的任务对应的预算成本，就是挣值。

第二，成本差异：CV＝BCWP－ACWP，都是实际完成的任务，比较预算成本和实际成本之差。

第三，进度差异：SV＝BCWP－BCWS，都是预算成本，比较实际完成的任务和计划中应完成的任务。

利用上述指标，还可以根据造成偏差的性质，对项目中剩余任务的进度和成本进行大致的预测。通过上述分析可以看出，为了能够使用挣值方法管理项目的绩效，需要对项目计划和实际进展进行跟踪。每个项目任务都必须有计划和实际的工作量，然后在计划中把每个任务分配给具体的人员，确定每个人员在具体任务上的计划工时，同时跟踪每个人员在每个具体任务上花费的实际工时，目前公司项目周报中的挣值数据就是这样得到的。

四、项目的风险管理方法

有效应对风险是项目成功的关键所在。要彻底消除项目中的所有风险是不可能的，但我们可以努力降低风险发生的可能性，或者减弱风险带来的影响。项目风险管理的目标就是确定主要的风险，估计它们的严重程度，并对它们进行管理。项目风险管理的步骤如下：

第一，识别风险。这是项目中每个参与者的责任，无论是高层管理者、工作小组成员，还是客户代表或者股东。识别风险的有效手段包括召开集思广益的会议、检查行业清单和以往工程的后续报告，以及对项目计划中所有的设想进行仔细分析。在这之后，便可得出一份包含所有已确定风险并加以细致描述的记录单。

第二，风险评估。可根据风险发生的概率以及产生影响的大小，对已识别的风险进行分级。风险评估的目的就是分清风险的轻重缓急。可以通过概率-影响矩阵框架，将风险分为极度、高、中、低四级，以便为将来如何分配精力提供依据。例如，A 风险应被视为极高的风险，B 属于较高的风险，而 C 则是低风险。如此一来，记录单里的风险便有了优先等级之分。这样的风险评估应在项目风险的三个主要方面进行：规模（质量）、时间及资源（预算）。

第三，风险预防。风险预防的内容包括应急计划、风险规避方法、风险缓解措施等。应急计划并不直接解决风险，而是为可能发生的风险提供即时的处理计划。风险规避方法是指选择一条不同的途径以达到减轻风险目的的方法。风险缓解措施可以降低风险发生的概率，或者减小风险发生后带来的影响。例如，模型塑造法（prototyping），通过构建一个成比例缩小的项目模型，来确定主要的风险；备用系统，它可在主系统出现故障或无法运行时启动。

例如，美国科罗拉多州的丹佛在修建新机场时，技术问题使得整个工期一延再延，最后整整延长了16个月，总共超支20亿美元，几乎让整个城市破产。造成延期的主要原因是行李处理系统出现了故障，而一个只需花费1 000万美元的备用系统，就可防止这些情况的发生。遗憾的是，在机场预计运行时间推迟了6个月后，该市才决定启用这个备用系统。

第4节　现代项目管理发展趋势

20世纪50年代后期，随着系统工程方法在项目管理中的应用和计算机技术的飞速发展，我国的项目管理研究开始突破原来孤立、静止和片面地处理项目问题的还原论方法，遵循系统论的思想，对项目组织方法、项目计划优化、项目控制方法等进行了深入研究，提出了大量的数学方法和管理模型，使项目管理朝着科学化的方向迈进。从系统的观点出发，重大工程和研究开发项目从项目计划实施到项目成功并交付业主的管理过程，是一个存在诸多影响因素的开放的复杂巨系统，以关键路径法（CPM）和计划评审技术（PERT）为代表的网络硬技术等传统的项目管理方法、技术和工具，并不足以控制项目的全过程。如何对重大工程和研究开发项目进行全过程管理，越来越受到企业高层领导、项目投资者和项目管理者的高度重视。

20世纪80年代以来，随着信息技术的快速发展，集成得到了高度重视，逐渐从技术内涵扩展到哲学认识的高度。重大工程和研究开发项目管理是一个开放的复杂巨系统，有效处理复杂巨系统问题的唯一方法便是综合集成法。“综合集成，整体优化”是项目管理过程系统工程的新潮流，综合集成是项目管理过程系统发展的最高层次。运用综合集成的思想，指导重大工程和研究开发项目的过程管理，是项目管理学科发展的需要。

以项目系统性、过程性、综合集成性、信息性、博弈性和多目标决策性为理念，采用定性和定量相结合的前沿理论、技术和方法，来研究和探讨项目管理的未来发展趋势，解决企业项目管理中存在的实际问题，是现代项目管理的重点研究内容。

关键术语

项目　　项目管理　　项目的组织　　项目生命周期　　项目的计划控制
项目的绩效管理

思考题

1. 为什么要进行项目管理？项目管理是什么？
2. 项目的成本管理包括哪些方面？
3. 项目的组织有哪些？各自的优缺点是什么？
4. 怎样进行项目的绩效评价？
5. 如何进行项目经理的选拔？
6. 如何进行项目计划的控制？

案例分析

2015 年 10 月，中国铁路总公司与印度尼西亚（简称印尼）国有企业签署雅万高铁项目协议。作为我国“一带一路”倡议与印尼“全球海洋支点”战略对接的旗舰项目，雅万高铁是我国高铁首次全系统、全要素、全生产链在海外落地的第一单，是中方与印尼方合作投资、风险共担、收益共享的一条铁路。项目具有技术复杂、投入资金多、规模大、涉及面广、不确定性因素多、易受自然条件和社会环境因素影响等特点，考验双方的整合能力、共同识别和解决问题的能力。结合雅万高铁项目的特性，中铁公司和相关方建立了项目建设管理体系，并在计划和控制管理、风险管理、安全质量管理、成本管理等方面开展了多项管理创新和实践。

雅万高铁项目采用中印尼双方合作投资建设的管理方式，由中国铁路国际有限公司（简称中国铁路国际）牵头的中方企业联合体（北京雅万高速铁路有限公司）和印尼 WIKA 公司牵头的印尼国有企业联合体（PSBI 公司）成立的中印尼雅万高铁合资公司（简称 KCIC）作为项目业主。项目建设采取 EPC 总承包模式，并成立了高速铁路承包商联合体委员会（HSRCC），统筹管理各承包商。

雅万高铁项目计划及控制管理采用施工平面示意图、施工横道图、施工进度计划图和网络图等多种工具，预先考虑外部环境、内部条件、施工要素等因素，结合项目特点采用类比法和风险系数法编制项目进度计划；风险管理方面，针对项目建设过程中可能面临的政治、社会、自然、土地征收、资金等风险，积极采取有关措施，最大限度地减少对项目实施的影响；安全质量管理方面，在工程实施阶段，承包商联合体紧盯桥梁、隧道、无砟轨道施工和铺轨作业等关键环节，坚持我国铁路技术标准，遵照我国有关高速铁路施工安全质量管理办法，建立健全项目质量安全自控体系，夯实质量安全管理基础。坚持务实合作、互利共赢的原则，加强中印尼双方员工在施工技术、专业管理层面的沟通交流，切实保证工程安全优质；成本管理方面，为规避工程造价体系与编制基础差异带来的风险，承包商联合体积极采取对策措施，尽可能将项目成本控制在合理范围内。

除此之外，项目建设还面临着永久征地难、外部协议签订难、公共设施改迁难及人员雇佣、商务合同、财务资金、技术培训、文化差异等众多政治、经济、文化方面的问题。针对这些问题，项目业主采取了多种措施予以应对和解决：强化前期调研工作，明确项目实施方案；完善合同管理制度，应对合同风险转移；加强项目前期策划及准备工作，做好物资设备供应保障；加强安全管理，保障项目顺利实施；建立税务风险管理体系，强化分阶段税收管理；加强人才队伍保障，多渠道提升人员技能。

雅万高铁在2018年6月全面开工建设，2023年9月建成通车。在雅万高铁建设管理过程中积累的宝贵经验对中国高铁“走出去”具有重要意义，有助于形成更加成熟的海外铁路项目“中国模式”“中国方案”，更好地助力共建“一带一路”高质量发展，服务和支撑中国式现代化建设。

资料来源：鞠国江．雅万高铁建设项目管理创新．中国铁路，2023（12）：10－19.

讨论题

1. 雅万高铁建设过程中采取了哪些有力措施？这些措施的制定考虑了哪些因素？
2. 你从雅万高铁建设项目管理中得到了哪些启示？

第12章

服务管理

| 本章要点 |

本章研究的是如何在竞争环境中对企业的服务工作进行管理并取得成功，包括对服务利润链的分析、服务的交互过程与交互质量、服务质量管理中的信息技术、服务业产品营销与制造业产品营销的比较等。本章重点对服务经济与服务管理、服务开发与运营、服务质量管理、信息技术与服务管理等方面进行介绍，力争使读者了解现代企业服务管理的全貌。

引例

四川省三台县境内有一座海拔 1 800 米的南瓜山，山上有一个村子，这也是附近海拔最高的村子。正所谓“蜀道难，难于上青天”，正是这座高山让农民一直与大型的家用电器设备“绝缘”。有个农民想去城里订购冰箱，他跑了几家店都没人愿意送货。最后到海尔门店询问是否可以送货时，海尔员工想都没想就答应了，也没有问路到哪里、车到哪里。当他接下这个任务后才发现送货不是一件简单的事。

到这位农民家里要经过一个悬崖，这位员工便找人为这台冰箱制作了一个特殊的架子。为了防止在上山的时候脚下打滑，他还为抬架子的人做了草鞋。最高的悬崖有百米深，悬崖上只有一条凿出来的小路。平时空手走还勉强可以过去，抬上冰箱就比较危险了。但海尔的员工还是克服了种种困难。路上每经过一个山村都会吸引很多农民围观。因为他们没见过抬冰箱进来的。就这样，海尔冰箱“坐”着轿子上了南瓜山。当海尔冰箱最终安全送到村民家中时，海尔的优质服务也走进了山里人的心里。抬着冰箱攀悬崖的举动，打动了许多山里人，他们纷纷去购买海尔的产品。这件事也把海尔真情服务到永远的理念印到了消费者心里。

资料来源：海尔：不仅仅是服务．(2019－12－26)．中国论文网.

第1节　服务经济与服务管理

一、服务的内涵

（一）对服务的一般定义

服务是具有无形特征却可给人带来某种利益或满足感的可供有偿转让的一种或一系列活动。服务通常是无形的，并且是在供方和顾客的接触面上至少完成一项活动的结果。

（二）服务的分类

1. 参与程度分类法

这种方法将服务分为高接触性服务、中接触性服务、低接触性服务三种。优点是便于将高接触性服务从中低接触性服务中分离出来，以便采取多样化的服务营销策略满足高接触性服务对象的需求，缺点是分类过于粗略。

2. 综合因素分类法

根据提供服务工具的不同可将服务分为以机器设备为基础的服务和以人为基础的服务；依据顾客在服务场所出现必要性的高低可将服务分为必须要求顾客亲临现场的服务和不需要顾客亲临现场的服务；依据顾客个人需要与企业需要的不同可将服务分为专对个人需要的专一化服务和面对个人需要与企业需要的混合性服务；依据服务组织的目的可将服务分为以盈利为目的的营利性服务和以社会公益为目的的非营利服务；依据服务组织所有制的不同可将服务分为私人所有的服务与以社会主义全民所有制和集体所有制为主体、面对全社会公益事业的服务。

这种分类法综合考虑了各类因素，对其客观状态进行了分类，包容性较强，但从服务营销管理角度的考虑不够，与对服务业的管理不太协调。

3. 服务营销管理分类法

美国服务营销学家洛夫洛克将服务分类同管理过程结合起来，通过分类概括出不同行业中服务的共同特征。他从营销的角度对服务提出了十项分类标准（见表12-1）。

表12-1　服务的分类标准

标准		举例
服务的直接对象	人	保健、美容、娱乐、教育、信息服务
	物	货物运输、干洗、兽医服务、银行、法律、保险
服务活动的无形程度	高	教育、信息服务、娱乐、银行、法律服务、保险
	低	保健、美容、娱乐、货物运输、干洗、兽医服务
服务关系的时间性质	持续	保险、银行、警察、电台、灯塔
	间断	月票、俱乐部、电话、出租车、邮政、电影院

续表

标准		举例
服务关系的归属性质	正式	保险、银行、月票、俱乐部、电话
	非正式	警察、电台、灯塔、出租车、邮政、电影院
服务对顾客个性的重视程度	高	法律服务、建筑设计、家庭教育、酒店服务、零售银行
	低	大规模教育、公共保健、公共交通、器具修理、电影院
服务人员灵活处理的程度	高	法律服务、建筑设计、教育、公共保健
	低	酒店服务、零售银行、公共交通、器具修理、电影院
服务需求的波动性	大	电话、消防服务、饭店、剧院、旅游交通
	小	保险、银行、法律服务
服务供求平衡的难度	大	饭店、剧院、旅游交通
	小	电话、消防服务、保险、银行、法律服务
服务提供的地点	单一	剧院、美发店、草坪维护、租赁、信用卡、社区、电视台
	多	公共汽车、连锁店、邮政、应急修理、广播网、电话
服务提供者与顾客接触的方式	顾客上门	剧院、美发店、公共汽车、冷餐连锁店
	提供者上门	草坪维护、租赁、邮政、应急修理
	双方随时接触	信用卡、电视台、广播网、电话

二、服务经济

服务经济是指服务业产值在国内生产总值中的相对比重超过 60%的一种经济状态，或者说，服务经济是指服务业中的就业人数在整个国民经济就业人数的相对比重超过 60%的一种经济态势。现代服务经济产生于工业化高度发展的阶段，是依托信息技术和现代管理理念发展起来的，其发达程度已经成为衡量区域现代化和竞争力的重要标志之一，是区域经济新的极具潜力的增长点。

伴随着信息革命和技术的飞速发展，服务经济表现出新的发展趋势。具体来看，服务经济的范畴包括以企业为主发挥职能的社会服务（如物流、金融、邮政、电信、运输、旅游、体育、商贸、餐饮、物业、信息、文化等）以及以政府、事业单位等为主发挥职能的公共服务（如教育、医疗卫生、社会保障）。

三、服务管理

围绕服务、服务提供者或顾客等不同的中心，服务管理有着不同的定义。

如果以服务为中心，服务管理可视为谈判、服务协议的表述与拟定、责权的分配与制衡，以及服务供求双方就能够支持顾客业务流程的服务和服务级别而相互评论的过程。服务管理还可以视为识别、界定、商谈、认同、实现、监测、报告以及管理顾客服务级别的过程，服务管理文件则记录这些过程的目标。

如果以服务提供者为中心，服务管理可视为人和系统的集合。人和系统间存在关联，而系统又可进一步区分成技术和过程。在服务提供者看来，服务管理是一套严谨而又积极的方法论体系，确保所需级别的服务能按照业务的优先顺序、以合理的成本提供给顾客。服务管理要研究的是如何在服务竞争环境中对企业进行管理并取得成功。

如果以顾客为中心，服务管理可视为确立、测量并确保服务目标实现的过程，是提供始终能满足顾客要求的服务过程。服务管理包含对顾客预期的界定、满足和对业务协议的不断完善。服务管理帮助组织确保在成功服务方面实现核心目标。

四、服务接触与传递

（一）服务接触的定义

服务接触（service encounter）一词最早出现于20世纪80年代初期，是在服务情境中，供应者与接收者间的面对面互动，也就是顾客与服务传递系统（service delivery system）的互动。这包括前台员工、顾客、实体环境及其他有形因素等对象，对服务差异、品质控制、传送系统等层面有相当大的影响，而此互动会影响客户对服务质量认知的评价。

服务接触是顾客与服务系统之间互动过程中的“真实瞬间”，是影响顾客服务感知的直接来源。服务质量在很大程度上取决于顾客感知，顾客感知又以服务接触能力为基础。

（二）服务接触与传递

图12－1将服务传递过程划分为三个区域：服务接触区域、内部支持区域和外部协调区域。应通过对服务接触及服务接触能力进行深入分析，明确服务接触的内涵、属性、特点和作用，探明服务接触对顾客感知服务质量的影响关系，确定关键接触点，指出服务改进重点，以达到控制服务质量波动、提高服务运营管理能力、提升顾客满意度的目的。

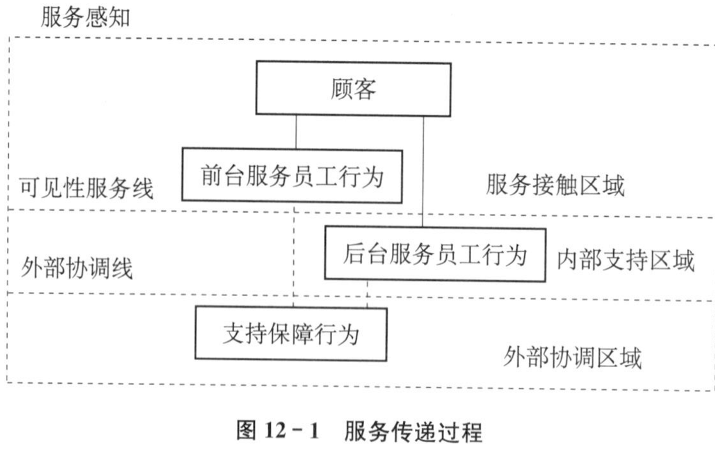

图12－1　服务传递过程

根据顾客参与程度，可以把服务过程大体分为基本不与顾客发生接触的后台服务支持过程和直接与顾客打交道的前台服务接触过程。前台服务接触过程是影响顾客服务质量感知的主要来源，顾客对服务质量问题的抱怨和不满主要集中在前台服务接触环节。

服务的功能性品质比技术性品质更重要，因为技术性是指传送给顾客的是什么

（what），而功能性是指服务如何（how）传递给顾客，通常可以凭肉眼观察到，如员工态度、员工行为、员工间关系及服务人员的外表等，有些顾客倾向于据此形成对服务质量的判断。因此，服务提供者往往会设法提升服务的功能性品质，增加顾客接触的良好印象，提升顾客的服务感知。顾客对服务的感受是在与服务提供者接触的瞬间形成的，由于服务接触过程涉及较多的顾客参与和互动，增加了服务提供时的不确定性和运营管理上的难度与复杂性，任一接触环节应对不当，都可能引起顾客的不满。因此，对服务接触过程的服务质量进行监控、测评和改进，已经成为各类服务运营和质量管理的重点与难点。服务接触的重要性在于让我们实际观察到服务质量，同时了解服务传递的产生过程、互动行为及结果评估间的关联性，其核心是为供应者与顾客提供行为互动，并将互动结果反馈给顾客、服务人员及企业管理层。

（三）服务接触三元体

每个服务瞬间都涉及服务提供者和顾客的互动，他们各自在服务组织提供的环境中扮演一个角色。服务接触三元体表明了服务提供者、顾客、服务组织在服务接触中的关系以及三者之间的冲突。

1. 服务接触三元体失衡分析

在服务接触三元体中，三者都可以通过沟通合作而使三方受益，而现实的服务接触中往往会出现三者中某一个占统治地位的现象，从而导致结构失衡。当由服务组织主导时，为了实现组织的效率，追求成本领先的企业会使服务规程严格标准化，员工的自主性降低，顾客定制化服务减少，比如麦当劳等企业，因为追求效率，可供选择的服务比较有限；在服务提供者主导型的三元体中，员工拥有很大的自主权，服务组织采用分权的组织结构，对员工进行授权，员工可以根据实际情况采取即时的措施，尤其是在处理突发事件时，这样的结构中员工具有很高的满意度和归属感；而在由顾客主导的结构中，顾客会采取自我服务的形式，完全定制，员工和服务组织完全以顾客为导向，积极发现顾客的需求，并不断开发出顾客需要的服务，使顾客得到优质服务。

2. 服务接触三元体的影响因素

在服务接触三元体中，服务组织为服务接触提供了一个环境，服务提供者和顾客的互动受到服务组织文化和环境的影响，所以在分析服务组织的特征时，需要不断地把握服务组织的文化和物质环境，从而分析服务组织在三元体中所起的作用。对于员工，为了使其理解服务组织的文化和经营理念，以及为顾客提供规范的服务，应对其进行严格的挑选和培训。而对于顾客，员工应关注其期望和态度，因为顾客的期望和态度直接影响顾客满意度，同时还应该重视其在服务生产过程中的角色，因为顾客影响服务的结果。员工只有积极回应顾客的要求，把握顾客的情绪，才能使每一个服务接触点都得到顾客的认可。

从某种程度上讲，服务接触三元体决定了顾客的满意度、员工的归属感、服务组织的经营效益。服务的独特性决定了其管理的难度。而服务接触就是一个个细节，这些细节构成了顾客的经历，也就是服务组织的服务产品。把握每一个细节，关注顾客需求，做到延伸服务，才能够树立品牌，形成竞争优势。

五、服务利润链

服务利润链是反映利润、顾客、员工、企业四者之间的关系并由若干链环组成的链，由詹姆斯·赫斯克特等五位哈佛商学院教授组成的服务管理课题组在1994年提出。这项历时多年、追踪考察了上千家服务企业的研究，试图从理论上揭示服务企业的利润是由什么决定的。他们认为，服务利润链可以形象地理解为一条将盈利能力、顾客忠诚度、员工满意度和忠诚度与生产力联系起来的纽带，它是一条循环作用的闭合链，其中每一个环节的实施质量都将直接影响其后的环节，最终目标是使企业盈利。

简单来讲，服务利润链说明：利润是由顾客的忠诚度决定的，忠诚的顾客给企业带来超常的利润空间；顾客忠诚度是靠顾客满意度取得的，企业提供的服务价值（服务内容加过程）决定了顾客满意度；企业内部的员工满意度和忠诚度决定了服务价值。简言之，顾客的满意度最终是由员工的满意度决定的。

关于服务究竟如何创造价值，服务利润链指出，利润增长，顾客忠诚度、满意度、获得的产品及服务的价值，员工的能力、满意度、忠诚度、劳动生产率之间存在直接、牢固的关系。服务利润链管理关系如图12-2所示。

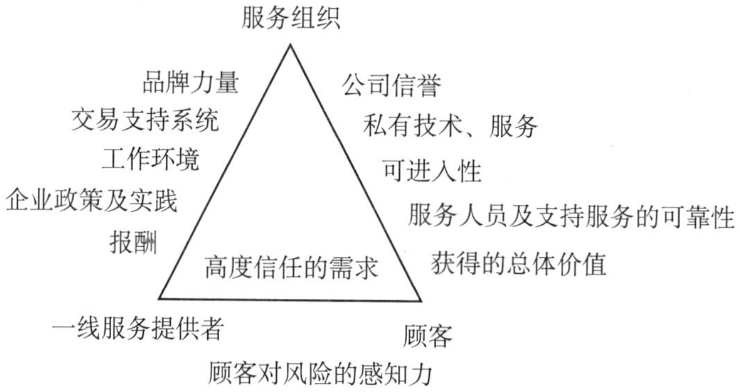

图12-2 服务利润链管理关系

服务利润链的核心内容是顾客价值等式：顾客价值＝（为顾客创造的服务效用＋服务过程质量）/（服务的价格＋获得服务的成本）。而与顾客价值等式直接相关的是顾客忠诚循环和员工能力循环。图12-3显示了服务利润链的构成要素。

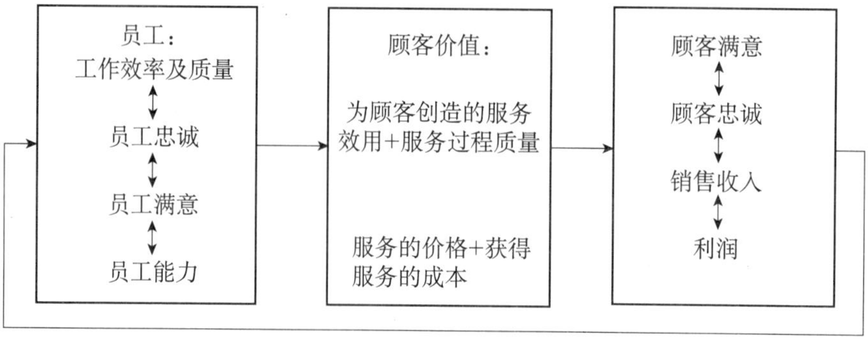

图12-3 服务利润链的构成要素

从图 12－4 我们可以发现，服务利润链由以下几个循环构成：员工能力循环、员工满意循环、顾客忠诚循环、企业盈利循环。以企业盈利循环为主线，四个循环之间相互作用：内部高质量的服务，可以产生满意、忠诚的员工，员工通过对外提供高质量的服务为顾客提供较大的服务价值，接受服务的顾客由于满意而保持忠诚，忠诚的顾客带来健康的服务利润。可采用平衡计分卡，对每个元素进行记录和评价，再形成一个整体的评价，需要注意的是局部和整体的控制和协调。

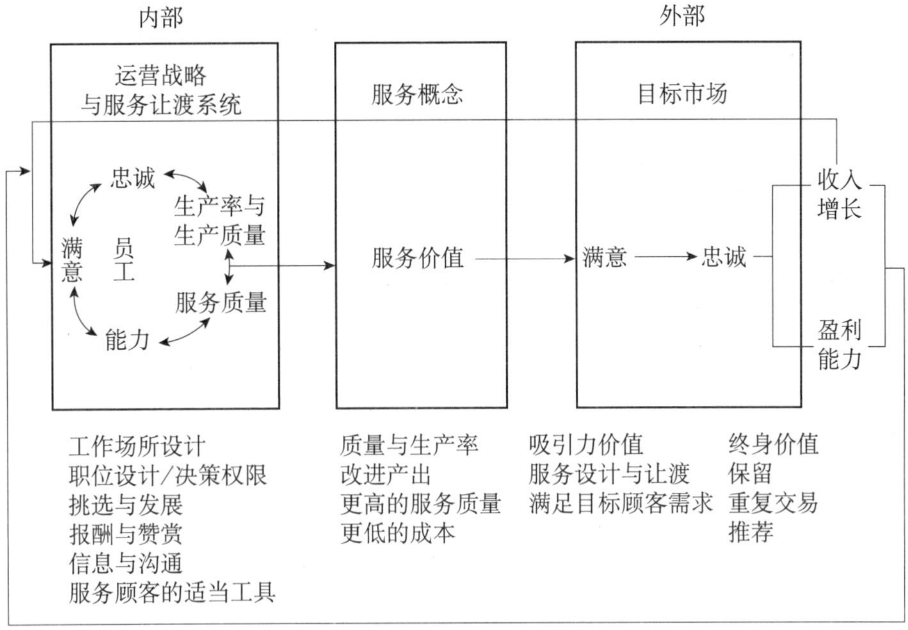

图 12－4 服务利润链模型

第 2 节 服务开发与运营

一、新服务开发

新服务开发是指服务企业在整体战略的指导下，根据市场需求或战略安排，为现有顾客或新顾客开发出全新的服务产品或现有服务改进型产品的活动。新服务开发的结果是形成现有服务的价值增值或新服务的价值创造。

新服务开发的类型有二：突破创新型服务——重大创新、启动新业务、在当前的服务市场中引入新服务；渐进创新型服务——服务产品线的扩展、服务改善、风格和形式变化。新服务开发流程如图 12－5 所示。

（一）服务设计的要素

服务设计的要素可以划分为结构性要素和管理要素，它们向顾客和员工传递预期服务与实际得到服务的概貌。

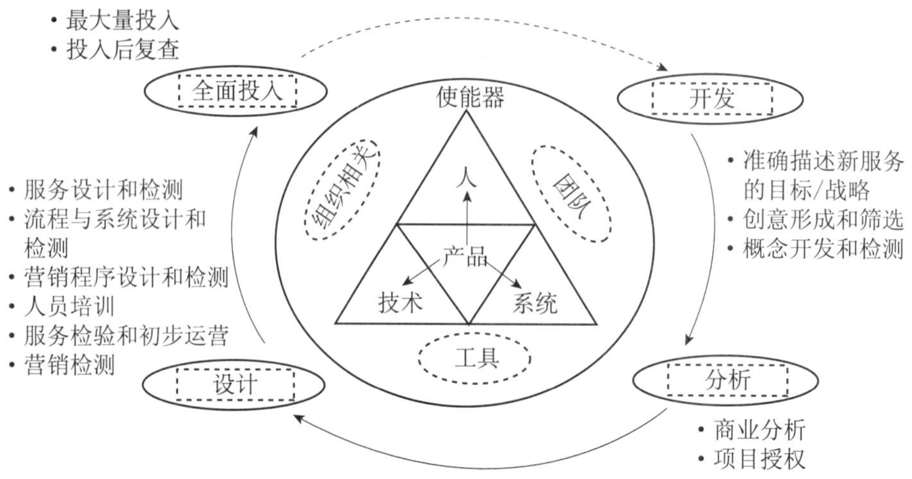

图 12－5　新服务开发流程

1. 结构性要素

（1）传递过程设计：前一流程和后一流程、服务自动化与标准化、顾客参与。

（2）设施设计：大小、艺术性、布局。

（3）地点设计：地点特征、顾客人数、单一或多个地点、竞争特征。

（4）能力设计：顾客等待管理、服务提供者人数、一般需求和高峰需求调节。

2. 管理要素

（1）服务情境：服务文化，激励、选择和培训员工，对员工授权。

（2）服务质量：评估、监控、期望和感知、服务承诺。

（3）能力和需求管理：需求/产能计划、调整需求和控制供应战略、顾客等待管理。

（4）信息设计：竞争性资源、数据收集。

（二）服务设计的一般方法

1. 生产线方法

采用生产线方法的服务企业可以获得成本领先的优势。例如，麦当劳公司是将生产线方法应用到服务业的典范。原料（如汉堡包调料）在别处经过测量和预包装处理，员工不必为原料的多少、质量和一致性而操心。此外设有专门的储存设施来处理半成品，在服务过程中不需要对酒水饮料和食品提供额外的存放空间。麦当劳的整套系统从开始到结束，即从汉堡包的预包装到能使顾客方便清理餐桌的废料盒，每一个细节都进行了仔细的策划。下列特征是这种方法成功的关键所在。

（1）个人有限的自主权。标准化和质量（可看作技术条件的稳定性）是生产线的优势所在。对于标准化的常规服务，服务行为的一致性受到顾客的关注。

（2）劳动分工。生产线方法建议将总的工作分为一组组简单的工作。这种分工使得员工可以发展专门化的劳动技能。另外，劳动分工的同时实行按劳取酬。

（3）用技术代替人力。服务业正逐步运用技术代替人力，大量的业务可以通过系统的软技术来完成。

（4）服务标准化。限制服务项目的数量为预测和事先规划创造了机会。服务变成了事先已经设定好的常规工作，这便于顾客有序流动。标准化有助于稳定服务质量，因为过程变得容易控制。特许服务方式充分利用了标准化的好处，有利于建立全国性的组织，克服了服务范围有限带来的需求受限问题。

2. 顾客作为合作生产者方法

对于大多数服务系统，当顾客出现时，服务才能开始。顾客并不是一个被动的旁观者，当需要的时候，顾客也可成为积极的参与者，这样就有可能通过将某些服务活动转移给顾客而提高生产率。此外，顾客参与也可以提高服务定制的程度。如果一家公司把目标集中在那些愿意进行自我服务的人群，那么让顾客参与到服务过程中便可凭某种程度的定制来支持成本领先竞争策略。按照顾客参与的程度，可以产生一个从自我服务到完全依赖服务提供者的服务传递系统连续谱。下面几个方面表明了顾客对服务传递过程的贡献：

（1）用顾客的劳动代替员工的劳动。最低工资的提高促进了用顾客的参与来代替个性化服务。现代的顾客已经成为合作生产者，并从低成本中得到好处。

（2）理顺服务需求。服务能力随时间消逝，服务需求随时间变化。如果能够理顺需求，就可降低所需的服务生产能力，更有效地利用一些服务设施，最终使服务生产率得以提高。要实施理顺服务需求策略，顾客必须参与其中，调整他们的需求时间使其与可获得的服务相匹配。要达到这个目的，典型的方式是预约，以减少顾客的等待时间。也可在服务需求低谷期通过价格刺激吸引顾客消费。如理顺需求的能力不足，也可通过要求顾客等待来达到较高的服务能力利用率，因为顾客等待有助于更大程度地利用资源。

（3）要作为服务过程积极的参与者来承担新的、更具独立性的角色，顾客需要“培训”。服务提供者应该扮演“教师”的角色，这在服务业还是一个全新的概念。随着服务日益专门化，顾客也要承担“诊断”的角色。总之，服务效率的提高需要依靠有知识和自信的顾客。

3. 顾客接触方法

由于有顾客参与，服务传递系统可以分为高顾客接触和低顾客接触的作业。在低接触作业或后台办公室，如同工厂一样运行，可以引入所有的生产经营观念和自动化设施。这样既可以使顾客感受到个性化的服务，同时又可以通过批量生产来实现规模经济。这种方法的成败取决于服务生产过程中需要的顾客接触程度以及在低接触作业中分离核心技术的能力。

（1）顾客接触程度。顾客接触程度可以用顾客出现在服务活动中的时间与服务总时间的百分比表示。在高接触系统中，顾客通过直接接触服务过程来决定需求的时机和服务的性质，服务感知质量在很大程度上由顾客的感知决定。而在低接触系统中，顾客不会对生产过程产生直接影响。即使在高接触系统中，也可以将一些运营部门封闭起来，不与顾客接触。例如，公共运输系统的维修和医院的洗衣房等。

（2）高接触作业与低接触作业的区别。高接触作业要求员工具有较高的人际技能。在这些活动中，服务的水平和任务是不确定的，因为顾客决定服务的需求并在一定程度上决定服务本身。低接触作业可以和高接触作业在实体上完全分离。

（3）销售机会和服务传递选择。公司是一个信息处理系统，所以要把信息内容当作服务工作设计中的可变因素来考虑。蔡斯提出一个服务设计矩阵，表明了生产效率和销售机会的关系（见图 12-6）。服务传递选择从左到右排列，转移的信息量逐步增加。生产效率与顾客接触核心服务作业运营的程度有关。销售机会反映出从每个顾客身上增加销售额的可能性。从该矩阵可以看出，在选择服务传递方式时要在营销和生产之间进行权衡，不能局限于只选择一种服务方式，有时为了防止舍弃一定的细分市场，要应用多种服务渠道。例如，加油站提供全面服务和自动服务两种加油方式。

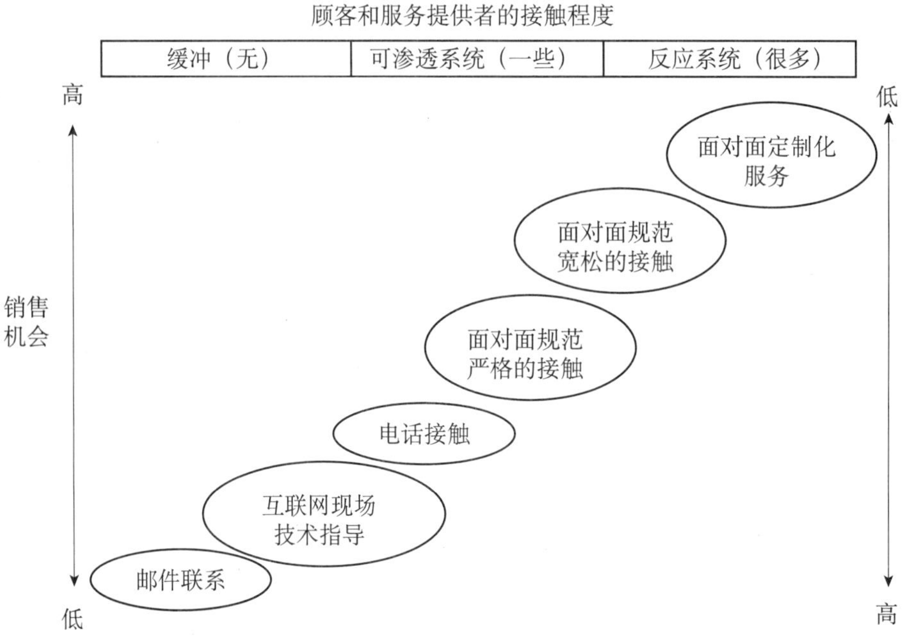

图 12-6 服务设计矩阵

4. 信息授权方法

现在是信息时代，信息技术所能提供的并不仅仅是方便地保存记录，它最重要的功能是员工授权和顾客授权。

（1）员工授权。信息技术最早用于保存记录，一个分离的数据库使采购人员、现场服务人员、生产人员不能集中考虑问题，只有高层决策者才能进行这方面的综合工作。但是，相关数据库的发展改变了这一切。关系或整合数据库意味着每一个人都可以使用一项业务各方面的信息。通过员工授权，员工可以通过接口互相影响，甚至可以与其他公司实时联系，服务业可以更灵活地处理业务。

（2）顾客授权。信息技术使顾客有更大的自由来选择一个自己认为合适的服务提供商，而且可以参与到服务过程中，通过网络查询自己的服务过程。

（三）服务运营的特征

1. 顾客参与服务过程

由于顾客作为参与者出现在服务过程中，这要求服务经理必须重视设施的设计。顾客的知识、经验、动机乃至诚信都会直接影响服务系统的效率。首先，顾客的参与使得管理人员减少；其次，由于顾客在需要时付出了劳动，因此服务能力直接随需求而变化，而不是完全受制于员工的人数。

然而，把顾客从服务过程中排除出去也是一种普遍的做法。例如零售信贷，银行鼓励顾客使用电话或计算机交易、直接储蓄和自动支付，顾客无须亲自到银行。而且，电子商务的出现也提供了购物的另一种可能。

2. 服务的生产和消费同时发生

服务的生产和消费同时发生，因而服务不能储存，这一事实是服务管理的显著特征。服务无法储存，使得服务业不能像制造业那样依靠存货来适应需求变化。服务是开放系统，会受到传递系统中需求变化的全面影响。服务的生产与消费同时进行也使得对产品的预先检测成为不可能，所以必须依靠其他指标来保证服务质量。

3. 随时间消失

服务是易逝性商品，例如飞机上的空座位、医院里的空床位或旅馆里的空房间等，在这种情况下会发生机会损失。服务不能储存，如不使用将会永远失去。对服务能力的充分利用成为一个管理挑战。因为顾客需求变化大，而利用库存适应需求的波动是不可行的。

4. 场所的选择取决于顾客

在服务业，顾客和提供者通常必须亲自见面。可能是顾客前往服务地点，也可能是服务人员前往顾客所在地（如救护车）。路程时间和费用在场所选择经济学中得到体现。结果是，许多小型服务中心设置在离潜在顾客很近的地方。当然，还要权衡设施的固定成本和顾客的路程成本。由于互联网的广泛应用，服务业也发生了一些变化。例如，顾客可以通过电话或网络购买股票，通过远程或在线授课系统学习大学课程。

5. 劳动力密集

在大多数服务组织中，劳动力是决定组织效益的关键资源。对这些组织来说，新设备投资不足以解决技术落后问题；新知识出现后过时的员工技能是造成这些组织技能落后的主要原因。在一个不断扩充的组织中，招聘是获得新知识的重要途径；而在一个发展缓慢或停滞不前的组织中，唯一可行的策略是不断地再培养。服务中顾客与员工之间的交互为员工获得更为全面的工作经验提供了可能。

6. 无形性

服务是一种观点和概念，服务的创新没有专利。为了从新的服务中获取效益，企业必须快速扩张以阻止竞争者。特许经营是保护市场和建立品牌的工具。通过特许经营，母公司将新观点出售给当地企业家，不仅可以控制和降低风险，而且可以减少资本投入。服务的无形性特征也给顾客带来了问题。在选择服务提供者时，顾客只能依赖服务企业的声誉。在很多服务领域，为确保服务水准，政府需要进行干预。通过登记注册、签发执照和管制，政府可以向消费者承诺，某些服务企业的培训和服务测试水准达到了特定标准。

7. 衡量产出的困难

服务测试非常复杂。一种评估服务业绩的方法是测量从服务投入到服务产出过程每位顾客的变化，称为交易分析（transactional analysis）。

二、服务全球化

服务全球化是指服务的生产、消费和相关生产要素的配置跨越国家边界，形成一体化的国际网络，各国服务业相互渗透、融合和依存，国际化的服务供给和消费不断增加。全球化不是一个新现象。早在19世纪初期，国际贸易就成为经济全球化的引导力量和主要载体，但从贸易对象看主要还是初级产品和制造业产品。此后，商品贸易和初级产业、制造业领域的跨国投资，一直是全球化的主要内容。到20世纪70年代初期，服务贸易仅占全球出口总额的约1/10，服务业跨国投资仅占全球跨国投资总额的1/4。此后服务全球化快速推进，服务贸易和服务业跨国投资的增长速度快于全球贸易和投资总额。世界贸易组织（WTO）2019年发布的报告指出，2005—2017年，服务贸易年均增速达到5.4%，快于同期全球货物贸易4.6%的增速。2011年以来，全球货物贸易总值年均增长1%，而服务贸易总值年均增速则达到3%。服务贸易占全球贸易的比重从1970年的9%增至2019年的20%，到2040年，这一比重预期将进一步增长至30%。

第3节　服务质量管理

一、服务质量的定义

服务是服务管理的基础，服务质量则是服务管理的核心。无论是生产有形产品的企业还是服务企业，质量都是企业在竞争中取胜的法宝。服务质量的内涵与有形产品质量的内涵有所区别，消费者对服务质量的评价不仅要考虑服务的结果，而且要考虑服务的过程。服务质量应被消费者认可，认可才能形成质量。服务质量的构成要素、形成过程、考核依据、评价标准均有别于有形产品。

服务质量是产品附加的服务或服务业满足规定或潜在要求（或需要）的特性和特征的总和。特性是用以区分不同类别的产品或服务的概念，如旅游有陶冶人的性情、给人愉悦的特性，旅馆有供人休息、睡觉的特性。特征则是用以区分同类服务中不同规格、档次、品位的概念。服务质量的表层内涵包括服务的安全性、适用性、有效性和经济性等一般要求。

二、服务质量的测量

（一）优质服务的标准

服务质量的测量是服务企业对顾客感知服务质量的调研、测算和认定。从管理角度出发，优质服务必须符合以下标准：

（1）规范化和技能化。顾客相信服务供应方，员工营销体系中有必要的知识和技能、作业规范，能解决顾客的疑难问题（有关产出标准）。

（2）态度和行为。顾客感到服务人员（一线员工）用友好的方式主动关心、照顾他们，并以实际行动为顾客排忧解难（有关过程标准）。

（3）可接近性和灵活性。顾客认为服务提供者的地理位置、营业时间、员工、营运系统的设计和操作使其便于获得服务，并能灵活地根据顾客要求随时加以调整（有关过程标准）。

（4）可靠性和忠诚感。顾客确信，无论发生什么情况，他们都能够依赖服务提供者。服务提供者能够遵守承诺，尽心竭力满足顾客的最大利益（有关过程标准）。

（5）自我修复。顾客知道，无论何时出现意外，服务提供者将迅速有效地采取行动，控制局势，寻找新的可行的补救措施（有关过程标准）。

（6）名誉和可信性。顾客相信，服务提供者的经营活动可以信赖，它的优良业绩和超凡价值可以与顾客共同分享（有关形象标准）。

在六个标准中，规范化和技能化与产出有关；名誉和可信性与形象有关，它可充当过滤器；其余四项标准——态度和行为、可接近性和灵活性、可靠性和忠诚感、自我修复，都显然与过程有关，代表职能质量。

（二）服务质量测量的方法

服务质量测量一般采取评分量化的方式进行，其具体程序如下：

（1）测量顾客的预期服务质量；

（2）测量顾客的感知服务质量；

（3）确定服务质量，即服务质量＝预期服务质量－感知服务质量。

对服务质量评分量化的大致步骤如下：

（1）选取服务质量的评价标准；

（2）根据各条标准在所调查服务行业的地位确定权数；

（3）对每条标准设计四五个具体问题；

（4）制作问卷；

（5）发放问卷，请顾客逐条评分；

（6）对问卷进行综合统计；

（7）采用消费者期望值模型分别测算出预期质量和感知质量；

（8）根据上述公式，求得差距值，其总值越大，表明感知质量离预期质量差距越大，服务质量越差，相反，则服务质量越好。

三、服务质量管理

（一）服务质量差距的管理

经过长期营销实践，美国服务问题专家建立了一个差距分析模型，用来分析质量问题的根源。分析和设计服务质量时，这个基本框架说明了必须考虑哪些步骤，然后找出问题的根源。要素之间有五种差异，也就是所谓的质量差距。质量差距是由质量管理前后不一致造成的，最主要的差距是期望服务和感知（实际经历）服务的差距。五个差距以及它们造成的结果和产生的原因分述如下。

1. 管理者认识的差距（差距1）

这个差距指管理者对期望质量的感觉不明确。产生的原因有：对市场的研究和需求的分析不准确；对期望的解释不准确；没有需求分析；从企业与顾客联系的层次向管理者传递的信息失真或丧失；臃肿的组织层级阻碍或改变了在顾客联系中所产生的信息。

2. 质量标准差距（差距2）

这一差距指服务质量标准与管理者对质量期望的认识不一致。产生的原因有：计划失误或计划制订得不够完善；计划管理混乱；组织无明确目标；服务质量的计划得不到最高管理层的支持。

差距1的大小决定计划的成功与否。但是，即使在顾客期望信息充分和正确的情况下，质量标准的实施计划也会失败。出现这种情况的原因是，最高管理层没有保证服务质量的实现，没有赋予质量最高优先权。改进的措施自然是改变优先权的排列。今天，在服务竞争中顾客感知的服务质量是成功的关键因素，因此在管理清单上把服务质量排在前列是非常必要的。总之，服务生产者和管理者对服务质量达成共识、缩小质量标准差距，远比任何严格的目标和计划过程重要得多。

3. 服务交易差距（差距3）

这一差距是指在服务生产和交易过程中员工的行为不符合质量标准。产生的原因有：标准太复杂或太苛刻；员工对标准有不同意见，例如一流服务质量可以有不同的行为；标准与现有的企业文化产生冲突；服务生产管理混乱；内部营销不充分或根本不开展内部营销；技术和系统没有按照标准为工作提供便利。可能出现的问题是多种多样的，通常引起服务交易差距的原因是错综复杂的，很少只有一个原因在单独起作用，因此改进措施并不那么简单。差距产生的原因可分为三类：管理和监督；员工对标准规则的认识和对顾客需要的认识；生产系统和技术的支持。

4. 营销沟通差距（差距4）

这一差距是指营销沟通行为所做出的承诺与实际提供的服务不一致。产生的原因有：营销沟通计划与服务生产没有统一；传统的市场营销和服务生产之间缺乏协作；营销沟通活动提出一些标准，组织却不能按照这些标准完成工作；有故意夸大其词、承诺太多的倾向。引起这一差距的原因可分为两类：一是外部营销沟通的计划与执行没有和服务生产统一起来；二是在广告等营销沟通过程中存在承诺过多的倾向。

在第一种情况下，改进措施是建立一种使外部营销沟通活动的计划和执行与服务生产统一起来的制度。例如，至少每个重大活动应该与服务生产行为协调起来，达到两个目标：第一，市场沟通中的承诺要准确和符合实际；第二，外部营销活动中做出的承诺应言出必行，避免夸夸其谈所产生的负面作用。在第二种情况下，由于营销沟通存在"滥用最高级"的毛病，因此只能通过完善营销沟通的计划加以解决。改进措施可能是完善计划程序，不过在管理上严密监督也很有帮助。

5. 感知服务质量差距（差距5）

这一差距是指感知或经历的服务与期望的服务不一样，它会导致以下后果：消极的质量评价（劣质）和质量问题；口碑不佳；对公司形象的消极影响；丧失业务。差距5也有可能产生积极的结果，它可能带来相符的质量或过高的质量。感知服务质量差距产生的原因可能是所讨论的众多原因中的一个或者它们的组合。当然，也有可能是其他未被提到的因素。

差距分析模型可以指导管理者发现引发质量问题的根源，并寻找适当的消除差距的措施。差距分析是一种直接有效的工具，它可以发现服务提供者与顾客对服务观念存在的差异。明确这些差距是制定战略、战术以及保证期望质量和现实质量一致的理论基础。这会使顾客给予质量积极评价，提高顾客满意度。

（二）影响服务质量的因素分析

质量的四个来源，即设计、生产、交易及与顾客的关系，这些方面的管理方法影响顾客感知的质量。服务的技术质量和与买卖双方有关职能的质量都会受到这些因素的影响。

产品或服务的设计影响技术质量。这是职能质量的一个来源。例如，顾客或潜在的顾客可能参与设计过程。这可以改进技术质量，对职能质量也有影响。顾客会认为卖方对他们非常重视，能够尽力解决他们的问题。这就是相互作用过程中职能质量的作用。

就服务业而言，生产是质量的一个来源，产出的技术质量是全部生产过程的结果。参与这个过程的顾客可以观察到大部分过程，于是买卖双方的相互作用就产生了。生产对职能质量也有影响，这对制造业也是如此。当然，生产还决定技术质量。顾客可能只是偶然地接触生产过程，例如生产设备和生产过程可能向顾客展示或演示。关于顾客与生产、生产资源、生产设备、生产过程的相互作用的认识方式也会对职能质量产生一定的影响。

同时，在许多情况下很难区分交易和生产。服务交易或多或少是全部生产过程的一部分，因而上面提到的有关生产质量的各个方面也适用于服务业的交易。对产品制造企业来说，交易可以形成一个独立的职能，交易的结果是买方得到了产品，顾客通过产品的交易感受到了产品的技术质量。除此之外，还有与过程有关的因素即交易的方式。

买卖双方的关系在制造行业和服务行业都是质量形成的原因，这种关系对质量的影响主要与职能过程有关。员工在与顾客的交往中越是具有顾客意识和服务导向，买卖关系对质量的影响就越有利。

顾客对质量的期望产生在自己经历企业所提供的服务之前。顾客对企业的形象可以有多种认识，它对质量的作用就像一个过滤器。一个声誉良好的形象是一个遮掩物，即使有一些消极的形象，也不会显得那么突出。顾客感知的质量是对期望和实际经历比较的结果，它必须考虑组织的形象问题。

管理者必须研究和理解企业各种职能对质量的影响。质量来源涉及方方面面，生产只是其中之一。在设计、生产、交易及与顾客的关系中，对技术和职能两方面不能顾此失彼。

（三）服务承诺

服务承诺也称为服务保证，是一种以顾客为尊、以顾客满意为导向，在服务产品销售前对顾客许诺若干服务项目以引起顾客的好感和兴趣，招徕顾客积极购买服务产品，并在服务活动中忠实履行承诺的制度和营销行为。

服务承诺通常对服务的下述内容进行承诺：服务质量的保证；服务时限的保证；服务附加值的保证；服务满意度的保证等。

服务承诺制的实行有利于企业提高服务质量，满足消费者的需求并令其满意，改善企业自身的形象。承诺服务的优化设计及令顾客满意引发的经营革命触及营销导向、社会性导向两个层次，将触角深入而广泛地伸入市场及整个社会，企图通过种种努力，掌握顾客爱好、市场需求。服务承诺可以直接影响一个企业的成功和失败，而服务保证能落到实处就会拥有顾客的信任，同时，企业也会获得意想不到的收入。

实行服务承诺制可以采取以下措施：

（1）制定高标准。可以是无条件的满意度保证，也可以是针对运送时间等单项服务，提供标准保证。无条件保证的好处是，不论时间如何变化，顾客所期待的与实际得到的服务都能保持一致。

（2）不惜付出相当的赔偿代价。不管提出什么保证，赔偿代价都要有相当的意义，才能吸引心存不满的顾客主动前来抱怨，有效地挽回失望的顾客，刺激企业吸取失败的教训。不痛不痒的保证，等于没有保证。

（3）特别情况特别处理。一家餐厅的员工，在客人食物中毒之后，拿着免费餐券要补偿对方，结果严重得罪了客人。可想而知，餐厅如果还想跟这些火冒三丈的客人重修旧好，需要的当然是比免费餐券更有意义的东西，这时，高层级的主管应出面处理，采取适当措施，挽回客人的信任。

（4）提供简洁的保证。企业的服务保证必须言简意赅，让顾客一看便知。

（5）简化顾客申诉的程序。提供服务要多花一些心思与代价，尽量减少申诉过程的不便，才不致既流失顾客，又失去从申诉中学习如何改善的机会。

（6）将服务满意度列入企业发展的经济指标。在现代服务营销活动中，由于人们价值观的变化和时间观念的进步，企业推行服务承诺的必要性更强烈，顾客对企业推行服务承诺的期待也更强烈，服务承诺成为企业提高服务质量不可分割的组成部分。

（四）服务补救

服务补救的概念最早由哈特等人于1990年提出。服务补救是一种管理过程，它首先要发现服务失误，分析失误原因，然后在定量分析的基础上，对服务失误进行评估并采取恰当的管理措施予以解决。有的学者认为，服务补救是指服务企业在向顾客提供服务过程中出现失败和错误的情况下，对顾客的不满和抱怨当即做出的补救性反应。其目的是通过这种反应，重新建立顾客满意度和忠诚度。

如果消费者对企业提供的服务具有较高期望值，服务的失误会使顾客产生不满和抱怨；虽然他们可将不满归咎于不同对象，如企业或自己，但企业必须抱有“顾客始终正确”的观念，对顾客的不满和抱怨当即做出反应——服务补救。当即是指服务补救具有现场性和快速性。现场性是指企业必须在服务失误出现的现场，就地进行服务补救。快速性是指企业要尽可能快地进行服务补救，避免服务失误造成的不良影响扩散和升级。

服务补救也可定义为在第一次服务失误后，企业为留住顾客而立即做出的带有补救性质的第二次服务。第二次服务可以与第一次服务同质，即第二次服务是第一次服务的重复。当然也可与第一次服务异质，即第二次服务是第一次服务的延伸或转变。如零售企业无条件地为对产品质量表示不满的顾客所做出的换货服务（同质服务）或退货服务（异质服务）。

1. 服务补救与顾客抱怨管理的区别

第一，服务补救具有实时性特点。这是服务补救与顾客抱怨管理一个非常重要的区别。顾客抱怨管理一般必须等到一个服务过程结束之后，而服务补救则必须在服务失误出现的现场提供。如果等到一个服务过程结束，服务补救的成本会急剧上升，效果也会大打折扣。

第二，服务补救具有主动性特点。顾客抱怨管理有一个非常明显的特点，即只有当顾客进行抱怨时，企业才会采取相应的措施，安抚顾客，使顾客满意地离去。但一家调查机构的一项调查显示：发现问题的顾客中，只有4%会向企业有关部门进行抱怨或投诉，而另外96%的顾客不会抱怨，但他们会向9～10人倾诉自己的不满（坏口碑）。顾客抱怨管理“不抱怨不处理”的原则，将严重影响顾客感知服务质量和顾客满意度，从而影响顾客忠诚度，使企业在竞争中处于不利的境界。服务补救则不同，它要求服务提供者主动地去发现服务失误并及时地采取措施解决失误，这种前瞻性的管理模式无疑更有利于提高顾客满意度和忠诚度。

第三，服务补救是一项全过程、全员性质的管理工作，顾客抱怨管理是由专门的部门来进行的阶段性管理工作。一般来说，服务补救具有鲜明的现场性，服务企业授权一线员工在服务失误发生的现场及时采取补救措施，而不是等专门的人员来处理顾客的抱怨。

2. 服务补救策略

（1）跟踪并预期补救良机。企业需要建立一个跟踪并识别服务失误的系统，使其成为挽救和保持顾客与企业关系的良机。有效的服务补救策略需要企业通过听取顾客的意见来确定企业服务失误之所在，即不仅要被动地听取顾客的抱怨，还要主动地查找潜在的服务失误。市场调查是一种有效的方法，诸如收集顾客批评、监听顾客抱怨、开通投诉热线以听取顾客投诉等。有效的服务担保和意见箱可以使企业发觉系统中不易觉察的问题。

（2）重视顾客的问题。顾客认为，最有效的补救就是企业一线服务员工能主动出现在现场，承认存在的问题，向顾客道歉（在恰当的时候可加以解释），并将问题当面解决。解决的方法有很多，可以退款，也可以进行服务升级。如零售业的无条件退货，如某顾客在租用已预订的别克车时发现该车已被租出，租车公司将本公司的劳斯莱斯车以别克车的租价租给该顾客。

（3）尽快解决问题。一旦发现服务失误，服务人员必须迅速解决失误。没有得到妥善解决的服务失误会很快扩大并升级。在某些情形下，还需要员工能在问题出现之前预见到问题即将发生而加以杜绝。例如，某航班因天气恶劣而推迟降落时，服务人员应预见到乘客们会感到饥饿，特别是儿童。服务人员会向乘客说：“非常感激您的合作与耐心，我们正努力安全降落。机上有充足的晚餐和饮料。如果您同意，我们将先给机上的儿童准备晚餐。”乘客点头赞同服务人员的建议，因为他们知道，饥饿、哭喊的儿童会使境况变得更糟。服务人员预见到了问题，杜绝了问题的发生。

（4）授予一线员工解决问题的权力。对于一线员工，他们尤其需要特别的服务补救训练。一线员工需要服务补救的技巧，比如认真倾听顾客抱怨、快速确定解决办法、具有灵活变通的能力。员工必须被授予使用补救技巧的权力。当然这种权力的使用是受限制的，在一定的允许范围内用于解决各种意外情况。一线员工不应因采取补救行动而受到处罚。相反，企业应鼓舞员工大胆使用服务补救的权力。

（5）从补救中汲取经验教训。服务补救不但是弥补服务裂缝、增强与顾客联系的良机，还是一种极有价值但常被忽略或未被充分利用的具有诊断性的能够帮助企业提高服务质量的信息资源。通过对服务补救整个过程的跟踪，管理者可发现服务系统中一系列亟待解决的问题，并及时修正服务系统中的某些环节，进而使服务补救现象不再发生。

第4节　信息技术与服务管理

越来越多的企业尤其是服务企业已经认识到，信息化对提升企业业务层次和服务竞争力是极其重要的。

一、信息技术赋能各行业顾客服务提升

目前，以大数据、云计算、人工智能（AI）为代表的现代信息技术已经广泛应用于各行业的服务过程，对提升服务品质发挥着越来越大的作用，以下是一些常见的应用场景。

1. 餐饮行业

（1）智能点餐与推荐。顾客可以通过自助点餐机或线上平台与AI客服互动，询问菜品信息、优惠活动等，AI客服能够迅速准确地回答问题，并根据顾客的喜好提供个性化的菜品推荐。

（2）个性化服务。一些高端餐厅引入了AI智能酒柜，根据顾客的口味和酒品搭配需求推荐最适合的葡萄酒；同时，AI还能分析顾客的用餐时间和频率，为常客提供专属的优惠和服务。

2. 零售行业

（1）智能导购与推荐。在大型购物中心和电商平台，智能导购通过语音识别和自然语言处理技术，准确理解顾客的购物需求，提供详细的商品信息和购买建议，并根据顾客的购物历史和偏好推荐最适合的商品和优惠活动。

（2）售后服务。基于AI的智能客服系统能够为顾客提供全时段、全天候的售后服务支持，迅速解答顾客提问，提高售后服务的效率和满意度。

3. 旅游行业

（1）行程规划与导览。AI能够为旅客提供个性化的行程定制服务，通过分析旅客的出行时间、目的地偏好、预算等信息，生成最适合的旅游行程，并根据实时天气、交通状况等因素进行动态调整和优化。

（2）智慧导游。在旅游过程中，智能导览系统可以为旅客提供详细的景点介绍，并根据旅客的兴趣推荐最适合的游览路线和时间安排。

4. 金融服务行业

（1）智能投顾。AI 技术可以根据客户的资产状况、风险偏好等信息，为其提供个性化的投资建议和理财方案，帮助客户进行更科学的资产配置。

（2）风险控制。通过大数据分析和机器学习算法，AI 可以实时监测和分析交易行为，及时发现异常交易和潜在风险，保障金融交易的安全。

5. 医疗行业

（1）远程医疗咨询。借助信息技术，医生可以通过远程视频等方式为患者提供专业的医疗咨询服务，方便患者及时获得医疗帮助。

（2）健康管理。智能穿戴设备和健康管理平台可以实时监测用户的健康数据，如心率、血压、睡眠质量等，并根据数据分析结果为用户提供个性化的健康管理建议。

6. 教育行业

（1）个性化学习。AI 可以根据学生的学习进度、兴趣爱好等信息，为其推荐个性化的学习资源和课程，提高学习效果。

（2）智能辅导。智能辅导系统能够根据学生的学习情况，提供针对性的辅导和答疑，帮助学生解决学习中的问题。

7. 物流行业

（1）智能配送。通过卫星定位、路径规划等信息技术，物流公司可以实现货物的精准配送，提高配送效率和准确性。

（2）仓储管理。智能仓储系统能够自动识别和管理货物信息，优化仓储空间的利用，提高仓储效率。

信息技术的应用不仅提高了各行业的服务效率和质量，也极大改善了顾客体验，使顾客能够享受到更加便捷、高效、个性化的服务。随着科技的不断发展，未来信息技术在顾客服务方面的应用将更加广泛和深入。

二、信息技术在服务管理中合理使用的原则

1. 利益实现的原则

合理利用信息技术提供优质服务的目的是获得更多的利益，但是任何利益都不是偶然产生的，它们都是精心策划和实施的结果。企业为了实现利益，必须识别使用环节和使用技术。利益实现的过程实际上就是技术和企业完美结合的过程。网上书店的普及便是一个很好的例子，从中可以发现信息技术和传统企业结合所带来的新的企业及由新的企业所带来的商业利益。

2. 时效性的原则

当今世界已经进入迅速变化的时代，服务企业每时每刻都要应对顾客不断变化的各种需求，服务企业如能适应这种变化，将直接提高把商业机会有效地与新技术相结合的速度。采用的信息技术不必是最新的技术，但必须是先进的技术，因为企业选定技术或设备以后，一方面，可在未来一段较长的时间内稳定地使用；另一方面，它的先进性能

使企业经营效率提高。假如不能带来上述好处，就要重新评估技术给企业带来的好处体现在什么地方。

3. 改变企业文化的原则

服务企业在进行以信息技术为基础的企业管理过程中创造新文化是一个至关重要的环节，这种改变能否最终成功取决于能否建立以新技术为主要特征的企业新文化，取决于旧文化精神能否合理地被新文化吸收。这种以新技术为基础的企业新文化的特征主要表现在以下四个方面：

（1）开放。这一点对企业来说是至关重要的。如果没有开放的心态，无法快速接收新的资讯，将会被社会排斥。

（2）速度。它是企业文化的重要因素。信息技术不仅提供了提高企业运营速度的可能性，更重要的是，它会不断地改造企业员工的意识，在企业内创造一种速度文化，使员工能够形成一种与时间竞争的观念。

（3）共享。它是企业文化中一个比较突出的新文化特征。企业不能仅依靠技术手段实现对数据、信息和知识的共享，因为数据、信息和知识都有其隐性的表现形式，无法用技术手段达到共享目的，它需要人与人之间的直接沟通。

（4）平等。信息技术打破了组织层次，使组织成员能够充分参与其组织的运营。

4. 不断寻求改进的原则

改进是企业永恒的主题，不断寻求改进的思想应贯彻企业管理始终。信息技术和企业的结合过程实际上是企业不断寻求变革、不断改进的过程。因此，服务企业在应用信息技术过程中要把不断寻求改进作为重要原则加以思考和应用。

三、我国服务企业利用信息技术改变管理的现状及未来

我国服务企业运用信息技术改变管理的历程基本可分为三个阶段。第一阶段是“自动化”，即运用信息技术部分或全部地取代以人工方式进行的活动和业务职能，促进生产、经营和管理过程的自动化，提高效率和降低成本，如会计电算化等。第二阶段是“合理化”，即应用信息技术全面改造业务工作流程，整合企业资源，使企业的经营管理水平全面提高，ERP 系统就是这一阶段应用信息技术的典型代表。第三阶段是应用信息技术重塑企业管理模式和经营理念，改变企业的产品或服务领域，创造出新的竞争优势和经济增长点，甚至改变企业本身的结构和性质。比如，招商银行从 1998 年起逐步建立起网络银行体系，成为国内第一家由中国人民银行批准开展在线服务的商业银行，打破了传统银行竞争的地域限制。

无论怎样，服务企业“以顾客为中心”这个根本的经营原则不会变。在运用信息技术改变管理的进程中，一定要记住技术仅是工具，企业是否选用，关键要看这项技术能否帮助企业更快更好地满足客户需求。

此外，不能指望用技术方法解决非技术问题。企业中有些问题仅通过建立 ERP 系统来解决是不可能的，只能解决一些表面上的问题，因为造成这些问题的根本原因是企业的产品市场定位、产品结构、营销方式和客户关系管理等。企业只有在应用 ERP 系统之前，通过开展管理变革和实行企业流程再造解决这些问题，才能有效解决 ERP 项目的需

求，达到标本兼治的目的。

关键术语

服务经济 服务管理 服务接触与传递 服务利润链 服务质量
信息技术

思考题

1. 服务运营的特征是什么？
2. 优质服务的标准有哪些？
3. 服务利润链的核心内容是什么？服务利润链的构成要素有哪些？
4. 服务设计需要考虑哪些因素？
5. 如何更好地利用信息技术进行服务管理？

案例分析

1994 年，四川拖拉机厂电焊工的张勇在家乡简阳利用业余时间卖起了麻辣烫。“客人吃得开心，就会夸你味道好，要是觉得你态度冷淡，就会说好难吃。”从做麻辣烫起，张勇就意识到，做餐饮，服务是取胜的关键。麻辣烫店发展成海底捞火锅店后，因为与众不同的服务，其生意很快红火起来。1999 年的一天，张勇的火锅店来了一位西安客人，觉得味道很好，吃完后对张勇说：“到西安开一家吧，西安爱吃火锅的人多。”张勇就这样开了第二家店，海底捞从此走出四川。

张勇从麻辣烫店和第一个火锅店的经营中悟出来，火锅店不同于其他餐馆，在这里每个客人都是半个大厨，不仅自己配调料，还根据自己的口味煮各种食品，因此吃火锅的客人需要更多的服务。此外，由于四川火锅浓重的麻辣刺激，吃到最后绝大多数客人实际上已分不出不同火锅店口味之间的差别。因此，在地点、价钱和环境相似的情况下，服务好坏是食客是否回头的最重要因素。没读过大学、没受过任何正式管理教育的张勇，在根本不知道竞争差异化是何物时，在偏僻的四川简阳创造出自己的服务差异化战略，而且把这个战略成功地灌输给所有一线员工。

怎么才能让顾客体会到差异？张勇的答案是，要超出客人的期望，让他们在海底捞享受到在其他火锅店里享受不到的服务。要做到这一点，不能仅靠标准化的服务，更要根据每个客人的喜好提供创造性的个性化服务。从洗菜、点菜、传菜、做火锅底料、帮客人煮菜、清洁到结账，做过火锅店每一个岗位工作的张勇深知，客人的需求五花八门，单是用流程和制度培训出来的服务员最多达到及格的水平。流程和制度对保证产品和服务质量的作用毋庸置疑，但同时也压抑了人性，因为在此过程中忽视了员工最有价值的东西——大脑。让雇员严格遵守流程和制度，等于只雇了他的双手，这是最亏本的生意。

张勇知道，服务的目的是让客人满意，可是客人的要求不尽相同：有人要标准的调料，有人喜欢自己配，有人需要两份调料，有人连半份都用不了；有人喜欢自己涮，有人喜欢服务员给他涮。有人不喜欢免费的酸梅汤，能不能让他免费喝一碗本该收费的豆浆？碰到牙口不好的老人，能不能送碗鸡蛋羹？所以让客人满意不可能完全靠标准化的流程和制度，只能靠一线服务员临场根据自己的判断完成。如果碰到流程和制度没有规定的问题，就需要大脑去创造解决之道了。比如客人想吃冰激凌，服务员要不要到外边给他买？在张勇看来，当人用心服务的时候，大脑的创造力最强。于是，让海底捞的服务员都能像自己一样用心为顾客提供服务就变成张勇的基本经营理念。

资料来源："海底捞"的管理智慧．(2017-09-11)．新浪．

讨论题

1. 海底捞是如何做好服务管理的？
2. 从海底捞的案例中你得到哪些启示？

第 4 篇
资源与文化

第 13 章

财务管理

| 本章要点 |

本章通过对财务战略，财务会计，财务分析，筹资，投资与股利分配的简要介绍，使读者对公司财务管理的机制有总体性的把握。此外，本章从战略角度对企业财务的运营模式及财务结构进行了介绍，对于从战略性的财务管理角度审视与考核企业经营活动过程具有重要意义。

引例

万科企业股份有限公司成立于 1984 年，经过 40 年的发展，已成为国内领先的城乡建设与生活服务商。作为国内房地产企业的龙头，万科的财务工作具有传统房地产行业资金需求金额大、占用时间长、费用项目多、费用支付方式复杂、费用支付频繁等特点。如何打造一个为业务服务、为管理服务的财务管理平台，有效防范风险，提升运营效率，支撑企业实现“万亿万科”的目标，成为集团财务转型的关键。

万科的财务数字化从财务共享起步。2013 年，万科携手金蝶建立财务共享中心。历时近 10 年，万科财务共享中心从一线业务集中在共享、聚焦费用报销的 1.0 账务集中化阶段逐步向 2.0 流程标准化、3.0 业财融合、4.0 财务数字化阶段转型。通过引入 RPA 财务机器人、OCR 图像识别、电子档案、信用管理等智能化应用，全面提升财务交易处理的自动化程度，为万科地产、物业、教育、酒店、养老等多个业态提供基础财务核算、成本审算及合并报表等服务，并在此基础上注重数据的使用场景和需求，提升了数据管理的价值创造能力，推动了万科业财一体化进程。

资料来源：一探万科财务数字化转型路径．(2023－11－09). 腾讯.

第 1 节　财务战略

财务战略是资源保障型职能战略之一，从财务资源方面为企业总体战略和业务战略的实施提供支持和保障，在企业战略中居于核心地位。

一、财务战略与企业战略的关系

财务战略是企业职能战略的一个有机组成部分。由于资金是决定企业生存发展最重要的驱动因素之一，企业总体战略与其他子战略的实施均离不开资金的流转和资本的运营，财务战略会影响到企业的方方面面，因而财务战略是资源保障型职能战略的中坚。

财务战略具有全局性、长远性、方向性、风险性、适应性和动态性等经营战略的一般属性，这是财务战略问题区别于一般财务问题的基本特征。企业财务战略将传统的财务管理工作划分为两个不同的层次：财务战略管理层次和财务执行管理层次。其结构如表 13－1 所示。

表 13－1　财务战略结构

管理层次	管理主体	管理内容
财务战略管理层次	董事会及总经理	1. 根据企业总体战略，进行财务战略分析，制定、评价企业财务战略并监督其实施，必要时进行调整 2. 在企业总体战略和财务战略指导下做出影响企业未来发展和总体战略、业务战略实现的重大财务决策 3. 审议和批准企业的财务预决算 4. 聘任或解聘财务经理
财务执行管理层次	总经理及其领导的财务部门	1. 实施企业财务战略并进行控制和反馈 2. 日常财务决策 3. 实施财务预算

二、财务战略概况

为了更好地理解并实施财务战略，下面将对财务战略的基本内容、企业财务战略体系及财务战略制定的程序进行介绍。

1. 财务战略的基本内容

现代企业财务活动包括资金筹集、使用、回收与分配等环节。筹集资金是企业财务活动的起点，使用资金是财务活动的关键，回收与分配资金是财务活动的归宿。因此，企业财务战略主要包括资金筹集战略、资金运营战略和收益分配战略三方面的内容。

2. 企业财务战略体系

根据不同的分类标准，财务战略的体系构建也不同，根据企业的生命周期、总部的经营方针以及企业财务战略管理的内容会有不同的财务战略体系。

（1）按生命周期划分。每个企业的发展都会经历初创期、成长期、成熟期以及衰退期，在不同的发展阶段，企业有不同的特点及主要策略，需要与之相匹配的财务战略，如表13-2所示。

表13-2 企业生命周期不同阶段的财务战略

企业生命周期	初创期	成长期	成熟期	衰退期
阶段特点	1. 市场增长率高 2. 需求增长快 3. 技术不稳定	1. 市场增长率高 2. 需求高速增长 3. 技术定型	1. 市场增长率不高 2. 需求增长不高 3. 技术成熟	1. 市场增长率下降 2. 需求增长下降 3. 技术老化
企业主要策略	开辟市场	扩大生产	提高产品竞争力	开发新产品
财务战略	吸引风险投资者	提高资金运作效率	维持当前的利润	寻找新的利润增长点

（2）按总部的经营方针划分。根据总部的经营方针可将财务战略分为扩张型财务战略、稳定型财务战略以及紧缩型财务战略三种，如表13-3所示。

表13-3 不同财务战略类型的比较

	扩张型财务战略	稳定型财务战略	紧缩型财务战略
定义	为配合公司的一体化战略和多元化战略而开展，以实现公司资产规模的扩张为目的	为配合公司实施对现有产品或服务的开发和市场渗透战略而开展，以实现公司财务业绩稳定增长和资产规模平稳扩张为目的	为配合公司的收缩、剥离、清算等活动展开，以预防出现财务危机和求得生存及新的发展为目的
特点	对外投资规模不断扩大，现金流出量不断增加，资产报酬率下降，债务负担增加	企业发展以平稳为主，战略、组织结构等微调，财务上追求稳健，慎重从事企业并购等活动	公司规模迅速缩小，现金流入量增加，资产报酬率提高，债务负担减轻
优点	通过推出新产品或扩大市场发展空间，可能会给公司带来新的利润增长点	稳健、安全、风险小	减少开支，维持生存，避免危机，为新的发展储备资金
缺点	一旦投资失败，会导致公司破产	有可能错失发展机会	公司会因此而失去一部分产品领域和市场空间
财务战略	高负债、低收益、少分配	适度负债、稳定收益、适度分配	低负债、低收益、少分配

（3）按企业财务战略管理的内容划分。按财务战略管理的内容可将财务战略分为筹资战略、负债经营战略、资本结构化战略、投资战略、收益分配战略以及成本管理战略等。财务战略的管理对象是财务资源和财务能力。

3. 财务战略制定的程序

财务战略的重要性决定了制定财务战略不可能一蹴而就，需经过若干步骤才能够制定出较为合理完善的战略。一般在制定财务战略的过程中，需要经过四个步骤，分别是：进行理财环境分析，确定企业的长远发展战略目标，进行可行性论证，制定出财务战略。

三、财务战略实施策略

企业在实施财务战略时，需要关注经营风险与财务特征、财务战略的定位。在财务战略的实施过程中，处在不同发展阶段的企业应该结合其自身特点制定不同的策略。表 13－4 为初创期和成长期的企业财务战略实施策略。

表 13－4　企业财务战略实施策略

	初创期	成长期
经营风险与财务特征	1. 没有规模优势 2. 融资环境相对不利 3. 核心产品不能为企业提供大量的现金流 4. 管理的无序要求强化集权 5. 企业的未来发展没有完整的规划，战略管理处于较低的层次	1. 快速发展的企业面对巨大的现金需求 2. 会计的账面收益能力不是很高，企业很难利用负债筹资来达到节税目的 3. 投资欲望高涨可能会导致盲目地增加投资
财务战略的定位	1. 权益资本型的筹资战略 2. 一元化的投资战略 3. 零股利政策	1. 相对稳健型的筹资战略 2. 适度分权的投资战略
财务战略实施策略	1. 全方位落实财务战略 2. 制订财务战略实施计划 3. 财务管理以生产与研发为依据	1. 合理测定企业发展速度 2. 主动谋取市场机会，充分利用各种金融工具积极融资 3. 充分规划投资项目 4. 积极推进商业信用管理，为全面落实财务战略服务 5. 采用各种灵活的方式扩大自身规模

企业初创时，资信水平低，偿债能力差，融资环境不佳，财务上往往体现为集权模式，为了保证企业的发展，创业者倾向于采取稳步成长的财务战略；进入成长期时当企业发展到成熟期时，财务战略会有进一步的发展，倾向于完善公司治理，理顺管理者的激励机制及规范制度，控制风险；进入衰退期时，财务战略更加倾向于强化财务的集权，从制度上保证战略的实施，改善与加强现金流的管理并评估新进领域的财务可行性，解决实施过程中的财务问题。

四、财务战略实施的保障体系

在实施财务战略的过程中，需要采取以下行动来保证财务战略的顺利实施。首先是需要强化竞争观念，确立战略意识，观念要先于行动，观念正确才能保证方向正确；其次是制定财务政策，规范理财行为；再次是实施预算控制，提高资源配置效率；又次是组织分工的再造，增强竞争能力；最后是改革用人机制，塑造企业家精神。

第2节 财务会计

一、财务会计概述

1. 财务会计的定义

财务会计指通过对企业已经完成的资金运动进行全面、系统的核算与监督，以向外部利益相关者（投资人、债权人和政府有关部门）提供企业的财务状况、经营成果与现金流量等信息为主要目标而进行的经济管理活动。

2. 财务会计的作用

财务会计有助于提供决策有用的信息，提高企业透明度，规范企业行为；有助于企业加强经营管理，提高经济效益，促进企业可持续发展；有助于考核企业管理层履行责任的情况。

二、会计基本假设和会计基础

（一）会计基本假设

会计基本假设是企业会计确认、计量和报告的前提，是对会计核算所处时间、空间、环境等所做的合理设定。会计基本假设包括会计主体、持续经营、会计分期和货币计量。

1. 会计主体

会计主体是指会计工作服务的特定单位或组织，是企业会计确认、计量和报告的空间范围。为了向财务报告使用者反映企业财务状况、经营成果和现金流量，提供对其决策有用的信息，会计核算和财务报告的编制应当集中反映特定对象的活动，并将其与其他经济实体区别开来。

2. 持续经营

持续经营是指会计主体在可预见的将来，其生产经营活动将无期限持续下去，不会破产和清算。只有以持续经营为前提，才能保证会计确认、计量和报告的信息具有连续性和一致性。

3. 会计分期

会计分期是指将一个企业持续经营的生产经营活动划分为一个个连续的、长短相同的期间。会计分期的目的在于通过会计期间的划分，将持续的生产经营活动划分成连续、相等的期间，据以结算盈亏，按期编报财务报告，从而及时向财务报告使用者提供有关企业财务状况、经营成果和现金流量的信息。

4. 货币计量

货币计量是指会计主体在财务会计确认、计量和报告时以货币计量反映会计主体的生产经营活动。

（二）会计基础

会计基础主要有两种，即收付实现制和权责发生制。

1. 收付实现制

收付实现制是指企业单位对各项收入和费用的认定以款项（包括现金和银行存款）的实际收付作为标准。凡属本期实际收到款项的收入和支付款项的费用，不管其是否应归属于本期，都应作为本期的收入和费用入账。目前我国政府的预算会计多采用收付实现制，因其能够真实地反映当年预算收支的实际执行结果，便于对预算资金的调度和统筹使用。

2. 权责发生制

权责发生制又称应收应付制，是指以权责发生作为记账基础来确定本期收入和费用，而不是以款项的实际收付作为记账基础。凡是应属本期的收入和费用，不管其款项是否收付，均作为本期的收入和费用入账。在权责发生制下，每个会计期末应对各项跨期收支做出调整，核算手续虽然较为麻烦，但能使各个期间的收入和费用实现合理的配比，所计量的财务成果也比较正确。因此，营利性企业和政府财务会计核算应采用权责发生制。

三、会计信息质量要求

会计信息质量要求是对企业财务报告中所提供的会计信息质量的基本要求，是使财务报告中所提供的会计信息对投资者等使用者决策有用而具备的基本特征，它主要包括可靠性、相关性、可理解性、可比性、实质重于形式、重要性、谨慎性和及时性等。

四、会计要素、确认条件与计量原则

（一）资产

（1）定义：资产是指因过去的交易、事项形成的，由企业拥有或者控制的，预期会给企业带来经济利益的资源。

（2）确认条件①（同时满足）：

1）与该资源有关的经济利益很可能流入企业；

2）该资源的成本或者价值能够可靠地计量。

（二）负债

（1）定义：负债是指因过去的交易或事项形成的，预期会导致经济利益流出企业的现时义务。

（2）确认条件②：

1）与该义务有关的经济利益很可能流出企业；

---

① 在资产负债表中列报的前提是必须在账簿中进行确认、计量，如果不符合资产确认条件，则不得在资产负债表中列报。

② 符合要素的定义不一定符合确认条件。

2）未来流出的经济利益的金额能够可靠地计量。

（三）所有者权益

（1）定义：所有者权益指企业资产扣除负债后，由所有者享有的剩余权益。所有者权益又称为股东权益。所有者权益是所有者对企业资产的剩余索取权，所有者权益的来源包括所有者投入的资本、直接计入所有者权益的利得和损失、留存收益等。留存收益包括两部分，一部分是直接从历年利润中提取的盈余公积，另一部分是历年利润的留存（未分配利润）。

（2）确认条件：所有者权益的确认和计量主要依赖于资产和负债的确认和计量。

（四）收入

（1）定义：收入是指企业在日常活动中形成的、会导致所有者权益增加的、与所有者投入资本无关的经济利益的总流入。

（2）确认条件：

1）与收入相关的经济利益很可能流入企业；

2）经济利益流入企业的结果会导致资产的增加或负债的减少；

3）经济利益的流入额能够可靠地计量。

（五）费用

（1）定义：费用是指企业在日常活动中发生的、会导致所有者权益减少的、与向所有者分配利润无关的经济利益的总流出。

（2）确认条件：

1）与费用相关的经济利益很可能流出企业；

2）经济利益流出企业的结果会导致资产的减少或负债的增加；

3）经济利益的流出额能够可靠地计量。

会计要素中没有成本要素，成本与费用的区别在于，费用的范围比成本更广泛，成本属于对象化了的费用。

（六）利润

（1）定义：利润是指企业在一定会计期间的经营成果，包括收入减去费用后的净额、直接计入当期利润的利得和损失（营业外收入、营业外支出）等。其反映的是企业的经营业绩情况，是进行业绩考核的重要指标。

（2）确认条件：利润的确认依赖于对收入和费用以及利得和损失的确认，对其金额的确定主要取决于对收入、费用、利得和损失金额的计量。企业的利得和损失分为两部分，一部分是直接计入所有者权益的利得和损失，另一部分是直接计入当期利润的利得和损失。

（七）会计要素计量属性

计量属性包括历史成本、重置成本、可变现净值、现值、公允价值。企业日常核算中绝大部分用的是历史成本计量属性。历史成本是基本的、主要的、首选的计量属性，反映的是资产或负债过去的价值；重置成本、可变现净值、现值、公允价值通常反映资产或负债的现时成本或现时价值。重置成本主要在资产盘盈时使用；可变现净值通常在存货的期末计量时使用；现值在计提资产减值时使用；公允价值是指在公平交易中，熟悉情况的交易双方自愿进行资产交换或者债务清偿的金额。

五、财务报告

财务会计的目的是通过向外部会计信息使用者提供有用的信息，帮助使用者做出相关决策。承担这一信息载体和功能的便是企业编制的财务报告，它是财务会计确认和计量的最终成果，是沟通企业管理层与外部信息使用者的桥梁和纽带。

1. 财务报告的定义

财务报告是企业对外提供的反映企业某一特定日期的财务状况和某一会计期间的经营成果、现金流量等会计信息的文件。

2. 财务报告的构成

财务报告包括财务报表和其他应该在财务报告中披露的相关信息及资料，主要包括基本报表、报表附注和财务情况说明书三个部分，基本报表主要包括资产负债表、利润表、现金流量表和所有者权益变动表。

资产负债表是反映公司某一特定时日财务状况的静态报表，可帮助报表使用者了解公司的经济资源及其分布状况等；利润表是反映公司一定时期内经营成果的动态报表，可帮助报表使用者了解公司一定时期内的经营成果等；现金流量表是反映公司一定时期内现金流入量、流出量和净流量的动态报表，可帮助报表使用者了解公司在某一时段内的资金增减变动情况；所有者权益变动表是反映上市公司截至期末本期内所有者权益增减变动情况的报表。

第 3 节　财务分析

一、财务分析概述

1. 财务分析的概念

财务分析是以会计核算和报表资料及其他相关资料为依据，采用一系列专门的分析技术和方法，对企业等经济组织过去和现在有关筹资活动、投资活动、经营活动、分配活动的盈利能力、营运能力、偿债能力和增长能力状况等进行分析与评价的经济管理活动。

2. 财务分析的主体

财务分析的主体，包括权益投资人、债权人、经理人员、政府机构和其他利益相关者。

3. 财务分析的客体

财务分析的客体是企业的各项基本活动。财务分析就是从报表中获取符合报表使用者分析目的的信息，认识企业活动的特点，评价其业绩，发现问题。企业的基本活动分为筹资活动、投资活动和经营活动三类。

4. 财务分析的目的

财务分析的目的是全面深入地反映公司的财务状况和经营成果，使报表使用者正确揭示各种会计数据之间的重要关系，进而为财务报表使用者做出相关决策提供可靠的依据。

二、财务分析方法

（一）财务报表分析

财务报表分析的方法非常多样。不同的人出于不同的目的，会使用不同的财务报表分析方法。一般来讲，有比较分析法和因素分析法两种。

比较分析法又称横向分析法，是指对相同项目在前后两期财务报表中的变化做比较分析，即将公司连续两年（或多年）的会计数据并行排列在一起，并增设“绝对金额增减”和“百分率增减”两栏，从而编制出比较财务报表的一种方法。因素分析法是利用各因素间的数量依存关系，通过因素替换，从数额上测定各因素变动对某项综合性经济指标的影响程度的一种方法。

例 13-1 某企业 20×1 年 3 月某种材料费用的实际数是 6 720 元，而其计划数是 5 400 元，实际比计划增加 1 320 元。因素分析法分析如下：

由于材料费用由产品产量、材料单耗和材料单价三个因素的乘积构成，因此可以把材料费用这一总指标分解为三个因素，然后逐一分析它们对材料费用总额的影响程度。现假设这三个因素的数值如表 13-5 所示。

表 13-5 材料费用的影响因素及数值情况表

项目	单位	计划数	实际数	差异
产品产量	件	120	140	20
材料单耗	千克/件	9	8	−1
材料单价	元/千克	5	6	1
材料费用	元	5 400	6 720	1 320

根据表中资料，材料费用总额实际数较计划数增加 1 320 元，这是分析对象。运用连环替代法，可以计算各因素变动对材料费用总额的影响程度，具体如下：

计划指标：120×9×5=5 400(元)　　(1)

第一次替代：140×9×5=6 300(元)　　(2)

第二次替代：140×8×5=5 600(元)　　(3)

第三次替代：140×8×6=6 720(元)　　(4)

各因素变动的影响程度分析如下：

(2)−(1)=6 300−5 400=900(元)　　产量增加的影响

(3)−(2)=5 600−6 300=−700(元)　　材料节约的影响

(4)−(3)=6 720−5 600=1 120(元)　　价格提高的影响

900−700+1 120=1 320(元)　　全部因素的影响

（二）财务比率分析

1. 偿债能力分析

企业偿债能力是反映企业财务状况和经营能力的重要标志，企业偿债能力分析包括短期偿债能力分析和长期偿债能力分析。

（1）短期偿债能力分析。短期偿债能力是指企业流动资产对流动负债及时足额偿还的保证程度，是衡量流动资产变现能力的重要标志。衡量指标主要有流动比率、速动比率和现金比率。

1）流动比率是企业流动资产与流动负债之比，其计算公式为：

流动比率＝流动资产/流动负债

一般认为，生产企业合理的最低流动比率是 2。

例 13－2 为便于说明，本章各项财务比率的计算，将主要采用 XYZ 公司作为例子，该公司的资产负债表、利润表如表 13－6、表 13－7 所示。

表 13－6 资产负债表

编制单位：XYZ 公司　　20×2 年 12 月 31 日　　单位：万元

资产	年初数	年末数	负债及所有者权益	年初数	年末数
流动资产：			流动负债：		
货币资金	125	250	短期借款	225	300
交易性金融资产	60	30	应付票据	20	25
应收票据	55	40	应付账款	545	500
应收账款	995	1 990	预收款项	80	85
预付款项	20	60	应付职工薪酬	85	70
其他应收款	110	110	应交税费	20	25
存货	1 630	595	其他应付款	100	230
持有待售资产	55	200	一年内到期的非流动负债	0	250
一年内到期的非流动资产	0	225	其他流动负债	25	15
流动资产合计	3 050	3 500	流动负债合计	1 100	1 500
非流动资产：			非流动负债：		
长期股权投资	225	150	长期借款	1 225	2 250
固定资产	4 775	6 190	应付债券	1 300	1 200
在建工程	235	90	其他非流动负债	375	350
无形资产	40	30	非流动负债合计	2 900	3 800
递延所得税资产	75	25	所有者权益：		
其他非流动资产	0	15	实收资本	3 000	3 000
非流动资产合计	5 350	6 500	资本公积	50	80
			盈余公积	200	370
			未分配利润	1 150	1 250
			所有者权益合计	4 400	4 700
资产总计	8 400	10 000	负债和所有者权益总计	8 400	10 000

表 13-7　利润表

编制单位：XYZ公司　　20×2年度　　单位：万元

项目	上年实际	本年累计
一、营业总收入	14 250	15 000
其中：营业收入	14 250	15 000
二、营业总成本	13 435	14 250
其中：营业成本	12 515	13 220
税金及附加	140	140
销售费用	100	110
管理费用	200	230
财务费用	480	550
加：其他收益	300	300
投资收益	120	200
公允价值变动收益	180	100
三、营业利润	1 115	1 050
加：营业外收入	85	50
减：营业外支出	25	100
四、利润总额	1 175	1 000
减：所得税费用	375	320
五、净利润	800	680

根据表13-6，XYZ公司20×2年年初与年末的流动资产分别为3 050万元、3 500万元，流动负债分别为1 100万元、1 500万元，则该公司流动比率为：

年初流动比率＝3 050÷1 100＝2.773

年末流动比率＝3 500÷1 500＝2.333

2）速动比率是企业速动资产与流动负债之比。速动资产是指流动资产减去变现能力较差且不稳定的存货、持有待售资产等后的余额。速动比率的计算公式为：

速动比率＝速动资产÷流动负债

一般认为速动比率为1较合适，速动比率过低，企业面临偿债风险，但速动比率过高，会因占用现金及应收账款过多而增加企业的机会成本。

根据表13-6，XYZ公司20×2年的年初速动资产为1 365万元（125＋60＋55＋995＋20＋110），年末速动资产为2 480万元（250＋30＋40＋1 990＋60＋110）。XYZ公司的速动比率为：

年初速动比率＝1 365÷1 100＝1.24

年末速动比率＝2 480÷1 500＝1.65

3）现金比率是企业现金类资产与流动负债的比率。现金类资产包括企业所拥有的货币资金和持有的有价证券，它是速动资产扣除应收账款后的余额，一般认为在20%以上为好。这一比率过高，就意味着企业流动负债未能得到合理运用，而现金类资产获利能力低，这类资产金额太高会导致企业机会成本增加。现金比率的计算公式为：

现金比率＝(现金＋交易性金融资产)÷流动负债

根据表13-6，XYZ公司的现金比率为：

年初现金比率＝(125＋60)÷1 100＝0.168

年末现金比率 ＝(250＋30)÷1 500＝0.187

(2) 长期偿债能力分析。长期偿债能力是指企业偿还长期负债的能力。其分析指标主要有三项：资产负债率、产权比率和利息保障倍数。

1) 资产负债率是企业负债总额与资产总额之比，其计算公式为：

资产负债率＝(负债总额÷资产总额)×100%

资产负债率反映债权人所提供的资金占全部资金的比重，以及企业资产对债权人权益的保障程度。这一比率越低（50%以下），表明企业的偿债能力越强。

根据表13-6，XYZ公司的资产负债率为：

年初资产负债率＝(1 100＋2 900)÷8 400×100%＝47.62%

年末资产负债率＝(1 500＋3 800)÷10 000×100%＝53%

并非企业所有的资产都可以作为偿债的物质保证，有形资产负债率相对于资产负债率而言更稳健，其计算公式为：

有形资产负债率＝负债总额÷有形资产总额×100%

有形资产总额＝资产总额－无形资产及递延所得税资产

根据表13-6，XYZ公司的有形资产负债率为：

$$年初有形资产负债率=\frac{1\ 100+2\ 900}{8\ 400-(40+75)}\times100\%=\frac{4\ 000}{8\ 285}\times100\%=48.3\%$$

$$年末有形资产负债率=\frac{1\ 500+3\ 800}{10\ 000-(30+25)}\times100\%=\frac{5\ 300}{9\ 945}\times100\%=53.3\%$$

相对于资产负债率来说，有形资产负债率指标将企业偿债安全性的分析建立在更加切实可靠的物质保障基础之上。

2) 产权比率又称资本负债率，是负债总额与所有者权益之比，它是企业财务结构稳健与否的重要标志，其计算公式为：

产权比率＝(负债总额÷所有者权益)×100%

产权比率是衡量企业负债经营是否安全有利的重要指标。一般来说，这一比率越低，表明企业长期偿债能力越强，债权人权益保障程度越高，承担的风险越小。一般认为当这一比率为1∶1时，应该是有偿债能力的，但还应该结合企业的具体情况加以分析。当企业的资产收益率大于负债成本率时，负债经营有利于提高资金收益率，获得额外的利润，这时的产权比率可适当高些。产权比率高，是高风险、高报酬的财务结构；产权比率低，是低风险、低报酬的财务结构。

根据表13-6，XYZ公司的产权比率为：

年初产权比率＝(1 100＋2 900)÷4 400×100%＝90.91%

年末产权比率＝(1 500＋3 800)÷4 700×100%＝112.77%

资产负债率侧重于分析债务偿付安全性的物质保障程度，产权比率则侧重于揭示财务结构的稳健程度以及自有资金对偿债风险的承受能力。

有形净值负债率的计算公式为：

有形净值负债率＝负债总额÷有形净值总额×100%

有形净值总额＝有形资产总额－负债总额

根据表13－6，XYZ公司有形净值负债率为：

$$年初有形净值负债率=\frac{4\ 000}{8\ 285-4\ 000}\times 100\%=93.35\%$$

$$年末有形净值负债率=\frac{5\ 300}{9\ 945-5\ 300}\times 100\%=114.10\%$$

有形净值负债率指标实质上是对产权比率指标的延伸，能更为谨慎、保守地反映在企业清算时债权人投入的资本受到所有者权益的保障程度。

3）利息保障倍数是指企业息税前利润与利息费用之比，又称已获利息倍数，用以衡量偿付借款利息的能力，其计算公式为：

利息保障倍数＝息税前利润÷利息费用＝(税前收益＋利息费用)/利息费用

根据表13－7，假定表中财务费用全部为利息费用，资本化利息为0，则XYZ公司的利息保障倍数为：

上年利息保障倍数＝(1 175＋480)÷480＝3.45

本年利息保障倍数＝(1 000＋550)÷550＝2.82

2. 营运能力分析

对企业营运能力的分析，实质上就是对各项资产的周转使用情况进行分析。一般而言，资金周转速度越快，说明企业的资金管理水平越高，资金利用效率越高。企业营运能力分析主要包括流动资产周转情况分析、固定资产周转率和总资产周转率三个方面。

（1）流动资产周转情况分析。反映流动资产周转情况的指标主要有应收账款周转率（次数）、存货周转率（次数）和流动资产周转率（次数）。

1）应收账款周转率（次数）是指一定时期内应收账款平均收回的次数，是一定时期内商品或产品销售收入净额与应收账款平均余额的比值，其计算公式为：

应收账款周转率(次数)＝销售收入净额÷应收账款平均余额

销售收入净额＝销售收入－销售折扣与折让

应收账款平均余额＝(期初应收账款＋期末应收账款)÷2

应收账款周转天数＝计算期天数÷应收账款周转率(次数)

＝计算期天数×应收账款平均余额÷销售收入净额

公式中的应收账款包括会计报表中应收账款和应收票据等全部赊销账款，且其金额应为扣除坏账后的金额。

应收账款周转率反映了企业应收账款周转速度的快慢及企业对应收账款管理效率的高低。在一定时期内周转次数多、周转天数少表明：企业收账迅速，信用销售管理严格；应收账款流动性强，从而企业短期偿债能力强；可以减少收账费用和坏账损失，相对增加企业流动资产的投资收益。通过比较应收账款周转天数及企业信用期限，可评价客户的信用程度，调整企业信用政策。

根据表13－6、表13－7，XYZ公司20×2年度销售收入净额为15 000万元，20×2年末应收账款、应收票据净额为2 030万元（1 990＋40），年初数为1 050万元（995＋55），则20×2年该公司应收账款周转率指标计算如下：

$$应收账款周转率(次数)=\frac{15\ 000}{(2\ 030+1\ 050)\div 2}=9.74(次)$$

应收账款周转天数＝360÷9.74＝37(天)

在评价应收账款周转率指标时，应将计算出的指标与该企业前期、行业平均水平或其他类似企业相比较来判断该指标的高低。

2）存货周转率（次数）是指一定时期内企业销售成本与存货平均余额的比率，是衡量和评价企业购入存货、投入生产、销售收回等各环节管理效率的综合性指标，其计算公式为：

存货周转率(次数)＝销货成本÷存货平均余额

存货平均余额＝(期初存货＋期末存货)÷2

存货周转天数＝计算期天数÷存货周转率(次数)

＝计算期天数×存货平均余额÷销货成本

根据表13－6、表13－7，XYZ公司20×2年度销售成本为13 220万元，期初存货为1 630万元，期末存货为595万元，该公司存货周转率指标为：

$$存货周转率(次数)=\frac{13\ 220}{(1\ 630+595)\div 2}=11.88(次)$$

存货周转天数＝360÷11.88＝30.5(天)

一般来讲，存货周转速度越快，存货资金占用水平越低，流动性越强，存货转化为现金或应收账款的速度就越快，这样会增强企业的短期偿债能力及获利能力。通过存货周转速度分析，有利于找出存货管理中存在的问题，尽可能降低资金占用水平。

3）流动资产周转率（次数）是反映企业流动资产周转速度的指标，即一定时期内企业销售收入净额与流动资产平均余额之间的比率，其计算公式为：

流动资产周转率(次数)＝销售收入净额÷流动资产平均余额

流动资产平均余额＝(期初流动资产＋期末流动资产)÷2

流动资产周转天数＝计算期天数÷流动资产周转率(次数)

＝计算期天数×流动资产平均余额÷销售收入净额

根据表13－6、表13－7，XYZ公司20×2年度销售收入净额为15 000万元，20×2年流动资产期初数为3 050万元，期末数为3 500万元，则该公司流动资产周转指标计算如下：

$$流动资产周转率(次数)=\frac{15\ 000}{(3\ 050+3\ 500)\div 2}=4.58(次)$$

流动资产周转天数＝360÷4.58＝78.6(天)

（2）固定资产周转率。固定资产周转率是指企业年销售收入净额与平均固定资产的比率。它是反映企业固定资产周转情况，从而衡量固定资产利用效率的一项指标，其计算公式为：

固定资产周转率＝销售收入净额÷平均固定资产

平均固定资产＝(期初固定资产＋期末固定资产)÷2

固定资产周转率高，说明企业固定资产投资得当，结构合理，利用效率高；反之，如果固定资产周转率不高，则表明固定资产利用效率不高，产生的生产成果不多，企业的营运能力不强。

根据表 13-6、表 13-7，XYZ 公司 20×1 年、20×2 年的销售收入净额分别为 14 250 万元、15 000 万元，20×2 年初固定资产为 4 775 万元，20×2 年末为 6 190 万元。假设 20×1 年初固定资产为 4 000 万元，则固定资产周转率计算如下：

$$20\times1\text{年固定资产周转率}=\frac{14\ 250}{(4\ 000+4\ 775)\div2}=3.25(\text{次})$$

$$20\times2\text{年固定资产周转率}=\frac{15\ 000}{(4\ 775+6\ 190)\div2}=2.74(\text{次})$$

（3）总资产周转率。总资产周转率是企业销售收入净额与资产平均总额的比率，其计算公式为：

总资产周转率=销售收入净额÷资产平均总额

如果企业各期资产总额比较稳定，波动不大，则

资产平均总额=(期初资产总额+期末资产总额)÷2

如果资金占用的波动性较大，企业应采用更详细的资料进行计算，如按照各月份的资金占用额计算，则

月资产平均总额=(月初资产总额+月末资产总额)÷2

季平均占用额=(1/2 季初+第一月末+第二月末+1/2 季末)÷3

年平均占用额=(1/2 年初+第一季末+第二季末+第三季末+1/2 年末)÷4

计算总资产周转率时，分子和分母在时间上应保持一致。

这一比率用来衡量企业对全部资产的使用效率，如果该比率较低，说明企业全部资产营运效率较低，可采用薄利多销或处理多余资产等方法，加速资产周转，提高运营效率；如果该比率较高，说明资产周转快，销售能力强，资产运营效率高。

根据表 13-6、表 13-7，20×1 年 XYZ 公司销售收入净额为 14 250 万元，20×2 年为 15 000 万元，20×2 年初资产总额为 8 400 万元，20×2 年末为 10 000 万元。假设 20×1 年初资产总额为 7 500 万元，则该公司 20×1 年、20×2 年总资产周转率计算如下：

$$20\times1\text{年总资产周转率}=\frac{14\ 250}{(7\ 500+8\ 400)\div2}=1.79(\text{次})$$

$$20\times2\text{年总资产周转率}=\frac{15\ 000}{(8\ 400+10\ 000)\div2}=1.63(\text{次})$$

3. 盈利能力分析

盈利能力就是企业获取利润、资金不断增值的能力。反映企业盈利能力的指标主要有销售毛利率、销售净利率、成本利润率、总资产报酬率、净资产收益率和资本保值增值率。

（1）销售毛利率。销售毛利率是销售毛利与销售收入之比，其计算公式为：

销售毛利率=销售毛利÷销售收入

销售毛利=营业总收入(销售收入)－营业成本(销售成本)

根据表 13-7，可计算 XYZ 公司销售毛利率如下：

20×1 年销售毛利率=(14 250－12 515)÷14 250=12.18%

20×2 年销售毛利率=(15 000－13 220)÷15 000=11.87%

（2）销售净利率。销售净利率是净利润与销售收入之比，其计算公式为：

销售净利率＝净利润÷销售收入

根据表13-7，可计算销售净利率如下：

20×1年销售净利率＝800÷14 250＝5.61％

20×2年销售净利率＝680÷15 000＝4.53％

（3）成本利润率。成本利润率是反映盈利能力的一个重要指标，是经营利润（去掉税金及附加的销售毛利）与成本之比。成本有多种形式，这里的成本主要指经营成本，其计算公式为：

经营成本利润率＝经营利润÷经营成本

经营成本＝营业成本＋税金及附加

根据表13-7，可计算成本利润率如下：

20×1年经营成本利润率＝(14 250－12 515－140)÷(12 515＋140)＝12.60％

20×2年经营成本利润率＝(15 000－13 220－140)÷(13 220＋140)＝12.28％

（4）总资产报酬率。总资产报酬率是企业息税前利润与资产平均总额的比率。由于资产总额等于债权人权益和所有者权益的总额，所以该比率既可以衡量企业资产综合利用的效果，又可以反映企业利用债权人及所有者提供的资本的盈利能力和增值能力，其计算公式为：

$$总资产报酬率=\frac{息税前利润}{资产平均总额}=\frac{净利润+所得税费用+利息费用}{(期初资产+期末资产)\div 2}$$

该指标越高，表明资产利用效率越高，说明企业在增加收入、节约资金使用等方面取得了良好的效果；该指标越低，说明企业资产利用效率低，应分析差异产生的原因，提高销售利润率，加速资金周转，提高企业经营管理水平。

根据表13-6、表13-7，XYZ公司20×1年净利润为800万元，所得税费用为375万元，财务费用为480万元，年末资产总额为8 400万元；20×2年净利润为680万元，所得税费用为320万元，财务费用为550万元，年末资产总额为10 000万元。假设20×1年初资产总额为7 500万元，则XYZ公司总资产报酬率计算如下：

$$20\times1年总资产报酬率=\frac{800+375+480}{(7\ 500+8\ 400)\div 2}\times100\%=20.82\%$$

$$20\times2年总资产报酬率=\frac{680+320+550}{(8\ 400+10\ 000)\div 2}\times100\%=16.85\%$$

（5）净资产收益率。净资产收益率又称自有资金利润率或权益报酬率，是净利润与平均所有者权益的比值，它反映企业自有资金的投资收益水平，其计算公式为：

净资产收益率＝净利润÷平均所有者权益×100％

该指标是企业盈利能力指标的核心，也是杜邦财务指标体系的核心，更是投资者关注的重点。

根据表13-6、表13-7，XYZ公司20×1年净利润为800万元，年末所有者权益为4 400万元；20×2年净利润为680万元，年末所有者权益为4 700万元。假设20×1年初所有者权益为4 000万元，则XYZ公司净资产收益率为：

$$20\times1年净资产收益率=\frac{800}{(4\ 000+4\ 400)\div 2}\times100\%=19.05\%$$

$$20\times2\text{ 年净资产收益率}=\frac{680}{(4\,400+4\,700)\div2}\times100\%=14.95\%$$

（6）资本保值增值率。资本保值增值率是指期末所有者权益与期初所有者权益之比，其计算公式为：

资本保值增值率＝期末所有者权益÷期初所有者权益×100％

如果企业盈利能力提高，利润增加，必然会使期末所有者权益大于期初所有者权益，所以该指标也是衡量企业盈利能力的重要指标。当然，这一指标的高低，除了受企业经营成果的影响，还受企业利润分配政策的影响。

根据前面净资产收益率的有关资料，XYZ公司资本保值增值率计算如下：

20×1年资本保值增值率＝4 400/4 000×100％＝110％

20×2年资本保值增值率＝4 700/4 400×100％＝107％

4. 现金流量分析

现金流量分析一般包括现金流量的结构分析、流动性分析、获取现金能力分析、财务弹性分析及收益质量分析。这里主要介绍获取现金能力分析及收益质量分析。

（1）获取现金能力分析。获取现金的能力可通过经营活动现金流量净额与投入资源之比来反映。投入资源可以是销售收入、资产总额、营运资金净额、净资产或普通股股数等。

1）销售现金比率是指企业经营活动现金流量净额与销售收入的比值，其计算公式为：

销售现金比率＝经营活动现金流量净额÷销售收入

如果A公司销售收入（含增值税）为15 000万元，经营活动现金流量净额为5 716.5万元，则

销售现金比率＝5 716.5÷15 000＝0.38

该比率反映每元销售收入产生的现金流量净额，其数值越大越好。

2）每股营业现金净流量是通过企业经营活动现金流量净额与普通股股数之比来反映的，其计算公式为：

每股营业现金净流量＝经营活动现金流量净额÷普通股股数

假设A公司有普通股40 000万股，则

每股营业现金净流量＝5 716.5÷40 000＝0.14（元/股）

该指标反映企业最大的分派股利能力，超过此限度，可能就要借款分红。

3）全部资产现金回收率是通过企业经营活动现金流量净额与企业资产总额之比来反映的，它用于说明企业全部资产产生现金的能力，其计算公式为：

全部资产现金回收率＝经营活动现金流量净额÷企业资产总额×100％

假设A公司全部资产总额为85 000万元，则

全部资产现金回收率＝5 716.5÷85 000×100％＝6.73％

如果同行业平均全部资产现金回收率为7％，说明A公司资产产生现金的能力较弱。

（2）收益质量分析。收益质量是指会计收益与公司业绩之间的相关性。如果会计收益能如实反映公司业绩，则其收益质量高；反之，则收益质量不高。收益质量分析主要包括净收益营运指数分析与现金营运指数分析。

1）净收益营运指数是指经营净收益与净利润之比，其计算公式为：

净收益营运指数＝经营净收益÷净利润

经营净收益＝净利润－非经营净收益

假设 A 公司有关收益质量的现金流量补充资料如表 13－8 所示。

表 13－8 A 公司现金流量补充资料 单位：万元

将净利润调整为经营现金流量	金额	说明
净利润	3 568.5	
加：计提的资产减值准备	13.5	非付现费用共 3 913.5 万元，少提取这类费用，可增加会计收益，却不会增加现金流入，会使收益质量下降。
固定资产折旧	1 500	
无形资产摊销	900	
长期待摊费用摊销	0	
待摊费用减少（减增加）	1 500	
处置固定资产损失（减收益）	－750	非经营净收益为 604.5 万元，不代表正常的收益能力。
固定资产报废损失	295.5	
财务费用	322.5	
投资损失（减收益）	－472.5	
递延税款贷项（减借项）	0	
存货减少（减增加）	79.5	经营资产净增加 655.5 万元，如收益不变而现金减少，收益质量下降（收入未收到现金），应查明应收项目增加的原因。
经营性应收项目减少（减增加）	－735	
经营性应付项目增加（减减少）	－790.5	无息负债净减少 505.5 万元，收益不变而现金减少，收益质量下降。
其他	285	
经营活动现金流量净额	5 716.5	

根据表 13－8，A 公司净收益营运指数计算如下：

经营活动净收益＝3 568.5－604.5＝2 964(万元)

净收益营运指数＝2 964÷3 568.5＝0.83

净收益营运指数越小，非经营收益所占比重越大，收益质量越差，因为非经营收益不反映公司的核心盈利能力及正常的收益能力，可持续性较低。

2）现金营运指数反映企业经营活动现金流量净额与经营所得现金的比值，其计算公式为：

现金营运指数＝经营活动现金流量净额÷经营所得现金

式中，经营所得现金是经营活动净收益与非付现费用之和。

根据表 13－8，A 公司现金营运指数计算如下：

经营所得现金＝经营活动净收益＋非付现费用

＝2 964＋3 913.5＝6 877.5(万元)

现金营运指数＝5 716.5÷6 877.5＝0.83

现金营运指数小于1，说明收益质量不够好。

（三）财务综合分析

财务综合分析就是将企业营运能力、偿债能力和盈利能力等方面的分析纳入一个有机的分析系统之中，全面地对企业财务状况、经营状况进行解剖和分析，从而对企业经济效益做出较为准确的评价与判断。

一个健全有效的财务综合指标体系必须具有以下特点：评价指标要全面，主辅指标功能要匹配，满足各方面的经济需求。财务综合分析的方法主要有两种：杜邦财务分析体系法和沃尔比重评分法。

第4节　筹资、投资与股利分配

一、筹资

筹资是企业根据生产经营活动对资金需求数量的要求，通过一定的渠道，采用适当的方式，获取所需资金的一种行为。筹资管理是企业财务管理的一项基本内容，筹资管理解决为什么要筹资、从何种渠道以何种方式筹资、要筹集多少资金以及如何合理安排筹资结构等问题。

1. 筹资概述

企业筹资活动都是在一定动机支配下完成的，尽管企业筹资的动机多种多样，但基本上可以概括为新建筹资动机、扩张性动机、偿债动机和混合性动机。按所筹资金使用期限，可分为短期资金筹集和长期资金筹集；按资金权益特征不同，可分为所有者权益筹资和负债筹资；按资金来源范围不同，可分为内部筹资和外部筹资。

2. 财务预测

财务预测是根据财务活动的历史资料，考虑现实的要求和条件，对企业未来的财务活动和财务成果做出科学的预计和测算。财务预测环节的作用是：预测各项生产经营方案的经济效益，为决策提供可靠的依据；预计财务收支的发展变化情况，以确定经营目标；测定各项定额和标准，为编制计划和分解计划指标服务。

3. 权益资金的筹集

权益资金有三种主要筹资方式，即吸收直接投资、发行股票和留存收益。吸收直接投资是指企业以协议等形式吸收国家、企业单位、个人、外商等直接投入的资金，形成企业资本金。发行股票是公司制企业权益筹资的主要形式之一，股份的发行实行公平、公正的原则。留存收益筹资是指企业在利润分配过程中通过提取公积金而形成筹资。

4. 长短期债务资金的筹集

（1）银行借款。银行借款是指企业向银行或其他非银行金融机构借入的款项，主要用于购建固定资产和满足企业各种流动资金占用的需要。

（2）债券筹资。债券是指债务人为筹集资本依照法定程序发行，承诺按约定的利率和日期支付利息，并在特定日期偿还本金的一种有价证券。采用债券筹集资金，主要是为了满足企业对长期资金的需要。这里所讲的债券主要指长期债券。

（3）融资租赁。融资租赁是指出租方用资金购买承租方选定的设备，并按照签订的租赁协议或合同将设备租给承租方长期使用的一种融通资金的方式。租赁期满承租人可选择留购设备。融资租赁作为满足企业长期资金需要的一种融资方式，租赁资产的报酬和风险由承租人承担，与经营租赁有着本质区别。

（4）短期负债筹资。短期负债筹资是指通过负债方式筹集资金，这些负债需要在一年以内偿还。短期负债筹资的最主要形式是短期借款和商业信用。

5. 混合性资金的筹集

（1）发行优先股筹资。优先股可分为累积优先股和非累积优先股；全部参与优先股、部分参与优先股和不参与优先股；可转换优先股和不可转换优先股；可赎回优先股和不可赎回优先股。

（2）发行可转换证券筹资。可转换证券是一种混合性证券，兼有债权性证券和权益性证券的特征，是否行使转换权由可转换证券的持有者决定。

（3）发行认股权证筹资。认股权证是由股份公司发行，能够按特定价格，在特定时间内购买一定数量该公司股票的选择权凭证。

6. 资本成本

企业要使用资本必须付出一定的代价，这一代价称为资本成本。为使企业价值最大化，除企业的生产和经营成本支出要尽量低，资本成本也要达到最小。计算资本成本的目的是为长期投资决策和筹资决策提供支持。资本成本主要包括个别资本成本、综合资本成本和边际资本成本三种形式。

7. 杠杆收益与风险

杠杆收益与风险是企业资本结构决策必须考虑的一个重要因素。资本结构决策需要在杠杆收益和相关的风险之间进行合理的权衡。

8. 资本风险

风险是指在一定的条件和一定的时期内可能发生的各种结果的变动程度。由于未来情况不能完全确定，因此某项活动的结果也不能唯一确定，结果的不确定性导致企业各项活动存在风险，各种可能结果的差异越大，则风险越大；反之，则风险越小。

二、投资

投资是企业创造财富、满足人类生存和发展需要的必要前提，也是企业价值的源泉。在投资活动中，投资方案的优劣直接影响到企业的生存和发展，投资方案的选择需要通过贴现分析以及非贴现分析等指标进行比较分析，做出科学的决策。

1. 项目投资概述

投资是以获利为基本目的的资本性支出。企业投资是指将资本投放于某一具体对象，以在未来较长时间内获取经济利益的经济行为。

2. 项目投资的现金流量

（1）现金流量。现金流量是指由一项投资方案引起的在未来一定时期内现金流入量与现金流出量的总称。其中，现金收入称为现金流入量，现金支出称为现金流出量。二者的差额称为现金净流量。一般情况下，投资决策中的现金流量通常是指现金净流量。

（2）现金流量的构成。一项投资方案的现金流量，通常包括现金流入量和现金流出量两部分，两部分的差额称为现金净流量或净现金流量。用公式表示为：

年净现金流量＝年现金流入量－年现金流出量

这样，就可以计算投资项目在不同阶段的净现金流量，用公式表示为：

投资阶段净现金流量＝－(初始投资＋垫付的营运资金)

营运阶段净现金流量＝营业净现金流入量

终结阶段净现金流量＝营业净现金流量＋资产净残值＋收回的垫付的营运资金

3. 项目投资决策指标

项目投资决策指标是衡量和比较项目可行性，并据以进行方案决策的量化标准和尺度。项目投资决策指标由一系列综合反映投资效益、投入产出关系的量化指标构成。选择客观、恰当的投资决策分析方法是正确进行投资决策的前提。目前，企业投资决策分析常用的指标可以分为两类：贴现的分析评价指标和非贴现的分析评价指标。贴现的分析评价指标是在考虑货币时间价值的基础上计算净现值、净现值率、获利指数和内含报酬率等指标。非贴现的分析评价指标是忽略货币时间价值的方法，具体包括投资利润率法和回收期法。

三、股利分配

利润分配是根据企业所有权的权属及各权益者占有的比例对企业实现的利润进行划分，它是一种利用财务手段确保利润的合理归属和正确分配的管理过程。利润分配不仅会影响企业的投资和筹资决策，还会涉及股东、投资者、债权人、员工等利益相关者的利益。利润分配合理与否，直接影响到企业的生存和发展。因此，利润分配决策是企业财务管理的重要内容。股利分配是指公司制企业向股东分派股利，是企业利润分配的一部分。

1. 股利支付的程序和方式

（1）股利支付程序。股份有限公司从宣告股利分配方案到向股东支付股利，其过程中的重要节点主要有股利宣告日、除息日、股权登记日和股利支付日。

（2）股利支付方式。公司具体向股东支付股利的方式不同，常见的股利支付方式有现金股利、股票股利、财产股利和负债股利，其中前两种方式最为普遍。

2. 股利理论与股利分配政策

（1）股利理论。股利理论是制定股利政策的依据。股利理论研究股利支付与股票价格及公司价值之间是否存在某种关系，确定最佳的股利支付比例以实现公司价值最大化。在西方学术界及实务界，对股利理论的研究存在不同的观点和理论，大致可以分为两种：股利无关论和股利相关论。

（2）股利分配政策。股利分配政策是指公司管理当局对与股利分配有关的事项所做出的方针和政策。股利分配政策主要涉及股利支付程序各日期的确定、股利支付比率的确定、股利支付形式的确定、支付现金的筹资方式等。股利分配政策的类型主要有剩余股利政策、固定股利或稳定增长股利政策、固定股利支付率政策、低正常股利加额外股利政策等。

3. 股票股利、股票分割和股票回购

(1) 股票股利。股票股利又称送股，是企业将应分配给股东的股利以股票的形式发放。股票股利实际上是将公司的税后利润或部分留存收益转化为资本金。股票股利不直接增加股东财富，不会导致公司资产的减少或负债的增加，也不增加公司的价值，但是会引起公司所有者权益结构、每股收益、每股价格等的变化。

(2) 股票分割。股票分割是指将面额较高的股票分割成面额较低的股票的行为。股票分割不属于股利分配，但影响每股收益、每股价格等。股票分割的主要目的在于通过增加股票股数，降低每股市价，从而吸引更多投资者。股票分割时每股面额虽然变小，但流通股数增加，股本的面值总额不变。

(3) 股票回购。股票回购是指公司在证券市场上将自己发行在外的股份回收的行为，即公司自己购买自己的股票。这部分已回购的股票通常称为库存股。股票回购可减少流通在外的本公司股票，在公司收益不变的情况下，可增加未收回股票的每股收益和每股价格。因此，股票回购可提高公司股票收益，相当于变相给股东支付股利。所以，可以将股票回购看作一种现金股利的替代方式。股票回购的方式常见的有公开市场买卖、投标出价购买、议价购买三种。

关键术语

财务战略　财务会计　筹资　投资　股利分配　筹资方式　内部筹资
融资租赁　商业信用　可转换证券

思考题

1. 简述筹资的种类。
2. 简述项目投资分类的相关内容。
3. 投资决策通常采用哪些投资分析评价指标?
4. 简述股利分配政策的基本类型及其特点。
5. 简述股利支付的方式及其特点。

案例分析

茅台酒历史悠久、源远流长，是酱香型白酒的代表，享有“国酒”之美誉。贵州茅台酒股份有限公司是国内白酒行业的标志性企业，由中国贵州茅台酒厂有限责任公司作为主发起人，联合贵州茅台酒厂技术开发公司等多家单位共同发起设立。公司成立于1999 年，注册资本为人民币 18 500 万元，2001 年 7 月在上海证券交易所公开发行股票，股本总量增至 25 000 万股。

贵州茅台一直以来都是 A 股市场“最慷慨”的公司之一。由于公司良好的成长性和盈利的大幅增长，贵州茅台从上市以来一直保持着每年分红的好势头。2023 年 3 月 31 日，贵州茅台公布了 2022 年年度报告，并宣布了本年度的股利分配方案。公司 2022 年度实现营业收入 1 275.5 亿元，比上年同期增长 16.5%，实现净利润 627.2 亿元，较

2021年度增长19.6%，基本每股收益达到49.93元。此次利润分配以方案实施前的公司总股本1 256 197 800股为基数，每股派发现金红利25.911元（含税），共计派发现金红利325.49亿元。本次现金分红实施后，贵州茅台上市以来的累计现金分红突破2 000亿元，分红金额在A股中排名前列，这是贵州茅台史上最大规模的年度分红方案。以这样的利润分配方案回馈投资者，使投资者更加确信“抛售茅台如同远离金山”。

股利政策是上市公司在利润再投资和回报投资者之间的权衡性决策，贵州茅台正是意识到了这一决策在企业财务管理和发展成长过程中扮演的重要角色而坚持“慷慨分红”。在当前外部经济环境复杂严峻，内部部分行业产能过剩、社会预期偏弱，机遇与挑战并存的情况下，贵州茅台连续多年稳定并持续增长地分配现金股利得到市场的高度认可，在彰显发展信心与实力的同时，也在积极践行龙头企业社会责任，提振市场信心、修复市场情绪。

讨论题

1. 贵州茅台股利发放程序具体有哪些？
2. 股利分配政策会从哪些方面影响公司的发展？
3. 贵州茅台成功的股利分配政策对你有何启示？

第14章

人力资源管理

|本章要点|

人力资源管理是一门新兴学科，诞生于20世纪70年代末。在人力资源管理理论中，员工是组织的一种资源，人力资源管理的最终目标是促进企业目标的实现。本章主要探讨人力资源管理在企业管理中的具体实践和方法，力求为企业进行人力资源管理提供理论和方法上的指导。

引例

作为中国互联网行业的领军企业，百度面临着本土高科技公司在人力资源管理上的共同问题：管理者多出身技术领域，管理经验等软技能欠缺；普通员工多为科技人才，个性强、流动性高；组织结构调整频繁。这些都对百度的人力资源建设构成了挑战。为了应对上述挑战，近年来，百度充分发挥其在人工智能和大数据方面的天然优势，探索人力资源管理新方式，组建了面向智能化人才管理的专业复合型团队——“百度人才智库”(Baidu Talent Intelligence Center)，这是国内首套智能化人才管理综合解决方案。

与传统人力资源管理主要依靠管理者个人的经验和员工简单数据统计分析不同，这种智能化人才管理方式能够通过对人力资源相关数据集合分析并给出明确详细的分析指标，让人力资源管理更加客观、清晰和详尽，有时还可以利用其强大的数据挖掘技术以及积累到一定水平的内外部ERP及舆情系统等数据，为企业的人才管理提供预测性分析，帮助企业把握变化的方向和趋势，从而做到未雨绸缪。

资料来源：百度：人力资源管理的人工智能化！．(2017-01-06)．儒思HR人力资源网.

第1节 人力资源管理概述

人力资源是企业的第一资源，是企业最重要的生产要素。企业的一切工作都要靠人来完成，因此，人力资源管理在企业管理中处于举足轻重的地位。

一、人力资源的概念

人力资源这一概念最早是由彼得·德鲁克于1954年在《管理的实践》一书中提出的。一般认为，人力资源，又称劳动力资源或劳动力，是指在一定区域范围内能够推动整个经济和社会发展、具有劳动能力的人口总和。

通常来说，人力资源的数量为具有劳动能力的人口数量，其质量指经济活动人口具有的体质、文化知识和劳动技能水平。人力资源的基本方面包括体力和智力。如果从现实的应用形态来看，则包括体质、智力、知识和技能四个方面。具有劳动能力的人，不是泛指一切具有一定的脑力和体力的人，而是指能独立参加社会劳动、推动整个经济和社会发展的人。所以，人力资源既包括劳动年龄内具有劳动能力的人口，也包括劳动年龄外参加社会劳动的人口。

二、人力资源的特点

人力资源作为一种特殊的资源，与其他资源相比，具有以下特点。

1. 生物性

人是人力资源的载体，从而决定了人力资源是有生命的、活的资源，与人的自然生理特征紧密联系。

2. 能动性

这是人力资源与其他一切资源最根本的区别。人是具有主观能动性的，能够认识和改造外部物质世界；人是有情感和思维的，能够有意识、有目的地利用其他资源去实现自己的目标。

3. 时效性

人力资源存在于人体之中。人是有生命周期的，人的生命周期决定了人力资源开发的时效性。作为生物机体的人，有其生命周期，如幼年期、青年期、中年期、老年期，各个时期的劳动能力是大不相同的，人力资源的开发利用必须遵循生命周期规律，以更好地发挥人力资源的效用。

4. 再生性

人力资源是一种可再生资源。它可以通过人类的自身繁衍而连续不断地更新、恢复来实现再生。此外，伴随着知识的积累和科技的进步，人还不断通过教育来获得新知识，提高技能和能力，从而在使用过程中实现其自身的增值。

5. 社会性

任何人脱离群体都是没有意义和价值的，人力资源实质上是一种社会资源，人类的劳动是一种群体活动，存在于一定的群体之中。

三、人力资源战略

人力资源战略是企业资源保障型职能战略之一，是企业战略系统不可或缺的重要组成部分，对企业战略的实现起着巨大的推动和支持作用，同时又是实现企业战略目标的有效保障。

（一）人力资源战略的概念

人力资源战略是在企业总体战略或业务战略指导下，以保证企业当前及未来人力资源配置的均衡、有效为标准，以维持和提高企业长期发展能力为目的而制定的企业人力资源管理的战略性、方向性规划。人力资源战略是连接企业战略与人力资源管理活动的纽带，它决定企业如何从战略高度通过一种合理的、一致的过程进行人力资源开发与管理。人力资源已成为企业的第一资源，人力资源战略对企业整体战略及研发、筹供、生产、营销、财务等所有职能战略的制定和执行都发挥着越来越重要的作用，因而在企业职能战略中处于核心和关键位置。

（二）人力资源战略的内容

人力资源战略的主要内容包括企业人力资源管理的基本思路、方向和原则，甄选战略，开发战略，任用战略，考核战略和激励战略等。

1. 人力资源管理的基本思路、方向和原则

企业人力资源战略最重要的内容就是通过战略分析掌握企业内外部的人力资源信息和资料，预测企业未来战略期内所需的人力资源种类和数量及企业内外部的人力资源供给，在对需求和供给进行比较的基础上提出企业人力资源开发与管理的基本思路、方向和原则。这是企业人力资源管理工作的总纲领，决定了甄选、开发等子战略的基本方向。

2. 甄选战略

甄选的第一步是工作分析，即对某个工作所包含的任务、活动进行详细的描述，说明要做好这项工作所必需的员工技能、知识和各种能力；第二步是招聘，即通过内部招聘和外部招聘的各种手段，吸引足够多的优秀应聘者；第三步是选拔，即通过笔试和面试等各种方法从应聘者中选拔出符合企业要求的优秀人员。

3. 开发战略

开发战略是指通过岗前培训、案例研究、情景模拟、现场竞技、角色扮演、研讨会等多种方式，不断培养人力资源的能力，开发人力资源的潜力，提高员工的归属感和工作积极性，缩短员工的适应时间，降低员工的流动率，提高工作效率，使全体员工能够为了企业目标的实现而共同努力。开发战略是人力资源战略的重要组成部分，是企业持续竞争优势的源泉。

4. 任用战略

人力资源的任用是指有关部门按照工作岗位的具体要求，结合人力资源的特点，将其分配到相应的岗位上，赋予其具体的职责和权力，使其为了组织目标的实现而发挥应有的能力。任用战略的目标是把适当的人才安排到适当的岗位上，做到人尽其才。

5. 考核战略

考核战略是指对企业员工、团队以及整个组织的绩效结果做出客观公正的测量、考核和评价，以判断不同人员的努力程度、劳动付出和贡献大小，有针对性地支付报酬，并及时向员工反馈信息，促使其调整努力方向和行为方式，为实现组织目标而持续努力。

6. 激励战略

激励战略是指企业综合运用工资、奖金、福利、工作条件、精神鼓励等各种物质或非物质的激励措施，设计完善的报酬和激励方案，以充分调动员工的工作积极性，为实现企业的战略目标提供支持和动力。

四、人力资源管理的内容

人力资源管理是在人力资源战略的指导下进行的具体管理工作，主要内容包括工作分析与设计、员工招聘、员工培训、职业生涯规划、薪酬管理、绩效管理等内容。

1. 工作分析与设计

工作分析与设计是指通过对企业中的各个特定岗位进行考察和分析，收集相关信息，进而对工作的职责、工作任务、工作条件、工作环境及任职人员资格做出明确的规定，编写职位描述和职位说明书。工作分析和工作设计统一于这个过程之中，是整个人力资源管理系统构建的基础和根本。

2. 员工招聘

员工招聘是指通过合适的渠道和方式，吸引需要的人加入企业，并选择和录用适合企业和岗位相应要求的人员的过程。其中要运用一些科学方法，包括面试、笔试、能力测试、心理测试、评价中心等，对企业所需人才进行评估，为选择提供依据。

3. 员工培训

员工培训是指企业有计划地帮助员工提高与工作紧密相关的技能和能力的活动，为企业制订晋升调配计划起到重要的支柱作用，也为企业的绩效管理奠定基础。

4. 职业生涯规划

职业生涯规划是指企业和员工共同探讨员工的职业成长计划，并帮助其实现职业生涯发展的一系列活动，主要是为了做好组织职业生涯规划与个人职业生涯规划的统一，使个人的职业目标与企业目标有机地结合在一起，提高员工工作的积极性和工作动力。

5. 薪酬管理

薪酬管理是指针对企业内不同的工作岗位制定合理公平的激励性的薪酬制度，主要依据是员工的资历、职级、岗位及实际表现和工作绩效等，并安排养老金、医疗保险、节假日等福利，以满足员工生存和发展的需要。这是人力资源管理活动中最为敏感的模块，也是企业吸引和保留人才的关键，对这一问题处理失当，将极大地影响员工的工作积极性和工作效率。

6. 绩效管理

绩效管理是指依据工作说明书，衡量和评价员工在确定时间内的工作绩效的一系列活动。开展绩效考核和奖惩，目的是调动员工的工作积极性，同时改进人力资源管理工作，主要需进行制定评价指标、实施评价和评价后处理等工作。这一内容提供了关于员工能力和业绩的重要依据，成为培训需求分析的重要基础。

五、人力资源管理活动间的关系

（一）以工作分析与设计为基础

在人力资源管理系统中，工作分析与设计是一个平台，其他各项职能的实施基本上都要以此为基础。人力资源规划中，预测组织所需的人力资源数量和质量时，基本的依据就是职位的工作职责、工作量和任职资格，而这些正是工作分析的结果——职位说明书的主要内容；预测组织内部的人力资源供给时，要用到各职位可调动或晋升的信息，这些信息基本来源于职位说明书。进行招聘时，发布的招聘信息可以说是一个简单的职位说明书，而录用甄选的标准则主要来自职位说明书中的任职资格要求。绩效管理和薪酬管理同工作分析与设计的关系更加直接。绩效管理中，员工的绩效考核指标可以说是完全根据职位的工作职责来确定的；而薪酬管理中，员工工资等级的确定，依据的信息主要是职位说明书的内容。在培训开发过程中，培训需求的确定要以职位说明书对业务知识、工作能力和工作态度的要求为依据，简单地说，将员工的现实情况和这些要求进行比较，两者的差距就是要培训的内容。

（二）以绩效管理为核心

绩效管理在整个人力资源管理系统中居于核心地位，其他职能或多或少都要与它发生联系。预测组织内部的人力资源供给时，需要对现有员工的工作业绩、工作能力等做出评价，而这些都属于绩效考核的内容。计划招聘与绩效考核有关，我们可以对来自不同渠道的员工的绩效进行比较，从中得出经验性的结论，从而实现招聘渠道的优化。录用甄选和绩效管理之间存在一种互动关系，一方面可以依据绩效考核的结果来改进甄选过程的有效性；另一方面甄选结果也会影响员工的绩效，有效的甄选结果将有助于员工实现良好的绩效。前面已经提到，将员工的现实情况与职位说明书的要求进行比较后就可以确定培训的内容，那么员工的现实情况又该如何获知呢？这就要借助绩效考核，因此培训开发和绩效管理之间也存在一定关系，此外，培训开发对员工提高绩效也有帮助。目前，大部分企业在设计薪酬体系时，都将员工的工资分为固定工资和浮动工资两部分，固定工资主要依据工资等级来支付，浮动工资则与员工的绩效水平相联系，因而绩效考核的结果会对员工的工资产生重要影响，这就在绩效管理和薪酬管理之间建立了一种直接的联系。通过员工关系管理，建立一种融洽的氛围，这将有助于员工更加努力地工作，进而有助于实现绩效的提升。

（三）其他活动相互联系

人力资源管理的其他活动间同样存在密切的关系，录用甄选要在招聘的基础上进行，没有人来应聘就无法进行甄选；而招聘计划的制订则要依据人力资源规划，招聘什么样的员工、招聘多少员工，都是人力资源规划的结果；培训开发也要受到甄选结果的影响，如果甄选的效果不好，所聘员工无法满足职位的要求，那么新员工培训的任务就更重。员工关系管理的目标是提高员工的组织承诺度，而培训开发和薪酬管理则是达成这一目标的重要手段。培训开发和薪酬管理之间也有联系，员工的薪酬，除了工资、福利等货币薪酬，还包括各种形式的非货币薪酬，而培训就是其中的一种重要形式，因而从广义上讲，培训开发也是薪酬的一个组成部分。

第2节 工作分析与设计

对企业来说，组织结构的确立及各职位的职责和关系的划分是最基础的工作。因此，企业做好人力资源管理工作的一个重要前提就是了解企业中各种工作的特点以及能胜任该工作人员的特点，否则后续的人力资源管理工作将失去意义。工作分析是对企业中某一特定工作的职责、工作条件等相关信息进行收集和分析，并做出明确的规定，它是其他一切人力资源管理活动的基础。

一、工作分析的概念

工作分析又称职位分析、岗位分析或职务分析，是指采用科学的手段与技术，对组织中某个特定的岗位进行全面了解、获取其详细信息的过程，是对特定岗位的工作内容和职务规范进行描述和研究的过程，即制定职务说明和职务规范的系统过程。工作分析是人力资源管理工作的基础，其分析质量对其他人力资源管理模块具有举足轻重的影响。工作分析的结果一般体现为职位说明书，合格的职位说明书应当具备准确性、完备性、普遍性、实用性、预见性、逻辑性、简约性、统一性等特征。职位说明书一般包括工作说明和工作规范两部分。

（一）工作说明

工作说明对企业内各职位所要从事的工作内容和承担的工作职责进行清晰的界定，一般来说包括以下内容：

（1）工作基本资料，包括工作名称、工作身份、工作编号、所属部门、岗位等级、薪酬水平、职位等级、工作性质等。

（2）工作详细说明，包括工作概述、工作职责、工作权限、工作流程、工作结果、工作环境、绩效标准、岗位关系等，这是工作说明的主体内容。

（3）企业提供的聘用条件，包括工作时间、工资结构、福利待遇、晋升机会、培训机会等。

对工作的描述应当清晰透彻，让员工一目了然，措辞精练简洁，使用陈述性语言。

（二）工作规范

工作规范主要说明从事某项工作的员工必须具备的能力、资质等相关要求，包括以下内容：

（1）资历要求，包括任职者所需的最低学历、性别、年龄、所接受培训的内容和时间、与本职工作相关的工作年限和经验等。

（2）能力要求，包括任职者智力、语言表达能力、数字能力、学习能力、理解能力、判断能力、组织协调能力、解决问题能力等。

(3) 心理要求，包括健康状况、体能要求、视力要求等。

工作分析的过程从某种意义上说也是一个工作流程分析的过程。工作分析的过程如图 14-1 所示。

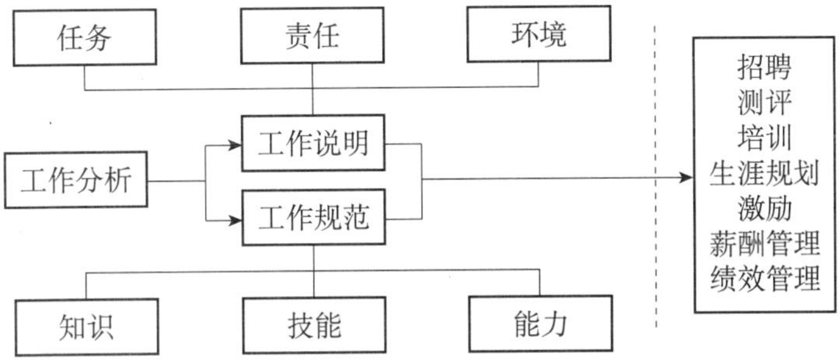

图 14-1　工作分析的过程

二、工作分析的作用

1. 有利于合理招聘和选择企业所需人员

通过工作分析，能够对拟招聘职位的职责和工作内容进行清晰界定，同时提出明确的任职者能力等方面的详细要求，并以职位说明书的方式固定下来，这为企业招聘工作提供了客观的参考依据。招聘人员应对应聘者的能力进行科学评估，根据企业空缺岗位选择急需的人员，将合适的人安排到合适的岗位上。

2. 有助于降低人力资源浪费和提高人力资源利用率

企业对各岗位的安排和人员配备都有一个合理的规划，为此，需要准确有效地预测企业在某一时间点上所需要的人员数量、种类和具体要求，通过工作分析可达到这些目标。工作分析可使每个人的职责分明，提高个人和部门的工作效率，从而避免人力资源浪费，提高人力资源的利用率。

3. 有助于员工的培训

员工培训必须具有针对性和有效性，培训的内容及方法等都与员工所在岗位的需要密切相关。进行工作分析，可明确某个工作岗位的员工所应该具备的技能、能力及各种心理条件要求。根据工作分析的相关结果开展有针对性的培训，可大大降低培训成本，从而提高员工培训的效果。

4. 有助于员工的职业生涯发展

从职业生涯规划的角度来说，工作分析为员工未来职业发展方向的选择提供了有价值的信息，因为企业会根据收集到的信息帮助员工认识自我。根据员工个体的具体情况，为员工量身定做符合个人情况的职业生涯规划，为其提供长期的上升渠道，可促使员工获得职业生涯的成功。

5. 为绩效管理提供客观的评价依据

根据工作分析的结果可以看到每一项工作内容的明确规定，员工该做什么、不该做什么，清晰又具体。这为制定员工的考核标准提供了一定的依据，使考核更加合理、公正。

6. 有利于制定公平、合理、有效的薪酬制度

工作分析使工作内容具体化，相应地，工作责任也就具体化了。企业可以根据每个员工所负责任的大小来确定他所应得到的报酬，使工资的发放有一个可参考的依据，从而保证薪酬制度的公平性、合理性和有效性。

三、工作分析的程序

工作分析的流程图如图14－2所示。

图14－2　工作分析的流程图

（一）筹建工作分析小组

工作分析小组的成员必须是人力资源管理方面的专家，对相关知识必须具有全面的认识。选择合适的工作分析小组成员是做好工作分析的重要前提和保证，一般包括高层管理者、组织内外部的岗位分析专家、人力资源部门工作人员和部门主管。工作分析小组必须做好前期准备工作，对小组成员进行相关培训，使其明了工作分析的意义和目的。

（二）制订工作分析方案

首先，要制订工作分析计划。确定整个工作分析的过程，需要进行工作分析的名称和任职人数，评估工作分析需要人数、所需费用及进行分析过程中各个环节的责任划分等。

其次，选择分析的目标职位。确定需要分析哪些工作岗位，倘若企业设置了新的工作岗位，也要对它们进行分析。

再次，确定信息源。信息来源无外乎以下几种：任职者、监督管理者、下属、顾客、工作分析人员及相关的文本信息源等。对信息的收集应力求全面、准确，切忌片面。要坚持一个原则，不能从可能有利害关系的来源收集信息。

最后，选择收集信息的方法。信息收集的方法多种多样，主要有观察法、访谈法、问卷调查法、实践法、典型事例分析法等。可以灵活地运用这些方法，同时还要明确信息收集所使用的分析仪器、设备及其他辅助工具等。

（三）收集信息

根据之前制订的工作分析计划，采用多种信息收集方法收集信息，必须确保信息的真实性、准确性、全面性。在该阶段收集的信息主要包括工作活动情况、工作人员情况、工作绩效、工作环境等方面的内容。

（四）分析信息

对信息的处理应该秉持“去粗取精、去伪存真”的原则，仔细评价信息的价值，保留对工作分析有用的信息。主要内容包括对所收集信息进行审核筛选分类、创造性地分析岗位工作关键成分、归纳岗位和任职者的关键要素、归纳描述从事工作所必需的相关信息。这个过程并不是简单机械地积累关于工作的信息，而是要对所要分析的各个工作岗位的特征和要求做出全面的说明，在深入分析和认真总结的基础上，揭示各职位的主要内容和关键因素。

（五）编写职位说明书

职位说明书是工作分析的主要成果，也是工作分析的目的，是对工作描述和工作规范加以整合之后形成的具有组织法律效果的正式文本，在人力资源管理乃至整个企业管理中都有着重要的地位。它不但可以帮助员工了解所从事的工作，明确工作的责任范围，还可为企业决策者提供参考。职位说明书要准确、规范、清晰、全面。在编写之前，需要明确职位说明书的规范用语、格式要求及其他具体内容要求。一般而言，职位说明书包含以下几个方面。

1. 职位基本信息

职位基本信息也称为工作标识，包括职位名称、所在部门、直接上级、定员、部门编码及职位编码等。

2. 工作职责

工作职责重点描述从事该项工作所要完成的工作目标，以及该职位的主要职责权限等。

3. 工作内容

工作内容是职位说明书最重要的内容，描述该职位所从事的具体工作，应全面、详尽、准确地写出完成工作目标所要做的每一项工作。同时，还要描绘工作环境和工作条件，以及在不同阶段所用到的不同工具和设备。

4. 工作的时间特征

工作的时间特征主要反映一般状态下该职位表现出来的时间特征，例如一般人员的正常上下班时间等。

5. 工作完成结果及建议考核标准

这主要反映该职位应完成的工作标准，以及如何根据工作完成情况进行考核，这仅仅是建议的考核标准，具体的考核标准和制度要与企业正式的考核体系联系起来。

6. 教育背景

教育背景反映从事该职位应具有的最低学历要求。在确定教育背景时应主要考虑新加入员工的最低学历要求，而不考虑当前该岗位在职员工的学历。

7. 工作经历

工作经历反映的是从事该职位应具有的最起码的工作经验要求。一般包括两个方面：一是专业要求，即相关的知识背景；二是工作经验要求。

8. 专业技能及其他能力

此项主要反映从事该职位应具有的基本专业技能及其他能力。

9. 体能要求

主要针对体力劳动型工作而言，明确其基本的体能要求。

四、工作分析的信息收集方法

1. 观察法

观察法，即工作分析人员在不影响被观察人员正常工作的条件下，通过观察，把有关工作各部分的内容、方法、程序、设备等信息记录下来，并把取得的职务信息整理为适合使用的结果。

优点：获取的信息较为广泛、客观和准确。

缺点：要求观察者有足够的实践操作经验；不适用于工作循环周期长的工作；不能得到有关任职者资格要求的信息。

2. 访谈法

访谈法，即工作分析者通过与工作执行者面对面谈话进行信息资料的收集。访谈法一般不作为单独收集信息的方法，而是和其他方法一起使用。访谈对象是该职位的任职者、对工作较为熟悉的直接主管人员、与该职位联系比较密切的工作人员或任职者的下属。

优点：对于直接观察所不能获取的资料，可采取此种方法，对已获得的资料也可以加以证实；不拘泥于形式，问句内容具有弹性，可以补充反问；收集方式简单。

缺点：信息会受到被访谈者的个人影响，产生扭曲；分析项目复杂时，耗时较长并有可能妨碍企业生产运营。

3. 问卷调查法

问卷调查法是让有关人员以书面形式回答有关职务问题的调查方法。通常来说，问卷的内容是由工作分析人员编制的问题或陈述，这些问题或陈述涉及实际的行为和心理素质，要求被调查者对这些行为和心理素质在他们工作中的重要性和频次（经常性）按给定的方法作答。设计调查问卷时要求提问要准确、问卷表格要精练、语言通俗易懂、问题不可模棱两可及问卷前面要有指导语。

优点：成本低、速度快；容易进行，且调查范围广；员工有参与感，有助于双方增进了解。

缺点：很难设计出能够收集完整资料的问卷表；员工一般不愿意花时间去认真地填写问卷表；缺乏交流和沟通，不容易了解员工的态度和动机等深层次信息；需要说明，否则员工会因为理解不同造成信息误差。

4. 实践法

实践法是指工作分析人员从事所研究的工作，由此掌握工作要求的第一手资料。

优点：可于短时间内由生理、环境、社会层面充分了解工作相关情况。

缺点：不适合需要长期训练及高危险的工作。

5. 典型事例分析法

典型事例分析法是对实际工作中特别有效或无效的工作者行为进行描述的方法。

优点：针对员工工作上的行为，能深入了解工作的动态性；行为是可观察、可衡量的，记录的信息容易应用。

缺点：需要花大量时间收集、整合、分类资料；不适合描述日常工作。

6. 工作日志法

这种方法是让员工按时间顺序记录自己的工作内容及工作过程，作为工作资料。这种方法要求员工在一段时间内对自己工作中所做的一切进行系统的活动记录。如果这种记录很详细，那么经常会给出关于一些其他方法无法获得或者观察不到的细节的提示。

优点：对工作可充分地了解，有助于主管与员工的面谈；逐日或在工作活动后及时记录，可以避免遗漏；可以收集到最详尽的资料。

缺点：员工可能会夸张或隐藏某些活动；费时且干扰工作。

当然，这些方法一般不是孤立使用的，通过相互结合可以达到扬长避短的效果，更能实现工作分析的信息收集目的。

第 3 节 招聘、测评与培训

一、人力资源招聘

（一）人力资源招聘的概念

人力资源招聘就是企业为了发展的需要，在战略规划的指导下，根据人力资源规划和工作分析的要求，采取一些科学的方法寻找、吸引应聘者，并从中选出需要的人员予以录用的过程，即按照企业战略的要求把优秀、合适的人招聘到企业中，把合适的人放在合适的岗位上。

（二）人力资源招聘的程序

企业人力资源招聘的程序如图 14－3 所示。在该过程中，人力资源规划和职位说明书是整个招聘活动的前提和依据，决定了招聘计划的制订，从而指导着整个招聘工作。

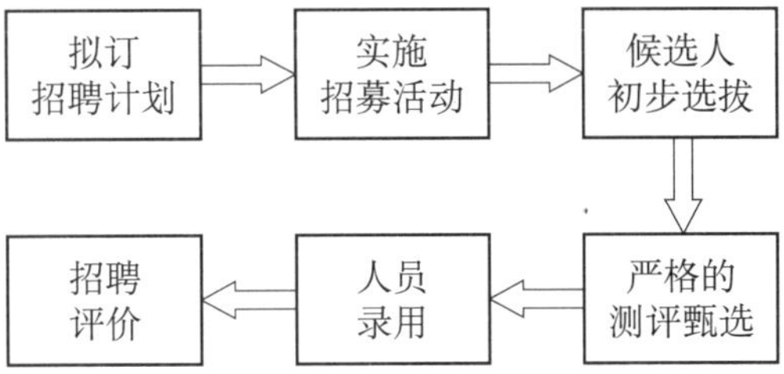

图 14－3 人力资源招聘的程序

（三）人力资源招聘的原则

1. 公开

要将拟招聘职位的基本信息、工作职责、工作内容、工作的时间特征、教育背景要求、工作经历要求、专业技能及其他能力要求、体能要求及招聘方法等公之于众。招聘过程要公开进行，采取公开竞争方式，才能使人才脱颖而出，使企业真正达到吸引人才的目的。

2. 德才兼备，以德为先

对人才的判断标准要关注重受聘人员的德行和品格，不能仅看才华。德才兼备是企业最需要的人才，有才无德短时间内对企业会有益处，长期看则会埋下隐患。因此，企业人才的选拔要坚持德才兼备、以德为先的标准。

3. 因事择人

招聘要按照企业的人力资源需求计划进行，多招少招对企业持续健康发展都是不利的，都会给企业带来相应的成本损失，同时还有可能影响到企业的整体效率。因此，企业招聘员工要秉持因事择人的原则，招到企业需要的员工。

4. 平等竞争

企业应该对所有受聘人员一视同仁，不能有任何偏见，更不能人为地进行各种竞争限制，确保人人都有公平竞岗的机会。只有通过这样的方式选出的员工才会是真正的人才，才会给员工留下良好的印象。

5. 高效

在坚持公开、平等竞争等原则的基础上，企业可以采取一些较为科学的方法和制度以提高招聘工作的效率，如提前设置硬性筛选条件、选择合理的招聘渠道、完善内部晋升制度和内部员工推荐制度等。

（四）人力资源招聘的途径

企业人力资源招聘的途径主要包括两种：内部招聘和外部招聘。其中，内部招聘是指在企业内公布空缺职位、发布招聘启事，在职位所需技能和现有员工的技能库中进行搜索，从企业内部寻找聘用者并从内部招聘员工；外部招聘是指在报纸、杂志、网络等媒体上刊登和发布招聘信息，从企业外部寻找人员来填补职位空缺。这两种招聘方式各有利弊（见表14-1），基本是互补的。企业可根据具体情况，选择适合本企业的招聘方式，一般情况下，很多企业都是采用内外部招聘相结合的方式，这样会产生比较好的效果。

表14-1　内部招聘与外部招聘的利弊

	内部招聘	外部招聘
优点	1. 了解全面，准确性高 2. 可鼓舞士气，激励员工上进 3. 应聘者可更快适应工作 4. 使企业培训投资得到回报 5. 选择费用低	1. 来源广，余地大，有利于招到一流人才 2. 带来新思想、新方法 3. 可平息或缓和内部竞争 4. 人才现成，节省培训投资
缺点	1. 来源局限于企业内部 2. 容易造成“近亲繁殖” 3. 因操作不公，可能造成内部矛盾 4. 需要有效的培训和评估系统	1. 应聘者不了解企业，进入角色慢 2. 企业对应聘者了解少，可能招错人 3. 可能影响内部员工的积极性 4. 增加搜寻成本 5. 增加招聘难度

二、人力资源测评

人力资源测评是指以现代心理学、管理学、行为科学等理论为基础，通过心理测量、面试、情景模拟等多种方法对人力资源个体的品德、智力、技能、知识、经验等素质进行测量、评价的活动过程。人力资源测评常用的方法有笔试、面试、心理测验、评价中心、履历分析、体检等。

（一）笔试

笔试是让被试在规定的时间和地点，按照试卷的要求，解答事先拟好的试题，通过卷面评分来评判其掌握知识的程度和综合分析能力、文字表达能力以及逻辑思维能力的一种方式。这种方法可以有效地测评应聘者的基本知识、专业知识、管理知识、相关知识以及综合分析能力、文字表达能力等素质及能力要素的差异。优点是花时少、效率高、公平、简便、成绩评定比较客观等。缺点是试题可能不科学、过分强调记忆能力而忽视其他能力的测评、缺乏可比性等。一般来说，在企业的人才选拔录用程序中，笔试多作为应聘者的初次竞争环节，成绩合格者才能继续参加面试或下一轮的测试。

（二）面试

面试是企业最常用的也是必不可少的测试手段。面试是指在特定时间、地点，在主试面前，被试用口述方式回答问题，通过主试与被试双方面对面地观察、交谈等双向沟通方式，了解被试的素质体征、能力状况以及求职动机等情况的一种人员甄选与测评技术。主试根据被试回答问题的正确程度来评定成绩。面试分为开放性面试、半结构化面试、结构化面试三种。其局限性为每次面试对报考人只能提出很少的几个问题，考察的“取样”过少，评分也难以做到客观、准确，因而面试的信度和效度较低。

结构化面试，就是首先根据对职位的分析，确定面试的测评要素，在每一个测评维度上预先编制好面试题目并制定相应的评分标准，面试过程遵照一种客观的评价程序，为了预先精心设计好的目的，对被试的表现进行量化分析，不同的评价者使用相同的评价尺度，以保证判断的公平合理性。相对于传统的面试，结构化面试的优势在于针对性强、标准化、结构化。而半结构化面试中没有非常严格的测评要素和评价程序，这给了主试和被试更广泛的自由发挥空间，主试在面试之前会准备一部分结构化问题，但是在面试过程中有较大的自主权，不同的被试可能会被问及不同的问题。相比于半结构化面试，开放性面试给主试和被试自由发挥的空间更大。

（三）心理测验

心理测验是通过观察人的少数具有代表性的行为，对贯穿在人的行为活动中的心理特征，依据确定的原则进行推论和量化分析的一种科学手段。其在测量内容、实施过程和计分三方面具有系统性，从而使测量结果具有统一性和客观性。心理测验大致包括成就测验、性向测验、智力测验、人格测验、能力测验等五个方面。

（四）评价中心

评价中心是将被试置于某种模拟的情境中，通过被试的行为表现对其进行评价的一种方法。它综合运用了各种测评技术，主要特点是使用情境性的测验方法对被试的特定行为进行观察和评价。测评的主要方式有投射测验、面谈情景模拟、能力测验，内容主要有公文处理、无领导小组讨论、商业游戏、角色小组讨论、讲演、案例分析、事实判断等。优点是具有很高的针对性和有效性；应用广泛；评价结果较为可靠；预测效度很高。缺点是与它所能带来的效益相比，评价中心的成本相对来说比较高；若没有对评价中心的方法技术进行充分研究就大规模使用，则会使评价质量受到影响。

（五）履历分析

履历分析是根据档案记载的事实，了解一个人的成长历程和工作业绩，从而对其人格背景进行一定的了解。这种方法有效、可靠、低成本，但往往因为档案记载不够全面而无法对其进行全面了解。

（六）体检

体检通常委托医院进行，判断应聘者的身体状况能否适应工作的要求。

三、人力资源培训

（一）培训的概念

企业中的人员培训是指为了使员工形成与企业目标相一致的工作态度和行为，有计划地对全体员工进行培养和训练，使员工具备本职工作所需的基本技能和能力，并最终实现组织整体绩效提升的一种计划性和连续性活动。从本质上说，培训是一种企业的管理训诫行为。培训的出发点和归宿是“企业的生存与发展”，可以把企业培训的目的概括为履行教育培训的责任和权力，使工作富有成效，维持生存和发展。

（二）培训的分类

1. 依据培训的时间

依据培训的时间，可分为脱产培训、在职培训、业余培训和 E-Learning。

（1）脱产培训。脱产培训是指企业根据实际工作需要选派不同层级的有培养前途的员工，集中时间脱离工作岗位到专门的学校、商业培训机构或者相关的培训基地学习，专门接受培训。这种培训比较正规，理论知识的学习比重较大，是一种“充电式”的学习，但脱产时间较长，会影响工作，而且培训成本较高。

（2）在职培训。在职培训是指员工在企业内部，通过生产实践进行学习，培养对象一般不脱离工作岗位。它是企业比较常用的培训方式，从高层到一线员工一般都要进行有效的在职培训。这种培训方式针对性强，成本较低，对企业日常管理进程影响较小。这种培训有时缺乏良好的组织，不太规范，培训效果不佳。

（3）业余培训。业余培训是指企业员工利用业余时间，通过自学、培训班或者函授教育等形式获得新知识、新技能，进行个人知识补充的培训方式。这种培训是员工为适应瞬息万变的经济形势，出于不断更新自身知识的需要而自发开展的，一般由员工个人承担相应的培训费用，但企业要鼓励和支持员工，适当给予一些补贴，增强员工的上进心，提高其工作热情。

（4）E-Learning。E-Learning 是随着信息技术的发展逐渐受到关注的一种培训方式。它是利用信息技术尤其是网络技术来设计、支持、管理、运行和扩充传统学习，实际上是信息技术与传统培训方式的结合。这种培训方式不受时间和空间的限制，可随时随地获取新的知识，同时这些知识的更新也比较快、信息量大，大大节省了培训的成本，提高了培训效率。

2. 依据培训的对象

依据培训的对象，培训可分为新入职员工培训、学徒培训、管理培训和技术培训。

（1）新入职员工培训。新入职员工培训主要是为了使新入职员工熟悉企业及工作环境。新入职员工对企业不太了解，不知在企业中能否实现自己的价值，能否融入企业这个大家庭，往往会有很大的心理压力。新入职员工培训主要是为了舒缓新员工的焦虑，帮助员工熟悉企业的基本情况、工作环境及相应的工作要求和准则等，使员工建立符合实际的期望并培养积极的态度。

（2）学徒培训。学徒培训是在工作中直接培训后备技术人员，采用师傅带徒弟的方式，在师傅的指导下通过一定时期的实践活动，使徒弟能够掌握相应的技能。随着科学技术的进步和社会经济的发展，对企业员工的素质要求越来越高，传统的师傅带徒弟的学徒培训方式弊端渐露，如培训效果受到师傅的能力限制，师傅有可能视野狭窄，接受新知识的能力还没有徒弟强，培训内容往往比较有限，难以适应瞬息万变的形势。

（3）管理培训。管理培训主要是针对管理人员或即将晋升为管理人员的员工设置的培训，内容主要包括管理能力、领导能力、沟通能力、行政能力、认知能力等方面。主要目的是全面提高管理人员的能力，为企业发展储备管理型人才。这种培训方式针对性强，长远来看对企业发展有利。

（4）技术培训。技术培训主要是针对企业技术人员而举办的旨在提高员工技能和专业水平的培训，如对销售人员开展的营销培训、对软件开发人员开展的软件技术培训等。这种培训专业性强，因此要聘请有能力的专家进行培训，使员工及时接受新知识。

（三）培训的过程

一般来说，培训过程主要分为五个阶段：培训需求分析阶段、培训计划设计阶段、培训课程开发阶段、培训活动实施阶段和培训效果评估阶段（见图 14－4）。

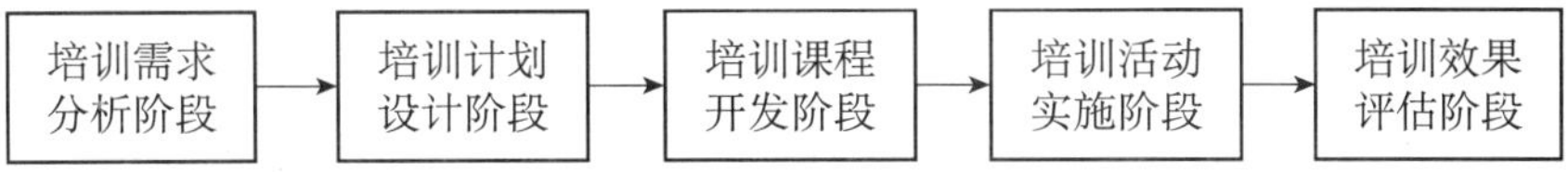

图 14－4　培训的过程

1. 培训需求分析阶段

培训需求分析是决定培训工作成功与否的关键，也是开展培训工作的第一步，因为在一定时期内企业用于培训的资源是有限的，企业必须把这一工作做好。培训需求分析是指在规划与设计每项培训活动之前，由培训部门、主管人员、工作人员等采用各种技术和方法，对企业及其成员的目标、技能、知识和信息等方面进行系统的鉴别与分析，以确定是否需要培训的一种活动。为保证其有效性，培训需求分析一般要求在人员、组织和战略三个层面上进行。其中，人员分析主要是根据组织发展和工作业绩标准来分析员工当前的绩效水平及个体现有状况间的差距，在此基础上确定谁需要和应该接受培训；组织分析主要是为了通过对企业的目标、资源、条件等因素的分析，结合组织目前的整体绩效评价准确找出问题及原因，决定培训的重点；战略分析主要考虑企业员工未来有效工作所需要的知识、技能和能力，即要围绕企业的未来需求进行分析。

2. 培训计划设计阶段

培训需求确定后，需要设计相应的培训计划。所谓培训计划，就是根据企业的中长期目标对员工培训需求进行预测，制订相应的培训活动方案的过程。主要包括确定培训目标、培训内容、培训对象、培训者、培训方式、培训时间地点、培训费用等。当然计划往往赶不上变化，培训计划制订后并非一成不变，要随着企业培训的进程进行相应调整。

3. 培训课程开发阶段

员工培训一般都通过课程培训来进行。如何根据培训需求计划设计适合本企业培训情况的课程对培训活动的效果非常重要。课程设计的主要原则是要符合成年人学习知识的规律。与学校理论性课程一样，培训课程开发一般包括以下主要内容：培训课程目标、内容、授课模式、评价、教材、时间、地点等。培训部门要综合考虑这些因素，全面筹划、协调，为开展培训活动做好充分准备。

4. 培训活动实施阶段

培训活动能否达到预期目标还要看具体的实施情况。培训的实施主要是将受训者与培训者更好地结合起来，因此，负责培训的相关部门要做好协调工作，具体注意事项如表14-2所示。

表14-2 培训活动实施应注意的事项

培训阶段	注意事项
培训前	制订培训计划，编写培训教材，聘请培训教师，安排培训场所，准备培训设施，安排培训人员及受训人员的食宿等。
培训中	保持与受训人员及培训人员的联系，观察受训人员的课堂表现，及时将受训人员的意见反馈给培训人员，保证培训设施的便利使用，保证培训场所的干净整洁，适当安排娱乐活动，评价受训人员的学习效果等。
培训后	听取培训人员和受训人员的改进意见，酬谢培训人员，培训总结，跟踪调查受训人员的工作绩效，调查培训系统等。

5. 培训效果评估阶段

对培训效果的评估是指收集培训成果或运用一定的方法或测量标准检验培训是否有效的过程。主要通过系统地收集描述性和判断性信息，如调查收集受训者和有关人员对培训项目的看法，检验是否达到了培训的预期目标和对培训需求的满足程度。这个工作被视为培训活动流程的一个核心环节，一般可从四个层次对培训效果进行评估，即反应标准、学习标准、行为标准与成果标准。其中，反应标准主要考察受训者对培训项目的反应及程度、感觉与印象；学习标准主要测定受训者对所学的知识、能力、态度的理解和掌握程度；行为标准考察培训在多大程度上使受训者的实际工作行为发生了变化；成果标准审视培训对企业经营成果具有何种直接的贡献。培训评估方法多种多样，常用的方法有访谈法、对比法、自我评估法和观察法等。企业可根据不同情况选择评估方法，但一般都是多种方法结合使用，这样才能获得更为全面的信息，做出更为客观的评价。

第 4 节　职业生涯规划与激励

一、职业生涯规划

职业生涯规划（简称生涯规划），又叫职业生涯设计，是指个人与企业相结合，在对个人职业生涯的主客观条件进行测定、分析、总结的基础上，对自己的兴趣、爱好、能力、特点进行综合分析与权衡，结合时代特点，根据自己的职业倾向，确定其最佳的职业奋斗目标，并为实现这一目标做出行之有效的安排。职业生涯规划具有差异性、发展性、阶段性、可规划性、不可逆转性等特点。职业生涯规划包括个人职业生涯规划和组织职业生涯管理。

（一）个人职业生涯规划

个人职业生涯规划是指个人根据自身的主观因素和客观环境的分析，确立自己的职业发展目标，选择实现这一目标的职业，制订相应的工作、培训和教育计划，并按照一定的时间安排，采取必要的行动以达到职业生涯目标的过程。

职业生涯规划在个人的职业决策过程中是必不可少的，它有助于个人发现人生目标，平衡家庭和工作之间的关系。更为重要的是，个人职业生涯规划有助于个人在职业变动的过程中，面对变化的个人需求及工作要求进行恰当的调整。个人职业生涯规划流程如图 14－5 所示。

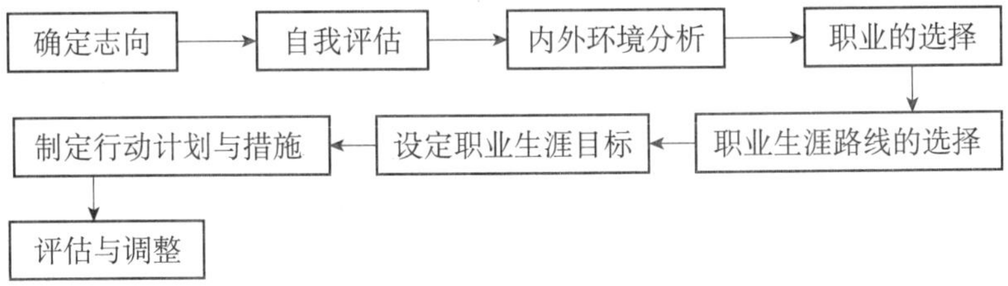

图 14－5　个人职业生涯规划流程图

总之，成功的个人职业生涯规划需要时时审视内外环境的变化，并且调整自己的前进步伐。

（二）组织职业生涯管理

组织职业生涯管理是一种专门化的管理，即从企业角度对员工从事的职业和职业发展过程所进行的一系列计划、组织、领导和控制活动，主要目的是实现将个人发展与企业发展相结合。组织职业生涯管理涵盖员工从进入企业到离开企业的全过程，同时涉及职业活动的各个方面。

组织职业生涯管理需要各方面的有效配合，员工个人、人力资源部门、直线部门和上级的共同合作与努力是做好职业生涯规划与管理的基础。企业在为员工开展职业生涯规划时，应根据不同员工的特点采取对应有效的职业生涯规划和方法，一般可针对新员工、中期员工和老员工三类人员进行操作。

1. 对新员工的职业生涯规划方法

提供一个富有挑战性的最初工作，能产生相当的吸引力。实践证明，企业能够做的最重要事情之一就是争取为新员工提供的第一份工作符合其最初的意愿和具有挑战性。比如，一项以某公司年轻管理人员为对象的调研发现，这些人在公司的第一年中所承担的工作越富有挑战性，他们的工作就越有效率，越容易达到目标，即使是在成长阶段后期，这种情况依然存在。因此，提供富有挑战性的起步性工作是帮助新员工取得职业生涯发展的有效方法和途径之一。

2. 对中期员工的职业生涯规划方法

找到个人发展的路向，对中期员工来说是最大的吸引力和动力。职业通路畅通能够让有培养前途、有作为的员工努力去争取，有前途和能看到希望才是留住人才的最大吸引力。同时，安排富有挑战性的工作和通用轮换岗位方式让其保持新鲜感，或者安排探索性的工作对处于职业中期的员工来说，是一种很实在且有效的方法。

3. 对老员工的职业生涯规划方法

在职业生涯后期阶段，员工退休问题必然提上议事日程。企业要考虑如何让这些员工发挥“余热”，为企业做出更大的贡献。

二、激励

（一）激励的概念

激励是指通过各种有效的规范和惩罚性措施，借助信息沟通来激发员工的需要、动机、欲望，形成特定目标，并在追求这一目标的过程中保持高昂的情绪和持续的积极状态，发挥员工潜力，达到预期的企业及成员个人目标的系统活动。员工激励过程模型如图 14－6 所示。

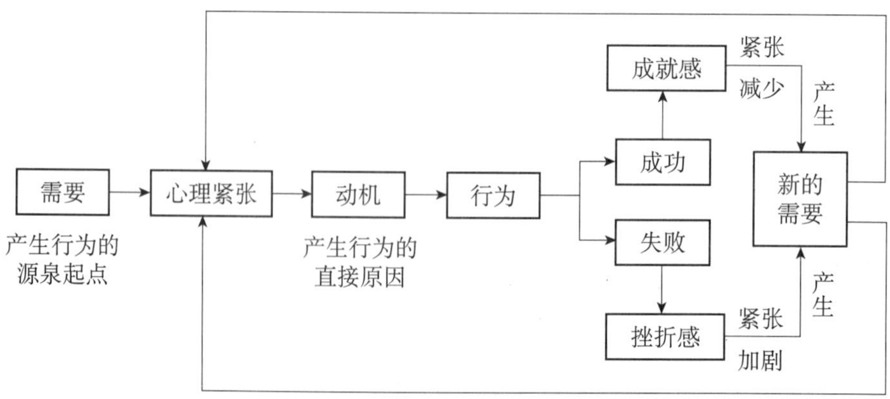

图 14－6　员工激励过程模型

激励是管理过程中不可或缺的环节和活动，它包含以下几个方面的内容：

（1）激励工作的出发点是满足企业员工的各种需要。通过系统地设计外部奖酬形式和工作环境，来满足企业员工的外在需要和内在需要。

（2）科学的激励工作需要奖励和惩罚并举。既要对员工表现出来的符合企业期望的行为进行奖励，又要对不符合期望的行为进行惩罚。

（3）激励工作需要耐心。激励贯穿员工工作的全过程，包括对员工个人需要的了解、个性的把握、行为过程的控制和行为结果的评价等。

（4）信息沟通贯穿激励工作的始终。从对激励制度的宣传、对员工个人的了解，到对员工行为过程的控制和对员工行为结果的评价等，都依赖于一定的信息沟通。企业中信息沟通是否通畅，是否及时、准确、全面，直接影响着激励制度的运用效果和激励工作的成本。

（5）激励的最终目的是在实现企业预期目标的同时，让企业成员实现个人目标，即达到企业目标和员工个人目标在客观上的统一。

实行员工激励，对企业的发展具有重要的意义：能够为企业吸引和留住优秀人才；帮助员工开发潜在能力，促进在职员工充分发挥其才能和智慧，使员工人尽其才；能够为企业造就良性的竞争环境，在员工健康成长的同时促进企业健康发展。

（二）激励的基本原则

激励是企业实施的一项活动，有着自身的一些原则，常见的激励的基本原则有以下几个。

1. 目标结合原则

在激励机制中，设置目标是一个关键环节。目标的设置必须同时体现企业的目标和员工的需要。

2. 物质激励和精神激励相结合的原则

物质激励是基础，精神激励是根本。在两者结合的基础上，逐步过渡到以精神激励为主。

3. 引导性原则

引导性原则是激励过程的内在要求。外在的激励措施能不能达到预期的效果，不仅取决于激励措施本身，还取决于被激励者对激励措施的认识和接受程度。对于被激励者，激励应该是自觉接受而非管理者强加的。管理者应设置实现企业目标的具体要求，并确保每位员工都清楚，通过激励将个体成员的积极性集中体现到企业目标上来，实现个体与集体的协调发展。

4. 合理性原则

激励的合理性原则包括两层含义：其一，激励的措施要适度，要根据所实现目标本身的价值大小确定适当的激励量；其二，奖惩要公平。

5. 明确性原则

激励的明确性原则包括三层含义：其一，明确，激励的目的是明确需要做什么和必须怎么做。其二，公开，特别是涉及分配奖金等大量员工关注的问题时，公开更加重要。其三，直观，实施物质奖励和精神奖励时都需要直观地表达它们的指标，总结奖励和惩罚的方式。直观性与激励影响的心理效应成正比。

6. 时效性原则

要把握激励的时机，“雪中送炭”和“雨后送伞”的效果是不一样的。激励越及时，越有利于将员工的激情推向高潮，使其创造力连续有效地发挥出来。

7. 正激励与负激励相结合的原则

正激励，就是对员工符合企业目标的期望行为进行奖励。负激励，就是对员工违背企业目的的非期望行为进行惩罚。正负激励都是必要而有效的，不仅作用于当事人，而且会间接地影响周围其他人。

8. 按需激励原则

激励的起点是满足员工的需要，但员工的需要因人而异、因时而异，并且只有满足最迫切需要（主导需要）的措施，其效价才高，激励强度才大。因此，领导者必须深入进行调查研究，不断了解员工需求层次和需求结构的变化趋势，有针对性地采取激励措施。

（三）激励的主要类型

不同的激励类型对行为过程会产生不同程度的影响，激励类型的选择是做好激励工作的一项先决条件。

1. 物质激励与精神激励

二者的目标是一致的，作用对象却不同。前者作用于人的生理方面，是对物质需要的满足；后者作用于人的心理方面，是对精神需要的满足。随着物质生活水平的不断提高，人们对精神与情感的需要越来越迫切。比如期望得到爱、得到尊重、得到认可、得到赞美、得到理解等。

2. 正激励与负激励

正激励，就是当一个人的行为符合企业的需要时，通过奖赏的方式来鼓励这种行为，以达到持续和发扬这种行为的目的。负激励，就是当一个人的行为不符合企业的需要时，通过制裁的方式来抑制这种行为，以达到减少或消除这种行为的目的。正激励与负激励的目的都是要对人的行为进行强化，不同之处在于二者的取向相反。正激励起正强化的作用，是对行为的肯定；负激励起负强化的作用，是对行为的否定。

3. 内激励与外激励

内激励，是指由内酬引发的、源自工作人员内心的激励，包括学习新知识和技能、责任感、光荣感、成就感等。外激励，是指由外酬引发的、与工作任务本身无直接关系的激励，掌握在管理者手中，对被激励者来说是一种外附的激励。

其中，内酬是指工作任务本身的刺激，即在工作进行过程中所获得的满足感，它与工作任务是同步的；而外酬是指工作任务完成之后或在工作场所以外所获得的满足感，它与工作任务不是同步的。

一般企业通过赞许、奖赏、竞赛、考试、评定职称等方式实现外激励；内激励有助于员工开发自己，使员工能够始终保持“一种良好的舞台激情”，主要表现在员工对企业的认同感和义务感两个方面。

4. 对他人激励和自我激励

对他人激励是调整他人动机；自我激励是对自己进行激励，是调整自己的动机。自我激励应从需要、目标着手，通过分析自己的需要，选择合理的目标并实现这些目标。

在大部分的激励过程中，被激励者是受外在力量控制的，即必须接受他人的控制或鼓励。很显然，在这样的情况下，要使被激励者产生持续的积极性，就应该不断施加激励举措。然而，这种靠外部激励而产生的积极性，与更高的目标和实现目标的自觉性相比较，无疑会有其局限性。实际上，真正的动力并非来自外力，而是依靠自身，即自我激励。因为人是不可能真正地被其他人激励的，人的行为是由他们自己控制的，他们需要在能使他们自我激励、自我评价和自信的环境中工作，而不是依赖外界的激励。

第 5 节　绩效考核与薪酬管理

一、绩效考核

绩效考核是企业人力资源管理的核心职能之一，也是绩效管理体系的重要组成部分。企业通过绩效考核可以给员工提供工作反馈，帮助员工改进工作状况，同时绩效评估结果可以为衡量企业人力资源使用效率提供理论和实践依据。只有建立科学合理的绩效评估体系，才能使企业占据更大的竞争优势。

（一）绩效考核的概念

绩效是企业员工完成工作的结果。绩效考核是指企业相关部门收集、分析、评价和传递有关某个人在其岗位上的工作行为表现和工作结果方面信息情况的过程，是企业评价每个员工工作业绩及对企业贡献大小的手段。

（二）绩效考核的程序

绩效考核成功与否在很大程度上取决于考核系统的设计、考核方法及考核实施过程的科学性。一般而言，完整的绩效考核过程包含绩效考核设计、动员宣传、绩效考核人员培训、收集相关信息、审核信息、信息处理并得出结果、反馈及修正、结果运用和绩效考核沟通等步骤。

1. 绩效考核设计

对企业所有员工进行绩效考核时，企业领导人和主管部门应该着手制订考核的实施计划，明确考核的目的、要求和内容，并发布相应的具体文件说明及执行办法等。这一步骤是绩效考核实施的关键和基础。

2. 动员宣传

企业要成立相应的机构和工作小组，指定工作人员，明确职责划分。在考核之前，应对全体工作人员进行实际操作前的动员和宣传，向所有员工说明考核的目的、方法、内容、要求及考核结果如何运用，从而使员工能够认识到绩效考核的合理性，让员工端正态度，消除抵制情绪和抗拒心理，使绩效考核工作顺利开展，达到预期目的。

3. 绩效考核人员培训

在确定了考核计划之后，要选取考核工作人员并对他们进行培训，从而提高考核技能，减少人为误差。培训内容包括两个方面，一是培养工作人员正确的工作态度；二是提高工作人员的考核能力。

4. 收集相关信息

按照拟定的考核方案，收集绩效考核所必需的绩效信息作为判断被评估者是否达到关键绩效指标要求的证据，包括员工出勤信息、日常工作记录等，信息的收集应做到尽量全面、准确。

5. 审核信息

考核工作人员对收集的信息要有个“去伪存真”的过程，对初始信息进行审查与核实，剔除虚假信息，保证考核结果的准确性。

6. 信息处理并得出结果

按照计划，考核人员应对相关信息进行处理，根据运算结果区分绩效水平的优劣与等级，得出相应的绩效考核结果，作为企业相关决策的依据。

7. 反馈及修正

绩效考核结果通常应与被考核者见面，使其了解企业对自己工作的看法与评价，从而发挥优势、克服劣势；此外，还需要针对考核中发现的问题采取一定的纠偏措施，以提高考核的科学性。

8. 结果运用

按照最终确定的绩效考核结果，企业相关部门可以据此制订绩效改进计划、组织培训方案设计、分配薪酬奖金、调整相关职务、进行员工职业生涯规划和企业人力资源规划，最终实现绩效考核的目的。

9. 绩效考核沟通

绩效考核沟通是绩效管理的核心，贯穿绩效考核的全过程，是指考核者与被考核者就绩效考核反映出的问题以及考核机制本身存在的问题展开实质性的沟通，并着力于寻求应对之策，服务于后一阶段中企业与员工绩效改善和提高的一种管理方法。绩效考核沟通在整个人力资源管理中占据相当重要的地位，是绩效管理的核心，是绩效管理过程中耗时最长、最关键、最能产生效果的环节，包括绩效目标沟通、绩效辅导沟通、绩效反馈沟通和绩效改进沟通。

（三）绩效考核的方法

企业常用的绩效考核方法有以下几种。

1. 图尺度考核法

这是最简单和最普遍的绩效考核技术之一，一般采用图尺度表填写打分的形式进行。在实际操作中会考虑两种主要因素：考核项目和评定分等。在确定了考核项目和等级之后，即可由考核者按照评定要求给被考核者打分。这种方法的优点是考核内容全面，简单实用，开发成本小；缺点是结果受主观影响严重，不能指导员工的行为，员工不知道如何才能得到高分。

2. 配对比较法

配对比较法是一种更为细致的通过排序来考核绩效水平的方法，它的特点是每一个考核要素都要进行人员间的两两比较和排序，使得在每一个考核要素下，每一个人都和其他所有人进行了比较，所有被考核者在每一个要素下都获得了充分的排序。该考核方法的缺点是当考核对象人数较多时会很麻烦，难以做出绝对评价；优点是做出的评价准确度比较高。

3. 关键事件法

关键事件法是一种通过员工的关键行为和行为结果来对其绩效水平进行考核的方法，一般由主管人员将下属员工在工作中表现出来的非常优秀的行为事件或者非常糟糕的行为事件记录下来，然后在考核时点上（每季度或者每半年）与该员工进行一次面谈，根据记录共同对其绩效水平做出考核。这种考核方法的优点是能够提供一些切实的材料，避免了近因效应的影响，能为绩效改善提供依据。但是这种考核评价方法是由考核工作人员用企业制定的标准来衡量员工，而员工没有参与的机会，因此不适合进行人事决策。

4. 目标管理法

目标管理法是现代企业更多采用的方法，管理者通常很强调利润、销售额和成本这些能带来成果的结果指标。在目标管理法下，每个员工都有若干具体的指标，这些指标是其工作成功开展的关键目标，它们的完成情况可以作为评价员工的依据。目标管理法的优点是能够发现具体问题和差距，便于进一步制订工作计划，同时很少出现考核误差。这种方法还有以下缺点：设计目标体系需要花费一定的资金和时间，尤其是在指标分解较为困难时。

5. 360 度考核法

360 度考核法又称交叉考核，即将原本由上到下、由上级评定下属绩效的旧方法，转变为全方位 360 度交叉的形式。在考核时，通过同事评价、上级评价、下级评价、客户评价以及个人评价来评定绩效水平。交叉考核是绩效评定的依据，能从中发现问题，找出原因所在，并着手拟订改善工作计划。这种考核方法的优点是全方位、多角度，考核出现的误差小，分类考核，针对性强，匿名进行，使考核人能够客观地进行评价；缺点是在考核的过程中，问卷的设计较为困难。

6. 平衡计分卡

平衡计分卡是一种全新的企业综合测评体系，是围绕企业的战略目标，从财务、顾客、内部过程、学习与创新这四个方面对企业进行全面的测评。在使用时要从每一个方面建立相应的目标以及衡量该目标是否实现的指标。

二、薪酬管理

薪酬管理是企业人力资源管理领域最为重要也是最为敏感的工作之一。如何制定合理的薪酬体系及相应的管理制度是企业管理实践者与理论研究者关注的热点，设计科学合理的薪酬制度有利于激发员工的工作潜力，从而实现企业的发展目标。

（一）薪酬的概念及内容

薪酬，是指员工因向企业付出劳动而得到的回报，包括各种形式的经济收入、有形服务及福利等。从薪酬本身对工作者产生的激励的角度讲，薪酬包含外在报酬和内在报酬。其中，外在报酬主要通过金钱来表现；内在报酬主要体现在晋升的机会、工作成就感、权力等方面。薪酬是组织吸引、获取、保留和激励员工的重要手段。薪酬的具体构成如表14-3所示，一般常说的薪酬主要是经济性薪酬。

表14-3 薪酬的具体构成

经济性薪酬	直接薪酬	工资、奖金、津贴与补贴、股权、利润分红等
	间接薪酬	医疗保险、失业保险、养老保险、住房津贴、交通费等
非经济性薪酬		工作认可、参与决策权、晋升机会、工作环境、工作氛围、活动多元化等

1. 直接薪酬

（1）工资。工资即劳动价格，是指企业根据劳动者所提供的劳动数量和质量，按照事先规定的标准付给员工的劳动报酬。常见的有基本工资、激励工资和成就工资。

（2）奖金。奖金是指根据员工的工作努力程度和工作绩效决定的报酬，它实际上是一种给员工的超额劳动报酬。企业中常见的奖金形式有全勤奖金、年终奖金、销售提成等。

（3）津贴与补贴。津贴与补贴是指对员工在特殊劳动条件和工作环境中的额外劳动消耗和生活费用的额外支出的补偿。比较常见的有岗位津贴、物价津贴、地区津贴、伙食津贴等。

（4）股权。股权是指企业将股权作为员工薪酬的一部分，是一种长期激励的手段，能够让员工为企业长期发展做出贡献。

（5）利润分红。利润分红是指企业根据所获得的利润，拿出一部分作为企业员工的薪酬，这种方式能够很好地激励员工，使员工更好地为企业发展做出努力。

2. 间接薪酬

间接薪酬是指企业为员工提供的除直接薪酬以外的一切物质待遇。由于经营状况不同，因此企业会根据具体情况选择不同的间接薪酬方式。比较常见的有医疗保险、失业保险、养老保险、住房津贴、交通费等。

（二）薪酬管理的概念及内容

薪酬管理是指针对企业发展的需要，综合考虑企业内外各种因素的影响，确定企业自身的薪酬水平、薪酬结构和薪酬形式，并进行薪酬调整、薪酬控制和薪酬沟通的整个过程。薪酬管理的重点是薪酬成本控制、薪酬调整和薪酬沟通。

1. 薪酬成本控制

薪酬成本控制是薪酬管理的重要内容之一，目的是通过有效控制实现薪酬管理的效率和效果。

（1）薪酬成本控制的要素。劳动力成本的主要构成部分就是薪酬成本，因此，劳动力成本的控制要素也是薪酬成本的控制要素。一般情况下可以用以下公式来表示：

劳动力成本＝企业员工人数×（人均现金薪酬＋人均福利成本）

企业员工人数＝核心员工＋临时员工

人均现金薪酬＝基本工资＋浮动工资

由上述公式可以看出，控制薪酬成本的关键是控制好三个基本要素：一是企业员工人数，主要是指用工数量；二是人均现金薪酬，包括工资、奖金、津贴与补贴、股权、利润分红等；三是人均福利成本，包括医疗保险、失业保险、养老保险、住房津贴、交通费等。

（2）薪酬成本控制的主要指标。薪酬成本控制的主要指标包括人均薪酬成本、人工费比率和人工成本比例，具体含义如表 14－4 所示。

表 14－4　薪酬成本控制的主要指标

指标名称	公式	指标属性
人均薪酬成本	年度薪酬总额/年度平均人数	人均指标
人工费比率	年度薪酬总额/税前收入	综合指标
人工成本比例	年度薪酬总额/运营成本	结构指标

2. 薪酬调整

薪酬调整主要是指对薪酬体系在执行过程中与环境变化的不适应性进行调整，使其更好地发挥薪酬的激励性作用，主要包括奖励性调整、效益性调整和工龄性调整等。

（1）奖励性调整。奖励性调整是指根据员工对企业的贡献相应地增加薪酬，以奖励员工的优良绩效。这种调整方式一般用在企业中某个员工取得突出成绩后，旨在通过奖励起到示范标榜作用，可以是金钱性质的形式，也可以是非金钱性质的形式。

（2）效益性调整。效益性调整是指在本企业效益好、出现盈利的情况下，普遍提高全部或部分员工薪酬。这种调整一般都是浮动性质的，随着企业经营状况的好坏进行变换。这种调整方式的弊端是未具体区分员工对企业所做的贡献而进行相应的调整，而是全部或部分进行调整，导致部分员工"搭便车"，所以这种调整方式对员工的激励作用有限。

（3）工龄性调整。这种调整方式适用于薪酬体系包含年功工资的企业。一般工龄的长短在一定程度上可以体现出员工对企业的忠诚和贡献，同时也可以体现员工所具有的丰富的经验和能力，所以很多企业设定了随工龄的增加而提升薪资的制度。

3. 薪酬沟通

薪酬沟通是薪酬管理的重要内容，也是不可或缺的一环。实际上，做好薪酬信息的相关沟通，能给薪酬管理带来很大的便利，并能消除员工对新事物的顾虑和说服员工接受薪酬政策。薪酬沟通包括确定沟通目标、收集相关资料、制定沟通策略、选择沟通媒介和评价沟通效果等五个方面的内容。

关键术语

人力资源管理　人力资源战略　工作分析与设计　员工招聘　员工培训
职业生涯规划　薪酬管理　绩效管理

思考题

1. 人力资源的概念及特点、人力资源战略的概念及具体内容分别是什么？
2. 什么是工作分析与设计？具体的要点有哪些？
3. 企业员工培训的主要方法有哪些？
4. 试阐述职业生涯规划的概念、分类及重要性。
5. 薪酬的组成部分是什么？什么是薪酬管理？

6. 绩效考核的程序包括哪些？

案例分析

“为发烧而生”的小米是一家新兴创新型科技企业，成立于2010年，从2011年发布第一款产品小米手机到2018年7月上市，只经历了短短七年时间。这期间，小米与家装、商旅、汽车等领域的巨头公司形成的庞大的智能硬件生态链及战略联盟，显示出其未来的强劲发展态势。

小米的管理团队始终坚持“团队第一，产品第二”的管理理念，公司内部没有森严的等级管理制度，组织结构较为扁平化。雷军的“小餐馆理论”（最成功的老板是小餐馆老板，因为每一个顾客都是他的朋友）是支撑这种扁平化结构的核心理念。小米员工主要由来自微软、谷歌、金山、MOTO等国内外IT公司的资深员工组成，大家都具有科技人才常有的思维活跃、喜欢自由创新等特质。小米员工中有60%以上的人在做跟用户沟通的事情，其余的人在做研发。他们把自己的精力高度集中在产品研发和用户服务上。从组织架构来讲，小米公司内部基本上分为三级：七个核心创始人、部门领导者、员工。每名创始人各自负责公司一个职能模块且互不干涉。

小米在创业四年后，市场估值100亿美元，被业界看作创业明星公司，这与其寻找人才的理念相契合。小米需要的人才首先要有创业心态，对所做事情极度喜欢，这样才会有工作热情和更高的主动性。基于这种理念，小米内部管理过程中对员工没有关键绩效指标考核制度，也没有实行过打卡制度。他们更强调责任感，所有员工本着对用户负责的理念做好每一项工作。

小米的激励方式完美地诠释了“团队的激励就是要让员工享受到利益”这一原则。小米坚持和员工一起分享利益，并尽可能多地分享。小米公司刚成立，就推行了全员持股、全员投资的计划，在回报方面，工资是主体，期权上也有着很大的上升空间。此外，用户的极力追捧也给小米的员工带来很强的满足感。

资料来源：小米公司人力资源管理分析．（2019-12-26）．百度文库．

讨论题

1. 试总结小米的人力资源管理理念有哪些。
2. 小米对员工的激励手段有哪些？
3. 你认为在目前新的市场环境下，企业人力资源管理中最重要的是什么？

第 15 章

信息管理与知识管理

| 本章要点 |

本章对信息管理与知识管理进行概括介绍。首先对信息化战略和知识管理战略进行描述，其次对企业信息系统与信息管理进行简要概述，最后从知识管理的方法与技术、实施及应用等方面介绍企业知识管理。

引例

“飞常准”是一款专门为乘机旅客和民航业内人士提供航班出行信息的服务类 App，由飞友网络科技公司开发。该公司的数据工程师通过一套算法将机场航班实时动态信息转换成直观信息传递给用户，让用户能够及时掌握航班的起飞、到达、延误、取消、返航、备降等状态，为用户提供“省时、省心”的一站式多元化航班出行解决方案。

“飞常准”的创始人郑洪峰深知“拥有了数据就等于夺取了行业制高点”的道理，致力于培育强大的基础数据采集和计算能力。从 2014 年开始，“飞常准”开始布局国际航班数据的覆盖。截至目前，“飞常准”拥有了几乎全球所有的航班动态数据，每天处理 26 万多条航班实时信息，每年为 1 亿多用户提供航班延误分析和行程规划服务，累计服务超 3 亿人次。2015 年底，“飞常准”通过自主研发的 ADS-B 系统，自建基站，实现全球航班秒级实时跟踪，实现了用大数据破解延误之痛的目标。

基于在航空数据领域的绝对实力，2023 年，“飞常准”与华为签订鸿蒙生态合作协议，宣布启动鸿蒙原生应用开发，有针对性地开发包含航班查询、机场信息展示等功能，全面提升出行用户的操作体验，与华为携手共拓新流量、共享新商机。

资料来源：飞常准：聚焦时间十余年 大数据赋能民航业发展．（2024－02－25）．新浪．

第1节 信息化战略与知识管理战略

当今世界，信息和知识在经济发展中具有不可替代的作用，实施信息化战略和知识管理战略是企业成功的必要手段。本节将对信息化战略和知识管理战略进行简要介绍，以说明其在企业管理中的重要作用。

一、信息化战略概述

（一）信息化战略的概念

信息化战略是企业资源保障型职能战略之一，是指企业为适应激烈的环境变化，通过集成现代信息技术，开发应用信息资源，建设先进的信息基础设施并整合组织制度以期获取未来竞争优势的长远运营机制和体系。哈佛商学院教授小詹姆斯·卡什等人指出，信息技术只是企业运行的必要条件，关键是信息技术的应用如何与企业的战略、组织、流程和管理控制系统等结合起来，因此信息化建设应从战略角度进行规划和设计。

（二）企业信息化

企业信息系统承担着信息收集、存储、处理和传递功能，其三大要素是技术、环境和资本，它们相互依存、缺一不可。

1. 技术

技术主要指构成信息系统的计算机系统、数据库系统和计算机网络。

（1）计算机系统。计算机系统由负责完成数据处理和计算的硬件（见图15-1）和软件组成。

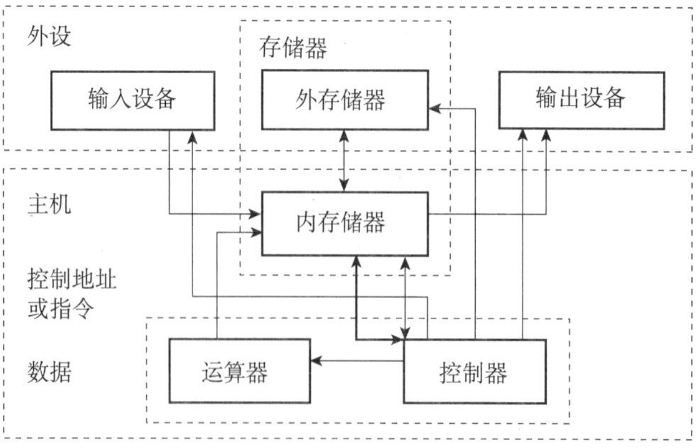

图15-1 计算机系统的硬件

（2）数据库系统。数据库系统由计算机、数据库、数据库管理系统以及数据库管理/应用人员组成。数据库是以一定方式组织的，存储在物理设备上，能被用户共享的数据集合。数据库管理系统是帮助用户建立、管理和使用数据库的软件。

（3）计算机网络。计算机网络是由有独立计算功能的计算机通过通信设备和线路连接实现资源共享的系统，根据其物理覆盖范围可分为局域网和广域网。

2. 环境

企业信息系统的环境要素是指企业的组织结构、组织流程、组织文化及对企业产生影响的外部因素。

3. 资本

企业信息系统的资本要素主要是货币和人力。企业需要用货币支付信息系统软硬件及开发等费用，还需要有人员的参与来保证系统运行。

二、企业信息化战略的内容及实施

（一）企业信息化战略的内容

企业在做出信息化决策时应制定一个清晰的支持公司战略及业务战略的信息化战略，这是一个包括信息技术、信息组织、信息流程、信息战略、信息文化等内容的体系（见图 15－2）。

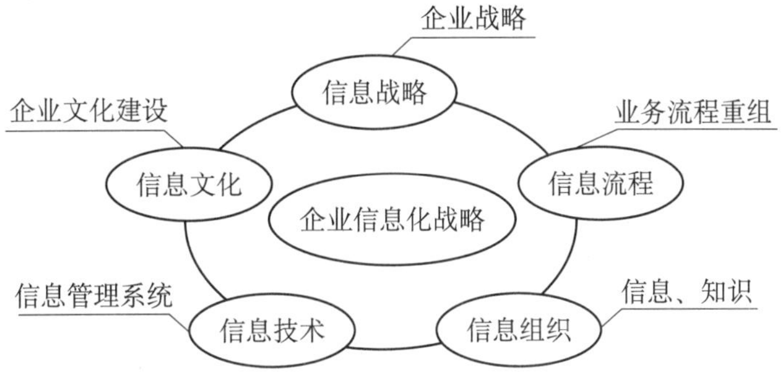

图 15－2　信息化战略体系

信息化战略强调信息技术、信息组织、信息流程、信息战略及信息文化等方面的综合研究，企业的网络建设、部门软件开发、信息系统应用等都将在企业信息化集成管理的战略框架中逐步实施，实施时要清楚地知道下一个步骤的目标、当前步骤在总体计划中的位置及其他部门的实施情况。

（二）我国企业信息化战略实施中存在的问题

1. 管理者信息化战略意识薄弱

在数字经济时代，信息化与数字化转型既是技术变革，更是管理变革。在企业管理活动中，认知是第一位的，很多企业的管理者及员工并没有认识到企业信息系统的作用，信息系统规划的设计功能并没有得到应有的重视，信息化战略、信息系统架构大多缺少完整的规划，导致信息化建设盲目投资，无法达到理想效果。

2. 信息管理技术和手段有待加强

我国不少企业的信息管理技术和手段已经迈入现代化进程，但很多企业的信息管理技术和手段还比较滞后。

3. 实施信息化面临的问题多

信息化战略的应用过程中有很多复杂的问题，会使企业面临信息化变革及管理方面的风险。

信息化战略实施中的问题具体如图 15-3 所示。

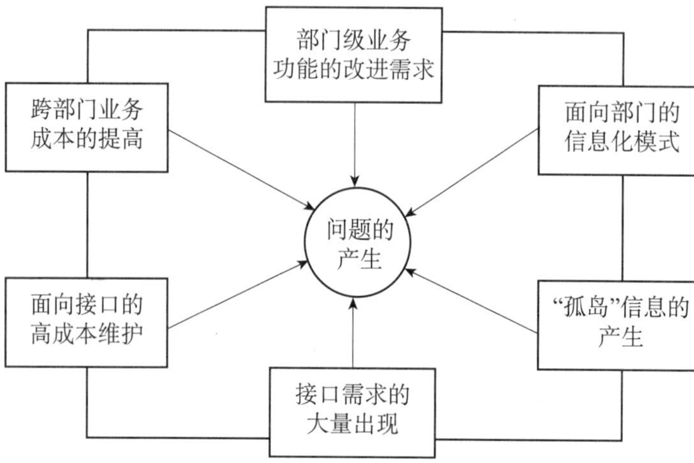

图 15-3　信息化战略实施中的问题

资料来源：胡曼，刘广宇．企业信息化战略问题及对策研究．科技创刊，2007（3）．

（三）企业信息化战略对策

1. 变革企业管理思想

企业信息化战略的实施必然导致现代信息技术的进入、管理新思想的涌现。为顺应信息化潮流，企业管理思想应进行变革，最根本的是信息化战略意识的转变，管理者应充分认识到企业管理应由制度化和程式化向模块化转变的趋势。

2. 加强企业信息技术的运用

企业在信息化战略实施过程中，应尽可能采用国产技术和装备，减少对外技术依存度，降低信息化成本，同时这也将促进我国信息产业的发展。

3. 加强战略指导

企业信息化的关键在于建立符合现代管理要求的组织模式。企业实行信息化战略应从企业战略、管理机制、业务流程、绩效考核、员工素质和企业文化等方面进行。

三、知识管理战略概述

（一）知识管理战略的概念

知识是指数据和信息的混合体，其中加入了专家的观点、技术和经验。知识可分为显性知识和隐性知识。显性知识是指通过正常的语言或文字传播的知识。隐性知识也称为经验知识，这类知识通常不易被表达和认识。

知识管理战略是企业资源保障型职能战略之一，是在知识经济条件下，以企业内外部知识作为最重要的资源进行管理的一系列战略、策略和管理方法的集成。

（二）知识管理战略对知识创新的作用

最著名的知识创新模式是野中郁次郎提出的 SECI 模型。他基于对显性知识和隐性知识及其相互作用和促进的深入认识，提出了该模型，把知识创新分为四种模式，即社会化（socialization）、外化（externalization）、整合化（combination）和内化（internalization）（见图 15－4）。

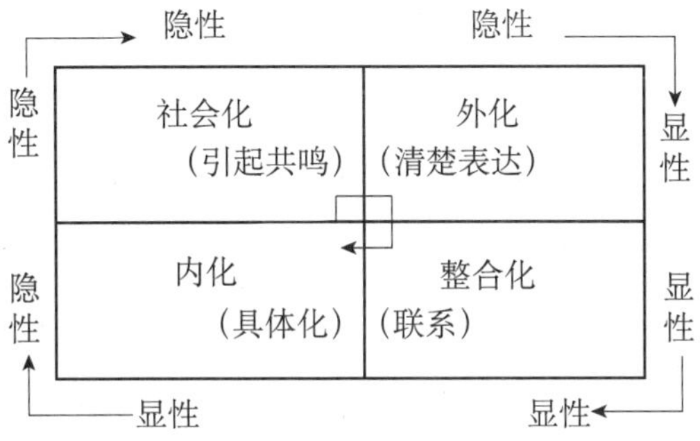

图 15－4　SECI 模型

企业中，大量知识以隐性形式存在，知识创新很大程度上依赖于隐性知识的创新，因而企业知识的社会化、外化非常重要。

为使企业内外部大量显性知识得到更好的利用，许多企业面临知识整合进而内化的问题。采用知识管理系统有利于加快知识优化，提高现有知识的转换和转移速度，使之易被员工吸收而转化为个人隐性知识。当知识内化为个人隐性知识的一部分时，会形成可以共享的智力模型或技术。个人积累的隐性知识通过社会化会促进新的知识创新。知识管理战略对知识创新的作用如图 15－5 所示。

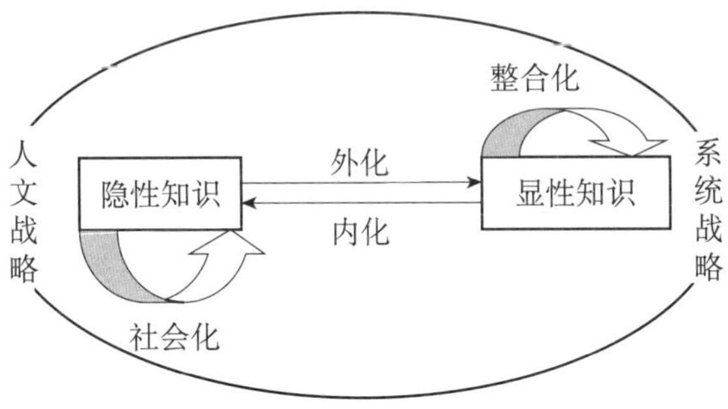

图 15－5　知识管理战略对知识创新的作用关系图

四、企业知识管理战略

（一）企业知识管理战略的模式和领域

1. 企业知识管理战略的两种模式

（1）编码战略。企业知识管理战略的核心是电脑，经过精心编码的知识存储在数据库中，企业员工可方便地调用。

（2）个人化战略。对个人的知识进行获取、组织、存储、利用和创新的管理。知识主要通过员工之间的直接接触实现共享。

2. 企业知识管理战略的领域

（1）知识管理成为商业战略的核心。知识资本是企业竞争力的核心，因此知识管理水平将对企业产生决定性的影响。

（2）知识成为核心资产。通过对无形资产的持续投资、组合、保护和更新，能使其成为企业利润的增长点，并借此保持企业的竞争优势，使企业的知识优势成为支撑产品优势和资本优势的基础力量。

（3）利用网络平台传播共享知识。企业经营活动面临着知识的再利用问题，因此，企业应利用网络平台积累、组织、存储和重组知识，建立传播、共享和开发知识的激励机制。

（4）整合和转移知识资源。企业为了避免知识孤岛、知识囤积和知识流失，利用网络和群件技术，将所有运营环节连在一起，使整个企业实现快速的实时通信和沟通。

（5）以客户为中心的知识管理。对信息密集型企业来说，客户是其生存的基础。以客户为中心的知识管理的目标是提高客户满意度和忠诚度。

（6）以知识创新为中心。为提高研发能力，企业除了要有良好的知识跟踪和分析系统，还要有激励创新的企业文化，给员工提供宽松的创造空间。

（二）企业知识管理战略模型

构建企业的知识管理战略，最重要的是控制企业内外的知识流，同时对转移路径上的问题进行管理，实现顺畅的知识共享，并将这些知识沉淀下来，实现知识的创新和增值。首先要界定知识转移过程中的三个区域：个人、企业内部和企业外部，这三个区域中的九种知识转移都可以为企业创造价值。企业知识管理战略模型如图 15－6 所示。

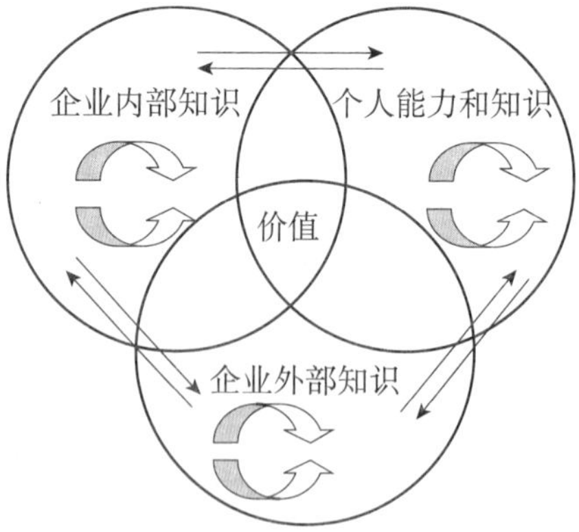

图 15－6　企业知识管理战略模型

（三）企业知识管理战略的实施

1. 建立专门的知识管理战略部门和组织制度，设立知识主管一职

知识主管的主要任务是指导企业建立完善的企业知识管理战略体系，激励员工进行知识共享和创新，提高企业竞争力。

2. 建立知识创新激励制度

知识创新激励制度可以激发企业员工进行知识学习、创新和共享的主动性与积极性。

3. 实现企业信息化

企业信息化是建设企业知识管理战略的物质基础，企业需要提供相关网络及其他方式帮助员工之间、员工与领导之间交流信息、共享知识、合作创新。

4. 构建和运行组织的知识储备设施——组织的知识库

在企业信息化的基础上构建组织的知识库，使之成为在整个组织范围内共享的数据库，供员工学习和使用。

5. 营造一个创造并共享知识的氛围

企业实施知识管理战略，关键在于营造一个有利于促进知识共享、鼓励知识创新的工作环境。

6. 重视知识管理系统的运用及人才的培养与管理

人是知识创新及应用的主体，企业还应同时建立知识管理战略的反馈系统，使知识管理战略成本最小，并持续发挥作用。

第 2 节　企业信息系统与信息管理

信息系统是企业进行信息管理与知识管理的工具，本节将介绍几种常用信息系统的实施与应用，并归纳企业信息系统管理中的常见问题及企业信息系统未来的发展方向。

一、企业信息系统与信息管理概述

（一）信息系统与信息管理的概念

信息系统是集计算机技术、网络通信技术、软硬件技术及各种现代管理理论、方法和管理者于一体，为组织管理与决策服务的系统。

关于信息管理普遍的定义是人们为有效开发和利用信息资源，以现代信息技术为手段，对信息资源进行计划、组织、领导和控制的社会活动。信息管理的对象是信息资源和信息活动。

（二）企业信息系统的结构与形式

1. 企业信息系统的物理结构

企业信息系统的物理构成要素是指进行具体信息处理活动所必需的人和物，包括硬件、软件、数据库、过程卡、管理及操作人员。

2. 企业信息系统的管理活动结构

根据经营管理活动来考虑信息系统的结构，企业的管理活动按管理层次可划分为战略性计划、管理控制、作业控制等。

3. 经营信息系统的组织结构

企业的内在组织主要是由生产、销售、研发等职能机构和财务、人力资源等管理机构构成的。按企业的组织结构分别建立信息系统的子系统，把它们综合起来就形成了整个企业的信息系统。

（三）企业信息管理过程

1. 战略层次的信息管理过程

战略层次的信息管理过程包括战略规划和战略控制。战略规划包括经营战略规划、体系结构巡视与定义过程。战略控制包括信息战略规划过程及信息战略控制过程。

2. 战术层次的信息管理过程

战术层次的信息管理过程包括开发计划、资源计划、服务计划和管理计划四个方面。开发计划包括应用计划、数据计划、网络计划、系统计划及项目计划等过程。资源计划包括容量计划与管理、技术计划与管理、预算计划与管理、供应商计划与管理等过程。服务计划包括服务层次计划与管理、复原计划与管理、安全计划与管理、审计计划与管理等过程。管理计划包括管理系统计划和管理系统检测等过程。

3. 运营层次的信息管理过程

运营层次的信息管理过程包括项目管理、开发与维护、资源管理、信息服务与服务控制等过程。项目管理包括项目指派、项目调度、项目控制、项目需求控制及项目评价等过程。开发与维护包括软件开发与更新、软件采购与更新、硬件采购与更新、系统维护、系统的协调与平衡等过程。资源管理包括变更控制过程及资产控制等过程。信息服务包括信息生成和服务销售等过程。服务控制包括生产与分配的调度、问题控制、服务评价等过程。

二、企业信息系统的实施及应用

（一）企业资源规划

企业资源规划（ERP）的实施总体上可分为三个阶段：前期工作、项目规划、项目运行。

1. 前期工作

（1）ERP知识培训。企业进行ERP项目前，必须了解ERP能为企业做什么，为进一步的可行性分析、需求分析及选型提供理论基础。进行ERP知识培训，可以外派人员去学习，也可以请专家来授课。通过培训，公司员工应该充分了解如下内容：ERP中使用的专有名词与基本观念；ERP中常用的“职能整合逻辑”；信息系统的分类；ERP工作原理的架构及不同行业的应用状况；ERP的实施内容；ERP应用的阶段性划分。

（2）可行性分析与立项。对ERP有了必要的了解后，筹备小组根据企业的现状提出可行性分析报告，企业领导通过可行性分析报告进行决策。经过企业领导决策批准后，正式对ERP项目进行立项，做出项目预算，并由筹备小组对有关的资源需求计划进行落实，同时启动各项计划。

（3）需求分析。立项后，筹备小组必须对企业进行需求分析。需求分析的主要内容有各部门需处理的业务需求、计算机软件使用权限设置、业务报表需求、数据接口的开放性等。

（4）测试数据准备。企业要从各主要业务数据中抽取一些典型数据，作为以后 ERP 选型的测试数据，各业务部门必须如实填写数据收集报表。

（5）选型或转入开发。在选择 ERP 软件及实施服务时应注意分析：软件是否适合企业的需求和未来的发展；软件供应商的维护及二次开发支持能力；文档资料的规范与齐全性；实施服务的方法与质量；软件供应商与实施服务供应商的持续发展能力与服务能力；软件的运行环境；ERP 软件与实施服务的价格、方案比较。同时应走访成功实施 ERP 的企业以汲取经验。

2. 项目规划

（1）现况分析。现况分析的目的是重新讨论企业现有的运营流程、决策方法及所依据的前提。通过分析，找出企业各项业务或工作存在的问题、解决的方案和工具、可能改善的机会和实施改善方案的计划与顺序。现况分析注重对企业整体框架战略性的分析。

（2）转换分析。转换分析的目的是做好流程的设计工作，大致包括编码系统、数据格式、表单与报表、企业流程及各项职能交易系统的信息处理及作业流程、管理制度。转换分析应由企业中的 ERP 项目经理负责，同时必须调动和协调其他部门。

3. 项目运行

（1）运行控制。运行控制的目的是有效运行 ERP，企业可根据需要控制的内容设立控制点。运行控制除了靠各部门平时的沟通和协调，还可以通过问题的反馈与讨论、项目报告、项目会议和绩效衡量等方式进行。

（2）维护增强。维护增强的目的是对正式运行的 ERP 进行维护，定期讨论 ERP 的运行绩效，并持续增强它的内容。维护增强有两个方面的内容：

1）管理面的维护增强：持续的人员培训；制度的进一步完善；用工作流软件作为增强手段，以提高企业效率；根据信息化技术发展状况，重新讨论企业决策流程，并增加对商业智能的应用。

2）信息面的维护增强：硬件的维护和扩充需求；ERP 软件更新、维护及程序修改；选用软件工具，方便员工、降低数据处理成本；规划 ERP 软件升级。

（二）电子商务

电子商务（electronic commerce，EC）是指以国际互联网为载体、交易双方为主体、银行电子支付和结算为手段、客户数据为依托的全新商务模式。电子商务的实施步骤如下。

1. 设定目标

电子商务的目标要与参与电子商务的动机联系起来，与企业的发展战略和策略联系起来。

2. 网站开发战略的抉择

一般而言，企业新建的网站都是静态的，无法帮助顾客或供应商办理业务。当网站发展成交易和其他业务流程的自动处理中心之后，才开始发挥功能。各种应用软件的开发为网站建设提供了帮助，但也带来了挑战，网站建设耗时越长，初期计划好的网站模式就越可能被超越或替代。因此企业要使用新的系统开发方法，以适应信息时代经营环境的迅速变化。

3. 内部开发与外包的选择

企业可以选择内部开发、外包或两者结合的方式实施电子商务。内部开发是指企业内部专业人员为项目的实施提供技术支持。外包就是委托一家公司为项目提供技术支持。实施外包的方法可分为两类：外包伙伴是企业内部的“孵化器”；外包伙伴是自己的资本伙伴和运营伙伴。

4. 管理电子商务的措施

（1）明确项目目标和范围。在电子商务项目启动阶段，要明确项目目标和范围，有助于团队明确工作重点和方向，确保项目能够达到预期效果。

（2）制订详细的项目计划。项目计划应包括项目时间安排、资源分配、工作任务和责任分工等内容，确保项目保质保量地按时完成。

（3）建立有效的团队协作机制。利用各种沟通工具和协同平台，如邮箱、即时通信工具、项目管理软件等，进行团队协作和信息共享。

（4）风险管理和问题解决。项目经理要及时识别项目中存在的风险和问题，并采取相应措施加以解决。

（5）持续监控和评估。采用各种项目管理工具和技术对项目进行跟踪和评估，及时对项目进展情况进行调整和优化。

（6）总结和经验积累。对项目的成功经验和失败教训进行总结，以便在后续的项目管理中进行借鉴和改进。

5. 事后审计

事后审计是指在电子商务网站运营后进行的正式复审。通过事后审计，项目经理可以检查在项目计划阶段确立的目标、性能指标的完成情况，并比较预计成本、预计完成日期和实际成本、实际完成日期。

（三）供应链管理

供应链管理（supply chain management，SCM）采用的信息技术主要有两大类：自动识别技术、信息交换及管理技术。

1. 自动识别技术

供应链中的企业应采用统一的编码体系，以保证物流通畅、信息流准确。ID代码是为识别用户商品所采用的编码，也是供应商管理用户库存的基础。

条形码是ID代码的一种表示符号，条形码识别技术是对ID代码进行自动识别并将数据自动录入计算机的方法和手段。条形码技术与POS系统、电子数据交换等信息技术相结合可以使企业跟踪商品在供应链上的位置并及时做出反应。射频识别技术是目前自动识别领域的一项热门技术，可用于电子化的物品监管、便携式数据采集、物流控制与定位、仓储管理及生产线的自动化等方面。

2. 信息交换及管理技术

电子数据交换在处理行政事务时，按标准形成结构化的电子文件，实现从计算机到计算机的数据传输，适用于格式化的单证和票据的传输。

(四) 客户关系管理

客户关系管理（customer relationship management，CRM）是借助先进的信息技术和管理思想，通过对企业业务流程重组整合客户信息资源，在企业内部实现客户信息和资源的共享，实现企业利润最大化。实施 CRM 系统分三个阶段。

1. 准备阶段

此阶段主要进行理念灌输、筹备 CRM 系统行动小组，需要获得企业领导层的支持。

2. 启动阶段

（1）制定项目目标。企业对自身业务需求进行分析，制订项目目标和计划。项目目标的制定应符合必须产生效益、目标可以衡量、目标必须完成等原则。总体项目计划应有时间进度表、成本支出表、培训计划表。

（2）进行软件选型。企业应根据管理的需要进行产品选型，软件选型分以下几步：发布软件招标书、选择软件产品和供应商、选择 CRM 系统的实施商。

3. 正式实施阶段

（1）组建项目建设团队，制订项目具体实施计划。确定了软件与供应商、实施商后，行动小组就要建立项目实施团队，这个团队必须包括企业内部行动小组成员、软件技术人员、实施商代表，整个项目由项目实施委员会统筹协调，由项目经理具体负责，由项目质量监督委员会对执行结果进行监督和审查。

（2）系统配置与客户化定制。技术组在这一阶段需建立开发和测试平台，安装软件标准模块，导入测试数据；业务组应使软件功能与业务需求匹配，对存在的问题撰写报告，交给技术组；技术组在进行可实现性评估后，将意见反馈给业务组；最后由项目经理确定客户化定制计划；培训组应随项目的实施逐步开展培训工作。这一阶段的目标是重新配置和客户化定制 CRM 系统，以适应企业具体的业务需求。同时，所有的硬件都应在本阶段安装好。

（3）原型、兼容测试和系统重复模拟运行。这一阶段，技术组应进行数据准备和清理、系统整合接口设计，并进行重复的模拟运行和测试，由技术组、业务组和质检组同时对技术组进行的客户化定制做校验、核对、审查，对不足之处加以修改。然后，技术组导入企业生产性数据，测试在准生产环境下的运行情况，企业员工应在这一阶段熟悉安装程度和系统。

（4）主导系统和质量保证测试。技术组开始研究小批量部署及试运行，如果过关，就可以进行主导系统的全面上线，培训组的工作在这一阶段最为重要。培训者应负责培训所有的终端用户和管理层以使其掌握如何使用新系统，培训者必须接受由软件供应商或咨询商提供的培训。同时，质检组要对新系统进行测试，这些质量保险测试应以文档的形式提交给项目经理。

（5）项目验收与最后实施和推广。技术组应准备一份实施指南，列出实施前或实施中必须完成的任务。同时，项目委员会应按照项目计划中的验收指标对系统全面核实，对整个实施过程做总结，并对仍存在的问题提出改进意见。

（6）系统的持续改进。CRM 系统在企业中的实施不是一劳永逸的，应持续推进、改善、管理。

CRM系统实施成功的关键在于正确整合人、技术、流程，如表15-1所示，可根据企业现状进行调整。

表15-1　人、技术、流程整合

CRM系统实施关键步骤	最相关部分
确定业务需求	人、部分流程
建立项目管理团队	人、部分流程
与其他系统集成	技术
定制CRM系统软件	人、流程、技术
CRM系统控制	人、技术
CRM系统部署	人、技术
CRM系统支持	人、部分流程
CRM系统持续改进	人、流程、技术

（五）商业智能

商业智能（business intelligence，BI）能够辅助进行业务经营决策，可以是操作层的决策，也可以是战术层和战略层的决策。为了将数据转化为知识，需要利用数据仓库、在线分析处理技术和数据挖掘等技术。

数据仓库是商业智能的基础，许多基本报表均可以由此生成，但它更大的用处是作为进一步分析的数据源。所谓数据仓库，就是面向主题的、集成的、稳定的、不同时间的数据集合。在线分析处理技术则帮助分析人员、管理人员从多种角度把从原始数据中提取出来的、能为用户所理解并真实反映数据维特性的信息，进行快速、一致、交互的访问，从而获得对数据的更深入了解。数据挖掘是一种决策支持过程，能高度自动化地分析企业原有的数据，做出归纳性的推理，从中挖掘出潜在的模式，预测客户的行为，帮助企业的决策者调整市场策略，减少风险。

实施商业智能系统是一项复杂的系统工程，因此用户除了要选择合适的商业智能软件工具，还必须按照正确的实施方法才能保证项目成功。商业智能项目的实施步骤如下。

1. 需求分析

在其他活动开展之前必须明确企业对商业智能的期望和需求，包括需要分析的主题、各主题可能查看的维度、需要发现的企业规律。

2. 数据仓库建模

通过对企业需求的分析，建立企业数据仓库的逻辑模型和物理模型，并规划好系统的应用架构，按分析主题整理各类数据。

3. 数据抽取

数据仓库建立后必须将数据从业务系统中抽取到数据仓库中，在抽取的过程中还必须将数据进行转换、清洗，以适应分析的需要。

4. 建立商业智能分析报表

商业智能分析报表需要专业人员按照用户制定的格式进行开发，用户也可自行开发。

5. 用户培训和数据模拟测试

对于开发-使用分离型的商业智能系统，只需点击操作就可针对特定的商业问题进行用户培训和数据模拟测试。

6. 系统改进和完善

任何系统的实施都需要不断完善，商业智能系统更是如此。用户在使用一段时间后可能会提出更多、更具体的要求，这时就需要按上述步骤对系统进行改进和完善。

（六）企业绩效管理

企业绩效管理（business performance management，BPM）是用以满足财务和运营活动需要的一组集成和闭环的由技术支持的管理和分析流程。核心的 BPM 流程包括财务及运营计划、合并报表及报告、建立模型、分析、监控反映组织战略的关键绩效指标。

BPM 是一个闭环的业务系统。这种闭环有两个重点：分析性数据与操作性数据在业务流程中的使用步骤；交易或运营系统与分析系统的不同。按 BPM 的循环过程，可将其分为两个阶段：

（1）调整、执行。按照业务规则控制某个作业，对正在进行的作业进行调整。

（2）监控。从当前状态获取控制信息，以便同目标进行比较。收集的信息通过分析、建模等步骤给出利用信息的评估方案，并给出制定决策的过程。

BPM 的实施需要企业自上而下地推动，采取目标制定、分析、设计、构建、上线等步骤，由于系统是不断成长的，一般采取分阶段部署的方法。这就要求 BPM 有较好的连接能力、开放性、可扩展性和较高的集成能力。BPM 实施前，企业要有细致的业务规则，要制定关键绩效指标和平衡计分卡模型，还要求其业务较成熟、底层数据资源完备。

BPM 一般由财务组件、客户关系管理组件、运营与生产管理系统组件构成，可分三个层次——战略层、业务分析层和基础层进行部署。

（1）战略层。面向高端客户，帮助企业制定战略目标和关键绩效指标，并衡量实现目标的进展情况，该层的 BPM 常与平衡计分卡结合。

（2）业务分析层。企业绩效就是衡量企业决策在业务操作中的执行结果，每一个决策的执行都会影响企业的整体绩效。

（3）基础层。由数据仓库和数据集市构成。不同主题的数据集市的域支持战略层的平衡计分卡的对应域，更多的数据集市的粒子则附在业务分析层具体的业务功能上。数据仓库集成了各业务系统的时序数据，它们通过主题域与相应的业务关联。基础层的分析必须采用与业务分析层相同的数据模型。

三、企业信息系统管理

管理人员必须控制企业信息系统的整个运行过程，特别是在其构建前，必须先做好规划工作，而决策和控制工作是进行企业信息系统构建和运行时不可或缺的。

（一）影响企业信息系统规划的问题

信息系统规划是信息系统实践中的主要问题，一个好的企业信息系统规划，应以对企业的战略目标、政策和约束、计划和指标的分析及对信息系统的目标、约束和计划指标的综合分析为基础，确定系统的功能结构、组织、人员、管理和运行，然后对信息系统做好效益分析和实施计划制定。

做好上述基础性工作后，企业应该对信息系统进行具体分析，如信息技术在组织内扮演的角色、信息系统的风险是否得到合适的管理等。

企业信息系统的建立需要一定的技术条件和人力资源条件。因此，在规划信息系统时，要对现有的信息基础设施进行评估以平衡信息系统的需求与企业在这方面的资源和成本。

信息处理技术是信息系统的技术基础。在特定的技术应用中，效率最高的就是最先进的，因而企业要选择合适的技术工具。

信息系统的组织形式是以一定的经营管理思想和方式为基础的。进行信息系统的规划，要对企业的经营管理基础进行评估。

企业信息系统规划除了战略性规划内容，还包括数据及信息量的增长适应性；数据和信息的接口；数据和信息存储、交换的格式、工具、空间；数据和信息的输入、输出、传输通道、传输控制方式等。

（二）影响企业信息系统决策的问题

在做任何决策前都需要掌握相关方面的信息。在信息不对称条件下做出的决策一定会遭遇风险。在企业信息化建设中，信息系统面临的风险有：企业的竞争优势下降；行业进入壁垒提高；遭到诉讼和管制；增强客户或供应商力量却有损于创新者；增加投资无法产生持久优势；错误理解细分市场的购买力等。

解决信息系统决策问题要注意以下几点：信息系统规划必须明确竞争影响，注意对企业计划和想法的保密，正确估计信息系统费用，加强信息系统管理团队的合作，建立信息系统执行委员会。

（三）企业信息系统使用中的问题及对策

1. 使用网络带来的问题及对策

网络从根本上改变了企业内部与外部的联系。网络引起的环境变迁改变了企业的工作方式和工作内容。工作流程的变化使人们重新思考如何制定合理的计划日程、定义适当的服务水平。因此，要树立学习型、服务型企业的观念。

2. 随技术进步而来的系统更新问题及对策

要不断地调查以便及早发现系统可能被淘汰的潜在提示，同时思考可能被什么样的设备取代，以及它是否可能具有其他潜在用途。

3. 信息系统组织管理的问题及对策

要确定工作目标及目标的优先级别，明确信息系统运营的地位及其影响，执行绩效控制与测度，关注安全性管理问题及信息系统的隐私保护。

（四）企业信息系统的发展方向

企业信息系统的发展方向有人工智能、专家系统、智能决策支持系统、群体决策支持系统、领导信息系统、战略信息系统、计算机集成制造系统等。

第 3 节　企业知识管理

知识管理是现代企业管理一个越来越重要的领域，本节主要讲述企业知识管理的方法与技术及其实施、导入和应用。

一、企业知识管理概述

企业知识管理是指协助企业和个人，借助信息技术手段，对企业拥有的知识资源进行系统有效的管理，实现知识积累、共享、应用、创新和增值，提高企业应变能力和竞争力的管理工程。

二、知识管理的基本理论

（一）知识资本理论

企业的知识资本可分为三部分：企业内部人才资本、企业内部结构资本、企业外部公共资本。知识资本的三个部分交互作用，帮助企业实现从知识资本向市场价值的转化。知识资本具有高增值性、长期受益性、与主体不可分割性、不可继承性、磨损折旧的无形性等特性。

（二）知识螺旋

日本著名知识管理专家野中郁次郎（和竹内广孝）将知识创新与传播看作一个螺旋上升的过程，并把这一过程分为四个阶段：社会化，从隐性知识到显性知识；外化，从隐性知识到显性知识；整合化，从显性知识到隐性知识；内化，从显性知识到隐性知识。

（三）知识流动理论

企业内部的知识流动包括三个环节。第一个环节是数据库的产生阶段，需要收集和整理一切与企业生产经营有关的知识，通过编码使其成为可识别、可分类存储和可分享使用的知识数据；第二个环节是知识共享和利用阶段，在这一阶段，知识数据以不同方式进行传播、共享，帮助企业有效利用知识；第三个环节是知识应用与创新阶段，在这一阶段，原来的知识和生产实践活动成为孕育新知识的平台。

三、企业知识管理的方法与技术

（一）支持知识管理的工具

知识管理工具可用于在组织内部搜索、获取、组织、共享和发布信息，大致可分为三类：知识生成工具、知识编码工具和知识转移工具。

1. 知识生成工具

（1）知识获取工具。最具代表性的知识获取工具就是搜索引擎。现在不少成熟的软件也支持对企业内部知识的获取，Lotus Notes R5 提供的搜索器能够在 Notes 文档中实现高效率的全文检索，并能够实现检索条件的任意组合，使用户能迅速查找所需资料。

数据挖掘技术也常用来获取知识，它是指从大量数据中提取出可信、新颖、有效并能被理解的信息的高级处理过程。

（2）知识合成工具。现在一些工具能够帮助人们实现知识的合成，如 IdeaFisher 工具，能够将相关词句组合起来，帮助人们将分散的创新观点整合起来；Inspiration 能够帮助用户形成一种概念图，提高用户对知识进行合成的能力。

（3）知识创新工具。就目前的技术水平而言，要实现自动化的知识创新还十分困难，只能实现辅助性的知识创新，如 IdeaGenerator 和 MindLink 通过引导人们突破思维定式来提高创新能力。

2. 知识编码工具

知识编码是通过标准的形式表现知识，使知识能够方便地共享和交流。知识编码的工具可以分为以下几类：

（1）知识仓库。知识仓库是由多行业、多类别的数据仓库组成的一个集合，有文字、影像、图形等表现形式，也包括以某种理论、假想算法、推论存在的抽象的东西。

（2）知识地图。知识地图是帮助人们知道在哪里能找到知识的知识管理工具。它利用构造地图的方法将各类知识资源中的事件关联起来，使之成为一个知识网络图。随着信息技术的迅速发展，知识地图进入了电子时代，普遍使用的超文本链接就是它的简单形式。

3. 知识转移工具

由于时间差异、空间差异和社会差异的存在，知识转移工具应运而生。群件是目前最流行的远程实时交流的工具，它能够提供虚拟工作平台，使员工可以交流看法、协同工作。随着网络的发展，人们已经可以通过虚拟聊天室来克服空间差异。

（二）知识管理的核心技术

知识管理的核心技术有计算机网络和人工智能技术。

计算机网络用来实现信息传递和资源共享。高速处理能力提高了获取和处理知识的速度和深度；大容量存储和方便的检索能够积累数量巨大、种类繁多的知识；网络化消除了空间限制；虚拟现实技术能够模拟现实场景以提高学习和实验能力。计算机网络的主要商业运用包括提供强大的通信媒介、电子商务活动、通过互联网与客户交易等。

对人工智能技术的研究是为了使计算机逐步具有类似人脑的某些智能，即能理解外部环境，提出概念，建立方法，进行演绎、归纳、推理，做出科学的判断和决策，具备自学习、自适应功能等。已有大量的人工智能技术被引入知识管理的理论与实践中。

（三）基于数据库的知识挖掘

知识挖掘是指从数据集中识别出有效、新颖、潜在有用以及最终可理解的知识。知识挖掘过程包括了解相关情况和弄清用户需求、建立目标数据集、数据预处理、数据转换、选定知识挖掘功能、选定知识挖掘算法、知识挖掘、发现知识等步骤。

（四）知识库

知识库是针对某领域问题求解的需要，采用某种知识表示方式在计算机中存储、组织、管理和使用的互相联系的知识片集合。知识库包括与某领域相关的理论知识、事实数据、启发式知识，如与某领域有关的定义、定理和算法及常识等。为了便于取用知识，知识还经常以模块化、对象化的方式进行存储，为此要将存储和取用的知识分成多个基本单元，如可以划分为知识域、知识区、知识段、知识元素、知识粒子等多个层次。

（五）知识管理系统

知识管理系统是组织中可以用来支持知识管理实务的工具及技术，它是由网络平台、知识流程、企业信息系统平台、知识管理体制及人际网络组成的一系列应用于管理组织知识的信息系统。

目前常见的知识管理系统有 HOLA 企业内容管理系统、3Hmis 综合知识管理系统、Holly KM 知识管理系统、edoc2 知识管理平台、蓝凌知识管理专家等。

四、企业知识管理的实施

（一）企业知识管理的实施步骤

随着社会信息化的快速发展，企业资源规划、客户关系管理、办公自动化等信息系统内沉淀了大量知识，为企业知识创新打下了基础，知识管理逐渐为企业所重视。企业知识管理实施的主要步骤如下。

1. 认知

认知是为了统一企业对知识管理的认识，评估其现状，帮助企业了解是否需要知识管理，并确定知识管理的实施方向。主要工作有：全面地认识知识管理，尤其是企业中高层；利用知识管理评价工具多方位评估企业知识管理的现状并分析企业管理的主要问题；评估知识管理为企业带来的长短期效果，为是否推进知识管理提供决策支持；帮助确定知识管理战略和推进方向等。

2. 详细规划

这个环节主要是分析知识管理现状、知识类型，并结合业务流程进行知识管理规划。主要工作有：从战略、业务流程及岗位方面进行知识管理规划；进行企业管理现状与知识管理发展的真实性分析；制定知识管理相关战略目标和实施策略，并合理改造其流程；进行知识管理的需求分析及规划；在企业中全面建立知识管理的理论基础。本阶段建议由咨询公司和企业中高层共同参与。

3. 试点

试点阶段是对规划阶段的延续和实践，该阶段可按照规划选取适当的部门和流程，依照规划基础进行知识管理实践，并从短期效果角度来评估知识管理规划，同时结合试点中出现的问题进行修正。该阶段的主要工作有：根据不同企业的任务特性和知识应用特点，拟定最合适、成本最低的知识管理方法；进行知识体系梳理并分析其结果；思考如何识别关键知识并判断关键知识的现状，进而在知识管理模式的指导下采取适当的提升行为，即知识管理策略规划；选择合适的知识管理系统。

4. 推广

试点阶段结束后，知识管理将在企业进行大规模推广，以全面实现其价值。推广阶段的主要工作有：将知识管理试点部门的实践在其他部门复制；将知识管理全面融入企业业务流程和价值链；初步建立知识管理制度；全面运行知识管理系统；全面运行学习型组织、头脑风暴等知识管理提升计划，并将其制度化。推广阶段的难点在于对推广造成的混乱进行控制和对知识管理实施全局的把握；知识管理融入业务流程和日常工作；文化、管理、技术协调发展；知识管理对战略目标提供支持；对诸如思想观念转变等人为因素进行控制及利益再分配；建立知识管理的有效激励机制和绩效体系。

5. 制度化

制度化阶段既是知识管理项目实施的结束，又是企业知识管理的新开端，同时也是自我完善的过程。此时，企业必须重新定义战略，并进行组织构架及业务流程的重组，准确评估知识管理在企业中实现的价值；把知识管理全面融入企业战略、流程、组织、绩效等管理体系。在此基础上，知识管理将逐渐演变为企业核心竞争力的一部分，有力地促进企业员工的发展。

（二）知识管理导入模式

1. 学术形态：蒂瓦纳的知识管理导入流程和步骤

蒂瓦纳的知识管理导入有十大步骤，共分四个阶段（见表15-2），它是以信息技术导向为主的第一代知识管理。

表15-2 蒂瓦纳的知识管理导入十大步骤与四个阶段

步骤	阶段
步骤一：分析现有知识管理系统的状况	阶段一：基础设施评估
步骤二：结合知识管理与企业策略	
步骤三：知识管理构建与设计	阶段二：知识系统分析、设计与发展
步骤四：知识资产盘点与分析	
步骤五：规划知识管理团队	
步骤六：构建知识管理系统蓝图	
步骤七：发展知识管理系统	
步骤八：利用结果增加导向方式进行检测与调度	阶段三：执行与推动
步骤九：管理风格、文化与奖酬结构的修正	
步骤十：评估知识管理绩效	阶段四：评估

2. 法人机构形态：美国生产力与质量中心知识管理导入模式

美国生产力与质量中心（American Production Quality Center，APQC）知识管理导入模式共分五个阶段。

（1）启动专案阶段。此阶段所执行的项目或计划包括明确知识管理实施的立足点、广泛沟通并通过故事来传达理念、善用科技的优势与工具等。

（2）发展策略阶段。此阶段的主要任务包括组成一个跨部门的团队、发展知识策略、选择先导成员或对此专案表示支持的基本成员，以及寻找组织内外部所能提供的资源。

（3）规划与实施阶段。此阶段的主要任务包括启动先导专案、发展方法论、从经验中学习以及获得实质的结果等，此阶段的计划偏向于战术型设计。

（4）扩展与支援阶段。此阶段的任务是发展促使知识管理落实的作业性策略。

（5）商业化阶段。此阶段的任务重在强化知识管理的功能以提升企业商业运营的优势，重新配置资源与知识管理的任务编组，追踪及评量专案成果，连接奖励机制至企业绩效考核等。

3. 跨国管理咨询公司形态：安达信知识管理导入模式

安达信公司强调，如下三点对知识管理导入很重要：认识到知识管理的必要性；将企业策略、人才、业务、流程、资讯科技整合；导入知识管理后，必须同时导入回馈与评价系统。安达信知识管理导入步骤与阶段如表 15－3 所示。

表 15－3　安达信知识管理导入步骤与阶段

步骤	阶段
步骤一：召开知识管理研讨会	阶段一：认知觉醒
步骤二：确认企业的现况和未来愿景	
步骤三：进行知识管理的意识调查	
步骤四：汇总对企业现状与未来远景之意见	阶段二：策略分析
步骤五：差异分析	
步骤六：讨论难题的解决方案	
步骤七：规划实践措施	
步骤八：企业流程分析	阶段三：运营规划与设计
步骤九：明确定义社群	
步骤十：定义知识管理业务的要素	
步骤十一：找出知识管理系统的必要功能	
步骤十二：制作知识管理的流程图	
步骤十三：设计组织结构、教育训练和评估方法	
步骤十四：制订引进知识管理的计划	
步骤十五：编写设计系统的概要	阶段四：信息系统设计
步骤十六：确定细节	
步骤十七：选择应用程序	
步骤十八：架构系统	
步骤十九：制作使用手册	

续表

步骤	阶段
步骤二十：建立推行小组，实施教育训练	阶段五：原型开发与测试
步骤二十一：社群实施知识管理	
步骤二十二：找出并改善难题	
步骤二十三：反映在全面推动计划上	
步骤二十四：确定推行单位	阶段六：导入
步骤二十五：实践	
步骤二十六：评估	阶段七：评估与维护阶段
步骤二十七：提出持续性改善计划	

4. 专注型管理咨询公司形态：CIBIT公司知识管理导入模式

CIBIT公司知识管理导入模式基本可分为四个阶段：知识管理分析、知识管理设计、知识管理实施、知识管理展示（见表15-4）。

表15-4 CIBIT公司知识管理导入步骤与阶段

步骤	阶段
步骤一：盘点技术、组织、知识、资产	阶段一：知识管理分析
步骤二：盘点知识结构（专业、扩散、编码）	
步骤三：盘点信息技术	
步骤四：设计知识内容结构	阶段二：知识管理设计
步骤五：设计参数定义	
步骤六：设计角色、流程	
步骤七：设计奖励系统	
步骤八：进行社群组织及训练	
步骤九：进行系统选择	
步骤十：进行改变与调适	阶段三：知识管理实施
步骤十一：进行报告沟通	
步骤十二：系统提案	
步骤十三：展示组织内容	阶段四：知识管理展示

5. 定制化导入模式：渐增式与情境导入模式

上述模式各有特点，企业可以根据自身实际情况选择合适的方案。渐增式与情境导入模式适合中小企业，它共分三种类型。

（1）基础型。此种导入模式是以企业适应市场变化的能力为主，因此导入重心放在反应变化层上，以各事业单位为主；在预先规划层上以建立关键知识为主；在产品提供层上以设定作业流程为主；在组织学习层上以定义核心竞争力为主；在创造知识层上以促进自我管理机制的完善为主；在持续支援层上以提供具有成就感的工作为主。由于此形态模式在每个层面上所投入的资源与人力基本上是原来组织已存在的各项功能，因此，只要针对不同的部分加以强化即可，且可以授予部门主管主导。

(2) 竞争力导向型。竞争力导向型的重点是让企业流程的运营更有效率与竞争力。反应变化层的重点是如何调整各功能部门的专业能力以提升效率；预先规划层的重点是增加知识连接的关系；产品提供层将策略与作业流程相结合；组织学习层强调组织的核心竞争力及团队的协同运营竞争力；创造知识层强调员工个人的承诺与责任；持续支援层提供成员奖励机制，并激励组织成员创造更多附加价值。

(3) 知识导向型。知识导向型模式是以知识型组织为导向的，以期提升将组织的知识加以商业化并转化为价值的能力。因此，此种形态的导入模式在六大层面中又各加了一项。反应变化层要求建立高效率团队；预先规划层增加了描绘知识分类与目录；产品提供层要求设计策略流程；组织学习层需要发展个人竞争力；创造知识层强调鼓励团队合作；持续支援层要求肯定与奖励专业性。

关键术语

信息管理　　企业信息系统　　知识管理　　知识管理系统

思考题

1. 如何理解企业信息化？我国企业的信息化存在哪些问题？
2. 客户关系管理包含什么内容？如何实施 CRM 系统？
3. 如何实施企业知识管理？常用的知识管理工具有哪些？
4. 阐述知识管理导入模式。

案例分析

娃哈哈创建于 1987 年，旗下拥有 AD 钙奶、营养快线等知名单品，连续多年登上全国工商联发布的“中国民营企业 500 强”榜单。作为传统食品饮料企业的代表，娃哈哈有着非常庞大的线下经销体系，但因未实现数字化管理，货物流通状态和销售情况难以追踪。创始人宗庆后高瞻远瞩，带领娃哈哈接续开展数字化探索与布局。

(1) 建立数据驱动的智能饮料生产线。2017 年初，娃哈哈与西门子合作打造中国第一条数字化与智能化饮料生产线，打破生产线上各设备的信息孤岛，利用中央监控系统，实现了设备数据从车间传感器到集团 ERP 的信息系统集成。

(2) 建立数据驱动的管理中台。2019 年，娃哈哈开始探索建立“私有云”数据中台，压缩组织的层级结构，通过数字中台打通各部门间信息沟通不畅的瓶颈，提升集团决策效率。所有分公司和经销商的销售数据实时反馈，相关报表在当天就能通过“数字大脑”自动生成。

(3) 建立数据驱动的供应链网络。通过将供应商、经销商、零售终端等纳入整体供应链管理系统，实现从经销商下订单，到制订采购计划、生产计划、发货计划、物流管理，再到客户结算全流程的信息化管理。通过数字化网络把供应商、企业、客户、消费者连接到一起，实现供应链的横向集成与数字化动态管理，提升了供应链的整合和控制能力以及快速满足市场的服务能力。

（4）建立数据驱动的营销平台。从2018年开始，娃哈哈蓄力打造四大数字营销平台，分别是“康有利”（保健品电商平台）、“快销网”（食品饮料电商平台）、跨境电商平台以及“哈宝游乐园”，并创新营销方式，通过“一物一码”帮助企业在线收集用户数据，构建自身的用户数据资产并将其私有化，建立起与消费者的联系并开展进一步的定制化、个性化营销活动。

资料来源：缅怀宗庆后，回顾一代浙商传奇带领的娃哈哈数字化变革之路．(2024-02-27). 腾讯.

讨论题

1. 娃哈哈是如何进行企业信息化管理的？
2. 结合案例，阐述大数据的价值如何与企业知识管理相结合。
3. 该案例给了你怎样的启示？

第 16 章

企业文化管理

| 本章要点 |

企业发展不仅需要基础设施、设备、办公地点等硬性的发展要素，还需要一种具有某种约束力量的内在驱动力，这种力量就是被称为“管理之魂”的企业文化。企业文化像生态系统一样，是一个有机系统，渗透于企业的组织结构、规章制度和员工行为中，为企业和员工个人的发展提供精神动力和规则保障，它是一种无形的软实力，在企业长远发展中不可或缺。企业文化是现代管理理论与文化理论相结合的产物，也是日益发展的管理实践的产物。

引例

方太成立于 1996 年，是中国厨电行业第一个由国人自己打造的高端品牌。在发展早期，和不少中国企业一样，方太曾全面学习西方管理理论和模式。西方管理模式的引入在一定程度上推动了方太的发展，但方太董事长茅忠群很快发现了这种管理模式的不足。在他看来，若只采用严格的西方式管理制度，很难真正让员工心服口服，有时还会产生冲突，若无法让员工自觉执行，制度的有效性就无法保证。

经过长期探索，茅忠群开始从中华优秀传统文化中汲取企业管理的源头活水和丰富营养。从 2008 年开始，方太全面导入国学文化，开启了中华文化与西方管理相结合的新型管理模式，并提出了“中学明道，西学优术，中西合璧，以道御术”的管理思想。“仁义礼智信”是儒家的“五常”，方太从中读出了以道御术的“中式密码”。茅忠群称，“礼”就是制度，排在“仁义”的后面，所以制度必须符合仁义。在企业管理的具体场景中，“仁”就是要多为员工考虑，“义”就是公平公正。2010 年，方太开始实行身股制，入职满 2 年的员工每年均可获得两次身股分红。全员持股的制度体现了仁爱精神，但身股又不能变为“大锅饭”，具体股数要和员工的实际贡献与绩效挂钩，体现了公平公正。

方太引入传统文化后带来的管理成效超出预期。2008 年至 2012 年，在员工数量不断增加的情况下，员工违纪行为逐年下降。2008年之前，方太请知名咨询公司怡安翰威特监测员工敬业度指数，发现结果不是很理想。而2008年之后的数次员工敬业度调研结果不断优化，取得了87分的高分，并在2018年被怡安翰威特授予中国区最佳雇主“文化匠心”奖。

2017年，方太提出“文化即业务”的口号，将企业文化进一步上升至战略层面，实现了儒家商道智慧与现代企业经营管理的深度融合。在方太文化的影响下，方太人开放、积极、有信仰，口碑好、不想走、努力干。2023年，方太销售收入达到176.29亿元，同比增长8.53%，在激烈的市场竞争中实现持续稳定增长，交出了亮眼的成绩单。

2024年1月26日，在方太第38届“方太杯”暨2023年总结表彰大会上，茅忠群发表新年致辞，提出将中华优秀传统文化中的心性修养引入员工培训，以员工的心性修炼带动企业文化建设，进而推进企业发展。

资料来源：方太的管理艺术、经营哲学为何招徕四方青睐?.（2024-10-08）. 腾讯.

第1节　企业文化理论概述

一、企业文化的起源

企业文化又称为公司文化，这个词语最早出现在20世纪80年代初。第二次世界大战后的日本将企业文化作为一种有意识的企业实践活动，20世纪80年代美国使企业文化成为一种企业管理理论。

日本是第二次世界大战的战败国，但在美国的支持下，结合本国传统文化，汲取西方先进的管理科学理论，日本经济在短短30年左右的时间里迅速崛起，成为世界上几大经济体之一。日本经济的迅猛崛起，使西方很多国家乃至全世界都为之震惊。是什么促使日本成功的？面对这个问题和困惑，许多美国管理学者对美、日的企业管理进行了比较研究。美国的一些管理学家在总结日本的实践之后得出结论：必须克服古典管理理论阶段、行为科学阶段、现代管理理论阶段等管理科学三个发展阶段上的某些错误倾向，保留其科学的精华部分，重新创立新的管理科学理论。这就是企业文化理论诞生的历史背景。

1979年，美国的沃尔格出版了《日本名列第一》一书，开创了企业文化研究的先河。随后美国管理学界连续出版了四本畅销书：美国著名管理学者威廉·大内的《Z理论——美国企业界怎样迎接日本的挑战》、斯坦福大学教授帕斯卡尔和哈佛大学教授阿索斯合著的《日本企业管理艺术》、企业管理咨询顾问汤姆·彼得斯和小罗伯特·沃特曼合著的《追求卓越》、麦肯锡管理咨询公司顾问艾伦·肯尼迪和特伦斯·迪尔合著的《企业文化——企业生活中的礼仪与仪式》。这四本书被称为企业文化管理的“四重奏”，标志着企业文化理论的诞生。

1985年，企业文化理论再次掀起热潮，其标志是另外四本具有影响力的管理书籍的出版：莫尔·刘易斯等人的《企业文化》、基尔曼·萨克斯顿的《赢得公司文化的控制》、谢恩的《企业文化与领导》、汤姆·彼得斯的《赢得优势——领导艺术的较量》。

二、企业文化的概念

企业文化是企业为解决生存和发展问题而形成的，被企业员工认为有效并共享、共同遵循的价值观念和行为规范。企业文化集中体现了一个企业经营管理的核心主张及价值观，以及由此产生的组织行为。通俗地讲，就是每一位员工都明白怎样做是对企业有利的，而且都自觉自愿地这样做，久而久之便形成了一种习惯；再经过一定时间的积淀，习惯成了自然，成了人们头脑里一种牢固的观念，而这种观念一旦形成，又会反作用于（约束）大家的行为，逐渐以规章制度、道德公允的形式成为众人的行为规范。

企业文化是个完整的体系，一般而言，由企业价值观、企业精神、企业伦理道德和企业形象四个基本要素组成。

企业价值观是指企业员工对企业存在的意义、经营目的、经营宗旨的价值评价和追求的整体化群体意识，是企业全体员工共同的价值准则。企业价值观由多种价值观因子复合而成，具有丰富的内容，若从纵向系统考察，包括员工个人价值观、群体价值观和企业整体价值观三个方面的内容。

企业精神是指企业基于自身特定的性质、任务、宗旨、时代要求和发展方向，为谋求生存和发展，在长期生产经营实践的基础上，经精心培育而逐步形成并为整个员工群体认同的正向心理定式、价值取向和主导意识。企业精神主要包括参与精神、协作精神、奉献精神、创新精神、竞争精神、开拓精神、进取精神、求是精神、务实精神等。可采用舆论宣传、领导垂范、典型启迪、目标激励、形象教育、感情投资等方法来培育企业精神。

企业伦理道德是指调整企业与员工、管理者与普通员工、员工与员工、企业与社会公众之间关系的行为规范的总和。它是企业具有的一种独特的意识形态和行为规范，贯穿企业经营活动的始终和管理活动的各个过程，是企业文化的重要内容之一，具有独特性、独立性、稳定性等特征。一般可通过树立正确的道德规范、结合员工教育、坚持管理创新、强化规章制度等方式来加强企业伦理道德的建设。

企业形象是企业文化的外在表现，涉及企业产品安全、产品品质、产品设计、品牌、社会责任、员工行为规范、对顾客的服务态度、公共关系、企业文化对外推广以及企业宣传等各个方面。企业形象是企业内在价值观的外化过程，其设计必须符合企业的核心价值观，体现出企业表里如一的特质。好的企业形象的塑造与推广对企业内部文化建设具有积极的推动作用。

三、企业文化的结构

企业文化的结构是指企业文化系统内各要素之间的时空顺序、主次地位与结合方式，即企业文化的构成、形式、层次、内容、类型等的比例关系和位置关系。它表明各个要素如何联结，形成企业文化的整体模式。一般来说，企业文化的结构包括物质层、行为层、制度层、精神层四个层次，如图 16－1 所示。

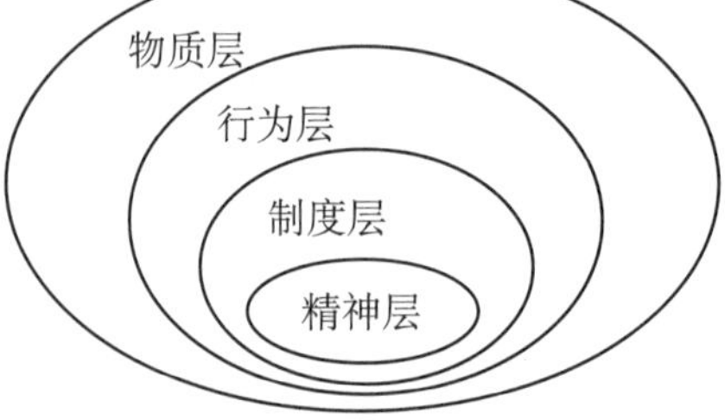

图 16-1　企业文化的结构

最外层是企业文化的表层，即物质层，最为具体、实在、直观、形象，构成了企业文化的硬外壳，塑造了企业的外在形象；第二层是幔层，也叫浅层，即行为层，构成企业文化的软外壳；第三层是中层，即制度层，是观念形态的转化，成为企业硬、软外壳的支撑；第四层是核心层，即精神层，是企业文化的精髓，它主导着企业文化的共性与特性，主导着企业文化的发展范式，精神层通过制度层来体现，规范着企业员工的行为，构造出企业的实物外貌，反之，实物外貌也可反映出企业的核心文化。

企业文化的物质层即企业的物质文化，是由企业员工创造的产品和各种物质设施等构成的器物文化，以物质形态为主要表现的表层企业文化，包括企业生产环境、企业建筑、企业广告、产品包装与设计等。

企业文化的行为层即企业的行为文化，是企业员工在生产经营、学习、娱乐活动中产生的，包括企业经营、教育宣传、人际关系活动、文娱体育活动等。从人员结构上划分，包括企业家的行为、企业模范人物的行为、企业一般员工的行为。

企业文化的制度层即企业的制度文化，包括企业领导体制、企业组织结构和企业管理制度等方面，它是人与物、人与企业经营制度的结合，是一种约束企业和员工行为的规范性文化。

企业文化的精神层即企业的精神文化，是企业在生产经营过程中，受一定的社会文化背景、意识形态影响而长期形成的一种精神成果和文化观念，包括企业精神、企业经营哲学、企业道德、企业价值观念、企业风貌等内容，是企业意识形态的总和。企业的精神文化是一种更深层次的文化现象，是企业物质文化和行为文化的升华，在整个企业文化系统中处于核心地位。

四、企业文化的特征

企业文化作为企业的管理之魂，一般而言，具有以下几个方面的特征。

（一）客观性

企业文化不仅是企业生产经营、行政管理理念和经验的科学反映和凝结，而且是社会文化和企业实践的融合。作为前者，它在企业长期生产经营实践中逐步形成，反映了企业基本的精神风貌。无论人们意识到与否，对其认识到何种程度，它都是一种客观存在，而且直接关系着企业的成败兴衰。作为后者，它鲜明地体现着社会文化和外部环境对企业的影响、与企业实践的结合。

（二）系统性

企业文化具有系统性，是其很多有内在联系的具体方面的系统整合体，由物质层、行为层、制度层、精神层等四个方面的要素构成，具体来说是由企业经营管理中的理念、制度、企业形象、公共关系、员工行为、企业价值理念、伦理道德等组成的一个复杂系统。在企业文化建设过程中应以系统性的观点对待这些组成要素。

（三）时代性

任何企业都置身于一定时空环境之中，受时代精神感染，又服务于社会环境。因此，它的生成与发展，它的内容与形式，都必然要受到一定时代的经济体制和政治体制、社会结构、文化、风尚等的制约，反映这个时代的精神。企业文化是时代的产物，又随着时代的前进而不断演化。一方面，不同时代具有不同的企业文化；另一方面，同一个企业在不同时代，其文化也有不同特点。可见，时代特点感染着企业文化，企业文化反映着时代风貌。

（四）独特性

企业文化存在于由各种因素构成的社会环境之中，同时也是自身多种构成因素和条件的综合表现。由于这些环境和条件的不同与差异，各种企业文化也必然会显示出独到的个性与自身特点，反映出本企业独特的精神风貌。正如斯蒂芬·罗宾斯所说，“企业文化就如同一个人的个性”，它有着自己独有的特点，而这些特点“如同个性一样相对稳定和持久”。

（五）稳定性

稳定性是指企业文化一旦形成，就具有相对稳定的特质和世代传承的连续性，作为一个传统而存在。一个企业有了成熟的企业文化，就犹如“有一个‘已编好的程序’去适应将来可能发生的变化”。随着形势变化，一个企业的人事、产品、经营方式是很容易变化的；但是，企业的文化却难以改变。因为企业文化传统是经过诸多人物榜样、诸多传奇故事等慢慢积累、提炼出来的。这个成熟的企业文化，对于一个新进公司的人来说是既定的、早已存在的。

（六）可塑性

企业文化尽管存在极大的稳定性，却并非不可更改，而是可以塑造、可以改变、可以创新的。也就是说，企业文化的稳定性并不排斥企业文化的可塑性。如果企业文化根本不可塑，理论界和企业界关于企业文化的任何研究都将失去意义。

（七）民族性与区域性

任何企业都必然存在于特定的国家、地理区域和民族聚居范围内。因此，企业文化总会受到特定国家历史、民族传统和区域习俗的影响，它们会从各方面给企业文化打上自己的烙印，形成某种企业文化特定的优点与缺憾。如美国推崇创新、个性、冒险；日本注重礼教习俗；德国强调严谨、精益求精；中国青睐诚实守信、以和为贵等。

五、企业文化的功能

一般而言，企业文化具有导向、协调、凝聚、激励、约束和辐射等功能。

（一）导向功能

企业文化是一种价值取向，可以引导企业员工的态度和行为。企业文化主要从三个方面发挥导向功能：

第一，通过价值观发挥导向功能。企业文化的核心是价值观，企业文化的第一任务就是影响和引导所有成员的价值观，让企业成员自觉自愿地与企业保持一致。

第二，通过目标发挥导向功能。在特定的企业文化下，会形成特定的目标，员工认同企业的文化，也就会认同与文化相一致的目标。当企业目标与员工目标相一致时，员工在实现企业目标的同时也实现了个人目标，因而具有强烈的动机努力工作。

第三，通过行为规范发挥导向功能。行为规范更加详细地引导员工应该如何行动，从具体层面，或者说从细节上体现企业特有的文化。

（二）协调功能

文化是润滑剂，可以缓和各种人类社会中的矛盾，我们可以看到，具有同样文化的人群往往可以融洽相处，减少各种摩擦和矛盾。企业文化是一剂良方，不但可以协调企业内部的关系，还能协调企业与外界的关系，从而为企业的发展创建和谐的环境。

（三）凝聚功能

企业将一群人以某种方式结合在一起，因而其本身就有凝聚作用。但是，这是表面的凝聚，人们为了某种利益而甘愿加入企业，并不意味着人们发自内心地视企业为自己的归宿。虽然在名义上归属某个企业，在行动上也是在为企业服务，然而是不是发自内心地全心全意为企业服务，其绩效差异是巨大的。企业文化具有凝聚功能，可以产生强烈的向心力，使成员真正融入企业。

（四）激励功能

企业文化是以人为中心，关心人、尊重人、理解人、重视人，因而本身就有激励作用。同时，很多激励手段都需要通过企业文化得以实现，比如信任激励、感情激励、宣泄激励、目标激励、参与激励、尊重激励、宽容激励、榜样激励等，绝大多数激励方法与企业文化结合后，都可以显著地提升激励效果。

（五）约束功能

约束功能也称为规范功能，企业文化可以通过刚性约束和柔性约束达到规范人们行为的目的。首先，规章制度是企业文化的体现，它明确告诉员工该做什么、怎么做、以什么为标准等，可以具体地规范员工的行为。规章制度具有强制性，如果违反，将会受到批评、警告、扣薪、降职、解雇等处罚。其次，道德规范也是企业文化的体现，它通过影响员工的思想来约束员工的行为。道德规范没有强制性，却会更强烈地影响员工的行为，因为如果行为不被企业认同，员工一方面因思与行不同而自责，另一方面还要承受舆论压力，内心的折磨远甚于外在的惩罚，因此，企业文化可以通过有形或无形的手段约束成员。

（六）辐射功能

企业文化是社会文化的重要组成部分，是其不可或缺的子文化。社会文化是一个大系统，直接影响和决定企业文化的主要方面，但是企业文化也有反作用，也可以影响社会文化，当发挥这种作用时，就称为企业文化的辐射功能，也称扩散功能或外部功能。企业文化主要通过三条途径向外部辐射，即通过产品、员工、宣传。

六、企业文化战略

企业文化战略是重要的战略支持型职能战略，是在总体战略的指导下，为实现企业使命与愿景，顺利实施企业战略所制定的关于企业文化建设与变革的战略目标、途径和手段，以形成和维持与战略相适应的企业文化，为实现企业战略服务。

一个完整的企业文化战略过程由文化战略的制定、实施和反馈三个环节组成。

通过对现有企业文化的分析可以确定当前企业文化的类型和主要特征，而后对企业文化与企业内外部战略环境的适应性进行分析，如果基本适应，就应当以此文化为基调制定企业的各项战略，那么企业文化战略的重心就是如何保持和发挥现有文化的优势，使之为企业战略的实施服务。如果企业文化与战略环境和企业的战略意图不适应，那么企业文化战略的核心就是文化变革，企业要按照文化变革计划对企业当前的文化实施渐进式变革。与此相对应，企业在战略的制定中也应当以按照文化变革计划不断变化的文化为基调。

在战略实施过程中，企业要运用各种战略控制手段对实施过程进行监控，及时发现战略实施中存在的失控和失效问题，通过企业自身的微小调整将微小的失控或失效消灭于萌芽状态，要及时分析严重的失控或失效，弄清楚根本原因是在于企业文化，还是在于企业战略本身。如果根本原因在于企业文化，就要对企业文化再进行分析，找出文化不适应外部环境和内部条件的症结所在，并采取有针对性的文化变革措施，进行文化变革，通过变革使文化与内部环境和外部条件相适应，与企业实施的战略相匹配。如果战略目标顺利实现，要找出文化中对其实施有利的因素，通过反馈对该文化进行强化，使企业战略的实施能力进一步增强。

第 2 节　企业文化建设

一、企业文化建设的主体

企业文化建设是指企业文化相关理念的形成、塑造、传播等过程，要突出在“建设”上，切忌“重口号，轻落实”。企业文化建设是基于策划学、传播学的，是一种理念的策划和传播。

企业员工是企业文化建设的基本主体，也是企业文化建设的基本力量。企业文化反映了企业员工的人生观、世界观及价值观。企业文化建设实际上是企业广大员工在实践中不断创造、不断改进、不断创新的过程。企业文化依靠员工的实践执行才有生命力，企业文化建设需要员工的广泛支持。企业员工实践的好坏，直接决定企业文化建设是否有成果，最终决定能否形成企业普遍接受的价值观。

企业家是企业文化建设的核心主体，也是企业文化建设的领导力量。企业家一般是企业文化的倡导者、塑造者、传播者和发扬者。企业家精神、企业家对于企业内外部环境的意识都是影响企业文化及其建设的重要因素。实际上，许多成功企业的领导者倡导的价值观、制定的行为标准，常常激励着企业全体员工，使企业具有鲜明的独特性，且成为对外的一种精神象征。如沃尔玛创始人沃尔顿就为公司制定了三条座右铭，“顾客是上帝”“尊重每一位员工”“每天追求卓越”，这已经成为沃尔玛企业文化的精华。惠普的企业文化常常被称为“惠普之道”（HP Way），它有五个核心价值观：一是相信、尊重个人，尊重员工；二是追求最高的成就，追求最好；三是做事情一定要非常正直，不可以欺骗用户，也不可以欺骗员工，不能做不道德的事；四是公司的成功是靠大家的力量来完成的，并不是靠某个人的力量来完成的；五是相信不断的创新，做事情要有一定的灵活性。

二、企业文化建设的基本原则

（一）坚持目标

坚持目标，一是有效地引导企业全体员工的认识和行为；二是激励人们的工作热情和创新意识；三是为企业进行考核提供依据。

（二）坚持以人为本

文化以人为载体，人是文化生成的第一要素。企业文化中的人不仅指企业家、管理者，还包括企业的全体员工。企业文化建设中要强调关心人、尊重人、理解人和信任人。企业团体意识的形成，首先是企业的全体成员有共同的价值观念，有一致的奋斗目标，只有这样才能形成向心力，才能形成一个有战斗力的整体。

（三）表里如一

企业文化属于意识形态范畴，但它又要通过企业或员工的行为和外部形态表现出来，这就容易造成表里不一。建设企业文化必须从员工的思想观念入手，树立正确的价值观念和哲学思想，并且要在行为上也符合企业价值理念，在此基础上形成企业精神和企业形象，防止搞形式主义、言行不一，做到内部和外部文化形态的一致。形式主义不但不能建设好企业文化，反而是对企业文化概念的歪曲。

（四）追求卓越

文化是在组织发展的历史过程中形成的，每个企业都有自己的历史传统和经营特点，企业文化建设要充分利用这一点，建设具有自己特色的文化。企业有了自己的特色，而且被顾客公认，才能独树一帜，才有竞争优势。显而易见，追求卓越是企业文化的内在要求，因为任何企业在竞争日益激烈的环境中都不甘于做平庸者，构建企业文化的目标就是为追求卓越营造一种上进的氛围。

（五）与时俱进

企业在发展过程中，应根据不同发展阶段的具体特点，对企业文化做出适当调整，一方面要继承和保持部分旧的文化，另一方面还要针对企业实际发展阶段建构符合企业实际发展需求的新的文化。

三、企业文化建设的着眼点

（一）重视企业战略

企业战略只有得到全体员工的认同，才能发挥出应有的导向作用，才能成为全体员工的行动纲领。在企业文化建设中，要充分利用网络等载体，采取灵活多样的形式，搞好企业战略的宣传和落实，通过积极开展企业文化建设，进一步理清工作思路，明确企业的发展方向，激发员工的工作热情。

（二）建设企业人本文化

企业应努力营造良好的学习氛围，搭建人才成长的平台，使全体员工增强主人翁意识，与企业同呼吸、共成长。员工是企业的公民，需要共同维护企业价值标准和企业整体利益，在共同利益的前提下，企业通过对员工进行引导和教育，使他们把个人目标同企业发展目标紧密结合在一起，自觉参与到企业的各项工作中。

（三）规范企业制度文化

在制度文化建设中，要突出创新、严于落实，建立科学的企业决策机制和人力资源开发机制，制定完善的企业运行规则和经营管理制度，构建精干高效的组织结构，使各项工作紧密衔接，保证企业目标顺利实现。员工参与民主管理的程度越高，越有利于调动他们的积极性。企业建立开放的沟通制度，可以及时了解员工的思想动态。同时，要强化监督，规范管理行为，营造和谐的文化氛围，促进企业管理水平的提高。

（四）打造企业团队文化

企业发展目标的实现，离不开员工之间的相互协作。企业文化建设的重要任务，就是在企业内部营造有利于企业发展的良好氛围，使领导与领导、领导与员工、员工与员工之间精诚合作，促进企业目标顺利实现。同时，要恰当处理企业外部各方面的关系，尽可能减少摩擦和矛盾，争取各方面的理解和支持。

（五）增强企业创新意识

企业文化创新的关键是对企业旧的经营哲学、管理理念等进行创新，让企业文化建设迈上一个新台阶。要创造可以容纳不同思维的环境，如果创新只许成功不许失败，那么企业就很难保持旺盛的生命力和创造力。

四、企业文化建设的基本步骤

企业文化建设是一项程序复杂、操作技术要求极高的系统工程，它不仅要求企业领导者重视，还要求全体企业员工参与。根据成功企业的经验，企业文化建设要遵循三个步骤，即企业文化分析、企业文化设计和企业文化实施。

（一）企业文化分析

企业文化建设的关键在于建设一套符合企业情况的文化体系，要达到这一目标，必须深入分析企业文化的现状，对企业现有文化进行调查，以全面了解和把握企业文化概况。

通常的调查方法主要包括访谈法、问卷调查法、文本分析法、实地考察法等。企业可根据自身情况，综合运用这些方法。企业文化调查要具有针对性，调查的内容主要包括企业经营管理现状、企业发展前景、员工的忠诚度和满意度、员工对企业理念的认同度等方面。

经过一系列的企业文化调查，进行分析，得出初步结论。分析内容主要集中在以下几个方面：一是分析企业的战略发展和战略定位，企业文化应当能够支持企业发展战略，否则，企业文化建设便失去其价值所在；二是分析企业的经营特点，弄清楚企业在行业中的地位和企业经营现状；三是分析企业的经营管理水平，研究企业内部运行机制，重点分析企业管理思路、核心管理理念及主要弊端；四是分析企业文化的建设情况，考察企业领导及员工对企业文化的重视程度；五是逐项分析企业文化各方面的内容，包括企业价值观、企业精神、企业伦理道德和企业形象四个基本要素。

（二）企业文化设计

进行企业文化分析之后，要提出和确定核心价值观、企业形象和经营理念，这是企业文化设计的主要内容。而企业文化设计一般要经过调查、定位和传播三个阶段。调查是了解公众对本企业的认识、态度与印象等方面的情况，为企业文化设计提供信息。定位是在调查的基础上，根据企业的实际状况，用知名度和美誉度的高低程度对企业形象、核心价值、经营理念、使命等进行定位。传播是以广告或公关的方式，将企业文化的有关信息向社会传播，让更多的顾客认识和接受，从而提高企业的知名度和文化影响力。

在企业文化建设过程中最突出的问题就是盲目追求企业文化的形式而忽略了内涵。企业文化活动和企业形象设计都是企业文化表层的表现方式，如果只有表层的形式而不能表现出内在价值与理念，这样的企业文化是没有意义、难以持续的，也就不能形成文化推动力，对企业的发展产生不了深远的影响。

（三）企业文化实施

企业文化实施，实际上也是企业的一次变革，通过这种变革可以把企业的优良传统发扬光大，在提高企业知名度的同时纠正企业经营过程中存在的问题。一般来说，企业文化的实施可分为导入阶段、变革阶段、固化阶段和评估阶段。

导入阶段是企业文化建设的准备阶段。这一阶段的主要任务是从思想上、组织上、意识上做好企业文化变革的充分准备。在这一阶段，要建立强有力的领导机制和传播机制，促使企业内部全体成员认识到企业文化变革的重要性和急迫性，减少他们的抵触情绪，为变革做好相应的准备。

变革阶段是企业文化建设工作的关键阶段。这个阶段的主要工作是全面展开企业文化的物质层、行为层、制度层、精神层四个层次的建设，这一阶段即企业形象塑造的工程，中心任务是企业核心价值观的形成和企业行为规范的落实。

固化阶段是企业文化变革的巩固阶段。这个阶段的主要任务是总结企业文化建设过程中的经验教训，将成熟的做法通过制度的形式加以固化，建立完整的企业文化体系。

评估阶段是对企业文化建设阶段性的总结，在企业基本完成企业文化建设的主要工作之后，总结评估以前的工作，对今后的企业文化建设具有十分重要的作用。评估工作主要围绕事先制订的企业文化变革方案，检查变革是否达到预期的效果，是否有助于企业绩效的提高。

总之，企业文化建设的方法应该是具体的、可操作的；企业文化建设的效果应该是可以衡量的；企业文化建设的参加者应该是全员。

关键术语

企业文化　　企业文化的结构　　企业文化的特征　　企业文化的功能
企业文化战略　　企业文化建设的基本步骤

思考题

1. 如何理解企业文化?
2. 企业文化的结构、特征及功能是什么?
3. 阐述企业文化建设的主体和着眼点。
4. 企业文化建设的基本步骤有哪些?
5. 企业组织如何打造企业文化?

案例分析

华尔推剪（宁波）有限公司（简称宁波华尔）是美国华尔集团的在华全资子公司。宁波华尔的前身是一家生产电影器材及零部件的乡镇企业，与国企联营后，于 1995 年被世界电推剪行业的龙头——美国华尔集团全资收购。

2009 年，钱模星任宁波华尔总经理，为摆脱公司发展困境，他下定决心进行改革。改革推行的 2 年时间内，钱模星逐渐意识到公司改革过程中的关键问题——员工。他开始寻找更加有效的管理思想与方法。2011 年，一场传统文化论坛为钱模星及其团队打开了管理方式改革的新世界，他们着手开展企业国学文化建设。

(1) 教育培训。钱模星带领员工从《弟子规》开始学习传统文化，教育员工讲孝道、讲礼仪、懂得感恩、反求诸己。2012 年，他引入更高层次的国学培训，带领干部员工学习《大学》《论语》等国学经典，定期安排干部员工外出交流学习。同年成立内部培训机构，作为企业员工的学习教育和分享基地。

(2) 价值重塑。钱模星结合公司实际，以现有价值观文本为基础，正式推出企业的三大核心价值观：开心工作，快乐生活，共同发展。同时，他清晰表述了企业五大行为准则：创新、合作、尊重、信任、关注家庭。

（3）文化推进。2014年，宁波华尔提出服务型管理理念，以人为本，尊重员工，实现组织与个人同步成长，积极开展各种形式的文体活动，成立兴趣协会、组织团建等，出台一系列措施改善员工工作环境和生活条件，提高工作餐标准、解决夫妻员工住宿问题等，成立弘毅书苑，对员工家庭进行传统文化教育，促进员工子女健康成长，践行"关注家庭"的企业文化。

（4）员工成长。2015年，宁波华尔出台《员工在职学历教育及技能培训补贴规定》，鼓励员工在职提升学历和技能，制定"星级员工"激励办法，设置"部门—班组—员工"三级激励机制，为员工指明个人提升路径。

经过几年的转型发展，宁波华尔的员工幸福感大幅提升，企业效益蒸蒸日上。美国华尔集团旗下全球子公司的总经理更是齐聚宁波华尔学习观摩，他们都很好奇，这家企业究竟发生了什么，使它变为如今的集团翘楚。

资料来源：贾旭东，杨荣．宁波华尔：一家学习中国文化的美资企业．(2020-03-23)．中国管理案例共享中心网站.

讨论题

1. 宁波华尔是如何进行企业文化建设的？

2. 宁波华尔最终形成了怎样的企业文化？

3. 你认为在中国的现代企业管理中应如何运用传统文化思想？宁波华尔的实践给了你怎样的启示？

第 17 章

公共关系管理

| 本章要点 |

公共关系管理是对组织与社会公众间传播沟通的目标、资源、对象、手段、过程和效果等基本要素的管理。本章介绍了企业公共关系管理的相关知识，包括公共关系战略、公关活动企划与执行、危机公关等内容，对企业开展公共关系管理活动提供了理论指导。

引例

2017 年 8 月 25 日，《法制晚报》发表了一篇题为《记者历时 4 个月暗访海底捞：老鼠爬进食品柜 火锅漏勺掏下水道》的报道。文章中讲述，记者潜入北京海底捞劲松店和太阳宫店，发现劲松店后厨发现有老鼠爬进装食品的柜子，工作人员将扫帚、簸箕、抹布与餐具一同清洗；在太阳宫店，火锅漏勺被用作掏下水道垃圾的工具。消息披露后引起轩然大波。

面对这一危机事件，海底捞迅速采取了一系列措施：

第一，快速响应。海底捞在事件曝光后仅 3 个小时就对外发布了致歉信，承认问题并表示愿意承担相应责任。这种迅速的反应有效地控制了公众负面情绪的蔓延。

第二，诚恳道歉。海底捞的致歉信态度诚恳，不仅承认了问题，还感谢了媒体和公众的监督。这种诚恳的态度赢得了公众的理解和同情。

第三，积极整改。海底捞立即对涉事门店进行停业整改，并在全国范围内开展卫生排查。此外，海底捞还承诺将加强员工培训，并在全国门店实现后厨操作可视化，这些具体的整改措施增强了公众对品牌的信任。

第四，透明沟通。海底捞在危机处理过程中保持了高度的透明度，及时向公众通报整改进展和结果。这种透明的沟通方式有效地缓解了公众的担忧。

通过这一系列有效的危机公关措施，海底捞成功地将一次严重的负面事件转化为提升品牌形象的机会，展示了其对食品安全和顾客满意度的高度重视。

资料来源：成功的危机公关案例（盘点近年来优秀危机公关案例）.（2022－12－06）. 商业中国网站.

第1节　企业公共关系战略

一、企业公共关系战略概述

公共关系活动也称为公关活动，是指一个组织为创造良好的社会环境、争取公众舆论支持而采取的行动和活动，即以创造良好的公共关系状态为目的的一种信息沟通活动。公共关系管理（public relation management）是对组织与社会公众之间传播沟通的目标、资源、对象、手段、过程和效果等基本要素的管理。这种管理包括一般管理的基本环节，也就是对组织的公众传播沟通活动进行决策、计划、组织、指挥、控制、协调和监督等。而公共关系战略（public relations strategy）也称为公关战略，是指一个组织围绕公共关系这一核心，以未来为导向，为实现组织公共关系总体目标而进行的长期性和整体性的谋划与对策。

公共关系战略是企业战略系统的一部分，是重要的战略支持型职能战略，服务于企业总体战略或业务战略。公共关系战略分为三种类型。

1. 进攻型公共关系战略

这类公共关系战略是当组织与外部环境之间发生某种冲突时，组织采取以攻为守、改变环境的战略，创造新局面。

2. 防御型公共关系战略

这类公共关系战略适用于组织出现潜在危机或不协调状况时，为防止自身公共关系失调而采取的行动。

3. 退却型公共关系战略

这是一种公司遭受重大挫折时所制定的公共关系战略，是按照公司稳定型战略的要求，冷静地处理市场威胁，尽力以现有的经济资源抵制或适应形势的变化。

二、企业公共关系战略的实施步骤

企业公共关系战略的实施一般分为四个阶段，如图17-1所示。

图17-1　企业公共关系战略的实施步骤

1. 实施调查

公关调查是公共关系战略实施的基础和起点，目的是掌握利益相关者对企业的业务、事业及公关等方面的评价、要求和期待，并掌握各类信息与社会发展的趋势，遵循客观公正、全面系统、科学准确、定量化、时效性等原则，运用综合性公关调查手法，找出公共关系中存在的问题，为组织决策提供依据。

2. 分析现状

根据对调查所得资料、数据的研究，分析并把握事物发展的规模、程度，以及隐藏在大量资料背后的事物现象之间的本质联系、事物性质和发展趋势等一些实质性的关键问题，对这些问题的具体内容和出现原因进行具体分析，并以此确立中期或长期公关和交流的课题。

3. 制定公关战略措施

根据分析出来的具体情况，制定战略措施。该阶段应注意，战略措施的内容必须对应公关的课题；必须确立公关活动的目的和目标，公关的对象、内容、时期、方法和角度；帮助广告主确定公关体系，建立公关意识。

4. 设定公关项目并实施

公关活动目标的实现，总是伴随着一系列有组织的行动，规模较大的公关活动都是由若干项目组成的，因此企业需要在公关战略的基础上，进一步设定相应的公关项目，公关项目的设定需要紧紧围绕公关战略思想，要具有很强的可操作性。最后，实施公关项目并对其进行效果评估。

第 2 节　公关活动企划与执行

一、公关活动企划概述

（一）公关活动企划及其原则

公关活动企划是公关人员根据组织形象的现状和目标要求，分析现有条件，谋划并设计公关战略、专题活动和具体公关活动最佳行动方案的过程。公关活动企划的核心，就是解决以下三个问题：一是如何寻求传播沟通的内容和公众易于接受的方式；二是如何提高传播沟通的效能；三是如何建立完备的公关工作体系。公关活动需遵循以下原则：求实原则、系统原则、创新原则、弹性原则、伦理道德原则、心理原则、效益原则。

（二）公关活动企划的要素

一项优秀的公关活动企划应包括六个要素：公关调查、企划目标、企划者、企划对象、企划方案和企划效果评估。

1. 公关调查

公关调查是企划成功的基础，它为组织树立形象、制定公关战略的决策提供科学依据。制定公关战略需要了解社会政治、经济、文化等环境因素的特点及发展趋势，需要将环境因素与组织自身的实际情况结合来规划公关目标，这一切都需要进行周密的调查研究。公关调查至少应包含六方面的信息：第一，公众心理，即公众的偏好、认知、态度、情绪等基本的心理倾向；第二，主要竞争对手的信息，即主要竞争对手的产品信息、销售信息、广告信息和已有的公关活动企划信息；第三，政策法规，即咨询公司或组织的法律顾问查阅的相关文献资料，以确保企划在政策法规许可的范围之内；第四，公司或组织内部状况分析，以保证公司或组织内部的资源状况和制度建设可以满足将要进行的公关活动企划；第五，公司或组织自身实际形象调查，即通过对公众舆论和态度的调查获知公司或企业的美誉度，并从该过程中找出自身形象存在的差距与不足；第六，公关活动场所调查，即在企划之前要对可能选择的活动场所进行熟悉，检查其是否适合开展公关活动、是否存在安全隐患。

2. 企划目标

在具体工作中，企划的目标是多种多样的，按内容可具体分为以下几类。

（1）传播信息型。公关活动的目标是希望把公众知道或想知道的信息传递给公众，它是目标体系中最基本的层次。

（2）联络感情型。相对于传播信息型来说，联络感情型是深层次的目标，旨在与公众建立感情、联络感情和发展感情。社会组织与公众建立感情层次的交往，更容易取得公众的谅解、合作与支持。

（3）改变态度型。这是公关活动的主要目标。通过公关活动，把公众对组织的无知、冷漠、偏见乃至敌意，转变为了解、关注、认可、同情、理解、支持等，营造切实有利于组织发展的良好环境。

（4）引起行为型。这是具体公关活动的最高层次，旨在让公众接受组织的行为，以配合组织的工作。

3. 企划者

企划者是企划活动的创意者和组织者，是成功企划的核心，对整个公关活动企划的成败起着决定作用。企划者必须具备以下条件：第一，高尚的品德。合格的企划人员应遵守诚实、守信、正直、廉洁、守法的行为准则。第二，宽广的知识面和深厚的人文积淀。第三，专业技能。公关活动企划者应具备基本的专业知识和技能，包括与公关相关的基本理论知识、组织协调能力、社交能力、表达能力、应变能力。

4. 企划对象

每个组织都有自己特定范围的公众，一个组织在不同时期会面对不同的公众，因此，进行公关活动企划首先应对组织特定时期所面对的公众加以区分，才能使企划出来的公关活动有的放矢。另外，公众的类型有很多，必须根据不同公众的特点来开展不同的策划，明确具体的受众，才能有针对性地设计活动，从而有效实现公关活动的目标。混淆公众的类型会产生很多不利的后果，如力量和资金分散在过多的公众上，忽略其对不同人群的适用性，最终使目标难以实现。

5. 企划方案

企划方案是企划过程的书面体现，也是企划最终的表现形式。一个好的企划方案能够吸引客户或领导。企划方案的灵魂是创意，应尽可能简洁，减少文字叙述而多采用图表、照片、音频、视频等形式，使方案看起来更加直观、生动。一个完整的企划方案应包括以下几个部分。

（1）设计活动主题。一次公关活动往往是由多个项目组成的，所有项目必须突出一个中心主题，并且使所有行动都围绕这一主题，形成整体合力，避免各个行动中心不一、作用分散以致互相抵触。

（2）设计具体活动项目。设计具体活动项目主要确定以下五个问题：开展什么形式的活动？有多少项目？如何开展？项目之间如何衔接？如何使活动有新意、有特色、与众不同?

(3) 选择行动时机。任何活动都是在一定的范围内展开的，时间、地点等环境因素都会对活动产生积极或消极影响。公关活动企划必须考虑时机，以求充分利用一切有利因素，实现最佳效果。时机利用得好便事半功倍；反之，则会导致失败。

(4) 确定大众传媒。公关宣传离不开大众传媒，选择大众传媒时应当考虑公关目标、受众特点、传播内容、媒介特点、自身经济条件等因素以扩大影响。

6. 企划效果评估

一般而言，企划的效果较难在短期内进行评估，这里所讲的评估特指公关活动结束后，在短期内对公关活动企划方案的创意、文案的评估与测量。这种测量一般有两种方法：一种是定性的方法，即通过非量化的结果进行评价，如调查公众对公关活动的主观感受；另一种是定量的方法，即通过量化的结果进行估算，如在公关活动完成后统计公众对组织的好评度等。

二、公关活动企划程序

公关活动企划是一项系统工程，包含许多内容与步骤。

(一) 综合分析

企划人员进行公关活动企划的第一步工作，就是综合分析在公关调查中收集的信息资料，对组织进行诊断，认识问题。

(二) 确定目标及制订计划

1. 确定目标

确定目标是公关活动企划中重要的一步。所谓公关活动目标，是指公关活动企划所追求和渴望达到的结果。目标规定公关活动要做什么，做到什么地步，要取得什么样的效果。公关活动目标是全部公关活动的核心，是公关活动企划的依据，是公关工作的指南，是评价公关活动效果的标准，是提高公关工作效率的保障，也是公关人员努力的方向。

2. 制订计划

目标系统一旦确定，便可制订具体的计划。一个完整的公关活动企划方案应包括以下几个方面的内容：

(1) 目标系统。公关活动目标不是一个单项的指标，而是一个目标体系。总目标要分解成分目标；长期目标要分解成短期目标；宏观目标要分解成微观目标；整体形象目标要分解成产品形象目标、员工形象目标、环境形象目标。

(2) 公众对象。只有确定了公众对象，才能选定需要的公关活动人才、公关活动媒介及公关活动模式，才能将有限的资金和资源科学地分配使用，减少不必要的浪费，取得最大的效益。

(3) 选择公关活动模式。公关活动模式多种多样，不同的问题、不同的公众对象、不同的组织都有相应的公关活动模式，没有哪一种模式可以解决所有问题。究竟选择哪一种公关活动模式，要根据目标、任务、对象分布、权利要求来具体确定。常见的公关活动模式有以下几种。

1）交际型公关活动模式。这种模式主要以人际传播为手段，通过人与人的直接交往，建立广泛的联系。这种活动模式富有人情味，主要适用于旅游服务等第三产业部门。交际型公关活动模式的重点是采用各种媒介向外传播信息。当组织要提高自己的知名度时，一般采用此种模式。新闻稿、记者招待会、新产品展览、广告、演讲、板报等都属于这种模式。

2）征询型公关活动模式。这是以民意测验、舆论调查、收集信息为活动模式，目的是为组织决策咨询收集信息。如有奖征文、有奖测验、问卷调查、信访制度、举报中心、专线电话等都属于征询型公关活动模式。这种活动模式有助于增强公众的参与感，提高组织的社会形象。

3）社会型公关活动模式。这种模式是通过开展各种社会福利活动来提高组织的知名度和美誉度。如赞助各种文化体育活动、公益性和福利慈善性事业等都属于这种类型。社会型公关活动模式不局限于眼前的利益，而是关注长远利益的投资，一般实力雄厚的组织可以开展此类活动。

4）服务型公关活动模式。这种模式主要以提供各种服务来提高组织的知名度和美誉度，如消费指导、售后服务、咨询培训等。

5）进攻型公关活动模式。这是在组织与外界环境发生激烈冲突、处于生死存亡的关键时刻采用的以攻为守、主动出击的一种公关活动模式。

6）防御型公关活动模式。公关部门不仅要处理好已出现的公关纠纷，还要预测、预防可能出现的公关纠纷，及时向决策部门反映外界的批评意见，主动改进工作方式。

7）建设型公关活动模式。这是在组织创建初期，为了给公众良好的第一印象，提高组织在社会上的知名度和美誉度而采用的一种模式，如举办开业庆典、奠基仪式、免费参观等活动，主要着眼于组织知名度的提高。

8）维系型公关活动模式。维系型公关活动模式的主要目的是通过不间断的宣传和工作，维持组织在社会公众心目中的良好形象。这种模式一方面开展各种优惠服务吸引公众再次合作；另一方面通过传播活动把组织的各种信息持续不断地传递给各类公众，使组织的良好形象始终保留在公众的记忆中。

9）矫正型公关活动模式。这是当组织遇到风险或组织的公共关系严重失调，组织形象受到严重损害时所采用的一种模式。这种模式的特点是及时发现问题，及时纠正错误，及时改善不良形象。

（4）确定公关传播的媒介。媒介的种类很多，包括个体传媒、群体传媒和大众传媒。个体传媒是社会组织通过派员访问、通信、电话等方式与公众成员保持联系，传播和交流信息；群体传媒是社会组织通过举办公众代表会议、专题座谈会、讨论会、信息发布会等，向公众部分群体传播和交流信息，建立经常性联系；大众传媒可分为电子类传媒和印刷类传媒。各种传媒方式各有所长，亦各有所短，只有选择恰当的媒介，才能取得良好的效果。

（5）确定时间。要制定一个科学的、详尽的公关活动计划时间表。公关活动计划时间表应和既定的目标系统相配合，按照目标管理的办法，对最终的总目标、项目目标、每一级目标所需的总时间、起止时间进行列表，形成一个系统的时间表。对活动的起始时间，公关人员要独具慧眼，抓住最有利的时机，以取得事半功倍的效果。

（6）确定地点。每次公关活动要用多大的场地，用什么样的场地，都要根据公众对象的人数多少、公关项目的具体内容以及组织的财力预先确定好。

（7）制定公关活动预算。为了少花钱多办事，以有限的投入获取最大的社会效益和经济效益，就要进行科学的公关活动预算。编制公关活动预算，要清楚组织的承受能力，做到量体裁衣，同时监督经费的开支情况，评价公关活动的成效。公关活动的开支构成大体如下：

1）行政支出。行政支出包括劳动力成本、管理费用以及设施材料费等。

2）项目支出。项目支出包括每一个具体的项目所需的费用，如场地费、广告费、赞助费、邀请费、咨询费、调研费等。

3）其他各种意想不到的可能支出，如突发性事件支出等。

（三）分析评估、优化方案

经过认真分析信息情报，公关人员确定了公关活动目标，制订了公关活动企划方案。但这些方案是否切实可行、是否尽善尽美，有赖于对方案的分析评估和优化组合。公关活动方案的评估标准有两条：一是看方案是否切实可行；二是看方案能否保证策划目标的实现。如果实施成功的可能性大，又能保证策划目标的实现，方案便可通过；否则，方案便要加以修正优化。优化过程是提高方案合理性的过程。方案的优化可以从三个方面考虑：提高方案的可行性，增强方案的目的性，降低经费开支。常见的方案优化方法是综合法，即将各种方案加以全面评估，分析其优点和缺点，将各方案的优点移植到被选中的方案中，达到优化的目的。

（四）审定方案、准备实施

公关活动企划经过分析评估、优化组合，最终形成书面报告，交给组织的领导决策层，以备实施。任何公关活动企划方案都必须经过本组织的审核和批准，使公关活动目标和组织的总目标一致，使组织的公关活动和其他部门的工作相协调，从而得到决策层和全体员工的积极支持与配合。

三、公关活动企划执行

公关活动企划执行包括三个阶段：传播阶段、反馈阶段、修正阶段。

1. 传播阶段

（1）如实执行企划。一个公关活动企划从萌芽、产生，到研究、反复、成型、结束，经历了一个漫长的过程。在执行公关活动企划时，一定要切合实际情况，不能情况稍有变化，就动摇对企划的执行。

（2）准备应对突然的变化。所有的企划都会面临变化的形势，这时只要执行企划的决策者能够正常应对，使企划得到正确执行，就能取得预定的成绩。切勿对形势不做估计，盲目应对，给企划带来本不该有的负面效果。

2. 反馈阶段

企划的反馈阶段就是检验传播效果的阶段。企划制定和执行情况的好坏，关键要看能不能得到公关对象的认可，该阶段可以分四个步骤：重温企划目标，收集和分析资料，评估成果，总结报告。该阶段是实施过程中关键的一环，也是最重要的一环。

3. 修正阶段

修正阶段是企划执行过程的最后阶段。第一时间得到消费者的反馈，就为计划的成功实施扫清了障碍。修正阶段的主要任务包括：

（1）及时收集反馈信息和总结效果。收集反馈信息的过程，也是一个自我检验的过程。任何一个计划在实施过程中都不可能100%地实现，肯定会留有问题。所以，成功地将信息收集上来，是修正阶段的第一要务。只有收集到正确的第一手信息，才能保证效果的真实可信，并且为下一阶段的反馈奠定坚实的基础。

（2）进行必要的改进和反馈。企划的改进是为了使原有的企划能够进一步符合现实情况的需要，而这一过程也是一个循环过程，即改进—反馈—改进—反馈，直到该企划能够真正地完整执行且达到企业的预期目标。

第3节　危机公关

一、危机公关概述

（一）危机公关的概念与特征

危机公关（crisis public relations）是指为应对危机事件开展的公共关系活动，它具有意外性、聚焦性和紧迫性等特征，具体是指机构或企业为避免或者减轻危机所带来的严重损害和威胁，有组织、有计划地学习、制定和实施一系列管理措施和应对策略，包括危机的规避、控制、解决以及危机解决后的复兴等不断学习和适应的动态过程。

（二）危机公关的分类

1. 按对象分类

（1）政府危机公关。政府危机是指在政府管理国家事务中突然发生的如地震、流行病、经济波动、恐怖活动等对社会公共生活与社会秩序造成重大损失的事件。

（2）企业危机公关。企业危机是指由于外界环境突然变化以及企业在生产经营、管理决策过程中出现失误而造成的一系列危害企业行为的事件。

2. 按媒介分类

（1）传统危机公关。传统危机公关是指利用传统媒体如平面媒体、电视、广播等对企业形象进行公关。

（2）网络危机公关。网络危机公关是指利用互联网对企业的相关品牌形象进行公关，尽可能避免在搜索企业的相关人物与产品服务时出现负面信息。在当今互联网高速发展的时代，随着网络的普及以及社会公众对网络的使用越来越频繁，网络对社会的舆论导向和公共事件的评价都有巨大的影响力，网络已经成为消费者了解、评价某一品牌或商品的主要渠道，而且网络上信息传播迅速，短时间内就能产生巨大的影响力。网络日益成为企业日常公关活动的主阵地。

（3）综合性危机公关。综合性危机公关即综合以上两种形式的品牌形象维护、修复等危机公关事件。

二、危机公关应对的 5S 原则

（一）承担责任原则（shouldering the matter）

危机发生后，公众会关心两方面的问题：一方面是利益问题，这是公众关注的焦点，因而无论谁是谁非，企业都应该承担责任。即使受害者在事故中有一定责任，企业也不应首先追究其责任，否则会各执己见，加深矛盾，引起公众的反感，不利于问题的解决。另一方面是情感问题，公众很在意企业是否在意自己的感受，因此企业应该站在受害者的立场上表示同情和安慰，并通过新闻媒介向公众致歉，解决深层次的心理、情感关系问题，从而赢得公众的理解和信任。

（二）真诚沟通原则（sincerity）

企业处于危机漩涡中时，是公众和媒介关注的焦点，一举一动都可能受到质疑，因此千万不要有侥幸心理，企图蒙混过关。应该主动与新闻媒体联系，尽快与公众沟通，说明事实真相，消除公众疑虑与不安。真诚沟通是处理危机的基本原则之一，这里的真诚指“三诚”，即诚意、诚恳、诚实。

（1）诚意。在事件发生后的第一时间，公司的高层应向公众说明情况，并致以歉意，从而体现勇于承担责任、对消费者负责的企业文化，赢得消费者的同情和理解。

（2）诚恳。一切以消费者的利益为重，不回避问题和错误，及时与媒体和公众沟通，向消费者说明进展，重拾消费者的信任和尊重。

（3）诚实。诚实是危机处理最有效的解决办法。公众会原谅一个人犯错误，但不会原谅一个人说谎。

（三）速度第一原则（speed）

在危机发生的最初 12～24 小时，消息会像病毒一样，以裂变方式高速传播，社会上充斥着谣言和猜测。这时公司的一举一动将是外界评判公司如何处理这次危机的主要根据，媒体、公众及政府都密切注视公司发出的第一份声明。对于公司在处理危机方面的做法和立场，舆论赞成与否往往会立刻见诸传媒报道。因此公司必须当机立断，快速反应，果决行动，与媒体和公众进行沟通，从而迅速控制事态，否则会扩大突发危机的范围，甚至可能失去对全局的控制。危机发生后，首先控制住事态，使其不扩大、不升级、不蔓延，是处理危机的关键。

（四）系统运行原则（system）

在规避一种危险时，不要忽视另一种危险。进行危机管理时必须系统运行，绝不可顾此失彼。只有这样才能透过表面现象看本质，创造性地解决问题，化害为利。危机的系统运行主要是做好以下几点：

（1）以冷对热，以静制动。危机会使人处于焦躁或恐惧之中，企业高层应以冷对热，以静制动，镇定自若，以减轻企业员工的心理压力。

（2）统一观点，稳住阵脚。在企业内部迅速统一观点，对危机有清醒认识，从而稳住阵脚。

（3）组建班子，专项负责。一般情况下，危机公关小组由企业的公关部成员和企业涉及危机的高层领导组成。这样，一方面有高效率的保证，另一方面有对外口径一致的保证，使公众对企业处理危机的诚意感到可以信赖。

（4）果断决策，迅速实施。由于危机瞬息万变，在危机决策高时效性要求和信息匮乏的条件下，任何模糊的决策都会产生严重的后果，所以必须最大限度地集中使用资源，迅速做出决策，系统部署，付诸实施。

（5）合纵连横，借助外力。当危机来临时，应充分和政府、行业协会、同行企业及新闻媒体配合，联手应对危机，在众人拾柴火焰高的同时，增强公信力、影响力。

（6）循序渐进，标本兼治。要真正彻底地消除危机，需要在控制住事态后，及时准确地找到危机的症结，对症下药，谋求治本。如果仅仅停留在治标阶段，就会前功尽弃，甚至引发新的危机。

（五）权威证实原则（standard）

自己称赞自己是没用的，没有权威的认可只会徒留笑柄。在危机发生后，企业可以请权威的第三者为其认证和发声，使消费者解除对自己的警戒心理，重获他们的信任。

三、危机公关应对流程

（一）危机准备阶段

（1）根据危机的影响程度，迅速建立危机管理小组，组成人员包括决策负责人、公关部经理、人事部经理、保卫部经理等。在危机严重时，要由企业“一把手”挂帅。

（2）危机管理小组首先要明确问题，通过各种方法挖掘危机爆发的缘由。

（3）危机管理小组要安排调查，深入现场，了解事实，并尽快给出初步报告。

（4）危机管理小组要制定或审核危机处理方案和方针及工作程序，尽快遏制危机的扩散。

（5）危机管理小组要统一信息发布口径，对深层次问题的探究也要保持口径一致。

（6）危机管理小组要及时聘请外部专业公关人员来协助处理危机公关事件。

（二）危机处理阶段

（1）危机发生后，从组织内部的各层管理人员到员工都应尽快得到组织危机应对事件的材料，并进行相应的学习。

（2）在处理危机的过程中要就事论事，实事求是。

（3）妥善做好善后处理。

（4）开放现场或组织专门参观，通过参观活动来协助解决危机。

（三）重塑企业组织形象阶段

（1）一般而言，在危机公关过后，企业会采用低价促销的策略，先确保销量，即使有利润的损失。

（2）根据社会发展的不同情况，多做社会公益活动，如捐建希望小学、大灾难时捐款捐物等，树立良好的企业形象。

四、危机公关应对策略

企业面对公关危机时，必须严谨地处理好每一个细节，参考以下应对策略，谨慎应对。

（一）组织内部对策

（1）迅速成立处理危机事件的专门机构。假如企业已成立危机管理小组，可在该小组的基础上增加部分人员。这个小组的领导应由企业负责人担任。行政部公关事务人员必须参加这一小组，会同各有关职能部门的负责人组成一个有权威性、有效率的工作班子，保持行动的整体性和一致性。

（2）了解情况，进行诊断。专门机构应迅速准确地把握事态的发展，判明情况，确定危机事件的类型、特点及有关的公众对象。

（3）制定处理危机事件的基本原则、方针、具体的程序与对策。

（4）各相关部门共同参加急救。

（5）将处理危机事件的基本原则、方针、程序和对策，通告全体员工，以统一口径，统一思想认识，协同行动。

（6）向新闻媒体、社区意见领袖等公布危机事件的真相，表示企业对该事件的态度并通报将要采取的措施。

（7）若危机事件造成伤亡，一方面应立即进行救护工作或者善后处理；另一方面应立即通知受害者家属，并尽可能提供一切条件，满足受害者家属的要求。

（8）如果是由不合格产品引起的危机事件，应不惜代价立即收回不合格产品或立即组织检修队伍，对不合格产品逐个检验，并通知有关部门立即停止出售这类产品。

（9）调查引发危机事件的原因，并对处理工作进行评估。

（10）奖励处理危机事件中的有功人员，处罚事件的责任者并通告有关各方。

（二）受害者对策

（1）认真了解受害者情况后，诚恳地向他们及其家属道歉，并实事求是地承担相应的责任。

（2）耐心冷静地听取受害者的意见，包括他们要求赔偿损失的意见。

（3）了解、确认和制定有关赔偿损失的文件规定与处理原则。

（4）避免与受害者及其家属发生争辩与纠纷。即使受害者有一定责任，也不要在现场追究。

（5）企业应避免出现为自己辩护的言辞。

（6）制定受害者及其属的补偿方法与标准，并尽快实施。

（7）应由专人负责与受害者及其家属进行谨慎的接触。

（8）给予受害者安慰与同情，并尽可能提供其所需的服务，尽最大努力做好善后处理工作。

（9）在处理危机事件的过程中，如果没有特殊情况，不可随便更换负责处理相关工作的人员。

（三）新闻媒体对策

（1）向新闻媒体公布危机事件，对公布时如何措辞、采用什么形式、有关信息怎样有计划地披露等，应事先达成共识。是否具有沟通技巧和把握大局的能力是选择发言人的首要标准之一。在利用新闻媒体发布企业最新信息时，应第一时间通过新闻的方式，多角度、多层次地对企业、产品或人物进行正面宣传，吸引公众的注意，化解企业信任危机，消除公关危机对企业形象的影响。精准的企业新闻传播，能让信息从“焦点”变为“记忆点”，进而产生“卖点”，无论是短期还是长期都能为企业带来积极的效应和价值。

（2）成立新闻媒体接待机构，由专人负责发布消息，集中处理与事件有关的新闻采访，向新闻媒体提供权威资料。

（3）为了避免报道失实，向新闻媒体提供的资料应尽可能采用书面形式。介绍危机事件的资料应简明扼要，避免使用专业术语或难懂的词汇。

（4）主动向新闻媒体提供真实、准确的消息，公开表明企业的立场和态度，以减少新闻媒体的猜测，帮助新闻媒体做出正确的报道。

（5）必须谨慎传播。在事情未完全明了之前，不要对事故的原因、损失以及其他方面的任何可能性进行推测，不轻易地表示赞成或者反对。

（6）对新闻媒体表示出合作、主动和自信的态度，不可采取隐瞒、搪塞、对抗的态度。对确实不便发表的消息，也不要简单地答以“无可奉告”，而应说明理由，求得新闻媒体的理解。

（7）不要一边向新闻媒体发表敏感言论，一边又强调不要记录。

（8）注意以公众的立场和观点来进行报道，不断向公众提供他们所关心的消息。

（9）可在刊登有关事件消息的报刊上发歉意广告，向公众说明事实真相，并向公众表示愿意承担责任。

（10）当新闻媒体发表了不符合事实真相的报道时，应尽快向该新闻媒体提出更正要求并指明失实的地方，同时向该新闻媒体提供全部与事实有关的资料，表明立场，要求公平处理，特别应注意避免产生敌意。

（四）上级领导部门对策

（1）危机事件发生后，应以最快的速度向企业的直属上级领导部门实事求是地报告，争取获得它们的援助、支持与关注。

（2）在危机事件的处理过程中，应定期汇报事态发展的状况，求得上级领导部门的指导。

（3）危机事件处理完毕后，应向上级领导部门详细地报告处理的经过、解决方法、事件发生的原因等情况，并提出今后的预防计划和措施。

（五）客户对策

（1）危机事件发生后，应尽快如实地向有关客户传达事故发生的消息，并表明企业对该事件的坦诚态度。

（2）以书面形式通报正在或将要采取的各种对策和措施。

（3）如有必要，还可派人直接与重点大客户面对面地进行沟通、解释。

（4）在事故处理的过程中，定期向各界公众传达处理经过。

（5）事故处理完毕，应以书面形式表示歉意，并向理解和援助的单位表示诚挚的谢意。

（六）消费者对策

（1）迅速查明和判断消费者的类型、特征、数量、分布等。

（2）通过不同的传播渠道向消费者分发说明事故概况的书面材料。

（3）听取受到不同程度影响的消费者对事故处理的意见和愿望。

（4）通过不同的渠道公布事故的经过、处理方法和今后的预防措施。

（七）消费者团体对策

（1）所有的对策、措施都应以尊重消费者权益为前提。

（2）热情地接待消费者团体的代表，回答他们的询问、质询。

（3）不隐瞒事故真相。

（4）及时与消费者团体中的领导以及意见领袖进行沟通、磋商。

（5）通过新闻媒体向外界公布与消费者团体达成的一致意见或处理办法。

（八）社区居民对策

（1）社区是企业生存和发展的基地，如果危机事件给社区居民带来了损失，企业应组织人员专门向他们致歉。

（2）根据危机事件的性质，也可派人到社区居民家中分别致歉。

（3）在全国性的新闻媒体和有影响的地方新闻媒体上发布道歉声明，澄清有关公众应了解的事项，明确而鲜明地表示企业敢于承担社会责任、知错必改的态度。

（4）必要时应向社区居民赔偿经济损失或提供其他补偿。

除上述关系对象，还应根据具体情况，分别对与事件有关的交通、公安、市政、友邻单位采取适当的传播对策，通报情况，回答咨询，调动各方面的力量，协助企业尽快渡过危机，使企业形象的损害控制在最低程度。

关键术语

公共关系　　公关活动企划　　危机公关

思考题

1. 公共关系战略与企业战略、营销战略有哪些不同？

2. 企业如何实施公共关系战略？可运用哪些手段？

3. 进行公关活动企划工作需要考虑哪些因素？

4. 公关活动企划需要经过哪些程序及阶段？

5. 请从公关活动企划的角度，拟定一份房地产公司主题为“庆十一酒会”的公关活动企划方案。

6. 应对危机公关有哪些策略？如何进行危机公关？

案例分析

2004年12月27日，卫生部在其官方网站上发布了“2004年植物油国家卫生监督抽查情况的通报”。在有问题的名单中，嘉里粮油（中国）管理有限公司生产的金龙鱼和其他公司的两个品牌“榜上有名”。食用油与百姓餐桌健康和安全息息相关，因而关于“金龙鱼等三大食用油上黑榜”的报道在两天内迅速从北京的主流媒体蔓延至全国各地的都市类媒体，引起了公众对金龙鱼全线产品质量的质疑，并对整个食用油行业产生恐慌心理。各地质检、技监、工商等政府机构也开始给予金龙鱼的产品质量以高度关注，同时，全国卖场相继出现金龙鱼产品下架的现象。

面对困局，公司领导层迅速成立了危机公关处理小组并马上投入到紧张的工作中。危机公关处理小组对危机事件的情况进行了分析并采取了具体的应对措施。

一、危机分析

问题油是地域问题而非全国问题，被卫生部门抽检不合格批次食用油仅在东北地区销售；问题油仅涉及色拉油产品，不涉及金龙鱼整体品牌；是产品级别问题而非健康安全问题，因为按照国家食用油标准规定，酸价在3.0以内的食用植物油，都是消费者可以安全健康食用的植物油，酸价0.5意味着产品达不到一级色拉油标准，但属于安全健康食用的范围。

二、危机应对

1. 危机前期

公司第一时间请国家级油脂专家一起到卫生部沟通，以科学的行业知识说明并解决问题。在事件查清楚之前对全部不合格产品做召回处理，并公布了用以召回产品的热线电话。此外公司还组织各办事处主动邀请当地权威机构到现场进行产品抽检，同时开通新闻热线，以回答消费者和媒体的相关问题。集团内部向员工和合作伙伴发出董事总经理李福官的一封信，表明嘉里粮油面对危机的态度立场和对策，号召大家共渡危机。

2. 危机中期

2004年12月28日，嘉里粮油请各地分公司和办事处与当地权威质检机构联系，对正在销售的金龙鱼产品进行抽检，同时对嘉里粮油在中国的八个生产工厂中的全部产品进行再次检验，确保万无一失。同日通过媒体发表正式声明，向消费者传达积极态度，并及时将事件真相告知消费者：金龙鱼产品中仅有销往东北的一个批次共1 378箱金龙鱼900毫升的大豆色拉油抽检酸价不符合国家标准，其他金龙鱼产品经检验都合格。该批次产品没有达到国家一级色拉油的标准，但符合国际标准，对消费者健康安全没有任何影响。

12月30日，嘉里粮油和卫生部经过沟通达成初步共识，卫生部对食用油抽检结果再次通报，将权威机构抽检、消费者热线咨询、新闻媒体问询等情况通过媒体向公众告知。

3. 危机后期

从 2005 年 1 月开始，全国 90 个城市的权威检测机构陆续发布对金龙鱼产品的抽检报告，表明金龙鱼所有被抽检产品均符合国家标准，嘉里粮油通过新闻报道和广告等渠道迅速向公众告知这一结果。同时，嘉里粮油领导人主动接受媒体采访，通过媒体向公众展示嘉里粮油数十年如一日对于产品品质的高标准要求，以及通过不断创新带给消费者健康美味产品的企业追求。1 月 20 日，嘉里粮油与《中国消费者报》及粮油行业协会一起召开“食用油放心消费研讨会”，对消费者和媒体进行行业知识宣传。

资料来源：胡学亮．公关传播案例评析．北京：中国传媒大学出版社，2008.

讨论题

1. 嘉里粮油是如何进行危机公关的？采取了哪些策略？

2. 本次危机公关给嘉里粮油带来了怎样的影响？

3. 本案例对你有什么启示？

第 5 篇

创业与创新

第 18 章

创业管理

| 本章要点 |

本章从创业的概念入手，主要探讨创业的要素、创业管理与一般管理的异同、创业融资渠道、商业计划撰写的格式与内容、新企业如何从创立到盈利以至发展壮大等内容，使读者能够对创业管理的基础知识有所了解和掌握。

引例

1996 年，原本在南京航空学院教书的高云峰凭借对激光设备的深刻理解和客户提供的 40 万元预付款，在深圳创立了大族激光公司。起初，公司面临市场容量小、技术储备不足和资金短缺等多重困难。然而，高云峰凭借敏锐的市场洞察力，将目光投向了中小企业市场，尤其是纽扣行业。他发现通过激光打标技术，纽扣企业可以提高产品的附加值和市场竞争力，从而研发了第一台纽扣激光打标机，打开了纽扣行业市场，使公司度过了初创最艰难的时期。

在后来的市场推广过程中，大族激光公司采取了很多创新的销售策略，如金融租赁模式，即允许客户先免费使用设备，再用赚取的利润购买。这种策略不仅降低了客户的购买门槛，还迅速打开了市场，使得大族激光公司的销售额迅速增长。

随着市场的拓展和技术的积累，大族激光公司逐步从客户需求导向的“逆向”技术创新向前瞻性的“正向”技术创新转变。公司不断推出新产品，如全球首台 150KW 超高功率切割机，巩固了其在高端市场的领导地位。此外，大族激光公司还积极拓展海外市场，与多家行业巨头建立战略合作关系。

如今，大族激光公司已成为全球领先的激光设备制造商，产品广泛应用于消费电子、新能源、汽车等多个领域。

资料来源：大族激光：一个小企业的成功逆袭．中国农业报，2017－03－30.

第 1 节 创业与创业管理

一、创业的概念、要素与创业管理

(一) 创业的概念

创业是指通过寻找和把握机遇，创造出新颖的产品或服务，并通过市场创建企业或者产业，从而实现企业经济价值和社会价值的过程。我们可以通过是否“创建新企业”和“实现创新产品的市场化和产业化”这一本质来区分创业与创新。

(二) 创业的要素

创业本身就是一个复杂的系统工程。创业者、创业机会、创业资源和创业组织等构成了创业的基本要素。

1. 创业者

创业者是创业活动的发起人，是创业活动的主体要素，是创业目标的制定者，是创业过程的组织者。创业者主要负责推进创业活动的流程，承担创业过程中的所有风险。创业能否成功，与创业者个人的特质、处事风格、能力、知识结构等有着密切的关系。

2. 创业机会

在众多创业要素中，创业机会是核心要素。创业的关键要素是认知到机会并采取积极行动。机会何以只青睐某些个人而非芸芸大众？这取决于个体的知识差异、认知差异和行为差异。而将专业知识与商业机会结合起来，不仅需要技术、才能、洞察力，还需要既不是很稳定也不会波动过大的外部环境。个体识别与搜寻信息的程度取决于人力成本的构成。机会的搜寻与识别过程受到决策者认知行为的影响，不同类型的创业者识别机会与搜寻信息的能力和过程有所不同。

牛仔裤的发明者是美国人李维・斯特劳斯。1847 年他从德国移民至美国纽约。1853 年，他跟着一大批人去西部淘金，途中被一条大河拦住了去路，许多人感到愤怒，李维・斯特劳斯却说“棒极了”。他设法租了一条船给想过河的人摆渡，结果赚了不少钱。不久摆渡的生意被人抢走了，李维・斯特劳斯转而卖起了水，因为采矿出汗而饮水又很紧张，于是别人采矿他卖水，又赚了不少钱。后来卖水的生意又被人抢走了，李维・斯特劳斯再次转行，他发现采矿时工人跪在地上，裤子的膝盖部分很容易磨破，于是把矿区里被人扔弃的帆布帐篷收集起来洗干净，做成裤子卖给淘金的工人，结果销量很好。如今，李维斯（Levi’s）公司已经是活跃于世界舞台的跨国大企业。

3. 创业资源

机会一旦被识别并获得相关信息，下一步就是获取所需要的资源并有效地组织现有资源。企业的所有者往往是关键资源的拥有者，也可能是资源获取的关键约束所在。资源与企业成败之间有着密切的关系，拥有较多或较高质量资源的企业成长更快且规模更大，而且资源的重要性会随着企业的成长而变化。创业资源主要有政策资源、信息资源、资金资源、人才资源、管理资源、科技资源等。

4. 创业组织

“我更喜欢拥有二流创意的一流创业者和团队”，这是“风险投资之父”乔治·多里特对创业组织重要性的经典论述。企业发展的核心问题是人的管理问题，创业企业也不例外。如何拥有一支高素质的创业管理团队，并有效地实现对员工的管理是创业者时刻关注的问题。创业组织的形式主要有新创企业、公司创业、管理层收购或者换购、特许经营以及家族企业的继承等。

（三）创业管理

创业管理（entrepreneurship management）也称企业家管理。对创业管理的研究先后经历了从关注谁是创业者、创业者都做些什么，逐渐发展到研究创业活动的一般过程和行为规律；从关注个体创业，到关注公司创业、社会创业；从关注创业活动本身，到关注影响创业活动的内外部环境要素，形成了创业研究的基本框架。

狭义的创业管理，指把创业管理的研究对象定位于企业设立前后的管理，也就是企业开业之前的各项准备工作和起步之后早期所涉及的管理，包括识别与利用机会、组织资源、制订计划、创建新组织等。

随着企业的发展，企业家和管理者意识到，即使在现有企业或成熟企业里，由于竞争、市场需求、产业演变和环境的变化，企业也需要不断地寻求新的增长机会，开发新的业务，只有具有创业与创新精神的企业才能具有活力和竞争力，这就需要企业战略思想和管理方式进行调整。因此，创业管理从理论概念来讲，并不仅仅是新企业的事情，现有成熟企业也存在和需要创业管理。

二、创业管理与一般管理

创业管理是以环境的动态性与不确定性以及环境要素的复杂性与异质性为假设，以发现和识别机会为起点，以创新、超前认知与行动、勇于承担风险等为主要特征，以创造新事业的活动为研究对象，以研究不同层次事业的创业导向为主要内容，以心理学、经济学、管理学和社会学等为工具，研究创业活动内在规律的科学体系。

（一）传统职能管理与创业管理的关系

比较传统职能管理与创业管理，我们会发现两种理论所依据的基础不同，传统职能管理是大工业的管理，而创业管理是新经济领域的管理。两者的研究对象不同，传统职能管理理论以现有的大公司为研究对象，而创业管理理论则以不同层次的新建事业以及新的创业活动为研究对象。两者的出发点不同，传统职能管理的出发点是效率和效益，而创业管理尽管也要讲效率和效益，但它更主要的是寻找机会并取得迅速的成功与成长。传统职能管理通过计划、组织、领导和控制来实现生产经营；而创业管理则是在不成熟的组织体制下，更多地依靠团队的力量，靠创新和理性冒险来实现新事业的起步与发展。但两者又有许多共同之处：都研究各类组织的绩效问题，都是为了揭示基于人、效率、效果三者互动的管理科学问题。

（二）新企业管理与成熟企业管理的不同

虽然创业精神在新企业与成熟企业中体现的原则、种类和来源大同小异，但在创业管理的过程、路径以及侧重点方面有着明显的区别。

第一，创业管理对于成熟企业来说，核心在于创新，而对新企业来说，核心在于管理。现有的企业经过长时间的努力和关注已经形成了既定的管理模式和组织体系，但由于组织惰性和路径依赖，需要学习如何创新。新企业正处于由个人理性向组织理性转变的过程中，还不是一个真正意义上的组织，因而需要通过创业管理就企业的愿景和目标达成共识，建立共同遵循的组织原则和制度，培育各司其职、分工协作的团队。此外，从企业生命周期的角度来看，企业作为有机的生命体，在不同的发展阶段具有不同特征，会遇到不同的问题，必须采用合适的管理模式和解决方案。总体看来，这种生命周期特性体现在创业管理中便是：成熟企业里，原有的体制和成功模式是推行创业最大的障碍，而新企业的障碍在于团队缺乏束缚和号召力。缺少高层管理团队，是所有新企业在初步成功后无法转变成真正意义上的组织的关键所在。

第二，新企业和成熟企业在追求创新的过程中采取不同的创业模式。对于新企业而言，在有效的营销管理和现金流量管理的基础上，构建具有共同价值观、相互信任、彼此协作的高层管理团队，打造创业型组织是需要关注的重点，以免创业活动仅仅停留在商业活动层面而无法成为有组织的行为。成熟企业创业活动的成败关键在于能否处理好新业务和旧业务、新组织与旧组织的关系。既要构造一个有利于孕育创业活动、培育创业精神的组织，又要使创业机构这个具有不同成长规律的新组织在原有组织中独立发展。独立发展并不等于完全分离，而是需要不同的政策和管理模式。

第三，新企业和成熟企业的管理具有不同的结构特征。新企业的结构特征是：

（1）集权决策。在一个小组织内，总经理通常做出有关公司经营的大多数决策，当经营规模小和结构简单时，一个人就能了解与制定决策相关的全部信息。

（2）非正式管理。创业型公司具有典型的非正式性，很少有正式的程序、系统和结构，公司的各项活动通过创业者的个人监督即可完成。况且，因为公司年轻没有经验，它并没有学到公司取得成功的常规之道。

成熟企业的管理是一种专业管理（一般管理），专业管理具有如下特征：

（1）决策责任的分配。大公司规模复杂，个人不能做出公司全部的管理决策，因此总经理必须授权下一级管理人员。这种授权方式既决定了公司的结构，又反过来为公司的结构所决定。

（2）正式控制体制的使用。相对于决策责任的分配，公司采用了正式的体制。这种体制通常包括设置目标、监控违反目标的行为、奖励积极的行为。此外，总经理还会制定政策和标准工序来指导下属的经营活动。

第四，新企业相对于成熟企业而言有一个优势，那就是不像成熟企业那样为产品或服务寻求市场。新企业有点子，有自己的想法，但缺乏的是“事业”，一种能生存的、可操作的、有组织的“存在”。

三、创业者的核心素质

创业者是一个素质集合概念，可以归纳为以下五个方面：身体素质、知识素质、心理素质（态度、情感、意志等）、能力素质、技能素质。因此，对一个创业者素质的判断应当是一个系统的、细致的技术性识别过程。过分注重项目技术含量而忽略创业者个人综合素质能力，将其专业技术素质简单地等同于创业者素质是片面而危险的。在创业者素质集合中，心理素质是核心素质，起着灵魂、统领作用，对创业成功具有重要的影响。心理素质主要分以下几方面。

1. 成就需要

成就需要是指个人对于自己认为重要的或有价值的事，力求达成的欲望。成就是相对的，是个人完成一件工作后与他人或自己的既定标准相比较所得出的结果。成就需要包含的内容很多，如对于地位、名誉、声望等的需要，对于实力、绩效、优势等的需要。

2. 自我控制

自我控制是指个体相信通过他们的行为能够控制事件的发生。然而，自我控制不是创业者独有的特征，与成就需要相比不能区分创业者与非创业者。高自我控制是成功经理与成功创业者的共同特征，它也能区分成功创业者与不成功创业者。

3. 高风险倾向

总体研究结果认为，创业者只是适度风险承担者，与经理甚至一般个体在风险认知上没有显著区别。

4. 对不确定性的容忍度

创业者与经理相比具有更显著的不确定性容忍度。

研究表明，创业者的特质因素是不容忽视的。个体在个性、风险倾向与对不确定性的容忍度、创业效能感、成就动机、认知模式、毅力、激情、控制感等特质因素上的差异，使得创业者与非创业者区分开来。这些特征对创业成功具有较好的预测效度。

第2节　创业融资与商业计划

一、创业融资与创业投资

对大多数创业者而言，创业过程中最痛苦的经历之一就是筹集资金。正如中小企业融资难是世界性的难题一样，对于很多新企业而言，融资更是难上加难，因此也被形象地称为走过创业阶段的“财务地狱”。

新企业之所以融资难，从理论上讲，既与创业环境（金融制度、资本市场、融资渠道、政府政策等）有关，也与新企业的创业特征有关。新企业大多建立在具有不确定性的新的市场机会基础之上，投资者对新的市场机会的价值认识和对创业者的素质能力判断存在信息不对称，导致新企业难以从外部获取资金。所以，对于潜在创业者而言，制订与实施创业计划的一个重要工作是做好创业前的财务准备，这就是关于创业融资的策略问题。要成功进行创业融资，需要首先了解创业投资，才能成功地获得创业投资者的青睐，进而解决创业融资问题。

（一）创业投资的概念

创业投资（venture capital）也称风险投资。创业投资被全美创业投资协会（NVCA）定义为由职业的投资者投入到新型迅速发展而又具有巨大竞争潜力企业中的一种权益资本。广义的创业投资，泛指一切具有高风险、高潜在价值的投资；狭义的创业投资是指以高新技术为基础，生产和经营技术密集型产品的投资。经济合作与发展组织科技政策委员会于 1996 年发表了一份题为《风险投资与创新》的研究报告，对创业投资的定义是：创业投资是一种向极具发展潜力的新建企业或中小企业提供股权资本的投资行为，其基本特征是：投资周期长，一般为 3～7 年；除进行资金投入，投资者还向投资对象提供企业管理等方面的咨询和帮助；投资者通过投资结束时的股权转让活动获取投资回报。

（二）创业投资的特征

1. 创业投资是一种无担保、有高风险的投资

创业投资主要用于支持刚刚起步或尚未起步的高技术企业，一方面，这些企业没有固定资产或资金作为贷款的抵押和担保，因此无法从传统融资渠道获取资金，只能开辟新的渠道；另一方面，由于存在技术、管理、市场、政策等方面的风险，即使在发达国家高技术企业的成功率也只有 20%～30%。虽然创业投资的风险比较高，但由于成功的项目回报率也很高，因此还是可以吸引一批投资人进行投资的。

2. 创业投资是一种高度专业化和程序化的组合投资

由于创业投资主要投向高新技术产业，加上投资风险较大，要求创业资本管理者具有很高的专业水准，在项目选择上要求高度专业化和程序化，精心组织、安排和挑选，尽可能地锁定投资风险。为了分散风险，创业投资者通常投资于一个包含 10 个项目以上的组合，利用成功项目所取得的高回报来弥补失败项目的损失并在总体上获利。

3. 创业投资是一种流动性较小的中长线投资

创业投资往往是在创业企业初创时就注入资金，一般需经 3～8 年才能通过某些渠道兑资（即所有者权益变现）并实现收益，在此期间还要不断地对有成功希望的企业进行增资。由于流动性较小，因此也称呆滞资金。

4. 创业投资是一种权益投资

创业投资不是一种借贷资本，而是一种权益资本；其着眼点不在于投资对象当前的盈亏，而在于它们的发展前景和资产的增值，以便通过上市或出售达到兑资并取得高额

回报的目的。所以产权关系清晰是创业资本介入的必要前提。

5. 创业投资是一种金融与科技、资金与管理相结合的专业性投资

创业资金与高新技术要素是推动创业投资事业前行的两大车轮，二者缺一不可。创业投资商在向创业企业注入资金的同时，为降低投资风险，必然会介入该企业的经营管理，提供咨询，参与重大问题的决策，必要时甚至解雇公司经理，亲自接管公司，尽力帮助该企业取得成功。当然，也有观点认为原则上创业投资商不应当随意干预创业企业的日常经营及决策，也不应在企业中追求控制地位，因为毕竟对创业企业最为熟悉和了解的是创业者，而创业投资商最主要的专长在于投资，因此应该最大限度地激发创业者的创造力，让创业者的努力为投资商带来高额的投资回报。

6. 创业投资是追求超额回报的财务性投资

创业投资以追求超额利润回报为主要目的，投资人并不以在某个行业获得强有力的竞争地位为最终目标，而是把它作为一种实现超额回报的手段，因此创业投资具有较强的财务性投资属性。

二、创业融资渠道

创业的融资渠道大概有以下几种。

（一）私人借贷

私人借贷是指从家人或朋友那里借来资金。家人或朋友一般都是创业者理想的贷款人。据统计，家人或朋友是创业者开办企业所用资金的第二种来源（第一种为自有资金）。专业的投资机构往往出于对投资项目高额回报的考虑而只对那些可能高速成长的企业投资，因而能够获得专业机构投资的创业者为数很少，即使在创业投资非常活跃的美国硅谷，创业者也常常靠私人借贷开始最初的创业。

私人借贷的优点是快速、灵活，投资者自我激励和约束大。但现实中的主要问题是：相当多的创业企业缺乏私人借贷的能力和渠道，所筹集的资金量难以满足企业快速发展的资金需求。

（二）银行贷款

银行贷款是最主要也是最常见的融资渠道。目前商业银行的贷款主要有以下四种：一是抵押或质押贷款，指借款人向银行提供一定的财产作为信贷抵押或质押的贷款方式；二是信用贷款，指银行仅凭对借款人资信的信任而发放的贷款，借款人无须向银行提供抵押物；三是担保贷款，指以担保人的信用为担保而发放的贷款；四是贴现贷款，指借款人在急需资金时，以未到期的票据向银行申请贴现而融通资金的贷款方式。尽管有上述各种贷款方式存在，我国的初创企业和中小企业要从商业银行取得贷款还是有一定的难度，这其中一个障碍是，初创企业由于缺乏资本实力，很难提出让银行满意的抵押物；另一个障碍是创业者申请贷款并非与银行一家机构打交道，还要经过工商管理部门、税务部门、中介机构等，手续烦琐，任何一个环节都不出问题，才能拿到商业银行贷款。

（三）风险投资

风险投资是一种高风险、高回报的投资，风险投资家以参股的形式进入创业企业。风险投资主要包括创业基金和天使基金。创业基金是指由专业人士管理的资金，以股本投资形式向尚未上市的公司提供融资。它投资于某一家公司的目的包括促成其上市等。创业基金在投资有关行业时，收取一定数量的公司股权作为交易，或要求控股。创业基金在以后要退出某项目投资时，可以将其持有的公司股份卖给原股东或第三者，也可以等到该公司上市以后通过市场交易套回现金。天使基金主要是指富有的个人或机构投资于初创期及成长期的高风险、高成长性企业，待企业成长到一定阶段后，通过股权转让获得投资收益的一种特殊投资基金。在为项目企业带来资金的同时，还为企业提供包括治理结构、规范管理、人才吸引、后期融资等在内的众多增值服务。需要注意的是，风险投资家更关注创业企业的盈利模式和创业者本人。

（四）民间资本

民间资本的投资操作程序较为简单，融资速度快，门槛较低。通过民间担保公司做担保向银行贷款，通常采取协议评估的形式，与国有担保公司相比，手续较为简便，服务较为灵活，贷款时效性较高。中小企业采用了多种融资方式补充资金需求，主要有股份制、民间拆借等方式，部分企业实行了项目融资、股权融资，也有企业正积极探索上市融资。

（五）典当融资

典当融资是一种新型的融资方式，也是一种特殊的融资方式，具有筹资方式灵活、质押范围广、贷款速度快、提供的配套服务周全等特点。但典当融资的贷款期限较短，而且利率要高于银行贷款。因此，创业者融资前要先考虑好：需要的钱能否立即从银行得到，如果能，自然应首选银行；如果无法得到银行贷款，想“借道”典当融资，也应细算一下典当融资的成本是否划算。总之，“急用”“即还”是典当融资的两大要点，比较适合急需融资但资金需求不大的创业者。

（六）融资租赁

融资租赁是一种以融资为直接目的的信用方式，表面上看是借物，实质上是借资，以租金的方式分期偿还。目前，我国很多中小企业规模小、信用等级低、市场风险大、倒闭率高，开辟新的融资渠道是当务之急。融资租赁就是一种非常好的方式。融资租赁这种筹资方式比较适合需要购买大件设备的初创企业，在选择时要挑那些实力强、资信度高的租赁公司，且租赁形式越灵活越好。

（七）利用中介机构为创业融资

在利用中介融资中，投资银行是主要的一种，其作用主要是帮助那些虽不成熟但已具有一定实力和条件并需要融资的风险企业进行以私募形式为主的融资，以使公司迅速达到上市水准。其他中介还有企业财务顾问、投资顾问、政策顾问等。

（八）国家政策性扶持

为了扶持与鼓励创业活动，通过创业带动就业，我国政府近年来出台了许多相关政策，创业者可以充分利用这些有利条件进行融资或贷款。

三、创业资金需求

尽管一些研究发现大多数新企业并不需要太多的创业基金，但是创业者在创业之前必须清楚为保证企业的正常运转大概需要多少资金以及如何有效地运用这些资金，以保证资金在财务上是可行的，即能够带来利润回报。

当我们为一个新企业筹集资金的时候，首先要确定资金需求额度。确定所需资金，应该从以下三方面考虑：企业开办所需资金、企业运营所需资金和创业者的个人支出。

1. 企业开办所需资金

要开办新企业，创业者就必须明白：企业开办期间，在企业产生收入之前需要一定数量的资金用于各种支出。人们把这部分资金称作开办资金。企业的开办资金用作投资资本和营运资本。投资资本是指企业运营之前必须支出的资金，如登记注册、建设厂区、采购设备、置办办公设备等的费用。

企业开始运营的时候就会产生运营前期支出，直到销售收入能够弥补相应的开支。这一期间的跨度长短依据企业的性质而有所不同。一般来说，贸易类企业可能短于一个月，而制造类企业则包括从开始生产之日到销售收入到账这段时间，可能要持续几个月。这段时间的支出便称作营运资本。企业自开始营业到产生足够利润维持正常运转之前，都需要投入营运资本，包括库存商品、原材料、广告宣传、薪酬、税金、维修、保险、租金、水电费的开支等。两类资本的区别在于发生的时间是在企业运营前还是企业运营后。

2. 企业运营所需资金

企业一旦开始运营，就需要不断采购原材料、支付员工工资、纳税、支付租金等。因此，确定企业的运营资金十分必要。

3. 创业者的个人支出

这部分包括创业者生活必需的各项支出，例如衣食住行、保险、医疗以及必要的社交和娱乐支出等。许多新企业都不能很快获利，有的甚至需要很长一段时间才能盈利。因此，必须考虑这段时间的个人生活费用问题。

四、商业计划

创业者在创业之前还需要做的一件非常重要的事就是完成商业计划的撰写。商业计划对任何形式的创业者都是需要的，因为创业不仅是凭借热情的冲动，更多的是一种理性的思考。因此，在创业之前，制订一个较为完善的商业计划是很有意义的。首先，在做商业计划时，比较客观地分析创业的影响因素，能够使创业者保持清醒的头脑；其次，一项比较完善的商业计划可以成为创业者的行动指南；最后，商业计划是说服风险投资家进行投资的依据。因此，一个优秀的商业计划会成为创业者吸引资金的“敲门砖”和“通行证”。

（一）商业计划的类型

在编写过程中，创业者可以根据具体的案例调整结构，增删要素和议题，采用灵活多样的形式使商业计划更为有效。以结构和篇幅来划分，可以将商业计划分为两类。

1. 略式商业计划（概括式）

略式商业计划是一种比较简明、短小的计划，它包括企业的重要信息、发展方向，以及少部分重要的辅助性材料，通常有10～15页。略式商业计划主要用于申请银行贷款、试探投资商的兴趣，适用于创业者享有盛名以及竞争激烈、时间紧迫等情况。

2. 详细商业计划

这种计划一般有30～40页，并附有10～20页的辅助文件。在整个计划中创业者应对创业思想做一个比较全面的阐述，尤其是对计划中关键部分进行较为详细的阐述。这种计划主要用于详细探索和解释企业的关键问题以及寻求大额风险投资的原因。

（二）商业计划的主要特征

商业计划的编写是一个创造性的过程。由于创业者的创业思路、创业方式以及创业所涉领域不同，商业计划本身也表现出各自的独特性。这不仅表现在计划所包括的内容上，更表现在两者的结构以及侧重点的差异上。成功的商业计划的共同点具体表现为以下六个方面。

1. 循序渐进

商业计划的编写一般要经过三个阶段并在每个阶段进行多次修改。第一阶段，在掌握充分资料的基础上编制商业计划概要；第二阶段，加入新的议题或新的内容形成商业计划初稿；第三阶段，进一步修改、完善并加入一些新的议题和新的发现，形成最终的商业计划。

2. 一目了然

商业计划应该重点突出读者所关心的议题，对关键的问题进行直接、明确的阐述。成功的商业计划给读者的印象往往是意义表达明确，文章脉络清晰。

3. 令人信服

商业计划在内容表达方面应注意运用中性的语言，保持客观的态度，力求对计划所涉及的内容不加主观倾向性的评论，尤其不能使用广告性的语言，也不宜进行过多的自我批评，应给读者留出评判的空间。

4. 通俗易懂

在商业计划的编写过程中，不应该对技术或工艺进行过于专业化的描述或进行过于复杂的分析，而应力求简单明了、深入浅出，对必须引用的专业术语及特殊概念在附录中给予必要的解释和说明。

5. 风格统一

商业计划的编写如果是由多人协作共同完成的，那么最后应由一个人统一修订成文，力求商业计划的风格统一；同时，对计划中所引用数据的来源给予明确的记录，并统一标明出处。

6. 严谨周密

商业计划以客观表述拟创企业状况为宗旨，因此格式必须严格统一。商业计划没有统一的模式，但必须有自己完整的格式。只有这样才能相对完整地陈述必要的内容，使计划本身更具说服力，并体现出专业素质。在计划的编写过程中应注意避免形式随意、结构松散、主体不明、格式混乱等。

（三）商业计划的作者和读者

商业计划是由创业者或中介机构（如投资银行）准备的书面计划，用以描述创业企业的相关要素，通常包括各项职能计划如市场营销、财务、生产、人力资源计划等，同时提出前3～5年的执行方针。这就要求商业计划撰写者具有管理基础知识和某方面的专业背景。

商业计划的读者不只是投资者，雇员、顾客、顾问都将成为它的读者，因此在撰写商业计划时要从两个角度——市场和投资者出发。投资者的眼光会较多地放在财务分析和预测上，所以财务分析要做得非常详细。

（四）商业计划的信息来源

对目标市场进行准确的定位需要建立在市场调研的基础上。需要调研的内容有市场需求（量化）、产品（包括服务）、相关产品的价格和市场占有率、促销、渠道以及竞争。为了对市场潜力做出评估，创业者应比较广泛地收集资料，并整理研究。

（五）商业计划的合理评价

商业计划完成后，创业者应站在读者的角度，对已形成的商业计划进行客观评价，并做适当修改。投资者的眼光和要求是不同的，他们注重投资对象的三“C”——担保（collateral）、权益贡献（equity contribution）和现金流量（cash flow），这三点基本决定了创业者的可信任度，所以商业计划要有一定的针对性。在评价过程中要注意对创意的保护，建议聘请法律顾问。

（六）商业计划的基本格式

虽然不同行业所涉及的内容会有所不同，但是商业计划作为一份正式的商业文件，基本格式还是要有的。一份完整的商业计划一定要有封面和目录，而且封面上至少要有以下信息：

（1）企业名称、联系地址、联系电话、传真、电子邮箱，创业者越容易让投资人联系到自己，后续才越有可能获得投资；联系人的姓名及职务，担任联系人的应该是创业者本人或者创业团队主要成员，必须完全了解创业企业的状况，随时都能回答投资人的任何问题；企业成立时间，并要注明这本商业计划的完成时间；这份商业计划的传递对象或筹资、融资对象，尽量使用它们的全名。

（2）商业计划的编号（如 8－3，表示此为 8 本商业计划中的第 3 本）。这样做的目的：一是基于保护创业企业的安全。创业者能够清楚地知道有几本商业计划流通在外，最后必须收回。商业计划中含有敏感信息与经营策略，如果大量外流，不道德的竞争者会使用这些信息使创业企业陷入不利的状况。二是限制商业计划流通在外的数量，以保持专有价值。投资者一般喜欢独享好的投资机会，如果商业计划流通过度，投资者很可能因不愿分享一个好的投资机会而放弃投资。

（3）可能的话在封面上加上企业标识（logo）。每个公司都应有代表自己风格的企业标识，除了可以展示企业形象，也有利于让企业名称经由图像使投资者产生深刻记忆，这种图像记忆会反映在后续的产品营销方面。

封面页之后，即为整个商业计划最为重要的部分——摘要。摘要虽然是商业计划的第一部分，事实上是在整个商业计划完成后才最终撰写的。摘要包括商业计划的所有要点，内容力求精练，重点阐明创业企业的投资亮点，尤其是相对于竞争对手的独特之处。

摘要页之后，通常应该是目录页。我们必须将商业计划的内容按顺序编码，大项目称为章，如公司介绍、技术产品、市场分析、竞争分析、市场营销、投资说明等。章以下再细分节与小节。在撰写商业计划时一般参考的模板如表 18－1 所示。

表 18－1　商业计划模板

××公司（或××项目）商业计划	
××××年××月	编号：×—×
公司资料	地址：
	邮政编码：
	联系人及职务：
	电话：
	传真：
	网址/电子邮箱：
第一部分　摘要（整个商业计划的概括）	
一、公司的简单描述	
二、公司的宗旨和目标	
三、公司目前的股权结构	
四、已投入的资金及用途	
五、公司目前的主要产品或服务介绍	
六、市场概况和营销策略	
七、主要业务部门及业绩简介	
八、核心经营团队	
九、公司优势说明	

续表

十、目前公司为实现目标的增资需求：原因、数量、方式、用途、偿还		
十一、融资方案（资金筹措、投资方式及退出方案）		
十二、财务分析	1. 财务历史数据（前3～5年销售汇总、利润、成长）	
	2. 财务预计（后3～5年）	
	3. 资产负债情况	
第二部分　综述		
第一章　公司介绍		
一、公司的宗旨		
二、公司的简介资料		
三、各部门职能和经营目标		
四、公司管理	1. 董事会	
	2. 经营团队	
	3. 外部支持（外聘人士/会计师事务所/律师事务所/顾问公司/技术支持/行业协会等）	
第二章　技术产品		
一、技术描述与技术持有		
二、产品特性	1. 主要产品目录	
	2. 产品特点	
	3. 正在开发/待开发产品简介	
	4. 研发计划及时间表	
	5. 知识产权策略	
	6. 无形资产（商标/知识产权/专利等）	
三、产品生产	1. 资源及原材料供应	
	2. 现有生产条件和生产能力	
	3. 扩建设施、要求及成本，扩建后的生产能力	
	4. 原有的主要设备及需添置的设备	
	5. 产品标准、质检和生产成本控制	
	6. 包装与储运	
第三章　市场分析		
一、市场规模、市场结构与划分		
二、目标市场的设定		
三、产品消费群体、消费方式、消费习惯及影响市场的主要因素分析		
四、目前公司产品市场状况、产品所处市场发展阶段、产品排名及品牌状况		
五、市场趋势预测和市场机会		
六、行业政策		
第四章　竞争分析		
一、有无行业垄断		
二、竞争者的市场份额		
三、主要竞争对手情况：公司实力、产品情况（种类、价位、特点、包装、营销、市场占有率等）		

续表

四、潜在竞争对手情况和市场变化分析		
五、公司产品竞争优势		
第五章　市场营销		
一、营销计划概述（区域、方式、渠道、预估目标、份额）		
二、销售政策（以往/现行/计划）		
三、销售渠道、方式、营销环节和售后服务		
四、主要业务关系状况（代理商/经销商/直销商/零售商），各级资格认定标准政策（销售量/回款期限/付款方式/应收账款/货运方式/折扣政策等）		
五、销售队伍情况及销售福利分配政策		
六、促销和市场渗透	1. 主要促销方式	
	2. 广告、公关策略、媒体评估	
七、产品价格方案	1. 定价依据和价格结构	
	2. 影响价格变化的因素和对策	
八、销售资料统计和销售记录方式，销售周期的计算		
九、市场开发规划、销售目标（近期、中期），预计销售额（3～5 年）、占有率及计算依据		
第六章　投资说明		
一、资金需求说明（用量/期限）		
二、资金使用计划及进度		
三、投资形式（贷款/利率/利率支付条件/转股——普通股、优先股/对应价格等）		
四、资本结构		
五、回报/偿还计划		
六、负债结构说明（每笔债务的时间/条件/抵押/利息等）		
七、投资抵押（是否有抵押/抵押品价值及定价依据/定价凭证）		
八、投资担保（是否有抵押/担保者财务报告）		
九、吸纳投资后的股权结构		
十、股权成本		
十一、投资者介入公司管理的程度说明		
十二、报告（定期向投资者提供的报告和资金支出预算）		
十三、杂费支付（是否支付中介人手续费）		
第七章　投资报酬与退出		
一、股票上市		
二、股权转让		
三、股权回购		
四、股利		
第八章　风险分析		
一、资源风险（原材料/供应商风险）		
二、市场不稳定性风险		
三、研发风险		
四、生产不稳定性风险		

续表

<table>
<tr><td colspan="2">五、成本控制风险</td><td colspan="2"></td></tr>
<tr><td colspan="2">六、竞争风险</td><td colspan="2"></td></tr>
<tr><td colspan="2">七、政策风险</td><td colspan="2"></td></tr>
<tr><td colspan="2">八、财务风险（应收账款/坏账）</td><td colspan="2"></td></tr>
<tr><td colspan="2">九、管理风险（含人事/人员流动/关键雇员依赖）</td><td colspan="2"></td></tr>
<tr><td colspan="4">第九章　管理</td></tr>
<tr><td colspan="2">一、公司组织结构</td><td colspan="2"></td></tr>
<tr><td colspan="2">二、管理制度及劳动合同</td><td colspan="2"></td></tr>
<tr><td colspan="2">三、人事计划（配备/招聘/培训/考核）</td><td colspan="2"></td></tr>
<tr><td colspan="2">四、薪资、福利方案</td><td colspan="2"></td></tr>
<tr><td colspan="2">五、股权分配和认股计划</td><td colspan="2"></td></tr>
<tr><td colspan="4">第十章　经营预测
增资后3～5年公司销售量、销售额、毛利率、成长率、预计投资报酬率及计算依据</td></tr>
<tr><td colspan="4">第十一章　财务分析</td></tr>
<tr><td colspan="2">一、财务分析说明</td><td colspan="2"></td></tr>
<tr><td rowspan="18">二、财务数量预测</td><td>1. 销售收入明细表</td><td colspan="2"></td></tr>
<tr><td>2. 成本费用明细表</td><td colspan="2"></td></tr>
<tr><td>3. 薪金水平明细表</td><td colspan="2"></td></tr>
<tr><td>4. 固定资产明细表</td><td colspan="2"></td></tr>
<tr><td>5. 资产负债表</td><td colspan="2"></td></tr>
<tr><td>6. 利润及利润分配明细表</td><td colspan="2"></td></tr>
<tr><td>7. 现金流量表</td><td colspan="2"></td></tr>
<tr><td rowspan="11">8. 财务指标分析</td><td rowspan="7">（1）反映财务盈利能力的指标</td><td>A. 财务内部收益率</td></tr>
<tr><td>B. 投资回收期</td></tr>
<tr><td>C. 财务净现值</td></tr>
<tr><td>D. 投资利润率</td></tr>
<tr><td>E. 投资利税率</td></tr>
<tr><td>F. 资本金利润率</td></tr>
<tr><td>G. 不确定性分析：盈亏平衡分析、概率分析、敏感性分析</td></tr>
<tr><td rowspan="4">（2）反映项目清偿能力的指标</td><td>A. 资产负债率</td></tr>
<tr><td>B. 流动比率</td></tr>
<tr><td>C. 速动比率</td></tr>
<tr><td>D. 固定资产投资借款偿还期</td></tr>
<tr><td colspan="4">第三部分　附录</td></tr>
<tr><td colspan="4">一、附件</td></tr>
<tr><td colspan="2">1. 营业执照复印件</td><td colspan="2"></td></tr>
<tr><td colspan="2">2. 董事会名单及简介</td><td colspan="2"></td></tr>
<tr><td colspan="2">3. 主要经营团队名单及简历</td><td colspan="2"></td></tr>
<tr><td colspan="2">4. 专业术语说明</td><td colspan="2"></td></tr>
<tr><td colspan="2">5. 专利证书/生产许可证/鉴定证书等</td><td colspan="2"></td></tr>
<tr><td colspan="2">6. 注册商标</td><td colspan="2"></td></tr>
</table>

续表

7. 企业形象设计/宣传资料（标识设计、说明书、出版物、包装说明等）	
8. 简报及报道	
9. 场地租用证明	
10. 工艺流程图	
二、其他	
1. 主要产品附录	
2. 主要客户名单	
3. 主要供货商及经销商名单	
4. 主要设备清单	
5. 市场调查表	
6. 预估分析表	
7. 各种财务报表及财务预估表	

资料来源：李时椿．创业管理．北京：清华大学出版社，2008.

（七）商业计划的主要内容

1. 摘要

摘要是商业计划最重要的一部分，是投资者首先看到的内容。大多数风险投资者在收到商业计划后，都只看摘要的部分。他们业务繁忙，时间紧迫，不能详读每一份商业计划。如果摘要不能吸引投资者的注意，那么他们就不会阅读后面的详细资料。据风险投资公司统计，大约九成的商业计划在看摘要的过程中就被否决了。

前面提到，尽管摘要是第一个被阅读的部分，却是最后才撰写的部分。其长度不能超过 3 页，要言简意赅，不应夸大事实。

摘要的开头要再次写明公司名称与联络信息，以便投资者进行联系。下面简述一份摘要应该包含的内容与项目。

（1）行业类别：用一两句话精简地说出创业企业所处的行业，因为某些投资者对于某些特定行业是没有兴趣的，这样做方便其筛选。

（2）企业简述：简要地说出公司的历史，强调正面的形象，尽量浓缩在 150 字左右。说明公司的宗旨与目标、主要产品或服务等。无须太详细，但必须有特色。

（3）公司股权结构：简明扼要地说明创业企业的股权结构，因为这些会影响到公司的股份与红利分配多寡。

（4）资金运用：简单说明资金的运用方式与流程，避免使用详细的会计报表，也不要含糊地以增加营运资本带过，而是要直接指出用途。

（5）公司产品或服务：简要地说出公司的产品或服务，不需要仔细列出所有的产品清单，但要强调产品或服务的特色，因为投资者是不会对一项没有特色的新事业感兴趣的。

（6）市场概况与营销策略：界定创业企业的市场、所处行业、现有和潜在的购买者和竞争者，方便投资者评估创业企业的市场价值。

（7）主要部门与业绩：简要阐述创业企业已有哪些部门，以及相关部门的职责与已取得的业绩，从侧面评估创业企业的核心竞争能力。

（8）核心团队：创业团队的每一位成员都很重要，但在摘要这部分，无须逐一介绍，只要挑出其中两三个重要人物，强调他们的专业能力与行业经验就可以了。

（9）公司优势：用很少的篇幅强调企业的竞争优势。

（10）公司资金需求：简明扼要地说明公司的资金需求原因、数量、方式、用途和偿还方法，便于投资者整体把握投资方案。

（11）融资方案：简明地说明创业企业的资金需求和期望的投资方式，是债权、股权还是其他方法。如果资金需求有弹性，则可以把顺序或者偏好列出，以便投资者评估调整投资结构的可行性。另外，投资者通常预期将在未来出售股权以便获利，因此还应告诉投资者在何时执行这项行动是最有利的。

（12）财务分析：先简述公司前3～5年的销售情况、公司利润、业绩增长以及公司负债情况，然后说明在未来3～5年公司的财务预测，目的是让投资者对未来的收支有一个概念，并明了何时才能达到收支平衡。

2. 公司介绍

商业计划的公司介绍必须具体，因为这部分能让潜在投资者对创业企业有基本的认识。它包括公司历史、当前地位、战略和未来计划。企业还需在商业计划中阐明如何通过具体的战略规划建立利润可观的公司业务。

3. 产品或服务特性

这一部分主要是对公司现有的产品或服务的性能、特点、典型用户、盈利能力等的陈述，以及对未来产品或服务研发计划的介绍。另外，对专利等级、版权及商业机密内容的描述非常重要，对市场进入壁垒的分析说明也很重要。

4. 环境和行业分析

对创业企业所在环境和所处行业基本情况、发展和变化的趋势进行分析是非常重要的。在做环境分析时，一般使用SWOT战略分析工具。在进行行业分析时，一是要分析创业企业所处行业的需求，包括所处行业整体市场是增长还是下降，新的竞争对手的数量，消费者需求变化的可能性等；二是要分析所处行业的竞争对手，大部分创业企业都面临来自大公司的潜在威胁，因此创业者必须明确谁是自己的对手，对手的优势和劣势是什么。

5. 界定创业企业的市场、所处行业、现有和潜在的购买者和竞争者

商业计划应阐明市场中的关键因素，弄清楚购买决策的过程，还应对市场如何细分、公司预计占有份额以及应对竞争的策略加以说明。这一部分越具体越好，要以那些可信度高、已经证实的数据为依据。市场调研应当包括对企业所在行业及潜在客户的详细分析。行业数据应当包括行业数据、市场规模、近期技术进步、政策规定以及未来发展趋势等内容。顾客调查应包括潜在顾客数量、平均购买率及购买决策者的行为分析等信息。

6. 风险分析

尽管每一份商业计划都会对项目的方方面面做出一番美好的规划，但每一个项目都有太多的不确定因素。风险分析部分的作用就是揭示各种潜在的风险，向风险投资家展示创业企业针对风险的应对措施。

7. 管理

风险投资家只会向那些最有可能成功运营企业的创业者进行投资。因此，风险投资家一定会考虑所投资企业的管理队伍，这一管理队伍必须在技术发展、营销、销售、生产和财务等关键方面具备一定的经验和才能。所以，在管理这一部分，要包括创业企业的所有制形式、企业的组织结构、人事计划、股权和认股计划等。

8. 财务分析

这一部分的重要方面在于财务预测——预测资产负债表、现金流量表和利润表。财务预测必须与公司的历史业绩和发展趋势相一致，也应该与商业计划中其他部分的讨论结果相一致。还应该包括投资者关注的投资回报率和退出战略。在这方面，创业者应该聘请专业顾问来保证整个财务系统的规范性、专业性以及合理性。

9. 附录

附录经常是商业计划的补充部分。附录的内容主要包括公司相关信息的附件，例如公司的营业执照、企业形象设计、注册商标、宣传渠道等，还包括公司及产品的其他资料，公司专利技术信息，公司的合作者、消费者以及竞争对手情况等。

第 3 节　创立期企业的相关管理

一、新企业的知识管理

在创业企业成长过程中，知识的生产、获取、使用、传播是贯穿企业经营活动的主线之一。创业企业知识管理的根本目的是最大限度地生产、获取、使用和传播知识，为企业员工提供有效的知识共享平台，为市场了解企业提供窗口，提升企业的竞争能力，形成某种竞争优势，同时在为市场提供产品或服务的过程中促进企业的发展。

（一）创业企业知识管理的内涵

创业企业需要考虑的知识可分为以下几大类：（1）物化在机器设备上的知识；（2）体现在书籍、资料、说明书、报告、计算机中的编码化的知识；（3）体现在员工头脑里的知识。从知识的新旧程度看，可将知识分为三个等级：一是改进性知识，即通过对现有产品或加工过程进行改进而获得的知识；二是挖掘到的知识，即通过对已有知识潜力的挖掘，更好地利用已有知识，从而获得的新知识；三是全新的知识，即通过根本性创新获得的知识。在企业成长过程中，这三类知识都是必须予以关注的。其中改进性知识可来自企业任何部门，而全新的知识则多来自企业的研究开发部门或企业外部。

（二）创业企业知识管理的内容

1. 知识生产的管理

创业企业知识的生产，主要通过专门组织的科学研究、研发人员直接的科技实践活动实现。因此，知识生产的管理主要是对企业研究开发活动及其成果的管理，以及对企业科技实践活动及其经验积累与理性化提升成果的管理。为了做好这两类知识管理工作，关键是采取有效的研究开发与科技实践组织模式，高效率地生产新的知识，将所生产的知识成果纳入企业知识产权管理轨道，同时将生产的知识输入所建立的“知识管理系统”中，以便在企业内部实现对新知识的共享。

2. 知识获取的管理

创业企业的知识获取，主要是指企业从外部获取开展生产经营活动所需的知识的活动与过程。通常，企业生产经营活动的开展，不但需要生产领域的知识，还需要经营领域的知识，需要集成使用不同科学技术领域分支、来自不同专家的知识，同时在知识获取效率上要满足企业生产经营活动的效率要求。因此，创业企业要提高从外部获取知识的综合效率。在获取知识的途径与方法上，要引入计算机系统技术与网络技术。

3. 知识传播的管理

企业作为知识性组织，与外部存在知识上的交互关系。企业的知识传播，主要指企业向外部传播产品或服务相关知识的活动。企业向外部传播知识，既是在服务市场，又是在塑造企业本身的形象。企业通过向外传播知识，让外部了解和认识企业，树立良好的企业形象，从而吸引更多的用户，实际上是在为企业开发产品或服务市场。因此，创业企业迫切需要加强对向外知识传播的管理。

4. 知识共享的管理

知识具有公共性，采取适当的制度安排、组织模式与技术途径，便可在同一企业内实现知识共享。所谓共享，就是使来自不同知识源的知识同时服务于同一企业多个员工的业务活动。知识的共享有利于提高企业员工的业务能力与水平，提高生产经营活动的效率与质量，降低生产经营活动的成本，同时还可以为个案生产经营活动中的知识集成创造条件。因此，创业企业必须重视对知识共享的管理。

5. 知识集成的管理

知识集成，即将属于不同学科的知识和来自不同专家的知识，用于同一生产经营活动。知识集成的前提之一是具备知识共享的制度氛围、组织氛围及技术条件。客观上，随着知识经济中企业生产经营活动的复杂化，将属于不同学科的知识和来自不同专家的知识集成使用，已成为企业生产经营的重要趋势之一。如不进行知识集成，企业将无法攻克并解决某些生产经营中的疑难问题。随着现代科技的长足发展，学科分类的日益细化，科学技术知识应用于企业的生产经营活动，更多的是通过对不同学科、不同专家的知识的集成应用实现的。因此，创业企业必须重视对知识集成的引导与管理。

二、新企业的营销管理

在创业经营阶段，对市场的关注与分析成为创业者的主要任务，如果产品没有市场，企业就会失去生存的能力。如何进行有效的营销，是创业者在经营过程中面临的最大挑战。

（一）营销队伍的组建

对于新企业来说，营销队伍的组建极为重要和紧迫。随着新企业市场规模的不断扩大，提升营销队伍综合素质也越来越重要。可根据工作岗位的需求选择合适的人才，并且要权责利分明。例如，营销团队应该包含决定公司走向的战略性营销人才、充当企业智囊团的战术性营销人才、负责企业地区事务的执行经理以及奋战一线的营销员工等。

（二）目标市场营销

1. 目标市场营销的要领和步骤

一般说来，任何企业都无法为一个广阔市场上的所有顾客服务，新企业更是如此。因此，企业不应到处与人竞争，而应采用“田忌赛马”的策略，用自己的优势与别人的劣势竞争，也就是确定最有吸引力的、本企业可以提供最有效服务的细分市场，在细分市场上确立自己的经营优势。目标市场营销的步骤是STP，即细分市场（segmenting）、选择目标市场（targeting）和市场定位（positioning）。

第一，细分市场。按不同的细分变量将市场划分为不同的顾客群。企业应明确不同的细分市场的方法，勾勒出细分市场的轮廓。

第二，选择目标市场。制定衡量细分市场吸引力的标准，选择一个或几个将要进入的市场。

第三，市场定位。确定企业在目标市场中的竞争地位及向每个目标市场提供的产品。

2. 市场营销的策略

大多数创业企业是因为具有某项新技术或某种有特色的产品而起步的，这类企业生存的基础是产品对客户的吸引力。采取何种策略将技术或创意变为客户愿意购买的产品，如何使产品实现大规模生产和销售，是新企业面临的首要问题。

第一，注重创新，精准定位。市场定位是新企业营销管理的核心。如何扬己之长、避己之短是企业创业期制胜的关键。企业创立之初就要认真研究市场机会，拓展产品和市场的边界，从广阔的行业市场中寻找最适合的消费者群体，创新市场需求，从满足需求的角度去认识产品，创新产品价值，寻求自身的特色和优势。

第二，精选客户，稳扎稳打。对于新企业来说，一般要优先选择若干价值高、有实力、成长性好、行业影响大、地理位置优越或者原已建立关系的客户。要根据客户特征对每一个客户制定专门的销售策略，要发挥集体的力量来制定策略。要树立以整个公司的力量和经验为客户服务，而不是一个销售员自己为客户服务的销售观念。

第三，新企业要复制扩张，更要超前行动。新企业的市场扩张既受经验和资源约束，又面临不得不超前行动、快速抢占市场的压力，因此要以理性冒险的原则稳步推进，可通过先建立样板市场获取经验，再成功复制到其他区域市场的方式来开拓。在建立样板市场阶段获得成功经验后，可首先考虑复制到其他具有相似特征的区域市场，然后再逐步考虑进入异质市场。

第四，新企业要进行有效的宣传。绝大部分新企业面临产品不为消费者认识、企业不被社会认知的情况。如何利用有限的广告费最大限度地发挥宣传作用是企业经营者面临的共同问题。这就需要营销者有效使用广告费用、灵活运用各种广告宣传工具进行企业宣传，如开展事件营销，选择有实效的赞助方式，撰写软文，选择合适的媒体投放，充分发挥关系网络、互联网等各种资源的作用等。

第五，销售渠道尽量精简，以便控制风险。新企业应选择合适的渠道策略，建立科学的渠道政策。新企业渠道的功能诉求有别于相对成熟的企业，应关注传递信息、收集信息、树立形象、客户服务的作用；渠道结构应尽可能扁平化，以减少产品流通环节，让利于消费者，提高产品价格竞争力；对经销商的选择和管理做到公平、公正，追求双赢，建立有效的考核体系和风险控制体系。

三、新企业的财务管理

（一）新企业财务管理的重点与财务观念

在实践中，创业者对财务管理的认识容易产生两种大的偏差：一种认为创业初期没什么好管理的，有一个会计、一个出纳就可以了，财务管理就是设立一个部门、制定一些规章管好这两个人；另一种认为财务管理的重要性只有完整的财务组织才能实现，必须建立庞大的机构，制定烦琐的规章和财务信息流动渠道。这两种认识都没有领会到初创企业财务管理的特殊性和管理重心的不同。

1. 新企业财务管理的重点

企业初创期值得创业者高度注意的财务管理的重要方面如下：

（1）了解基本的财务账簿及其关系；

（2）了解出纳该做什么；

（3）盯住现金的流动；

（4）管住支票本；

（5）财权印鉴等均需处于受控状态；

（6）必须学会估算现金流量；

（7）需要增加现金流量；

（8）分清现金和利润；

（9）搞好与银行、税务部门的关系。

2. 新企业应树立的财务观念

（1）货币时间价值观念。创业者必须明白货币是有时间价值的，一定量的货币在不同时点上具有不同的经济价值。这种由于货币运动的时间差异而形成的价值差异就是利息。创业者必须注重利息在财务决策中的作用，一个看似有利可图的项目，如果考虑货币的时间价值，很可能会变成一个得不偿失的项目，尤其是在通货膨胀时期。

（2）效益观念。取得并不断提高经济效益是市场经济对现代企业的最基本要求。所以在财务管理方面必须牢牢树立效益观念。筹资时，要考虑资金成本；投资时，要考虑投资收益率；在资产管理上，要用活用足资金；在资本管理上，要保值增值。既要“开源”，也要“节流”。

（3）风险观念。风险是市场经济的必然产物。风险形成的原因可以归结为现代公司财务活动本身的复杂性、客观环境的复杂性和人们认识的局限性。从创业者的角度来看，它是现代公司在组织财务活动过程中，由于不确定因素的作用，公司的实际财务收益与预期财务收益可能发生差异，进而有蒙受经济损失的可能。

（4）现金流量观念。现金流量是衡量企业经营质量的重要标准，在许多情况下，现金流量指标比利润指标更加重要。一个企业即使有良好的经营业绩，若因现金流量不足造成财务状况恶化，也会破产。

（5）利润最大化观念。企业生产经营的重要目标之一是利润最大化，因此财务管理必须树立利润最大化观念。必须加强对收入、成本、费用、资金等指标的控制，加强对利润的考核，确保利润目标的实现和利润最大化。

（二）财务管理的具体内容

1. 财务决策

如果创立的是很小的企业，创业者可能成为公司里面统管一切事务的人，那么，财务决策当然就以创业者个人为主。即便是创立了比较正规的公司，创业启动资金较大，公司设立了财务部并设有财务经理、财务主管或财务总监，创业者也必须把握公司经营过程中的财务状况，并且参与有关财务管理方面的决策。所以对创业者来说，在财务管理方面，无论是理论水平还是实际技能都要跃上新台阶。制定财务决策时，创业者应注重以下几方面：掌握资金运动规律，注意从公司经济、市场经济、产业经济的角度，对财务问题进行多方面考察。

2. 内部控制

内部控制在财务监督方面发挥着不可或缺的作用，企业建立和执行的内部控制标准不符合企业的商业模式和基本业务要求时，会造成内部控制失控，商业风险急剧增加。

企业内部会计控制制度是企业内部控制的基础。目前许多新企业对建立内部会计控制制度还不够重视，因而造成许多会计资料残缺不全、会计信息失真等现象。企业应当对会计机构的设置，会计人员的职权，凭证资料的签署、传递、汇集流程，会计记录和财务报告的编制与报送事项做出明确的规定。特别是要多下功夫管好账务和财产，管账和管财产的工作应由诚实守信的人负责，会计、出纳、保管应安排不同的人员，账务处理不记流水账，应采用复式记账法。重大开支和日常零星开支的财务账应增加透明度；出现财务、财产不清问题时，应共同协商解决，不能私自处理。

3. 资金管理

经营活动实际上是一个钱进钱出的过程，这个过程包括商品的购、销、调、存等一系列商业行动，又产生资金占用、流通费用、商业利润等财务问题，这就要求创业者既懂经营，又懂理财。

创业起步阶段，资金不足是普遍现象，要通过多种办法加强资金管理，使有限的资金发挥更大的作用，具体来说有以下几方面：一是压缩成品对资金的占用，搞活资金。要调整产品结构，生产出质量好、竞争力强、适销对路的产品；建立一支高素质的销售队伍，明确责任，任务到人，奖罚分明，定期兑现；要清仓查库，薄利多销，处理积压产品和多余积压物资，压缩生产性开支。二是抓紧清理货款拖欠，收回资金。要改变财会部门坐等货款回笼的被动状况，加大对资金运筹的调控力度。为了防止前清后增、新的外欠产生，要制定销货与回款同步发展的管理措施，如按风险类别划分客户，建立客户信息风险财务分析制度，确保货款的及时回收。三是规范企业融资行为，筹集资金。要确立多元融资意识，走间接融资与直接融资相结合的路子。大力开展招商引资，借助外力发展；推行股份制，吸收社会闲散资金入股。有条件的新企业要与国内外的大公司合作、合资，采取兼并、收购和资产重组，将企业改造为规范化的上市公司来实现融资。同时，要克服重资金轻信用的现象，保持良好的融资信誉，形成“借—还—借”的良性态势。四是加强资金监管，用好资金。要制定资金有偿占用及奖罚办法，在资金使用上实行内部资金统一调控。把企业有限的资金真正用在刀刃上，克服资金使用中的随意性和盲目性。

关键术语

创业管理　　融资渠道　　商业计划

思考题

1. 创业管理的内涵是什么？
2. 你认为创业者应该具备的核心素质有哪些？
3. 如何进行创业融资？具体渠道有哪些？
4. 商业计划应包含哪些基本内容？
5. 假如你是一名即将步入社会的大学毕业生，立志于创立自己的企业，尝试结合本章所学知识撰写一份商业计划。
6. 新企业如何进行管理？

案例分析

2012年，在国家政策的鼓励和热火朝天的创业氛围的促动下，卢树芳投身医疗行业创业大军，和两位股东——也是当时仅有的员工一起，跑银行、办手续、找场地，终于在2012年9月拿到了营业执照，在深圳正式成立傲天医疗公司，主营业务是代理销售深圳区域的血液中心各采血站所用的血液标本管理系统软件。随后，他们三人做调研、接客户、卖产品，公司成立后3个月就有了100多万元的销售收入，取得了开门红。2013年，公司营收320万元，美好的发展前景似乎就在眼前。

但很快，公司就遇到了第一次危机。尽管公司在2014年依旧蒸蒸日上，但业务范围窄、市场需求小、销售利润低等残酷事实已经让股东们出现了分歧，大家经常在股东大会上争得面红耳赤。一位股东认为，傲天应当维持现状，多跑市场、多接订单，稳中求进，但这却遭到了另一位股东的强烈反对。他认为公司没有核心技术和核心产品，很容易出现被动局面，必须尽快研发科技含量高的设备以扩大优势，而其他股东却以经验不足、开销过大、市场前途未卜等理由来否定这一观点。

其实早在公司成立之初，卢树芳就考虑过这个问题。当时他发现深圳的一些献血站信息化建设不完备，经常出现血包信息出错等各种可能导致严重后果的问题。他认识到，我国人均保健支出正不断增加，消费升级换代带动医疗产业投资升温，医疗器械产业将迎来爆发式增长。在2014年股东大会上，卢树芳将思考了2年的智能采血机研发方案和盘托出，并描述了该产品的广阔市场前景，尽管股东们还是有一些质疑和犹豫，但卢树芳专业而真诚的规划让大家最终达成一致——再一起拼一把！

随后，卢树芳开始寻找研发人员，并以出让股权的方式予以激励，研发工作迅速展开。但很快，第二次危机尾随而至：高额的设备和材料采购费、工资支出、各种测试费等使得公司账面入不敷出。如果不尽快解决资金问题，公司将很快弹尽粮绝。卢树芳和股东们决定增资扩股，一个月的时间里便凑齐了210万元，顺利度过了公司成立以来最大的危机。也许是自助者天助之，后期的产品研发没有再出现大的波折。随后，卢树芳将产品推出试用，广泛听取各方建议、改进完善，使这款设备日趋成熟。2018 年 7 月，傲天的第三代智能采血机终于研发成功，该产品能够与献血站的业务流程高度契合，完全满足献血站采血的需求，推向全国市场后迅速获得国内献血站关注和认可，用户好评和赞誉不断。2019 年，傲天营业收入超过 3 000 万元，同比增长 80%。

不到 2 年时间，傲天智能采血机的销售已覆盖到全国各地的献血站，2020 年一年就销售 100 多台，市场占有率接近 100%。同时这款产品也在不断迭代升级，陆续申请了 15 项软件著作权、23 项实用新型专利，还有数十项专利正在申请受理中。目前，公司已制订出未来的发展规划，积极开拓海外市场，不断完善组织架构并准备开放第二轮股权融资。

资料来源：贾旭东，康洪，吕刚，等. 深圳傲天医疗的创业之路.（2022－09－08）. 中国管理案例共享中心网站.

讨论题

1. 促使傲天医疗公司创业成功的关键因素有哪些？

2. 成功的创业者最重要的特征是什么？

第 19 章

创新管理

| 本章要点 |

本章概括介绍了创新管理的理论与方法，从创新的概念、内容和主要影响因素，企业创新管理过程、方法等方面，系统地阐述了企业实施全方位创新管理的理论和思想，为读者提供创新管理的综合框架和最新成果，帮助读者从企业战略和运营层面学习创新管理。

引例

“不创新才是华为最大的风险”，华为总裁任正非的这句话道出了华为骨子里的创新精神，“回顾华为的发展历程，我们体会到，没有创新，要在高科技行业中生存下去几乎是不可能的。这个领域里，没有喘气的机会，哪怕只落后一点点，就意味着死亡”。

创新贯穿在华为生产运营的各个方面。华为始终坚持“以客户需求为导向”，以客户需求驱动研发流程，围绕提升客户价值进行技术、产品、解决方案及业务管理的持续创新，快速响应客户需求。

华为扎根基础研究，已建立了 86 个基础技术实验室，完善相关的核心技术体系；在无线领域，与全球产业界共同探索和定义 5.5G，倡议全面迈向 5.5G 时代，推动 ICT 基础设施持续演进；在 AI 领域，发布天筹 AI 求解器，满足多场景的复杂问题高维优化求解需求；在软件生态方面，持续开源开放，与合作伙伴共同促进欧拉和鸿蒙开源生态的繁荣，共同打造覆盖未来计算场景的开源操作系统。

华为加强与全球高校、科研机构合作，共同应对世界级的挑战和难题，促进科技进步。2022 年，黄大年茶思屋网站正式启用，吸引超过 12 万名教授及专家等用户，将产业和行业的难题抽象为科学问题，以“难题揭榜”的方式向全社会公开发布，探索科学技术合作的新模式；2022 年 6 月《华为研究》对外发布，分享在科学探索过程中的发现与观点，涵盖 170 多名华为科学家及外部学者的研究成果。

2022 年，华为研发费用支出约人民币 1 615 亿元，占全年收入的 25.1%，近 10 年累计投入的研发费用超过 9 773 亿元。华为研发员工约 11.4 万人，占全球总员工数量的 55.4%。华为在全球共持有有效授权专利超 12 万件。

资料来源：来自华为的启示：华为是如何成就华为的．（2013－07－10）．通讯人家园网站；华为企业发展史：创新引领与全球化战略下的成功之路．（2024－04－24）．CSDN 网站．

第 1 节 企业创新概论

一、创新的含义

创新管理面临的一个问题是人们在理解创新这个术语时存在差异，经常把它与发明相混淆。创新这个词来源于拉丁语 innovare，意思是创造新的东西。英国贸易工业部（Department of Trade and Industry）认为创新是对新创意的成功开发。彼得·德鲁克认为创新是创业者的特殊工具。通过创新，创业者把变化作为发展不同业务和服务的机会。它作为一种学科，可以学习，也可以实践。迈克尔·波特认为企业通过创新活动获得竞争优势，它们在最广泛的意义上从事创新，创新既包括新的技术，也包括新的做事方式。熊彼特认为，创新包括五个方面的内容：引进一种新产品或提供一种产品的新质量；采用一种新技术、新生产方法；开辟一个新市场；获得一种原材料新的供给来源；实行一种新的企业组织形式。本书认为，创新是把机会转变成新创意，并广泛应用于实践的过程。

二、创新的主要内容

（一）创新的范围

如果说创新是一个过程，那么我们需要考虑该过程的产出。我们如何创新——存在怎样的机会让我们创造不一样的东西，并从实现这些创意的过程中获取价值呢？

1. 技术的根本性突破

例如，基于基因控制的新药物在疾病治疗方面开辟了新市场。手机及其他电子设备彻底改变了人们沟通的时间和地点。同样重要的是发现市场的能力。亚历山大·格雷厄姆·贝尔发明电话并未使通信行业在一夜间发生变革——这取决于对个体通信市场的开发。亨利·福特并未发明汽车，却凭借 T 型车——“所有人都能买得起的汽车”以多数人认可接受的价格开发了个体交通的大众市场。eBay 数百亿美元的市值并不是因为在线拍卖这个创意背后的技术，而是因为它开创并发展了市场。

2. 为既有的成熟市场提供新的服务

廉价航空公司依然立足于交通运输市场，但像西南航空、易捷航空等公司的创新改变了航空旅游业并扩大了市场。一个新的具有挑战性的创新领域是发展中国家先前未被满足的市场。

3. 服务行业创新

在大多数经济体中，服务行业是创新的主要组成部分，因此存在很大的创新空间。服务行业需要投入的资金不多，这意味着新进入者的机会很大，要进行一些突破性的变革也较容易。网上银行和网上保险公司已经很普遍，它们从根本上改变了这些行业的效率和服务范围。基于互联网浪潮的新生力量已经大范围改写了许多行业的游戏规则，例如零售业中的亚马逊、市场交易和拍卖中的eBay等。其他公司则利用网络来帮助它们转变商业模式，诸如提供廉价机票、在线购物以及音乐下载等。

（二）创新的维度

1. 产品创新与工艺流程创新

产品创新具体表现在一个企业的产出——它的产品或服务中。例如，华为关于第五代无线通信网络的开发以及电信运营商在第五代无线通信网络上推出的新的服务都属于产品创新。工艺流程创新是指一个机构在管理其业务的方式上的创新，例如在产品的生产流程、服务的提供方式以及营销模式上的创新。工艺流程创新常常以提高生产效率和生产能力为导向，比如通过工艺流程创新来降低产品缺陷率或者提高单位时间内的产量。产品创新和工艺流程创新经常是交替出现的。首先，新工艺可能促成新产品的生产。其次，新产品可能促成新工艺的开发。最后，一个企业的一种产品创新，同时对另一个企业来说可能是一种工艺流程创新。产品创新相比工艺流程创新更显而易见，它们对于提升企业的竞争力都是极为重要的。

2. 根本性创新和增量性创新

创新在从根本性创新到增量性创新的两端之间连续分布，这是一个区分不同类型创新的主要维度。关于根本性创新和增量性创新已经有许多定义，大多以创新所表现的脱离原有技术基础的程度为根据。因此根本性可以被认为是新颖度和差异度的结合。一种新技术可能在产品和制造工艺上和原有技术有很大的不同，也可能仅仅有细微的差异。根本性创新是指世界上首创的、与现有产品及工艺完全不同的创新。增量性创新处在这个分布的另一端。增量性创新可能并不是很新的技术，或者与原有技术脱离程度不大；它可能在应用之前就为企业或产业所知晓，并且仅仅是在现有技术基础上的较小变化（或者调整）。是否为根本性创新有时也根据风险来定义。根本性创新通常包含新技术，而制造商和客户在经验以及对创新的熟悉程度方面都不同，对于创新的适用性和可靠性判断也不同。创新的根本性是相对的，并且可能随时间或随不同的观察者而变。

3. 能力提高型创新和能力破坏型创新

从企业能力的角度，创新可以划分为能力提高型创新和能力破坏型创新。如果一种创新建立在企业现有技术能力的基础之上，则为能力提高型创新。例如，英特尔的微处理器，每一代产品都建立在前一代的基础之上，通过不断的技术创新，在保留原有优势的同时，创造出更新的性能和更高的价值。如果一种创新不是建立在企业现有技术能力的基础之上，而是使现有的技术过时，则称为能力破坏型创新。从17世纪到20世纪70年代，计算尺是任何一个严谨的数学家或者工程师都会随身携带的工具，它不仅轻巧，上面还刻有数学函数，可以用来解决复杂的计算问题。定制的商业计算尺上有如何做借贷计算的刻度，或者计算最佳采购量的刻度。20 世纪五六十年代，科菲尔和埃瑟尔公司是美国卓越的计算尺制造商，每个月能够生产 5 000 只计算尺。但从 20 世纪 70 年代开始，掌上计算器的出现使计算尺成为博物馆和收藏家的收藏品。科菲尔和埃瑟尔公司不具备制造计算器所需要的技术能力，无法顺利过渡到新的技术，1976 年退出了市场。这种不昂贵的掌上计算器是建立在一些企业现有技术能力的基础上的，而对于科菲尔和埃瑟尔公司来说，这是一种能力破坏型创新。

4. 构架创新和模块创新

大多数的产品都是由一些元件构成的整体，并且每一个元件都是依次由次一级的元件组成的，这种系统结构直到某一级的元件不能再被细分为止。例如，一辆自行车是一个整体，由车架、车座、车轮、轮胎、刹车等组成。这些元件都是由其他更小的元件构成的系统，车座可以看作由包括金属和塑料框架、填料，以及尼龙封皮等元件组成的系统。创新可能导致个别的元件变化，也可能导致元件运转所处的整体结构发生变化，或者两者都发生变化。导致一个或多个元件发生变化，但是并不严重影响整体体统的结构的创新，就称为模块创新。如前述的例子中，一项自行车座的创新并不需要对自行车其余的结构做任何改变。同样，如果创新导致了整个系统结构或者元件之间的作用方式发生变化，这种创新就称为构架创新。一项严格的构架创新可能改变了系统中元件的互联方式，但并不改变元件本身。但通常大部分构架创新不仅改变了元件的互联方式，还改变了元件本身，因此从整体设计上改变了系统。构架创新会对产业内的竞争者和技术用户产生深远和复杂的影响。

一般要发起或采用一项模块创新，只要求企业具备对这个元件的一些专业知识就行了，但发起或采用一项构架创新通常要求企业具备多种能力，包括连接元件并将它们整合起来的能力。企业必须了解各项元件的特性是如何相互作用的，以及一些系统特性的改变是否会触发整个系统或其他元件结构特性的变化。

有时创新维度之间的界限是比较模糊的。例如，一艘喷气式海洋渡轮既有产品创新，也有工艺流程创新。对于服务行业来说，其产品和工艺流程两个方面通常是一体的。

（三）创新的阶段

将创意变成现实并从中获取价值的过程模型包括四个不同的关键阶段，每个阶段都要求应对一些特定的挑战，而只有管理好整个过程，创新才可能成功。

1. 搜寻

创意可能来自研发、灵感一现、复制、市场信号、法规、竞争者的行为等，虽然来源很多，但潜在的挑战是一样的——我们如何组织一个有效的搜寻过程，从而使企业更好地生存和发展。企业需要从备选库中选择最有助于成长和发展的创意，与自然选择的随机性不同，这里关心的是某种战略选择——在所有可以做的事情当中，企业将要做哪些？为什么？这一过程需要考虑到竞争差异化——什么选择能使企业脱颖而出？需要考虑先前的能力——是在原有基础上进行探索还是进入未知领域？除生成选项和做出选择，企业还要面对很大的实施问题——投入有限的资源和能力去做些不一样的事情，其挑战在于将创意变成现实。创新的挑战与常规项目管理的不同之处在于，要做一些以前从未做过的事情，因而只有尝试了才能知道是否成功。

2. 选择

创新本质上是冒险的，即使是实力很强的公司也不能无节制地冒险。因此，对不同的机会和市场进行选择就非常有必要，并且做出的选择要符合公司的总体战略和业务战略，基于已有的技术领域和市场营销能力。这一阶段的目的是认同创新理念，这种理念可以通过组织的发展不断得到完善。这一阶段包括三种投入。第一种投入是企业利用有关可行的技术和市场机会的信号。第二种投入和公司现有的知识库相关，知识库可能包含在公司内，也有可能建立在外部的能力之上，这要求所需的设备、资源形成互补关系。当一个公司能够调动内部和外部的竞争力时，它就产生了战略优势，即所谓的互补资产，这使得他人很难复制或进入它的市场。这种知识不仅体现在特殊的产品和设备上，而且体现在使过程运转的人员和系统上。更重要的是，要确保公司现有的知识能够与变革所需的知识相匹配。第三种投入与整个业务相适应。在这个阶段，应该有可能将创新和整体业务绩效的提高相联系，企业的总体战略、业务战略和创新的紧密结合在这个阶段至关重要。

3. 实施

实施阶段可以看作逐渐汇集各种知识并产生创新的过程。在早期阶段存在很大的不确定性，涉及技术可行性、市场需求、竞争者行为、法律法规以及其他影响，所有这些都缺乏信息，战略选择只是基于一系列“最好的猜测”。但是在实施阶段，这种不确定性逐渐被各种对知识的需求和成本上升的压力取代。

4. 获取

创新的目的很少是出于自己的兴趣，而是要从中获取一些价值，无论是获得商业上的成功、扩大市场占有率、降低成本还是作为社会创新改变世界。历史上有很多在技术方面成功创新的例子，但它们未能提供价值，或者因为能够轻易实现，被竞争者模仿而失去了竞争优势。从创新过程中获取价值是一个重要的主题。

三、影响创新的主要方面

创新活动的关键方面以及它们给创新带来的各种挑战，主要包括渐进性创新、非连续性创新、创新的平台及产品家族、创新的生命周期等。

（一）渐进性创新

影响创新管理的一个关键问题是创新的新颖程度，新颖程度涵盖从微小的、逐步的提高到改变了我们的思维方式和使用方式的本质性变化。现实情况中，创新大部分时候是以渐进性方式进行的，做出渐进性改变所采用的方式、方法，与产品或流程上的突破性变革是不同的。

（二）非连续性创新

大多数渐进性创新是在清晰的游戏规则下产生的，但总的来说，游戏规则是既定的，不会改变。然而，有时会发生一些打乱现有体系、改变游戏规则的事情。它能够重新界定游戏的空间和边界，开辟新的机会，使市场上原有的企业不得不在新的条件下调整其业务，这是熊彼特创新理论的核心思想，即认为创新是“创造性毁灭”的过程。

（三）创新的平台及产品家族

要让持续的渐进性创新达到好的效果，其中一个途径是借助平台。这种方法能为创新留出一定范围的延伸空间，但能否成功实施取决于能否建立一个稳健的基础平台或可以扩展的产品家族。曾经最著名的产品平台就是“随身听”，这个最初由索尼公司作为可携带的收音机和卡带机研发出来的平台概念已经支撑起这个市场上各大生产商的各种产品，并采用了诸如迷你唱片、CD、DVD 和 MP3 播放器等技术。

平台和产品家族通过将技术应用于若干市场，能有效地补偿公司在研发上的高额初始投资。例如，宝洁公司曾斥资研究的环糊精，最初用作去污剂，后来将这一技术及其变体用于整个产品家族，包括除臭剂（如风倍清）、香皂、芳香粉（如玉兰油）、防腐剂、消毒液、漂白粉及洗衣粉（如汰渍、碧浪等）。宝洁公司还将技术授权用于非竞争领域，如工业化的地毯保养和制药业。品牌的作用可以看作建立一个强大的平台，使其可以扩展到最初的产品或服务之外。

（四）创新的生命周期

创新的机会随着时间的推移而改变。在新的行业，比如生物技术行业、互联网软件行业和纳米材料行业中，围绕新产品或服务的概念进行创新大有可为。更为成熟的行业趋向于关注工艺流程创新和定位创新，寻找更便宜、更快捷的销售产品或服务的方法，或者找到并占有新的细分市场。阿伯内西和厄特巴克开发了一个模型来描述创新模式的三个不同发展阶段（见图 19－1）。

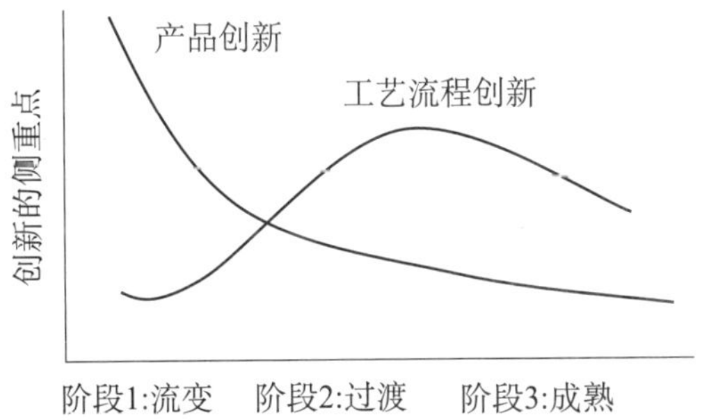

图 19－1　阿伯内西和厄特巴克的创新生命周期模型

阿伯内西和厄特巴克认为，企业的产品创新和工艺流程创新是相互关联的，在行业成长的不同阶段，对两者的侧重有所不同，企业的创新频率和创新类型取决于行业成长的不同阶段。可以把行业成长划分为三个不同的阶段：流变阶段、过渡阶段和成熟阶段。

1. 流变阶段

在行业发展早期，由于技术和市场存在很大的不确定性，企业产品技术本身处于不断变化之中，技术的潜在市场有待确认，产品功能需要不断完善；同时，消费者对产品也不太熟悉。因此，企业提供很多种不同的产品进入市场，企业技术创新的焦点在于产品创新，企业研发支出较多，研发的目标比较分散，很难取得较高的经济回报。这一时期，工艺流程创新处于从属地位，较少出现根本性工艺流程创新，生产主要采用通用设备，对熟练劳动力的要求较高，投入的原材料大多限于现有的材料，生产效率不高。企业家精神起到了重要的作用，组织控制往往是非正式的，那些具有较强的企业家精神及较强的技术把握和鉴别能力的企业有可能在未来取得成功。在这一阶段，许多企业存在于市场之中，企业的市场地位处于不断变化之中，产品、工艺、企业组织结构和管理都存在高度的不确定性。这一阶段对应于技术生命周期的早期阶段，通常也是产品生命周期的引入期。

2. 过渡阶段

随着企业技术经验的积累和消费者成熟度的提高，企业知道如何进一步改进产品，促使主导设计的出现。主导设计，是赢得市场信赖的一种设计，是竞争者和创新者为支配重要的市场追随者而必须奉行的一种设计。主导设计确定后，产品创新率迅速下降，创新的焦点从根本性产品创新转入工艺流程创新。企业的市场地位出现分化，未能向市场提供符合主导设计的产品的企业将会退出市场，现有企业对产品的改进主要围绕主导设计进行，这将导致根本性产品创新率降低，企业大量使用通用设备，增加了对产品生产工艺的重视，以期能够降低生产成本，从而赢得更加有利的市场地位。在这一阶段，产品的需求迅速上升，对应于技术生命周期的成长期。用户对产品的用途有了更好的理解，对于某种类型的产品产生了倾向性偏好。能够率先将符合主导设计的产品推向市场的企业将会获取明显的竞争优势，这是行业出现分化的标志。

3. 成熟阶段

在这一时期，产品设计、生产工艺日趋标准化，市场相对稳定，大规模生产使得生产效率大幅提高，企业由此享受到规模经济的好处。生产过程和企业组织日趋专业化，组织控制强调目标、结构和规章制度，操作程序化，组织具有机械化的特点。产品和工艺流程的根本性创新率迅速下降。在这一时期，行业非常重视成本、产量和生产能力，创新以渐进性产品创新和工艺流程创新为主。行业内形成了几家大企业控制市场的局面，行业集中度进一步提高。这一阶段对应于技术生命周期的成熟期，通常也是产品生命周期的成熟期和衰退期。一旦行业的发展进入成熟阶段，企业组织会表现出越来越大的刚性，为了提高效率而采用了刚性的自动化设备，组织高度强调目标、制度和规范，不注重对重大创新的奖励，这样在企业内部就会产生一种强烈的抵制重大创新的力量，这就意味着原有的技术和产品生命周期的结束，新的创新浪潮的到来，新的创新浪潮往往又会在新的根本性创新的推动下，重复流变、过渡和成熟阶段。

第2节　企业创新管理

一、企业创新管理过程

（一）建立创新型组织

创新型组织，是指组织的创新能力和创新意识较强，能够源源不断地进行技术创新、组织创新、管理创新等一系列创新活动。彼得·德鲁克在谈到创新型组织时说，创新型组织就是把创新精神制度化而创造出一种创新的习惯。创新型组织并不只是一种结构，它是各组成要素的集成，各组成要素一起创造和完善以使创新能够蓬勃发展的环境。一些研究中得到的创新型组织的组成要素及关键特征如表 19－1 所示。

表 19－1　创新型组织的组成要素及关键特征

组成要素	关键特征
共同愿景、领导力和创新的意愿	明确阐述的共同的使命感；延伸战略目标——“高管层的承诺”
合适的组织结构	组织设计使得创造力、学习和互动成为可能；关键问题是对于特定的突发事件，在“有机的”和“机械的”模式之间找到恰当的平衡
关键个体	倡导者、拥护者、把关人员和其他角色赋予创新活力或促进创新
有效的团队合作	适当地使用团队（在本部门、跨职能和组织间）来解决问题，需要在团队选择和建设上给予投入
全员参与创新	参与整个组织的持续改进活动
创新的氛围	使用积极的方法来获得创造性的想法，得到相关激励系统的支持
外部关注重点	内部和外部的顾客导向；广泛的网络

1. 创新型企业创新团队构建的原则

（1）系统性原则。创新型企业创新团队运营的成功与否与各方面的内外部因素有关。因此在决定是否进行创新团队建设的过程中，应遵循系统性原则，做好各方面的工作。

（2）实事求是原则。在构建创新型企业创新团队时，还要注意实事求是，具体问题具体分析。对于其他创新型企业或团队的成功做法不能全盘接受，而应根据实际情况进行适当调整，以适应自身的独特环境。

（3）循序渐进原则。创新型企业创新团队的建设绝非一件易事，不可能一蹴而就，不仅需要创新团队艰苦卓绝地努力运营，还需要创新团队内外环境相关因素的配套和协调。创新团队的许多方面都必须摆脱传统的做法，在变革的过程中必然会碰到障碍和阻力。因此，团队要遵循循序渐进原则，采用开展试点、摸着石头过河、逐步总结推广等方式，分步骤开展团队的构建活动。

2. 创新型企业创新团队构建的方法

（1）在创新型企业创新团体中建立以分配机制为主的有效激励机制。这一机制的特点为“分配合理、收入多元、公平竞争、有效激励”，可以采取以下几点措施：1）对创新型人才实施在社会上富有竞争力的薪酬标准，拉开差距，奖励实绩。2）定期考核评估，优升劣降，体现技术与人才的价值，技术参与分配。3）对创新团队领军者积极探索期权、股权、虚拟股份等新的分配形式，通过分配体制的改革，达到稳定关键的创新型人才、吸引高层次人才的目的。

（2）在创新型企业创新团队中形成特有的团队文化。创新型人才需要优秀文化的塑造与充实，每个创新团队都有一个支撑其运行的体制，也就必然有与这种体制相对应的文化特征。通过团队的体制创新，塑造出一种唯才是举、量才而用、鼓励竞争、论功行赏的体制性团队文化，使创新团队成员紧跟时代步伐，快速更新科技知识，形成有利于创新团队发展的文化氛围，努力实现社会利益和团队利益的有效结合，在成就国家和社会的同时发展自己。

（3）在创新型企业创新团队中建设有利于团队成员和团队之间相互交流的非正式平台。团队之间的交流沟通，是促进创新型企业创新团队成长的重要因素，有利于各类创新型企业创新团队人才的优化组合，促进不同思想、不同观点的交流与碰撞，激发创新，可以投入一部分资金用于建设创新团队的社会性团体。

（二）制定创新战略框架，建立创新方案

1. 制定创新战略框架

对环境进行扫描和搜索可以识别出一系列可能的创新目标，并有效回答“我们可以做什么”。但即使是拥有最好资源的组织，也需要在不同的选择之间进行权衡，以决定采用哪种选择，放弃哪种选择。这个过程不应仅仅是对竞争对手或顾客的市场需求做出反应，也不应是跟随最新的技术潮流。成功的创新战略需要理解市场、竞争者、外部力量以及技术知识的作用。

虽然开发这种框架很复杂，但我们可以识别出一系列组织用来创造和部署这种框架的核心惯例，这种惯例能够为三个关键问题提供答案：（1）战略分析——实事求是地讲，我们能够做什么；（2）战略选择——我们将要做什么，如果选择将资源用于我们确定的项目，那么我们会忽略什么；（3）战略监控——过一段时间后进行审查，核实这是否仍然是我们想要做的。

2. 建立创新方案

（1）拟订商业计划。拟订一份商业计划通常是为了获得支持、确保对项目或企业的融资。但实际上商业计划更重要的作用是可以将抽象的、含糊的目标转换成确定的、可操作的需求，支持后期的决策，有利于权衡利弊。

（2）预测创新。预测创新活动对制订商业计划起着重要的作用，如果基于正确的意义进行预测，应该可以提供用于收集和分享数据、诠释理由和推导假设的框架，挑战和风险也会更加明确。

（三）创新的实施及获取回报

创新管理的一个核心问题在于如何创造和获取价值。成功的创新——创造利润的创新，是建立在能够化想法为现金流量的一整套行动的基础上的。我们把从创新到创收回报的过程称为 ITC（innovation-to-cash）流程。这一流程超越组织结构的限制，提出了许多艰难的选择。ITC 流程需要井井有条的组织和管理，否则就会对公司产生破坏性的作用，如利润丧失、资源浪费、增长速度减缓或出现零增长。对于管理层来说，真正的挑战不在于将 ITC 流程离散的步骤和功能性的决策串联起来，而在于建立严格的制度以评估和管理流程内部的各种权衡过程。公司能否获得技术投资的回报取决于将技术优势转化为商业上可行的产品或流程的能力。许多因素影响公司能否从自己的技术领先中获得商业利益，其中某些因素在很大程度上受到管理的影响（例如通过准备互补性资产利用领先地位），其他因素在很大程度上只是轻微地受到公司管理的影响，并且更依赖于技术的一般性特点、产品市场和知识产权制度（如专利保护制度）。

二、企业创新管理的基本特征

（一）企业创新管理组织制度的核心问题是所有权问题

员工参与创新活动的程度、创新内在动机的大小，与其是否占有劳动投入的结果有关系。传统的组织制度是，企业的员工只是被雇用的劳动者，不是企业的所有者，除得到工资，他们对个人创新劳动的结果没有占有的权利。在这种组织制度下，企业员工不可能进行更多的创新活动。然而，在知识经济时代，企业员工作为知识的拥有者和创新者只有获得对创新利益的占有，才有不断投入知识、进行创新的动力。因此，对创新利益的个人占有权将成为能够创新的先决条件。创新所带来的额外利益是知识投入和其他资本投入的共同结果，所以股东和员工应共同占有创新的利益，共同占有企业的所有权。

（二）企业创新管理是以团队为基本组织单元的网状结构

经济的全球化、竞争的国际化，使企业生存环境的变化异常迅速，也日益复杂。企业发展所需的核心能力不再只是资产的规模、成本的优势，更主要的是知识的占有和创新能力。企业的组织结构，应具有变形虫般灵活地适应环境的能力，具有占有先机、不断创新的能力。因此，组织应使更多的部门、更多的员工能直接面对市场，减少内部的组织层级，提高组织对市场的适应能力。企业应将相对独立和完整的业务流程组成团队或小组，给予充分的授权，以利于其更直接地接收外部信息，对环境做出及时、准确的反应，提升创新的可能性和速度。这种组织单元的网状结构，将更强调跳跃与变化、速度与反应，更强调人的个性与创造力的发挥。

（三）企业创新管理的原则是充分授权的员工自我管理与间接控制

与传统管理模式不同，创新管理不仅将员工看作“经济人”或“社会人”，还要将员工看作“知识人”，他们不仅具有深厚的专业知识和丰富的工作经验，以及熟练的工作技能，而且具有较强的自我决策、自我管理能力，有自己的意见和主张。更重要的是，他们具有创新的资本——知识，具有决定将知识投入什么组织的自由，拥有追求知识增值的愿望。他们是自身劳动的主人，对市场和社会经济的发展了解得最清楚，在各自专业领域比企业的管理者更有智慧与能力。企业的创新必须依赖知识型工作者的自觉活动，他们应该拥有在各自领域迅速反应和自主决策的权力。因此，应充分授权企业员工，倡导员工的自我管理，使员工的个人潜质、才能得以充分发挥，企业也将不断地创新。

（四）企业创新管理的基本手段是管理的网络化和信息化

企业成功的原因在于比竞争对手更快、更多、更好地创新。实现企业内部管理的信息化、网络化、数字化，能够将企业内部的所有信息连接起来，共享知识与信息，自由地筛选海量数据，与其他人分享计划细节；能够实现企业的共同学习与探索，带来空前的合作，形成组织的创新优势；能够极大地加速信息和知识的流动，降低时间成本，使原有的中间层控制机构和官僚主义人员大规模减少与转移，提高企业的反应速度。同时，通过计算机网络，企业还可以将许多核心力量连接起来，共享资源，互补优势，加速创新进程，提高创新能力，创造出“全明星”的效果。而网络化、信息化和数字化技术的广泛使用，也可以使企业在需要抓住某个市场机会时，能够快速组建起虚拟企业，迅速形成创新优势，获取创新利益。

（五）企业创新管理要注重人力资源管理

创新管理对传统人力资源管理提出了更高的要求，要求企业努力创造不断学习和运用知识的环境。创新的主体是拥有知识的人，所以创新管理的本质还是对人力资源的开发与利用。创新的实现，重要的是知识的更新。正如熊彼特所说的，创新就是“创造性的毁灭”。现代组织必须将一切旧有的、习惯的、熟悉的东西进行系统化的摒弃，知识型员工必须学会不断学习和更新知识，才能实现不断创新。因此，企业要实现不断创新，就必须致力于建设学习型组织，每个组织及成员必须进行知识的更新。如果不这样做，以知识为基础的组织很快就会落伍，失去有效的运行机制，也无法吸引和留住那些组织所依赖的知识型员工。因此，企业应重视员工培训，创造不断学习的环境。

（六）企业创新管理形成的组织文化核心是团队精神

团队精神是指在以“知识人”为基础、充分协商的文化环境中，个人不必依附于团队中的每一个人，但必须关心队友，并和他们打成一片；个人会感到非常随意，不怕提出反对意见，每一个成员都具有创新和冒险精神，勇于提出问题；每个成员的优劣取决于他对共同目标的贡献大小，而不是任何世袭的优越性和特权；成员之间不分高低贵贱，没有等级，是平等的伙伴；他们需要服从的是通过协商确定的原则和观念，而不是等级、权威，是原则而不是人；他们具有共同的目标，乐于分享知识与经验。在这样的文化环境中，所有的成员都将别人的目标、组织的目标与个人的目标统一起来，都在主动开拓、不断创新的活动中实现个人的价值。

三、企业创新管理方法

（一）树立全方位的创新理念，建立创新激励机制

全方位创新是指组织结构及制度、管理原则及手段和组织文化等，都要支持创新。在管理方式上，要建立全面的创新激励机制，形成强烈的创新认同感，培育企业强烈而持久的创新价值观；完善企业创新机制，形成强大的创新动力；培育创新文化，宣传创新的价值观念并以此感染员工。具体方法主要有：健全金钱激励、尊重激励、工作激励、目标激励、参与激励等多种激励方式；设计创新文化网络，营造鼓励创新的开放系统以及浓重的创新氛围。这样会形成中高层以上管理人员善于采纳下属意见、员工习惯于采纳同事意见的组织环境。许多跨国公司都建立了合理化建议奖励制度。

（二）提升企业的核心竞争能力

核心竞争能力，是指企业在研发、设计、制造、营销、服务等环节上具有明显优势，竞争对手难以模仿，并能够满足客户价值需要的独特能力。核心竞争能力是企业长期形成的集体学识，尤其是关于如何协调不同的生产技能和有机结合多种技能的工作组织方式与价值提供方式。实现企业的创新管理，其评估尺度是企业核心能力提升与否。具体做法主要有以下两个方面：一是要注意以市场为导向，形成自身的核心技术，创造核心

产品，从而占领和开发市场；二是要注重相互合作，通过市场手段获得企业需要的核心技术和专业人才，建立企业战略联盟，克服企业在技术创新中实力不足的局限，将外来知识有效地沉淀在企业内部，形成自己的品牌特色，达到培育核心技术和提升核心竞争能力的目的。

（三）建立高效的组织与创新管理系统

要发扬学习与创新精神，使企业的组织管理系统有利于创新能力的培养。针对经济全球化、信息网络化、形式数字化趋势，要求设计、创建一种新的企业组织形式，把快捷猎取信息、准确筛选信息、敏锐实施决策作为管理系统的工作目标，以便于在整个企业内部迅速创造并传递新的信息源，使企业保持健康、和谐与可持续发展。

企业创新系统由战略创新、产品创新、工艺创新、组织创新、营销创新和文化创新等要素构成，形成一个相互联系的有机整体。产品创新是企业为顾客创造新价值的体现，同时也影响和改变着供应商的价值。而营销创新一方面直接为顾客创造新价值；另一方面也通过关系营销网络发现顾客的新价值，从而为产品创新指引方向。对顾客、供应商等价值创造的目标，总是通过这样具体的产品创新和营销创新来实现的。而产品创新又与工艺创新密切相关，产品创新经常意味着生产工艺、流程的变革，工艺创新则会影响组织创新。总之，建设企业创新管理系统需要协调好各部分要素及综合关注顾客、供应商的效用要求，更需要企业内部有效的信息交流。

（四）加强创新训练，提升创新管理技能

要加强知识管理、信息管理，做好创新研究开发，加强职业培训和团队建设，优化管理艺术，使企业成为学习型组织。通过不断地学习使企业得到创造美好未来的能量，培养全新、开阔的思维方法，树立信心，转变思想，为实现共同的愿景及目标，终身学习，共同学习，不断掌握、积累、创造新知识、新方法、新技能。这是企业发展不竭的动力，能实现工作学习化和学习工作化，造就杰出的人才，培育、造就新型企业家，由此而生发现代企业生生不息的创新源泉。

（五）增强信息创新观念

21 世纪以来，互联网/企业内部网技术已经渗透到企业的办公、生产过程各方面，加之大数据、云计算、人工智能等信息技术越来越广泛的运用，促使企业与外界进行业务交往的手段发生了巨大变革，改变了企业内部的信息交流和业务协作方式。成倍增长的信息、急剧更新的技术、复杂多变的市场，都对企业创新和应变能力提出了更高的要求，推进了企业运行机制与管理结构的新一轮变革，促进了企业内部与市场之间信息交流方式的重大变革。增强信息创新观念，将这些变革应用于企业经营管理，会给企业业务流程、管理模式、组织结构的重构乃至整体发展带来新的机会，并带来产业结构和企业经营方式的变革。

关键术语

创新　　创新管理　　创新理论　　企业创新管理方法

思考题

1. 如何理解创新的含义？

2. 创新有哪些范围和维度？需要经过哪些阶段？

3. 阐述创新的生命周期各个阶段的内容。

4. 企业如何实施创新管理？有哪些方法？

案例分析

2023年9月16日，张瑞敏在海尔召开的“第七届人单合一模式引领论坛”上，发表了长达76分钟的题为“融入永恒活火的人单合一”的演讲。在演讲中，张瑞敏对“人单合一”管理思想的缘起与演进、原理与实践、结构与方法进行了框架式的总结，让“人单合一”管理思想首次得以体系化呈现。

在海尔“人单合一”模式中，“人”即具有“两创”（创业和创新）精神的员工，“单”即用户价值。“人单合一”就是每个员工都直接面对用户需求，为用户创造价值，从而实现自身价值、企业价值和股东价值。这顺应了互联网时代“零距离”“去中心化”“去中介化”的特征。在“人单合一”模式下，海尔做到了“企业平台化、员工创客化、用户个性化”，从而激发了员工的创造力，成为在物联网时代的成功探索案例。

2005年，海尔首次提出“人单合一”模式，经过长时间探索，形成了整套管理体系，取得了很大成功。2016年，海尔收购美国通用电气家电业务后，没有进行大规模的人员调整，而是用“人单合一”模式对其进行改造，取得了明显成效。2017年，美国通用电气家电业务取得了过去10年来最好的业绩，全年收入增幅6.6%，利润增幅超过20%。

张瑞敏在演讲中指出，“人单合一”本质上可以理解为三个“合一”，即与用户合一、与目标合一、与价值合一。三个“合一”构成了“人单合一”体系的“三个新”逻辑，即“人单合一”是新启蒙，是新范式，更是新引擎。“新启蒙”意味着企业对人的定位应当是自主的人，而不是需要管理的对象，“新”在对人的自主意识的启蒙；“新范式”则是让每个自主的人自我驱动，可以把自己的力量发挥到极致；“新引擎”则“新”在创造用户体验，引领“我经济”的自我进化——物联网时代的经济是“我经济”，是个性化的经济，需要满足每个人的个性化需求，“人单合一”正为“我经济”提供智能交互生态的新引擎。

2023年，海尔集团全球总营收3 718亿元，同比增长6%，全球利润总额267亿元，同比增长6%。实践证明，海尔集团的“人单合一”模式是互联网与物联网时代下的成功探索。本次演讲可以看作张瑞敏自述的管理思想提纲，它昭示着“人单合一”模式在理论探索领域已完成闭环，同时也预示着“人单合一”模式进入新阶段。在更长的时间和更广的范围里，“人单合一”将融入“永恒的活火”，也就是在永无止境的创业创新生态和无穷迭代的用户体验生态之中持续进化。

资料来源：物联网时代，这场全球管理学界的“新启蒙”恰逢其时！.（2023－09－17）. 海尔网站.

讨论题

1. 试分析海尔“人单合一”模式的本质。

2. 海尔“人单合一”模式的创新给你带来哪些启发？

参考文献

[1] KLOPPENBOR T J, OPFER W A. The current state of project management research: trends, interpretations, and predictions. Project Management Journal, 2002 (33).

[2] MAYER-SCHONBERGER V, CUKIER K. Big data: a revolution that will transform how we live, work, and think. London: John Murray, 2013.

[3] GALLUPE B. Knowledge management systems: surveying the landscape. International Journal of Management Review, 2001 (3).

[4] ALAVI M, LEIDNER D E. Review: knowledge management systems: issues, challenge and benefits. Communication of AIS, 2001 (7).

[5] PHILLIPS W, NOKE H, BESSANT J, et al. Beyond the steady state: managing discontinuous product and process innovation. International Journal of Innovation Management, 2006 (10).

[6] HOSPERS J G. Joseph Schumpeter and his legacy in innovation studies. Knowledge, Technology & Policy, 2005 (18).

[7] 陈荣耀．现代管理学．上海：东华大学出版社，2004.

[8] 德鲁克．巨变时代的管理．北京：机械工业出版社，2009.

[9] 罗宾斯，德森佐．罗宾斯 MBA 管理学：原书第 5 版．北京：中国人民大学出版社，2009.

[10] 周三多．管理学原理．南京：南京大学出版社，2009.

[11] 刘雪梅，胡建宏．管理学原理与实务．北京：清华大学出版社，2011.

[12] 何永芳．现代公司制度前沿问题研究．成都：西南财经大学出版社，2006.

[13] 叶陈钢．企业伦理与社会责任．北京：中国人民大学出版社，2012.

[14] 张立火，武玲玲．跨国公司跨文化管理下民族文化对组织文化的挑战．商业时代，2013 (29).

[15] 陈晓萍．跨文化管理．北京：清华大学出版社，2009.

[16] 陈春花，赵曙明．高成长企业的组织与文化创新．北京：中信出版社，2004.

[17] 贾旭东，曹凌燕．国际管理学．2 版．北京：中国人民大学出版社，2013.

[18] 刘兴倍．企业管理基础．北京：清华大学出版社，2006.

[19] 吴培良，郑明身，王凤彬．组织理论与设计．北京：中国人民大学出版社，1998.

[20] 沈维涛．企业管理．北京：科学出版社，2003.

[21] 斯坦福．组织设计指南：创建高绩效、适应力强的企业．大连：东北财经大学出版社，2009.

［22］甘华鸣．人力资源：组织和人事．北京：中国国际广播出版社，2003.
［23］贾旭东．现代企业战略管理：思想、方法与实务．2版．北京：清华大学出版社，2022.
［24］国英．公共关系与现代礼仪案例．北京：机械工业出版社，2004.
［25］翁向东．本土品牌战略．南京：南京大学出版社，2008.
［26］李庆华．战略管理．北京：中国人民大学出版社，2009.
［27］林建煌．战略管理．2版．北京：中国人民大学出版社，2010.
［28］庞守林．品牌管理．北京：清华大学出版社，2011.
［29］黄静，王文超．品牌管理．武汉：武汉大学出版社，2005.
［30］万晓．市场营销．修订本．北京：北京交通大学出版社，2012.
［30］王立君，申艳玲．市场营销．北京：北京师范大学出版社，2008.
［32］易正伟．市场营销．3版．大连：大连理工大学出版社，2012.
［33］邵兵家．客户关系管理．2版．北京：清华大学出版社，2010.
［34］韩小芸，申文果．客户关系管理．天津：南开大学出版社，2009.
［35］华锦阳．技术创新管理理论与案例．北京：清华大学出版社，2007.
［36］艾特略．创新管理．上海：上海财经大学出版社，2008.
［37］潘家轺．现代生产管理学．2版．北京：清华大学出版社，2004.
［38］范中志．工业工程基础．广州：华南理工大学出版社，2004.
［39］陈荣秋，马士华．生产运作管理．北京：机械工业出版社，2004.
［40］尤建新，杜美学，张建同．质量管理学．北京：科学出版社，2008.
［41］张公绪，孙静．新编质量管理学．北京：高等教育出版社，2003.
［42］水野滋．新QC七种工具．北京：机械工业出版社，1991.
［43］水野滋．企业的全面质量管理．北京：企业管理出版社，1991.
［44］戴明．戴明论质量管理．海口：海南出版社，2003.
［45］石川馨．日本的质量管理．北京：企业管理出版社，1984.
［46］朱兰．朱兰质量手册．北京：中国人民大学出版社，2003.
［47］黄怡，林艳，王廷丽．质量管理理论与实务．北京：经济科学出版社，2011.
［48］胡铭．质量管理学．武汉：武汉大学出版社，2004.
［49］龚益铭．现代质量管理学．北京：清华大学出版社，2007.
［50］韩之俊，许前，钟晓芳．质量管理．北京：科学出版社，2007.
［51］辛奇-利维．供应链设计与管理：概念、战略与案例研究：第3版．北京：中国人民大学出版社，2010.
［52］乔普拉，迈因德尔．供应链管理：第6版．北京：中国人民大学出版社，2017.
［53］丁荣贵．项目管理：项目思维与管理关键．北京：机械工业出版社，2005.
［54］邱菀华．现代项目管理导论．北京：机械工业出版社，2002.
［55］白思俊．现代项目管理．北京：机械工业出版社，2002.
［56］科兹纳．项目管理的战略规划．北京：机械工业出版社，2001.

[57] 周小桥．项目管理工具与模板．北京：清华大学出版社，2005.

[58] 格伦罗斯．服务管理与营销：服务竞争中的顾客管理．北京：电子工业出版社，2008.

[59] 理查德．服务管理．北京：中国人民大学出版社，2006.

[60] 王斐波．会计学教程．杭州：浙江大学出版社，2007.

[61] 谷祺，刘淑莲．财务管理．大连：东北财经大学出版社，2007.

[62] 周首华．现代财务理论前沿专题．大连：东北财经大学出版社，2000.

[63] 齐寅峰．公司财务学．3 版．北京：经济科学出版社，2002.

[64] 范霍恩．财务管理与政策．大连：东北财经大学出版社，2000.

[65] 中国注册会计师协会．会计．北京：中国财经经济出版社，2013.

[66] 中国注册会计师协会．会计．北京：中国财政经济出版社，2018.

[67] 钟新桥，刘茉英，杨洛新．现代企业财务管理．武汉：武汉理工大学出版社，2006.

[68] 曹剑峰．财务管理学．北京：经济科学出版社，2010.

[69] 荆新，王化成，刘俊彦．财务管理学．5 版．北京：中国人民大学出版社，2009.

[70] 孙琳，徐晔．财务管理．上海：复旦大学出版社，2006.

[71] 姚海鑫．财务管理．北京：清华大学出版社，2007.

[72] 曾繁荣．财务管理学．北京：清华大学出版社，2007.

[73] 刘淑莲，牛彦秀．企业财务管理．大连：东北财经大学出版社，2007.

[74] 中国注册会计师协会．财务成本管理．北京：中国财政经济出版社，2012.

[75] 隋静，陈增寿．财务管理学．北京：清华大学出版社，2005.

[76] 埃默瑞，芬纳蒂，斯托．公司财务管理：第 2 版．北京：中国人民大学出版社，2007.

[77] 黄津孚．现代企业管理原理．6 版．北京：首都经济贸易大学出版社，2011.

[78] 何筠，陈洪玮．人力资源管理理论、方法与案例分析．北京：科学出版社，2014.

[79] 董克用，李超平．人力资源管理概论．5 版．北京：中国人民大学出版社，2019.

[80] 李亚慧．人力资源管理体系设计全案．北京：人民邮电出版社，2012.

[81] 王众托，吴江宁，郭崇慧．信息与知识管理．北京：电子工业出版社，2010.

[82] 杨志．企业信息管理．北京：清华大学出版社，2005.

[83] 宋玉贤．企业信息化管理．北京：北京大学出版社，2005.

[84] 王坚．知识管理在现代企业中的应用及其意义．现代商业，2011（18）.

[85] 管政，魏冠明．中国企业 CRM 实施．北京：人民邮电出版社，2003.

[86] 王壮．知识管理：知识经济时代出版企业管理模式探索．北京：中国传媒大学出版社，2009.

[87] 程书华，卜国清．资本新形势：知识资本．合作经济与科技，2002（1）.
[88] 张润彤，朱晓敏．知识管理学．北京：中国铁道出版社，2002.
[89] 陈柏村．知识管理：正确概念与企业实务．南京：南京大学出版社，2007.
[90] 陈少峰．企业文化与企业伦理．上海：复旦大学出版社，2009.
[91] 李玉海．企业文化建设实务与案例．北京：清华大学出版社，2008.
[92] 张德．企业文化建设．2版．北京：清华大学出版社，2009.
[93] 黎群，王莉．企业文化．2版．北京：北京交通大学出版社，2012.
[94] 张迺英．公共关系学．2版．上海：同济大学出版社，2007.
[95] 邵华冬．企业公关危机管理研究．北京：中国传媒大学出版社，2012.
[96] 孟繁荣．公关策划．北京：经济管理出版社，2012.
[97] 寇玉琴．战略公关：理论、方法与例证．上海：上海交通大学出版社，2012.
[98] 张雷．公关理论精要．北京：高等教育出版社，2004.
[99] 张岩松，孙顺华．公共关系学．青岛：青岛出版社，2004.
[100] 中国机械工业教育协会．公共关系原理及实务．北京：机械工业出版社，2005.
[101] 赵麟斌．危机公关．北京：北京大学出版社，2010.
[102] 侯丽敏，唐振．危机公关．北京：经济管理出版社，2012.
[103] 迪德，本珊特，帕维特．创新管理：技术变革、市场变革和组织变革的整合：第2版．北京：清华大学出版社，2004.
[104] 刘志阳．创业学．上海：上海人民出版社，2008.
[105] 李时椿．创业管理．北京：清华大学出版社，2008.
[106] 王贵兰．新创企业的营销机理与策略选择．经济导刊，2011（2）.
[107] 钟坤峰，万红．创业者核心素质研究述评．商场现代化，2010（31）.
[108] 罗宾斯，库尔特．管理学：第13版．北京：中国人民大学出版社，2017.
[109] 许芳．组织行为学原理与实务．北京：清华大学出版社，2007.
[110] 于广涛．组织行为学．北京：清华大学出版社，2009.
[111] 黄静，王文超．品牌管理．武汉：武汉大学出版社，2003.
[112] 朱飞．浅析大数据形势下的市场调查方式．现代营销，2018，178（10）.
[113] 倪宁．大数据营销．北京：中国人民大学出版社，2015.
[114] 王连印．大数据在质检领域的应用．北京：北京理工大学出版社，2018.
[115] 余来文．互联网思维：云计算、物联网、大数据．北京：经济管理出版社，2018.
[116] 荆宁宁．提升新产品研发过程有效性和效率的路径和方法：基于质量策划与知识过程管理的视角．北京：科学出版社，2011.
[117] 刘丽文．生产与运作管理．北京：清华大学出版社，2006.
[118] 苏秦．现代质量管理学．北京：清华大学出版社，2005.
[119] 王健．现代物流概论．北京：北京大学出版社，2012.
[120] 姚建明．战略供应链管理．北京：中国人民大学出版社，2014.

[121] 王长峰，林则夫．现代项目管理前沿．北京：机械工业出版社，2007.
[122] 徐宁．项目管理实务教程．兰州：兰州大学出版社，2014.
[123] 丁宁．服务管理．北京：清华大学出版社，2007.
[124] 韩国文．创业学．武汉：武汉大学出版社，2007.
[125] 罗崇敏．论企业创新．北京：经济日报出版社，2002.
[126] 罗特尔梅尔．战略管理．北京：中国人民大学出版社，2015.

中国人民大学出版社　管理分社

教师教学服务说明

中国人民大学出版社管理分社以出版工商管理和公共管理类精品图书为宗旨。为更好地服务一线教师，我们着力建设了一批数字化、立体化的网络教学资源。教师可以通过以下方式获得免费下载教学资源的权限：

- ★ 在中国人民大学出版社网站 www.crup.com.cn 进行注册，注册后进入“会员中心”，在左侧点击“我的教师认证”，填写相关信息，提交后等待审核。我们将在一个工作日内为您开通相关资源的下载权限。
- ★ 如您急需教学资源或需要其他帮助，请加入教师 QQ 群或在工作时间与我们联络。

中国人民大学出版社　管理分社

教师 QQ 群：648333426（工商管理）　114970332（财会）　648117133（公共管理）
教师群仅限教师加入，入群请备注（学校＋姓名）

联系电话：010-62515782，82501868，82501048，62514760

电子邮箱：glcbfs@crup.com.cn

通讯地址：北京市海淀区中关村大街甲 59 号文化大厦 1501 室（100872）

管理书社　　人大社财会　　公共管理与政治学悦读坊